全球金融与投资
佳|作|精|选

PRIVATE EQUITY IN ACTION
CASE STUDIES FROM DEVELOPED AND EMERGING MARKETS

私募股权案例

[美] 克劳迪娅·纪斯伯格　迈克尔·普拉尔　鲍文·怀特　著
　　　（Claudia Zeisberger）　（Michael Prahl）　（Bowen White）

刘寅龙◎译

清华大学出版社
北京

内 容 简 介

本书的第一部分重点介绍经典的"GP-LP"基金模型，并阐述机构投资者与私募股权基金管理人之间的关系是如何变化的。随后，我们将通过案例，讲述不同背景下的风险投资、成长型股权（或少数股权）投资以及杠杆收购（第二部分至第四部分）。

重组投资和不良投资，当然最能考验私募股权投资者的耐力和潜力——无论是对于持有控制性股权的股东还是持有少数股权的股东，概莫能外。如何应对短期内的现金短缺、各种虚假声明、挑剔的债权人或是怨声载道的利益相关者（有时甚至是公众股东），反映出 PE 基金的合伙人实现各方期望的能力（第五部分）。

考虑到持续增长的人口发展趋势和开发新客户的需要，新兴市场正成为 PE 行业最具诱惑力的地方。然而，在这些经济体中进行投资，也会带来新的、更多的风险，毕竟，这些地区在法律上存在较大的不确定性，公司治理框架还不够健全，在投资决策和执行方面还难以始终如一地体现最佳实践（第六部分）。

Claudia Zeisberger, Michael Prahl, Bowen White
Private Equity in Action: Case Studies from Developed and Emerging Markets
EISBN: 978-1-119-32802-5

Copyright © 2017 by Claudia Zeisberger, Michael Prahl, Bowen White.

Original language published by John Wiley & Sons, Inc. All Rights reserved.
本书原版由 John Wiley & Sons, Inc. 出版。版权所有，盗印必究。

Tsinghua University Press is authorized by John Wiley & Sons, Inc. to publish and distribute exclusively this Simplified Chinese edition. This edition is authorized for sale in the People's Republic of China only (excluding Hong Kong, Macao SAR and Taiwan). Unauthorized export of this edition is a violation of the Copyright Act. No part of this publication may be reproduced or distributed by any means, or stored in a database or retrieval system, without the prior written permission of the publisher.

本中文简体字翻译版由 John Wiley & Sons, Inc. 授权清华大学出版社独家出版发行。此版本仅限在中华人民共和国境内（不包括中国香港、澳门特别行政区及中国台湾地区）销售。未经授权的本书出口将被视为违反版权法的行为。未经出版者预先书面许可，不得以任何方式复制或发行本书的任何部分。

北京市版权局著作权合同登记号　　图字：01-2017-7960

本书封面贴有 Wiley 公司防伪标签，无标签者不得销售。

版权所有，侵权必究。举报：010-62782989，beiqinquan@tup.tsinghua.edu.cn。

图书在版编目(CIP)数据

私募股权案例 / (美)克劳迪娅·纪斯伯格(Claudia Zeusverger), (美) 迈克尔·普拉尔(Michael Prahl), (美) 鲍文·怀特 (Bowen White)著；刘寅龙译. — 北京：清华大学出版社，2018（2024.4 重印）
（全球金融与投资佳作精选）
书名原文：Private Equity in Action: Case Studies from Developed and Emerging Markets
ISBN 978-7-302-50270-8

Ⅰ.①私… Ⅱ.①克…②迈…③鲍…④刘… Ⅲ.①股权—投资基金—案例 Ⅳ.①F830.59

中国版本图书馆 CIP 数据核字（2018）第 114965 号

责任编辑：刘　洋
封面设计：李召霞
版式设计：方加青
责任校对：宋玉莲
责任印制：丛怀宇

出版发行：清华大学出版社
　　　网　　址：https://www.tup.com.cn，https://www.wqxuetang.com
　　　地　　址：北京清华大学学研大厦 A 座　　邮　编：100084
　　　社 总 机：010-83470000　　　　　　　　　邮　购：010-62786544
　　　投稿与读者服务：010-62776969，c-service@tup.tsinghua.edu.cn
　　　质 量 反 馈：010-62772015，zhiliang@tup.tsinghua.edu.cn
印 装 者：三河市铭诚印务有限公司
经　　销：全国新华书店
开　　本：187mm×235mm　　　印　张：25.5　　　字　数：490 千字
版　　次：2018 年 11 月第 1 版　　印　次：2024 年 4 月第 6 次印刷
定　　价：118.00 元

产品编号：076905-01

序

对私募股权（PE）来说，它们注定不会缺乏批评者。的确，PE 似乎已成为金融市场的负面典型：它们经常被戏称为"吃了兴奋剂的资本主义"，而普通合伙人（GP）或称基金经理，则被称为"蝗虫"，至于他们最喜欢的交易方式，也被冠以"快速倒手"的名号。当媒体将 PE 描绘成以减少就业机会和疯狂地加杠杆来实现资本快速增值的恶魔时，整个行业自然会被人们所侧目。毫无疑问，现在该是清理一下乌烟瘴气、打消各种刺耳噪音的时候了。必须让人们看到，这个行业能在其他金融工具无法提供适当、可控风险的情况下，不断消除各种经济无效行为，将业绩不佳的公司变成更健康、更有活力的企业，或是凭借其资本和专业能力扶持快速发展的企业。总之，必须正本清源，还私募股权应有的清白。

私募股权交易固有的复杂性，往往会让不经意的旁观者忽视其内在的成功机制，而且理论概念本身，也很少会对私募股权投资的现实世界做出公正的评判。而整个世界显然还未真正了解 PE 的运行机制。因此，本书将通过详细的案例研究，为高层管理人员及专业人士提供一个近距离的视角，从发达国家以及新兴市场这两个层面，观察 PE 和风险投资基金的合伙人如何应对挑战、攻克难关。

《私募股权案例》是《精通私募股权》的姊妹篇。作为一本专业用书，《精通私募股权》一书以严谨的逻辑和结构，全面系统地阐述了私募股权的理论基础，这也让这本案例研究显得更加深入浅出、鲜活生动。虽然本书是一本配套性的案例书，但即便独立阅读，也不会让读者感到陌生，相反，只会让他们受益匪浅。而对于 PE 的入门者来说，将两本书结合到一起，相互借鉴，互相参考，一定会让他们取得事半功倍的协同效应。

这本书精选了一批有代表性的实践案例，引领读者从理论表面深入 PE 及 VC 基金的投资实践中，从第一当事人的视角感受和理解核心 PE 概念及其在现实中的应用。本书将有助于专业学生和公司高管了解投资私人公司的复杂过程——走过从初创到成熟的企业成长历程，并了解 PE 模式的内在运作。虽然学术观念为我们构建了认识私募股权投资的必要基础，但只有将这些概念运用到实践中，并在实践中得以落实和兑现，才是成功学习的终极验证。

本书为读者提供了大量在实践中体验和认知的机会，让读者站在全球顶级 PE 投资者的视角，去面对在现实中管理 PE 投资所面对的一系列挑战。全书突出强调了 PE 投资在执行中的诸多因素——归根结底，执行才是投资最核心的内容，并在此基础上解释如何将完善的理论模型转化为成功的投资。毕竟，PE 投资者的竞争优势取决于他们能否一丝不苟地将全球最佳实践运用到被投资公司——当然，这需要他们付出大量艰辛的努力。

在书中的每一个案例研究中，我们都能看到全球顶级 PE 和 VC 公司及其高级合伙人或业内知名咨询师的影子，他们以各种方式参与到案例的撰写过程中；他们不仅对投资所面临的现实问题提出自己的观点，还融入了在投资中亲身经历的故事（尽管有些案例和参与者已进行了匿名处理）。这些案例都介绍了 PE 投资者为改造被投资公司所采取的各种措施，案例的范围不仅涉及欧美成熟市场的投资情况，也有来自亚洲、非洲及中欧等新兴市场国家的经历。

欧洲工商管理学院（INSEAD）的背景

本书中的全部案例已经过课堂真实辩论的严格检验，目前仍是欧洲工商管理学院 MBA、EMBA 和高管教育课程，以及其他顶级商学院的教学案例；部分内容曾获得国际案例大奖。这些案例为全套教材创建的理论基础架构增添了色彩，为理论学习提供了背景素材，让理论概念变得通俗易懂，也为读者提供了站在 PE 和 VC 专业人士的立场和视角看待问题的机会，看看他们如何经历从基金筹集到交易执行、从改造被投资公司到最终退出投资的全过程。

案例的初选过程动用了分布在世界各地的 INSEAD 机构及其教学团队，并充分利用了 INSEAD 现有的网络和关系，尤其是来自新兴市场国家的专业人士。案例研究的范围涉及 PE 对如下领域和地域的投资：

- 印度的早期创业企业和风险投资公司；
- 中东地区的中小企业；
- 美国及欧洲的收购项目；
- 欧洲和新兴市场的重组项目；
- 越南的食品及饮料项目；
- 澳大利亚的房地产项目；
- 非洲的农业项目；
- 欧洲养老基金PE组合的优化项目；
- 东欧地区主权财富基金的创建。

作者简介

克劳迪娅·纪斯伯格（Claudia Zeisberger）

克劳迪娅·纪斯伯格是 INSEAD 国际商学院"决策科学"及"创业＆家族理财"课程的资深特邀教授，INSEAD 全球私募基金投资研究小组（GPEI）的创始人和学术总监。在 2005 年加入 INSEAD 之前，她曾在纽约、伦敦、法兰克福、东京和新加坡等地的投资银行从业 16 年之久。

纪斯伯格教授是 INSEAD 校友创投基金（Alum Ventures，IAV）的创始投资人，这也是商学院创建的第一只种子基金，在这里，她积极为初创企业和首次创业者提供辅导。在 INSEAD，她推出了"管理企业的转折点"课程，这门以大量采用计算机模拟而著称的 MBA 选修课，介绍了一家著名汽车品牌及其摆脱破产危机的经历。在这种情况下，纪斯伯格教授自然而然地承担起学院风险管理选修课的任务。她的 PE 选修课经常被提名为"MBA 最佳教学"奖，而且自 2008 年以来，她每年都获得院长颁发的"杰出 MBA 教学"奖。

纪斯伯格教授是新兴市场 PE 行业的国际权威，而且她取得的成果和她与私募股权投资公司及其被投资企业、机构投资者、家族企业和主权财富基金的密切合作密不可分。

迈克尔·普拉尔（Michael Prahl）

Asia-IO 投资公司合伙人，"创业＆家族理财"课程特邀教授，INSEAD 全球私募基金投资研究小组（GPEI）名誉成员。

迈克尔·普拉尔是 Asia-IO 投资公司的联合创始人，该公司是一家以大型机构和企业投资者为服务对象并专注于亚洲及跨境私募股权投资项目的私募股权公司。迈克尔从事私募股权投资已近 20 年，他的职业生涯始于互联网大潮时期的风险投资。他曾在一家业务范围覆盖欧洲、美国和亚洲的跨国 PE 公司就职多年，完成的项目包括常规性收购、上市公司退市、私募基金对上市公司的投资、少数股权投资及私有化交易。

作为 INSEAD 的校友，迈克尔曾任学院 PE 中心的第一任执行董事，其研究领域涉及共同投资、家族理财和市场进入策略以及组合配置等。此外，迈克尔始终是 INSEAD 全球私募基金投资研究小组（GPEI）的名誉成员，专注于杠杆收购及亚洲私募股权基金项目，目前是学院 MBA "杠杆收购"选修课的特邀教授。

鲍文·怀特（Bowen White）

INSEAD 全球私募基金投资研究小组（GPEI）的中心主任。

鲍文·怀特目前担任 INSEAD GPEI 的中心主任，该机构也是商学院的私募股权研究中心。作为中心主任，他是 GPEI 研究和推广活动的带头人，并在业务价值创造、责任投资、LP 组合构架以及对家族企业进行少数股权投资等方面发表了大量文章。

鲍文长期从事全球另类资产管理行业的研究。在纽约从事对冲基金行业期间，他对从大宗商品的统计套利投资策略到宏观经济趋势以及全球对冲基金业绩等领域进行了广泛研究。而就职于自营交易公司和母基金的经历，让他有机会亲历对冲基金行业的投资者和资产管理者面对的风险和挑战。

作为 INSEAD 的校友，鲍文还为针对东南亚地区的风险投资和成长型股权投资机会提供咨询。

致谢

我们首先要感谢 INSEAD，因为是它为我们提供了建立 PE 中心的机会，正是在这里，本书提到的很多观点浮出水面并得以检验和完善。在这里，我的同事们不断突破学术研究和教学的前沿，正是他们的卓越成果，为本书的面世创造了条件。我们尤其要向 INSEAD 的巴拉戈帕尔·维萨（Balagopal Vissa）教授、维卡斯·艾格瓦尔（Vikas Aggarwal）教授和朱思特·德哈斯（Joost de Haas）教授表示敬意，他们的支持对于这本案例研究的出版至关重要。

感谢我们的学生（现在，他们已成为我们的校友），尤其要感谢我们的 MBA、EMBA 学生和高级管理班学员，多年来，他们一直在不断挑战和修正我们的观点，进而让我们进一步提炼出呈现在本书中的这些清晰概念。本书中的这些案件分析都经过了严格的课堂检验，并充分考虑到了他们的反馈意见。

感谢 INSEAD 的工作人员及研究人员，在 PE 中心，尤其要感谢我们的研究助理亚历山德拉·阿尔伯斯（Alexandra Albers）和协助编制和完善本书词汇表的谭诗碣（Tan Sze Gar）。当然，我们不会忘记世界一流的 INSEAD 案例研究团队，尤其是伊莎贝尔·阿瑟利亚（Isabel Assureira）、卡利尼·帕纳姆（Carine Dao Panam）、不知疲倦的案例管理员克莱尔·德鲁因（Claire Derouin）和高级编辑哈泽尔·海姆林（Hazel Hamelin），没有他们的支持，就没有《私募股权案例》一书的面世。

感谢 Wiley 的出版团队，他们和第一次合作的笔者并肩携手将两本书推向市场；感谢托马斯·赫吉尔（Thomas Hyrkiel），他以娴熟的手法和宝贵的建议带着我们从构思走到最终的出版；感谢萨马瑟·哈特雷（Samantha Hartley）将我们的手稿和设计理念变成两本精心设计的佳作。

此外，克劳迪娅对 INSEAD 的学术导师和同人表示由衷的致谢，尤其是我在创业系的教学研究同人们。感谢菲尔·安德森（Phil Anderson），他是我最坚强的后盾，多年以来，他一直在鼓励我创作这本书。此外，我要提一下赫尔米妮亚·伊巴拉（Herminia Ibarra）和艾琳·梅尔（Erin Meyer），他们与笔者分享了长期的宝贵经验并在需要时为我提出宝贵建议。

迈克尔和我的商业伙伴丹尼斯·谢（Denis Tse），他们在我撰写这本书的时候为我列了其中的不足之处，使其与最后期限的交易热点相一致。随着我们的合作，我将从他们那里学到的东西与这本书的读者进行分享。

迈克尔和我的商业合作伙伴丹尼斯·谢，在我创作本书期间承担了很多本应由我来承担的任务，他们不止一次地在紧要关头接过我手头上的交易。在企业的发展过程中，我从他们身上也学到了很多东西，也让各位读者有幸与我分享这些宝贵的财富。

鲍文与我在纽约市的第一位导师大卫·奥菲瑟尔（David Officer），在博茂资产管理公司（Permal），他们带我步入这个领域，并为我提供了一个最终进入 INSEAD 和亚洲 PE 市场的跳板。真诚感谢 Permalinfo。

最后，我们还要真心地感谢家人给予的支持与呵护，没有他们的耐心，就没有这本书的面世。

关于注册估值分析师（CVA）认证考试

CVA 考试简介

注册估值分析师（Chartered Valuation Analyst, CVA）认证考试是由注册估值分析师协会（CVA Institute）组织考核并提供资质认证的一门考试，旨在提高投资估值领域从业人员的实际分析与操作技能。本门考试从专业实务及实际估值建模等专业知识和岗位技能进行考核，主要涉及企业价值评估及项目投资决策。考试分为实务基础知识和Excel案例建模两个科目，两科目的内容包括会计与财务分析、公司金融、企业估值方法、私募股权投资与并购分析、项目投资决策、信用分析、财务估值建模七个知识模块。考生可通过针对各科重点、难点内容的专题培训课程，掌握中外机构普遍使用的财务分析和企业估值方法，演练企业财务预测与估值建模、项目投资决策建模、上市公司估值建模、并购与私募股权投资估值建模等实际分析操作案例，快速掌握投资估值基础知识和高效规范的建模技巧。

- 科目一 实务基础知识——是专业综合知识考试，主要考查投资估值领域的理论与实践知识及岗位综合能力，考试范围包括会计与财务分析、公司金融、企业估值方法、私募股权投资与并购分析、项目投资决策、信用分析这6部分内容。本科目由120道单项选择题组成，考试时长为3小时。
- 科目二 Excel案例建模——是财务估值建模与分析考试，要求考生根据实际案例中企业历史财务数据和假设条件，运用Excel搭建出标准、可靠、实用、高效的财务模型，完成企业未来财务报表预测，企业估值和相应的敏感性分析。本科目为Excel财务建模形式，考试时长为3小时。

职业发展方向

CVA资格获得者具备企业并购、项目投资决策等投资岗位实务知识、技能和高效规范的建模技巧，能够掌握中外机构普遍使用的财务分析和企业估值方法，并可以熟练进行企业财务预测与估值建模、项目投资决策建模、上市公司估值建模、并购与股权投资估值建模等实际分析操作。

CVA注册估值分析师的持证人可胜任企业集团投资发展部、并购基金、产业投资基金、私募股权投资、财务顾问、券商投行部门、银行信贷审批等金融投资相关机构的核心岗位工作。

证书优势

岗位实操分析能力优势——CVA 考试内容紧密联系实际案例，侧重于提高从业人员的实务技能并迅速应用到实际工作中，使 CVA 持证人达到高效、系统和专业的职业水平。

标准规范化的职业素质优势——CVA 资格认证旨在推动投融资估值行业的标准化与规范化，提高执业人员的从业水平。CVA 持证人在工作流程与方法中能够遵循标准化体系，提高效率与正确率。

国际同步知识体系优势——CVA 考试采用的教材均为 CVA 协会精选并引进出版的国外最实用的优秀教材。CVA 持证人将国际先进的知识体系与国内实践应用相结合，推行高效标准的建模方法。

配套专业实务型课程——CVA 协会联合国内一流金融教育机构开展注册估值分析师的培训课程，邀请行业内资深专家进行现场或视频授课。课程内容侧重行业实务和技能实操，结合当前典型案例，选用 CVA 协会引进的国外优秀教材，帮助学员快速实现职业化、专业化和国际化，满足中国企业"走出去"进行海外并购的人才急需要求。

企业内训

CVA 协会致力于协助企业系统培养国际型投资专业人才，掌握专业、实务、有效的专业知识。CVA 企业内训及考试内容紧密联系实际案例，侧重于提高从业人员的实务技能并迅速应用到实际工作中，使企业人才具备高效专业的职业素养和优秀系统的分析能力。

- 以客户为导向的人性化培训体验，独一无二的特别定制课程体系
- 专业化投资及并购估值方法相关的优质教学内容，行业经验丰富的超强师资
- 课程采用国外优秀教材，完善科学的培训测评与运作体系

考试专业内容

会计与财务分析

财务报表分析，是通过收集、整理企业财务会计报告中的有关数据，并结合其他有关补充信息，对企业的财务状况、经营成果和现金流量情况进行综合比较和评价，为财务会计报告使用者提供管理决策和控制依据的一项管理工作。本部分主要考核如何通过对企业会计报表的定量分析来判断企业的偿债能力、营运能力、盈利能力及其他方面的状况，内

容涵盖利润的质量分析、资产的质量分析和现金流量表分析等。会计与财务分析能力是估值与并购专业人员的重要的基本执业技能之一。

公司金融

公司金融不仅包括用于考察公司如何有效地利用各种融资渠道，获得最低成本的资金来源，形成最佳资本结构，还包括企业投资、利润分配、运营资金管理及财务分析等方面。本部分主要考察如何利用各种分析工具来管理公司的财务，例如使用现金流折现法（DCF）来为投资计划作出评估，同时考察有关资本成本、资本资产定价模型等基本知识。

企业估值方法

企业的资产及其获利能力决定了企业的内在价值，因此企业估值是投融资、并购交易的重要前提，也是非常专业而复杂的问题。本部分主要考核企业估值中最常用的估值方法及不同估值方法的综合应用，诸如 P/E,EV/EBITDA 等估值乘数的实际应用，以及可比公司、可比交易、现金流折现模型等估值方法的应用。

私募股权投资与并购分析

并购与私募股权投资中的定量分析技术在财务结构设计、目标企业估值、风险收益评估的应用已经愈加成为并购以及私募股权专业投资人员所必须掌握的核心技术，同时也是各类投资者解读并购交易及分析并购双方企业价值所必须掌握的分析技能。本部分主要考核私募股权投资和企业并购的基本分析方法，独立完成企业并购分析，如私募股权投资常识、合并报表假设模拟、可变价格分析、贡献率分析、相对 PE 分析、所有权分析、信用分析、增厚/稀释分析等常见并购分析方法。

项目投资决策

项目投资决策是企业所有决策中最为关键、最为重要的决策，就是企业对某一项目（包括有形、无形资产、技术、经营权等）投资前进行的分析、研究和方案选择。本部分主要考查项目投资决策的程序、影响因素和投资评价指标。投资评价指标是指考虑时间价值因素的指标，主要包括净现值、动态投资回收期、内部收益率等。

信用分析

信用分析是对债务人的道德品格、资本实力、还款能力、担保及环境条件等进行系统分析，以确定是否给予贷款及相应的贷款条件。本部分主要考查常用信用分析的基本方法及常用的信用比率。

财务估值建模

本部分主要在 Excel 案例建模科目考试中进行考查。包括涉及 Excel 常用函数及建模最佳惯例，使用现金流折现方法的 Excel 财务模型构建，要求考生根据企业历史财务数据，对企业未来财务数据进行预测，计算自由现金流、资本成本、企业价值及股权价值，掌握敏感性分析的使用方法；并需要考生掌握利润表、资产负债表、现金流量表、流动资金估算表、折旧计算表、贷款偿还表等有关科目及报表钩稽关系。

考试安排

CVA 考试每年于 4 月、11 月的第三个周日举行，具体考试时间安排及考前报名，请访问 CVA 协会官方网站 www.CVAinstitute.org。

CVA 协会简介

注册估值分析师协会（Chartered Valuation Analyst Institute）是全球性及非营利性的专业机构，总部设于中国香港特别行政区，致力于建立全球金融投资估值的行业标准，负责在亚太地区主理 CVA 考试资格认证、企业人才内训、第三方估值服务、研究出版年度行业估值报告以及进行 CVA 协会事务运营和会员管理。

联系方式

官方网站：http://www.cvainstitute.org

电话：4006-777-630 E-mail: contactus@cvainstitute.org

新浪微博：注册估值分析师协会

协会官网二维码

微信平台二维码

目录

第一部分　GP 和 LP 关系的管理　001
- 案例 1　贝罗尼集团：一般合伙人（General Partnerships，GP）和有限合伙人（Limited Partner，LP）关系的管理　003
- 案例 2　直接化：教师私募股权案例　010
- 案例 3　Pro-invest 集团：如何发起私募股权不动产基金　039
- 案例 4　达成目标：瑞士合众集团私募股权投资组合的优化　054

第二部分　风险投资　069
- 案例 5　苏拉葡萄园：印度的葡萄酒——那怎么可能呢！　071
- 案例 6　阿黛拉风险投资公司：打造一家风险投资公司　089
- 案例 7　西拉杰资本公司：投资于中东地区的中小企业　105

第三部分　成长型股权　125
- 案例 8　新兴市场的私募股权：经营优势能否提升退出价值？　127
- 案例 9　在煎熬中走向成功：凯雷集团对蒙克雷尔的退出　153
- 案例 10　银瑞达投资公司：对瑞典固定宽带公司的投资　177

第四部分　杠杆收购（LBO）　199
- 案例 11　身边的筹码（A）：对安华高科技的收购　201
- 案例 12　身边的筹码（B）：对安华高科技的收购　223
- 案例 13　"钱"途无量：对 Amadeus 全球旅行分销网络的收购　237

第五部分　重组及不良资产投资　253
- 案例 14　Mill 的危机：印度纺织业的一次重生　255
- 案例 15　荷兰文德克司 KBB 控股集团（Vendex KBB）：危机的前 100 天　270
- 案例 16　让印度大象变成非洲猎豹：印度铁路公司的起死回生　295

第六部分	新兴市场的私募股权	313
案例 17	以非洲的粮食解救非洲：坦桑尼亚的水稻农场和农业投资养老金	315
案例 18	前沿市场的私募股权：在格鲁吉亚创建基金	347
案例 19	亚洲私募股权：家族理财办公室的收益要求	372

第一部分
GP 和 LP 关系的管理

> 我们的最大竞争优势之一，就是拥有宏大的运营规模，而规模经济则让我们能够建立起庞大的内部团队。此外，我们还拥有相当长的运营时间，因此，除非刻意选择，否则我们不必出售资产。因为我们根本就不需要流动性。既然如此，我们为什么不寻找投资并利用高端市场的机会呢？
>
> ——戈登·伊夫（Gordon J. Fyfe），不列颠哥伦比亚投资管理公司（British Columbia Investment Management）首席执行官兼首席投资官，欧洲工商管理学院校友

案例 1 贝罗尼集团：
一般合伙人（General Partnerships，GP）和有限合伙人（Limited Partner，LP）关系的管理

一、概述

在本案例中，我们将跟随贝罗尼集团董事总经理杰克·德雷珀的脚步一探究竟。德雷珀先生目前管理着一家处于成长阶段的企业，他要尽量满足全部投资者的需求。他必须解决的一个问题是，这家基金公司已筹建了多只基金，但资金则来自于众多有限合伙人，而且目前由一批存在关联关系的普通合伙人负责管理。贝罗尼刚刚成功地完成了第三只基金，并开始寻找新的投资机会。此时，正值2008—2009年全球金融危机达到顶峰之际，残酷的现实彻底改变了投资者群体的某些基本假设。

因此，本案例的背景就是当时极其艰难的经济形势，这当然会带来很多问题，但是也会造就一些非常有趣的投资机会。杰克在当时所面临的任务，不仅要帮助两个相互竞争的投资者群体把握这些投资机会，还要为一位重要的投资者解决现金流问题。

这个案例凸显出了现有投资者的不同动机：有些投资者投资于贝罗尼集团的第二只和第三只基金，而其他投资者仅投资于其中的一只基金。在杰克着手处理顾问委员会的人员构成问题时，人们最关心的就是两只基金的人员重叠问题，以及管理费降低带来的压力。此时，他需要面对一个至关重要的问题：在他的投资者中，有一家公司已陷入严重的财务困境，并提出为避免违约而获得优惠待遇。

二、案例研究的目标

通过这个案例我们将会看到，在私募股权基金中，保持投资者和基金经理之间的专业

关系非常重要，此外，我们还将讨论在投资者陷入财务困境时，基金管理人可以为他们提供怎样的潜在解决方案。

与此同时，通过本案例设定的场景，我们还将进一步探讨，针对基金管理人对个别基金投入的精力以及为管理整个基金家族而投入的精力，投资者会有怎样的要求和期望。

三、本案例需要解决的主要问题

1. 在投资目标互有重叠的不同基金之间，以及当前基金和未来后续基金之间，杰克应如何处理交易流的分配问题？是按固定结构进行分配，还是根据实际情况进行自主的酌情分配呢？此外，对于即将开展的交易，杰克应首先接触哪个基金的顾问委员会呢？应采取怎样的方案来最大程度地减少不同投资者之间的潜在冲突呢？

2. 由于某些费用（如租金成本和后台人员的工资等）相当稳定，与被管理资金的规模几乎没有任何关联性，因此，在资产管理规模逐渐增加的情况下，杰克应如何应对管理费降低的压力呢？他该怎样回绝投资者进一步降低管理费的要求？

3. 贝罗尼集团的高层负责人同时在多家基金的交易团队和投资委员会供职，在这种情况下，他应如何帮助投资者接受这些负责人（和员工）需要将全部工作时间分摊到不同基金这一事实呢？

4. 他怎样才能帮助投资者坦然接受有可能出现的"交叉义务"呢？也就是说，如果他管理的某一只基金出现了问题，那么，他怎样才能"隔离"这只问题基金和其他非相关基金，以确保不会给基金管理人在财务或时间上带来不利影响呢？

5. 杰克应如何满足欧洲银行的要求以及贝罗尼两只亚洲基金（一号基金和二号基金）中其他投资者的合法期望呢？欧洲银行是贝罗尼集团最长久、规模最大的投资者之一，而且对他们二号基金和三号基金的其他投资者没有任何善意——毕竟，欧洲银行需要拿出一部分收益和他们分享。如果只考虑为欧洲银行提供优惠，那么，他该如何面对蜂拥而至的违约和提款申请？对于在财务管理方面比欧洲银行更谨慎的两只贝罗尼亚洲基金来说，杰克对这两只基金的非违约投资者则应承担哪些受托义务？基金管理人是否会冒着违反"投资基金协议"的风险，去兑现欧洲银行的请求呢？

四、补充资料

为充分利用本案例，建议读者通过如下资料了解本案例的过程及背景信息。
- 重点推荐读者阅读《精通私募股权》中的如下章节。
  - 第一章：私募股权基金的基本概念
  - 第十六章：创建基金
  - 第十七章：基金的筹集
  - 第十八章：LP的投资组合管理
  - 第十九章：绩效报告
- 可以参考如下网站获得更多资料：www.masteringprivateequity.com

五、案例简介

本案例由高级助理研究员格雷格·布莱伍德（Greg Blackwood）与德普律师事务所（Debevoise & Plimpton）香港合伙人安德鲁·奥斯特罗奈（Andrew Ostrognai）合作完成，案例的编写过程得到了INSEAD"决策科学"及"创业与家族企业"课程资深特邀教授克劳迪娅·纪斯伯格的指导，并由西班牙IESE商学院客座教授罗博·约翰逊（Rob Johnson）进行了修订。本案例旨在为课堂讨论提供基础材料，无意对案例所涉及的处理方式是否有效做出判断。

有关INSEAD（欧洲工商管理商学院）案例研究的更多材料（如视频材料、电子表格及相关链接等）可登录官网 cases.insead.edu 查询。

Copyright © 2009 INSEAD. Revision c2014 INSEAD

杰克·德雷珀刚刚为贝罗尼集团完成了第三只私募股权基金的首次交割。贝罗尼集团是一家总部设在香港的基金家族，其投资遍布亚洲各个国家。作为董事总经理，杰克在2000年贝罗尼集团创建时就来到这里，至今已在集团任职九年。在此期间，杰克已经和他的两位合作伙伴成功地操作了贝罗尼亚洲基金（一号基金），不仅取得了圆满的结果，并为按相同模式建立后续基金创造了条件。贝罗尼亚洲基金二号也已接近投资期结束，在该基金终止之后，剩余的资金只能用于投资后续基金。截至2008年夏末，贝罗尼亚洲基金三号已取得有限合伙人（LP）提供的5亿美元出资承诺，而在此之后，私募股权基金的筹资环境却开始恶化。即便是在这种极其艰难的条件下，杰克仍设法完成了三号基金的首次交割，而且在最终交割时还增加了 3 亿美元。在如此困难的融资环境下，他们依旧能够兑现预期的融资目标，这让杰克引以为荣。多年以来，这种情况已经成为杰克和其他负责人在日常管理中需要面对的家常便饭。

即便取得了这样的成功，还是出现了某些意想不到的问题。虽然从单体角度来看，管理每一只基金所需要的技能和流程基本相同，但杰克逐渐意识到，在管理一组基金时，他们必须在战略（有时甚至是政治）上做出精心安排。就在前一天，他刚刚收到拟开展交易的最终资料，他计划将这份资料信息在下周提交给投资委员。二号基金仍有 1.35 亿美元的剩余资金可供使用（基金的投资期还有 1 年），三号基金募集的资金目前也处于随时可使用状态。在拟开展的交易中，出售方正处于困难时期，因此，投资委员会认为，交易的定价可能会非常有利，而且这很有可能成为贝罗尼集团历史上最成功的交易之一。但还有其他问题尚待解决。

- 有些 LP 同时投资了二号基金和三号基金，而有些 LP 却投资了其中的一只基金。在某些情况下，LP 会采取联合投资的形式，让他们所投资的基金直接投资于被投资公司。
- 每个基金都设有自己的顾问委员会，而且每个顾问委员会的组成都要体现出 LP 的参与。因此，各委员会的会员构成是不同的。
- 由于同一个团队同时管理着全部三只基金，因此，有时候会导致普通合伙人（GP）的精力分散到若干基金当中。
- 当 LP 同时参与多只基金时，就会影响到对新筹集基金管理费降低程度的判断，因为和管理费相关的很多成本基本上是固定的（如办公室的租金和人员的工资等）。在经济形势不利的时期，LP 只能寻找一切可以降低成本的途径。
- 最后，对任何联合投资项目，都需要在获得顾问委员会的批准之后才能执行投资交易。

杰克很清楚，他最终总要以这样或那样的方式进行交易——但是要避免日后与 LP 出现摩擦，他首先还需要解决其中的一些问题。

杰克面临的另一个问题是，作为贝罗尼集团合作时间最长、规模最大的投资者，欧洲银行（和很多金融机构一样）本身也存在现金流不足的问题，因而无法兑现二号及三号基金的出资承诺。

在二号及三号基金签署的有限合伙协议中，均对违约的有限合伙人制定了非常严格的违约处罚措施，包括没收所持基金股份的一半，这也是私募股权行业常见的做法。欧洲银行已向贝罗尼集团提议，应该允许该银行暂停向二号基金认缴更多的出资，并将其对三号基金的出资承诺从 1.2 亿美元降至 6 000 万美元，且不得收回银行对二号及三号基金持有的股份。二号基金的 GP 对股份没收条款有一定的自主裁量权，但三号基金的有限合伙协议并没有约定可以减少出资承诺的条款。即便如此,考虑到欧洲银行和贝罗尼集团拥有长期友好的合作关系(而且贝罗尼集团也希望欧洲银行尽快复苏,并成为四号基金的一个投资者),因此,贝罗尼集团当然希望尽可能满足欧洲银行的需求。

贝罗尼集团的发展史

杰克与其他合伙人于2000年创立了贝罗尼集团,并完成了集团一号基金的交割,三家有限合伙人合计认缴了2.5亿美元(见补充材料A)。在接下来的4年时间里,贝罗尼集团成功地将全部资金投入使用,并在相对较短的6年时间内陆续退出被投资公司,在此期间,公司实现了令人瞠目结舌的42%的内部收益率。在完成了一号基金的全部资金配置后不久,贝罗尼集团就成功退出了几笔投资,并在2004年成功地交割了二号基金,筹资规模为3.5亿美元。参与一号基金的全部LP都在一定程度上参与了二号基金,此外,二号基金还引入了另外两家LP(见补充材料B)。

由于交易的质量不高,导致公司始终无法完成对二号基金全部资金的配置,以至于三号基金的首次交割仅取得了约2.15亿美元的认缴出资。但公司已投资的交易已经取得了惊人的收益率,估计内部收益率可达到30%左右(包括未实现的收益),而这就吸引了更多的LP参与投资三号基金。在2008年年底全球金融危机全面爆发之前,LP在首次交割盘时即已向三号基金认缴出资5亿美元。尽管融资环境变得异常艰难,但杰克和其他合伙人始终相信,他们可以在基金最终交割时再取得额外3亿美元的出资承诺(见补充材料C),因为很多眼光独到、善于把握时机的LP坚信,市场上永远不会缺少好的投资机会。

关键问题

现在,杰克发现,自己要面对的两只积极参与型基金和若干亟待解决的问题如下所述。

■ 不同的LP

因为参与二号基金的一家LP已决定不参与三号基金,而且相当一部分认购三号基金的投资者都是第一次做LP,因此,两只基金的LP结构存在明显差异。杰克知道,选择退出三号基金的LP(海湾发展集团是一家主权财富基金,拥有相当大的资产和影响力,因此,他是没有能力去得罪的)希望能在三号基金开始配置资产之前,将二号基金的全额剩余资产用于投资(尤其是他们认为,当期的资产价值已处于历史最低位),因此,他们会强烈反对三号基金在此之前进行任何投资。另外，三号基金的 LP 却充满期待，他们盼望着能在这个让人如痴如醉的市场上完成首次交割。因此，一旦出现非常有利的投资机会，杰克宁愿冒着得罪新合作伙伴的风险，也会把机会留给二号基金，而不是三号基金。

■ 不同的顾问委员会构成

因为已认购二号基金的投资者只是二号基金顾问委员会的成员，而没有参与三号基金的顾问委员会，而且部分第一次做 LP 的投资者全部在三号基金的顾问委员会，与二号基金无关，因此，杰克面对的是两个不同构成的顾问委员会。让问题更复杂的是，对于每一笔即将启动的交易，杰克都需要同时征得两个委员会的批准，才能以联合投资的方式进行投资。因此，参与不同委员会的 LP 之间就有可能出现矛盾。

■ 人力的重叠

像很多基金家族一样，贝罗尼集团的三只基金都是由同一批人员管理的。此前为一号基金进行投资的高级负责人、投资经理和助理，现在正在为二号基金工作，此外，他们还要管理三号基金。在这个过程中，信息和经验上的协同效应是显而易见的，而且，杰克通过这种方式调配、使用手下的人员，可以让每名员工为公司创造的平均管理费达到最高。当然，只负责某个基金的专职 LP 必须将全部精力投入他们所管理的基金上，不再参与其他任何基金的管理。

■ 管理费的减少

由于某些 LP 投资了全部三只基金，因此，他们会认为，杰克应以某种方式降低贝罗尼收取的管理费，以体现三只基金使用同一批人员进行管理而带来的整体效益。此外，三只相继筹建的基金既不需要增加额外的办公空间，也无须增加新的后勤行政人员，因此，这些 LP 认为，在总成本不变、业务增加的情况下，平均分摊的成本就会相应下降。这就为他们要求降低管理费提供了一个理由。而且当时正处于经济困难时期，也让相当一部分 LP 认为，贝罗尼集团应"勒紧腰带"，将节约下来的一部分资金让渡给 LP。

■ 欧洲银行的违约

贝罗尼面临的最大违约，来自他们最大、合作时间最长的投资者，这不仅给二号基金和三号基金造成了严重的现金流问题（甚至有可能影响到这些基金执行现有投资的能力），也让欧洲银行和贝罗尼集团陷入尴尬的境地。尽管欧洲银行已提出缓解部分问题的建议（但仍不足以让欧洲银行恢复正常状态），但如果接受这项提议，不仅会激怒其他没有违约的 LP（因为按这项建议，他们将无法收到他们按规定有权收取的权益），而且还会带来道德风险——其他 LP 也会试图向基金的 GP 索取这样的待遇。此外，批准欧洲银行的要求是否会违反 GP 的受托义务，甚至违反有限合伙协议，同样不得而知。

补充材料 A

LP 的名单（一号基金）

LP 实体	投资金额（100 万美元）	在顾问委员会中席位（是 / 否）
海湾发展集团	100	是
欧洲银行	80	是
La Famiglia Inc.	70	是

补充材料 B

LP 的名单（二号基金）

LP 实体	投资金额（100 万美元）	在顾问委员会中占有的席位（是 / 否）
海湾发展集团	120	是
欧洲银行	70	是
La Famiglia Inc.	40	是
Pensions-R-Us	70	否
StateFund	50	是

补充材料 C

LP 的名单（三号基金）

LP 实体	投资金额（100 万美元）	在顾问委员会中占有的席位（是 / 否）
欧洲银行	120	是
La Famiglia Inc.	30	是
Pensions-R-Us	100	否
StateFund	80	是
新 LP 1	90	否
新 LP 2	80	是
* 新 LP 3	75	否
* 新 LP 4	75	是
* 新 LP 5	75	否
* 新 LP 6	75	否

* 表示基金最终交割时的预计融资规模。

资料来源：虚构数据。

案例 2 直接化：教师私募股权案例

一、概述

加拿大安大略的教师养老保险基金会（Ontario Teachers' Pension Plan）是加拿大最大的单体职业养老保险基金。在本案例中，我们将追溯该基金筹建私募股权投资平台的发展历程。不同于当时典型的养老保险基金，教师养老保险基金会开创性地采取了全新的投资模式，早在脱媒概念流行于有限合伙企业之前他们就已开始推进针对私募股权的直接投资。本案例的主角是来自安大略教师养老保险基金会的首席执行官吉姆·里奇（Jim Leech），此前，他曾担任养老保险基金旗下教师私募股权公司（Teachers Private Capital）的负责人。在本案例中，我们将回顾这家机构多年来走过的历程，在此期间，教师养老保险基金会始终致力于开发内部能力和企业文化的成长，以摆脱基金投资，开展直接投资。本案例阐述了直接投资模式的优势和缺陷，与私募股权投资的其他方法进行比较，并针对如何提高风险收益为机构投资者揭示了其中最重要的问题。

二、案例研究的目标

本案例要求读者基本了解私募股权投资模式，熟悉普通合伙人和有限合伙人之间的一般性关系。本案例研究的目标是向读者介绍为私募股权进行资金配置的不同方法——从只投资于LP，到通过少数股权或控制性股权投资以及基金进行联合投资，并了解这些方法给交易带来的不同影响。

尤其需要关注的是，本案例深入探讨了直接投资模式给 LP 带来的优势，以及 LP 需要构建怎样的内部能力、公司治理框架和组织文化才能成功实施这种投资模式，并得益于这种模式固有的成本节约效应。此外，该案例还讨论了保持和扩大直接投资能力的障碍，并从更高的层面上论述全面管理私募股权计划所面对的挑战。

三、本案例需要解决的主要问题

1. 讨论直接投资模式对 LP 的吸引力以及给 LP 带来的挑战。安大略教师养老保险基金会的哪些特点有助于他们独立创建自己的私募股权公司？
2. 为什么他们的私募基金公司想收购贝尔加拿大集团？在这个过程中，我们得到了哪些教训？
3. 如何评价教师私募股权公司的成功？为支持你的观点，请计算出教师私募股权公司的信息比率，并对他们在不同时期对养老保险基金整体风险收益做出的贡献进行评价。通过该机构私募股权项目的开发过程，其他大型投资者可以吸取到哪些教训？

四、补充资料

为了充分利用本案例，建议读者通过以下其他来源来了解上下文和背景信息。

- 重点推荐读者阅读《精通私募股权》中的如下章节。
  - 第一章：私募股权基金的基本概念
  - 第六章：交易搜索与尽职调查
  - 第十八章：LP 的投资组合管理
  - 第二十一章：LP 的直接投资
- 教师和讲师的案例网站：http://cases.insead.edu/going-direct
- 可以参考如下网站获得更多资料：www.masteringprivateequity.com

五、案例简介

> 本案例由 2012 年 12 月的欧洲工商管理学院 MBA 班的迪帕·拉马纳森（Deepa Ramanathan）撰写。案例的编写过程得到了 INSEAD 全球私募基金投资研究小组（GPEI）执行董事迈克尔·普拉尔和"决策科学"及"创业与家族企业"课程资深特邀教授克劳迪娅·纪斯伯格的指导。本案例旨在为课堂讨论提供基础材料，无意对案例所涉及的处理方式是否有效做出判断。
>
> 本案例研究的经费资助由 INSEAD 全球私募基金投资研究小组（GPEI）提供。部分研究经费由 INSEAD 校友基金会（IAF）资助。
>
> 有关 INSEAD 案例研究的更多材料（如视频材料、电子表格及相关链接等）可登录官网 cases.insead.edu 查询。
>
> Copyright © 2013 INSEAD

第一场冬雪飘落在多伦多北部。此时，在位于 12 层的办公室里，安大略省教师养老保险基金会的首席执行官吉姆·里奇还在考虑教师养老保险基金会刚刚与贝尔加拿大企业集团（Bell Canada Enterprises）达成的协议。这一年是 2012 年，这笔交易的内容是对贝尔公司进行杠杆收购（LBO），一旦成功，这将成为史上最大规模的杠杆收购。每当回顾起这笔将教师养老保险基金会拉到聚光灯下的交易时，里奇都会感到不可思议：作为一家一向被视为非常保守的投资者，教师养老保险基金会牵头组织的投资者联盟，竟以 520 亿加元的价格收购了这家加拿大电信巨头。吉姆细细品味着教师养老保险基金会走过的这段漫长艰辛而又充满变数的历程——从第一次斗胆直接投资于私募股权，到成为一家受业界尊敬的合作伙伴，并最终成为私募股权基金行业里一个令人敬畏的竞争对手。

背景

截至 2012 年年底，安大略省教师养老保险基金会一直是加拿大最大的单体职业养老保险基金，拥有资产 1 295 亿加元，为安大略省 303 000 名健在的退休教师提供养老金。根据独立的养老基金基准管理机构 CEM Benchmarking 公司的统计，在截至 2011 年的全部"10 年期"同类养老保险基金中，如果按 10 年期收益率和超过基准收益率的"增值"这两项指标排名，安大略省教师养老保险基金会均名列第一。自 1990 年以来，该基金创下了平均年化收益率达 10% 的历史新高（见附录 2.1），累计创造增值（按复利计算）达到 605 亿加元。

位于安大略省的教师养老金计划最初创建于1917年。在随后的73年时间里，该基金会一直由安大略省政府管理，基金持有的全部资金投资于政府机构发行的债券。1990年，政府组建了一个由多方出资发起的养老保险基金——安大略省教师养老保险基金会委员会，接管原来的养老金计划，负责对全部资产进行投资，并按约定向会员（或其尚存亲属）进行利益分配，此举完成了对原政府机构的私有化改造。私有化后的养老金计划由安大略省政府和安大略省教师联合会（OTF）共同出资，其中，后者是一家同时拥有4个教师工会的管理机构。作为联合出资发起人，两个机构在新机构中分别指派4名独立董事，并共同推选1名独立董事担任董事长。董事会成员负责监督养老保险基金的管理团队、执行实际的投资项目、管理基金会的资产以及收益分配等工作。根据法律规定，董事会成员的行为原则就是维护基金会成员及其受益人的最大利益。此外，基金会还要向发起人提供基金会财务状况的信息，基金会的财务状况每年需要经外聘的独立精算师审计确认。

教师基金会被定义为福利性养老金计划，也就是说，发起人负责按退休人员的就业时间、以往的薪资水平和预期寿命等因素，向退休人员支付预定金额的养老金。在实际操作中，这就意味着如果养老保险基金的净资产低于负债的现值（应向退休人员支付的养老金），那么，只有计划的发起人向基金增加出资或是减少未来应支付的养老金，才能弥补净资产的缺口。另外，计划发起人也可以利用资金盈余——净资产超过负债的差额，减少现存教师的缴费率，或是增加基金会成员的收益分配（有关养老保险基金的术语见附录2.2）。

从1917年到1990年进行私有化改造之前，作为安大略省教师养老金计划的唯一发起人，安大略省政府对全部资金赤字负责，并取得养老金计划的全部盈余。但是在共同出资发起的框架下，作为共同发起人之一的安大略省教师联合会，对基金会一半的盈余或赤字享有权利并承担义务。20世纪90年代初，强势的投资收益逐渐体现在转变了养老金计划的财务状况上，尽管它们在1990年还存在高达36亿加元的赤字，但是到了90年代后期便进入了持续盈利的状态。因此，在整个90年代的后半段时间里，对参与养老金计划的教师均采取了较低的缴费率，机构本身的收益状况也不断改善。而在进入21世纪之后，由于市场利率持续处于低位，在职教师与退休人员的比例逐年下降（从1970年的10：1降至2012年的1.4：1），而且人口的预期寿命也在不断延长，这些因素导致领取养老金的预期时间也从20年延长到31年，这些因素相互叠加，使机构再度从盈余转变为持续性的赤字。这不仅需要提高教师和政府的缴费率，也减少了未来可支付给退休人员的养老金水平。即便面对这些不利变化，养老保险基金依旧能履行常规性的支付义务，至少不会出现连续3年维持赤字的问题。

投资目标与资产管理政策组合

教师养老保险基金会在《2011年度报告》中指出:

"我们的投资策略旨在获得巨大的收益,只有这样,才能维持稳定的缴费率和养老保险基金的可持续性,并有助于满足基金会的长期资金需求。而我们为此采取的方法,就是兼顾管理资金风险和投资风险。考虑到计划所涉及的人口以及未来支付养老金的义务,我们的目标是在适当风险水平下实现最佳收益。我们必须在追求投资收益的必要性和强大的风险管理之间实现合理均衡。"

在实践中,这个目标对应于维持4.5%的长期真实收益率,这也是自基金会作为独立实体创建以来始终如一的目标。然而,相关人口特征方面发生的变化已大大减弱了基金会的风险承受能力,并促使基金会在加强对流动性限制的同时,更加强调实施投资计划的成本。与此同时,宏观经济形势也发生了巨大变化——从20世纪80年代的高市场利率时代,到90年代后的利率适中时代,再到90年代末开启的资产泡沫时代,最后到当下的全球后金融危机世界,这意味着要实现有针对性的收益率,就必须根据现实对经营策略进行定期审查和修订。这种调整体现在教师养老保险基金会采取的战略性资产配置,或是基金会在其年报中提到的"资产政策组合"(asset policy mix)。

基金会的投资管理人始终要维持两方面的均衡:一方面,为取得预期收益而提供资金的必要性;另一方面就是控制风险,一定要避免出现只有通过增加缴费率或减少未来收益分配才能弥补损失的情况。而这种均衡的核心就在于基金会所面对的终极风险——融资风险,也就是说,教师退休金基金会必须从资产和负债所面对的市场风险、信用风险和流动性风险等多角度出发,以全面的风险观点确定其资产组合。基金会使用自有的资产—负债模型,将长期历史数据、对当前经济形势的判断以及发起人在出资和养老金水平上的决策结合到一起。凭借他们的管理经验和职业判断,基金会使用该模型计算出各资产类别在全部投资中的权重,其中,每一种资产类别的权重体现出该资产类别相对于其他资产类别的长期风险收益特征。基金使用风险预算完成对各资产类别的资金配置,而不以资产风险作为资金配置的基础,风险预算每年都需要接受董事会成员的审查。

在1990年之前,养老金计划只投资于安大略省发行的非公开交易政府债券。在教师基金会成立之后,对资产政策组合(见附录2.3)进行了调整,允许基金投资于加拿大国内外上市及非上市公司的股份,以及有收入创造能力的房地产。此外,基金会还开始投资于各种绝对收益策略、对冲基金、货币市场的有价证券以及各种债券，所有这些金融工具均被归类为固定收益工具。1990年，为实现投资目标，教师基金会决定采取将2/3资金投资于股票、1/3资金投资于固定收益的资产配置策略。最初，教师基金会使用衍生工具进行股票投资，毕竟对养老金计划来说，股票投资绝对是一项非常规性的资产配置方案。5年来，基金会逐渐减少了对安大略省政府债券的持有量，相应地增加了股票投资，并在每一年都实现目标收益率。为了充分把握各种投资机会，基金会允许投资团队在策略性资产配置目标的基础上向上浮动5%。

多年来，教师基金会逐步扩大投资范围，投资目标涵盖了大宗商品、房地产、基础设施和木材等多种产品。和拥有市场收益率的债券一样，这些资产当时也被教师基金会归入"通胀敏感类投资"的类别中。从1996年的7%开始，基金会对"通胀敏感类投资"的目标配置率逐年上升，进入21世纪，此类资产在全部资产组合中的比例已接近1/3，而2009年更是接近一半（45%）。与此同时，考虑到股票市场波动性的提高，以及养老保险基金出于稳健性考虑而缺乏足够的风险承受能力，他们将对股票的目标配置率再次从投资组合的40%降至1/3。

第一阶段：教师私募股权公司的起源

作为私募股权团队的一个分支，教师私募股权公司的投资对象是非上市的私人公司：他们采用独立投资或是和合作伙伴进行联合投资的方式进行直接投资；或是通过由第三方管理的私募股权基金及风险投资基金进行间接投资。截至2011年年底，由直接投资、联合投资及私募股权基金构成的投资组合总额已达到122亿加元。自公司成立以来，扣除管理费后的净内部收益率（IRR）为19.3%，这也充分验证了教师基金会原始管理团队的预言：从一开始，就把非上市私人公司投资及另类资产作为整个投资组合的一部分。

最初的执行团队由克劳德·拉莫鲁（Claude Lamoureux）负责，克劳德于1990年加入教师养老保险基金会，担任机构的总裁兼首席执行官。此前，他在加拿大和美国金融服务业拥有25年的从业经验。而同年新成立的私募股权部门则聘请了前阿尔伯塔政府电话公司的财务主管罗伯特·波特拉姆（Robert Bertram）担任高级副总裁。在他们的共同领导下，教师基金会将目标设定为在10年内形成拥有20亿加元规模的私募股权组合。由于养老金计划拥有长期负债，因而可以收获股权投资的巨大流动性溢价，因此，投资于私人公司的诱惑力是显而易见的。而在20世纪90年代初，加拿大的私募股权公司还屈指可数，因此，该计划大多是和第三方投资者合作，直接投资于加拿大的非上市公司。第一轮私募股权是在1991年进行的：共募集了1亿加元资金，全部以成长型股权投资形式投资于7家私人拥有的加拿大企业，其中，有3笔投资采取了直接投资形式：

科姆考普金融服务公司（Commcorp Financial Services），加拿大最大的设备融资租赁公司；斯特朗设备公司（Strong Equipment Corporation），一家全国性的建筑及相关设备经销商；白玫瑰工艺苗圃销售公司（White Rose Crafts and Nursery Sales Limited），一家位于安大略省的草坪、园艺及工艺用品零售商。其他4项投资则是通过有限合伙企业（LP）和专门从事媒体行业的商业银行进行。

教师基金会之所以做出兼顾直接投资和间接投资的决定，是为了兑现基金会提高私募股权公司创建速度和效率这一目标。教师基金会将投资目标定位于成熟型企业，也就是说，作为进行直接投资所需要的条件，被投资公司应具有良好的经营、可观的历史业绩和强大的管理体系以及相当比例的管理层持股，从而为他们提供开发资本或重组资金，并减少负债。同时，基金会还与知名商业银行、证券交易公司和几家知名私募股权基金建立联盟，在投资于私募股权基金的同时，还和这些机构联合投资于大型交易。通过这个渠道，教师基金会得以涉足当时还无力独立应对的市场——如美国及欧洲市场，利用它们的专业能力——例如，普罗维登斯投资基金（Providence Equity Partners）在电信行业的投资能力，该基金主要从事对加拿大阿尔伯塔省的石油天然气投资，当然，这种模式也为教师基金会进入私募股权市场提供了通道，毕竟，它们还无法在这个市场上进行独立的有效投资（如针对加拿大非上市私人公司的5 000万加元以下的投资）。然而，教师基金会选择的道路并不容易——尽管他们试图将自己打造为私募股权基金的管理机构，但显然尚未取得投资银行和PE基金知名普通合伙人的信任。

教师基金会的投资方式明显不同于其他的大型机构投资者（见附录2.4）。例如，直到1998年，加拿大养老保险基金投资委员会（CPPIB）还一直将资金全部投资于政府债券[①]。该委员会于2001年，开始推行私募股权投资计划，他们采取的策略，是将全部投资委托给外部基金经理。直到2006年，该委员会才开始了为期多年的转型，旨在通过建立内部能力对私募股权进行直接投资。而耶鲁大学的捐赠基金等其他大型机构投资者，尽管把私募股权当作投资配置中不可缺少的一个组成部分，却仅在内部保留选择基金经理的职能，投资流程则完全外包给内部选定的基金经理。而挪威政府养老金全球基金（GPFG）则是另一个极端，出于对透明度，以及业绩对比评估的高度信任，他们在投资中彻底避开私募股权，而采取完全以追求超额收益为目标的低成本方法——投资对象仅限于与大盘指数挂钩的股

---

① Nicole Mordant, "Canada's big pension funds reach for the top", *Reuters News*, April 18, 2007 (Factiva).

票组合和固定收益工具,并采取非常有限的积极管理。① 当然,针对私募股权的使用,还有很多机构采取了折中方法,如新加坡投资公司(GIC),他们在投资私募股权基金的同时,也对私人公司进行直接投资,但投资策略仅限于持有少数股权。

到2000年,教师基金会已形成了覆盖商业银行各方面业务的内部能力,并在消费品、通信、工业产品、娱乐和媒体、金融服务、零售业,以及能源行业等领域投资了100多个项目。教师基金会对加拿大公司的直接投资,占到其商业银行业务组合的40%。在美国和欧洲,基金会既有直接投资,也有作为有限合伙人进行的间接投资。在其商业银行业务组合中,包含了在加拿大和美国进行的3.29亿加元风险投资,主要领域板块涉及生命科学和信息技术。

目前,安大略省教师养老保险基金会已成为加拿大最大的股权投资者之一,自成立以来,其私人资本投资的年均收益率达到23%,这样的投资业绩绝对令人刮目相看。在基金会的股权投资中,常见的出资额在2 500万~5亿加元,其中,盈利性最佳的投资本金分布在7 500万~1亿加元。在教师基金会2001年的直接投资组合中包括19亿加元的联合投资和11亿加元的基金投资,基金会的全部投资组合交由18家投资专业机构管理。

吉姆·里奇:肩负教师基金会走向全球的使命

凭借这个对非上市私人公司开展(少数股权)投资的新公司,教师私募股权公司需要一个在业务发展方面拥有良好业绩的合作伙伴,以便于进一步拓展直接投资模式,开展控股型投资并打入新市场。拥有加拿大皇家军事学院数学和物理荣誉学士学位和皇后大学工商管理硕士学位的吉姆·里奇,同样有着令人羡慕的职业生涯,他不仅拥有在小规模创业企业工作的经历,还曾供职于金融服务、房地产和能源等行业的顶级上市公司。当然,吉姆最显赫的经历莫过于担任Unicorp加拿大公司和联合能源公司(Union Energy Inc)的总裁兼首席执行官,前者是加拿大最早的商业银行之一,而后者则是北美地区最大的综合性能源及管道公司之一。

2001年,当克劳德·拉莫鲁和罗伯特·波特拉姆找到吉姆,邀请他担纲私人资本部门业务时,吉姆刚刚成功地出售了一家高科技创业公司,当时,他正准备和妻子到海外平静地休息一段时间。但拉莫鲁和波特拉姆传递的愿景和展示出的雄心确实让他难以拒绝。长期以来,基金会始终以对待创新和风险的无畏姿态成为业界翘楚:他们是第一个收购房地

---

① David Chambers, Elroy Dimson and Antti Ilmanen, "The Norway Model", September 19 2011, http://www.tilburguniversity.edu/about-tilburg-university/schools/economics-and-management/news/seminars/finance/2011/Dimson.pdf.

产开发公司 100% 股权的养老保险基金,率先采用衍生工具构建目标资产组合,并最早涉足大宗商品投资。这种运筹帷幄、深思熟虑的风险意识,与吉姆的思路不谋而合。他当即放弃了休假的机会,接受了两人的邀请。不久,他带领基金会"踏入了令养老基金不寒而栗的领地"。[①]

在吉姆的领导下,直接投资与联合投资的投资总额从 1990—2001 年的 33 亿加元,增至 2001—2010 年的 115 亿加元。这也让教师养老保险基金会成为最早以系统化方式直接投资于私募股权的养老保险基金之一。它也就此开创了一种逐渐被机构投资者广泛采纳的脱媒方式。

第二阶段:不断膨胀的野心

在吉姆进入教师基金会之后,针对直接投资设置的最低股权认缴额度也被逐渐提高至 1 亿加元,而后又被提高至 2 亿加元,理想出资规模为 3 亿~4 亿加元。2004 年,商业银行部门正式更名为教师私募股权公司(TPC)。改换名号的初衷,一方面在于强调与教师基金会的关系,毕竟,安大略省教师养老保险基金会在资本市场和衍生品业务中声名显赫;另一方面,也是为了淡化与养老基金的联系,在华尔街投资者的眼里,养老基金一向被贬为"最呆蠢的投资者"。

吉姆对团队进行了重组,创建了以地域为核心的团队,并着手向亚洲市场渗透。此外,他还分设了直接投资团队与专业的基金及联合投资团队,并由后者负责管理与普通合伙人(GP)的关系。很多基金是在 GP 已对公司投资后,再收购由 GP 对被投资公司持有的一部分股权,而教师基金会则采取了不同策略,他们借助自己的直接投资团队,和 GP 共同参与整个投资流程的各个阶段,包括尽职调查、交易结构和估值的谈判,以及投资交割等。

出于这个原因,教师基金会更喜欢将他们的联合投资业务称为"联合发起"。吉姆重新设计了流程和审批手续,并招揽了一批高级职员,大大扩充了私募股权团队的实力。虽然团队规模和涉足范围在不断扩大,但业务仍局限于大型交易。凭借私募股权公司先前在私募股权投资方面取得的成功,教师基金会开始对基础设施和木材行业进行直接投资,这同样开创了业界的先河。要投资于这些与通货膨胀挂钩且能创造稳定长期现金流的资产,需要经历与直接投资相同的投资流程,而此时的教师基金会已在这些方面驾轻就熟。随着

---

① Karen Mazurkewich, "Teachers' next test; Jim Leech has a big task dealing with the pension plan's $12.7B deficit", *Financial Post/National Post*, August 28, 2008(Factiva).

这些资产类别的规模逐渐扩大，他们最终被剥离为一个独立的部门，截至2011年，该部门管理的资产规模已达到108亿加元。

2005年，教师私募股权公司斥资4.5亿美元，收购了北美最大的商业洗衣设备制造商、美国联合洗衣设备公司（Alliance Laundry Holdings）。也就是在这一年，他们开始让华尔街刮目相看，并将教师私募股权公司当作一个值得关注的私募股权投资者。而在挫败KKR投资集团等老牌美国基金管理机构将贝恩资本（Bain Capital）的资本纳入麾下时，教师私募股权公司向那些此时仍怀疑其资金实力和经营能力的人发出了一个再清晰不过的信号。截至2005—2007年，教师私募股权公司已开始关注10亿加元级的投资，并在与其他投资者合作的基础上，选择性地考虑40亿加元规模的投资。与此同时，随着吉姆的国际多元化扩展初见成效，基金会在加拿大境内的私募股权投资比例也从几年前的40%降至2006年的32%。

在此期间，表现最抢眼的项目当属对加拿大黄页公司（Yellow Pages）电话簿业务的投资。2002年11月，教师基金会和KKR联合收购了加拿大黄页集团，而在不到1年之后，这项业务就出售给上市公司，此举为两家投资者带来了146%的净内部收益率。表面看来，这似乎与教师基金自称的专业型、长期投资理念不一致，但如果考虑到KKR在2004年清空对黄页集团持有的股份，教师基金则将对该集团的股份持有几年，①这也显示出教师基金不同于KKR的一个关键点：不同于在募集新基金时以历史IRR为基础进行评估的PE基金，教师基金会需要关注的是现金创造能力，而不是以百分比表示的收益率。正如吉姆·里奇所言："你不能用内部收益率支付养老金——所以说，你需要的是现金。"

枫叶体育娱乐公司（MLSE）的案例就能说明问题，该公司拥有加拿大最著名的专业运动队、场馆和电视网络。教师基金会持有该公司的投资近18年之久。尽管出售股权的收入达到最初投资的5倍，但由于持续时间太长（在此期间，教师基金会曾在多个时点进行过追加投资），因此，最终的年均收益率仅为不高不低的16%左右。不过，与出售当年宣布支付的47亿加元的养老金相比，13亿加元的出售收入还是相当可观的。

作为股东，教师基金会长期主动参与上市公司并积极发声，他们大力倡导良好的公司治理，与管理层和上市公司董事进行面对面的沟通，通过反对票抵制违背股东利益的管理层议案。当投资者在一家上市公司拥有大量股权时，他们就可以凭借特殊的影响力去开

---

① 在黄页集团转型为公开收益信托基金后，教师基金会马上将对黄页集团持有的股份比例从30%下调至20.8%，而KKR也将其持股比例由60%下调至41.7%，剩下的一家股东加拿大贝尔公司也减少了持股比例，从10%降至7%。2003年12月，KKR再次出售股权，进一步将其持股壁垒减少到19.4%，并在2004年6月全部清空对黄页集团的股份。

展所谓的"关系投资":鼓励公司管理者践行良好的公司治理,在明确战略重点并实现长期业绩指标的基础上,为股东创造更多的价值。这种来自内部管理而非外部基金经理的良好结果也给教师基金会带来了信心,因此,他们提高了对上市股权和非上市股权的积极管理程度。2002年,教师基金会与其他机构投资者合作创建了加拿大善政联盟(Canadian Coalition for Good Governance),促进加拿大上市企业推行良好的企业管理实践。

他们还将推行良好公司治理的运动扩大到参与股东集体诉讼。比如曾经是世界第二大电信设备制造商的北电(Nortel),会计差错的传闻引发坊间向当时CEO支付的奖金提出质疑。为了揭露北电的公司治理问题,教师基金会和其他股东通过集体诉讼将北电网络诉诸美国法庭,并最终迫使北电网络同意以24亿美元解决这一问题。但北电却未能摆脱财务丑闻的重压,最终申请破产。而媒体则热炒这一事件,并将教师基金会的积极参与描述为"让公司无法忍受的治理圣战"。①

基金的积极管理模式同样延伸到针对非上市公司的投资,最早的一个例子就是枫叶食品公司(Maple Leaf Foods),在对这家公司进行投资(1.5亿加元)的同时,其管理团队及业务计划也相应做出调整。

在2003—2007年,教师私募股权公司的年均收益率从27%增至40%以上,这已经大大超过了基准收益率。而作为私人资本的来源,教师私募股权公司的地位也逐渐提升。在2007年的"私募股权国际奖"(Private Equity International Awards)评选中,该公司被评为"加拿大最佳收购公司"和"最佳有限合伙人",并入选过去5年全球投资前二十大私募股权投资的行列。

在大力推行内部积极管理模式的同时,教师基金会还致力于向利益相关者宣传竞争性报酬的必要性,并通过积极管理确保被投资公司始终关注价值创造。在没有筹资压力的情况下,私募股权公司的员工当然可以取得比PE基金更稳定的工作保障,但是,要吸引私营企业和PE基金的财务和业务专家进入教师基金会这个准公共机构,就必须为投资专业人士提供有足够竞争力的薪酬。在一家独立顾问公司的建议下,教师基金会制定了一套新的激励机制,以长期超过基准的业绩作为确定薪酬的基础。这套薪酬激励制度适用于所有投资人员,在考虑到基金会投资整体业绩的前提下,只有投资管理者在4年期间超过业绩基准的情况下才有资格获得奖金。但激励的确令人心动:2004年,公司整体投资业绩超过基准2%,为此,公司拨款5 200万加元作为奖金。

---

① Terence Corcoran, "Teachers' arrogant role at Nortel, BCE", *Financial Post/National Post*, December 12, 2008(Factiva).

虽然教师基金会及其他加拿大养老基金投资人员的收入水平在全世界名列前茅[1]，但投资管理的总成本却是全球最低的，原因就在于他们通过自己管理大部分资产来规避了大量费用（支付给外部基金经理的管理费）。通常，私募股权基金每年要收取 1.5%～2% 的管理费，并以业绩提成（附带收益）的形式提取 20% 的利润；个别基金以单笔交易为基础进行收费。考虑到这些费用，如果一只由外部基金经理管理的基金实现了 20% 的总利润率（采取的典型费用结构），那么，基金投资者最终获得的净收益率约减少 6%。此外，在 PE 内部建立投资管理机构的另一个好处就是灵活性：通常，PE 基金要求投资者提前做出认缴承诺，而后，在需要进行资金投入时取得认缴出资，而教师私募股权公司却可以根据实际需要调整直接投资的速度。

私募股权公司最令人瞠目结舌的成就是在 2007 年出售新秀丽公司（Samsonite Corp.）的股权，以现金形式取得全部销售收入 17 亿美元，相比初始投资增长了 5 倍。教师基金会与战神企业机会基金（Ares Corporate Opportunities Fund）及贝恩资本合作，于 2003 年收购了新秀丽，并对公司实施了整合，当时，这家世界知名行李制造商正处于破产边缘。在新管理团队的指导下，新秀丽重新树立起全球高档时尚品牌的形象，为教师基金会等投资者的成功退出打下了坚实的基础。

早期投资取得的成功，再加上一批存在竞争关系的投资银行竞相提供融资，两方面相互叠加，促使 TPC 开始定位于越来越大的投资。正如路透社报道[2]所述，"一改低风险投资领军人的形象"，时下的教师基金会等养老基金大举"涌入北美一些最大公司的董事会，并成为公募及私募股权市场的主要交易商"。但最能说明这个问题的案例，莫过于贝尔加拿大企业集团（BCE），该公司拥有市值 253 亿加元，是加拿大持股最分散的上市公司，也是加拿大最大的手机运营商贝尔加拿大公司的母公司。

第三阶段：巅峰时刻——引领世界

最大规模的杠杆收购

教师基金会最早开始持有 BCE 股份的时间要追溯到 1990 年。他们对 BCE（见附录 2.5）持有 1%～2% 的股份，也是这只基金当时最大的持仓之一，毕竟，BCE 是加拿大

---

[1] Jody MacIntosh and Tom Scheibelhut, "How Large Pension Funds Organize Themselves: Findings from a Unique 19-Fund Survey", *Rotman International Journal of Pension Management*, Volume 5 Issue 1 Spring 2012 (http://www.cembenchmarking.com/Files/Documents/How_Large_Pension_Funds_Organize_Themselves.pdf).

[2] *Reuters News*, April 18, 2007.

多伦多证交所TSX指数最重要的成分股。BCE原本是移动市场的领导者，但由于缺少核心产品而导致发展受阻，以至于后来不得不委身于两家新成立的公司之后，成为加拿大的第三大手机制造商。2002—2006年，该公司股票的年均收益率为7.1%，这其中包括4年期的年化股息（2002—2006年），而排在前两位的加拿大企业——罗杰斯通信（Rogers Communications）和泰勒斯电信（Telus Corp），则在同期分别实现了48.1%和35.5%的收益率①。

无论是按照加拿大的标准，还是与同行业全球基准相比，加拿大贝尔电信集团的管理似乎都不到位。为此，教师基金会一直积极向管理层反映他们的观点，并在2006年年底将对公司持有的股权比例增至5%，尽管他们的做法逐渐得到公司董事会的信任，但显然还不足以推行变革。面对来自加拿大贝尔电信集团的漠视，上市公司的业务团队找到私募股权部，看看他们是否有兴趣发起退市私有化，或是将BCE转化为收益信托，以打开价值创造的大门。考虑到私募股权公司的团队曾在早些时候成功收购了加拿大贝尔电信集团下属的两家分公司——黄页集团和CTV贝尔环球传媒——最近还参与了收购卫星业务的投标，尽管没有成功，但应该说，他们是非常了解BCE的，于是，教师私募股权公司接受了这项任务。2006年，BCE的股权转由私募股权公司负责，承担日常管理的团队由格兰·希尔韦斯特里（Glen Silvestri）领导，格兰之后成为公司电信、媒体和技术（TMT）以及能源业务的投资负责人。面对股东持续发酵的怨气，集团管理层开始考虑方案以改善乏善可陈的经营业绩，包括大量回购股份、回购债务、大手笔的收购或转型为收益信托。最终，加拿大贝尔电信集团决定将自己变成一家收益信托。

由于可享受税收优惠，取得收益信托（income trust）在当时受到越来越多加拿大投资者的欢迎。但随着更多公司采取收益信托，加拿大财政部开始担心这种转型会严重侵蚀国内公司税的税收基础。就在BCE披露其转型意图后不久，加拿大政府立刻修订法律，导致转换为收益信托不再享有税收优势，于是，BCE不得不取消这一计划。此时的加拿大贝尔电信集团已毫无秘密可言，既没有方向，又没有其他的价值创造策略。2006年年底，在外部顾问和参股投资者的敦促下，他们只好重起炉灶。由于刚刚以32.5亿加元的价格出售了旗下卫星通信公司，BCE的手里现金充裕，但得到这笔现金的代价却是失去了近在眼前的投资机会，此时，他们已开始引起KKR和普罗维登斯投资基金等私募股权基金的关注。这促使教师基金会决心一试身手，其实，很长时间以来他们一直在考虑应如何处理对加拿大贝尔电信集团持有的股权。

---

① Bloomberg Data。在计算收益率时，假设2002年12月31日—2006年12月31日派发的股息全部用于再投资。

2007年4月初，也就是吉姆·里奇和普罗维登斯投资基金首席执行官乔纳森·内尔森（Jonathan Nelson）和BCE首席执行官迈克尔·萨比亚（Michael Sabia）会面的几天之后，吉姆告知加拿大贝尔电信集团，教师基金会计划向美国证券交易委员会提交"13D"公告（股东单独或合并持有5%以上公司股份时，必须在持股比例达到5%后的10个工作日内，向SEC填报"13D"表格）。此举影响重大且意图明确：教师基金会作为BCE股东的地位正在从被动转为主动。在意识到收购已不可避免的情况下，BCE董事会决定接受这个不可避免的现实，并决议以股东利益最大化为出发点促成此次交易。为此，公司设置了官方拍卖程序，并邀请感兴趣的潜在买家参与投标，约定提交投标的截止日期为6月26日。

仅从这笔交易的规模上来看，就意味着教师基金会没有能力单独行动。实际上，教师基金会已决定和普罗维登斯投资基金公司及麦迪逊-迪尔伯恩投资公司（Madison Dearborn Partners，LLC）合作，其中，麦迪逊与教师基金会早有往来，凭借早期投资取得的成功，它在电信行业享有盛誉①。另外，KKR则与加拿大退休金计划投资委员会（CPPIB）及博龙资产管理公司（Cerberus Capital Management LP）结成投资者联盟，双方将为争取BCE展开一场恶战。

2007年6月30日，加拿大贝尔电信集团宣布，教师基金会及其合作伙伴在投标中获胜：他们为BCE给出的估值为517亿加元，其中包括169亿加元的债务、优先股和少数股东权益②。教师基金会的报价为每股42.75加元，较加拿大贝尔电信集团在2007年3月首次发布出售公告前一天的股票交易价格高42%。这个估值意味着，教师基金会将以有史以来最大规模的杠杆收购而被载入史册，此次收购已超过KKR和德太投资（TPG）在当年早些时候对得克萨斯电力生产商TXU公司进行收购的规模——432亿美元。

此次交易预计将取得340亿加元的债务融资，具体由多伦多道明银行（Toronto Dominion Bank）、苏格兰皇家银行（RBS）、德意志银行和花旗银行组成的银团提供，按照这个债务规模，此次交易的债务/EBITDA倍数为5，EV/EBITDA倍数为7.6③。于是，在教师私募股权公司，负责这笔交易的团队设计出一个更好的治理框架，针对BCE制订了

---

① 安大略省教师养老保险基金曾投资于4只由普罗维登斯投资基金公司管理的收购基金（投资时间分别为1999年、2001年、2005年和2007年）。此外，教师基金会还通过联合投资的方式，与普罗维登斯联合投资于电信、媒体和技术（TMT）等领域，如收购德国最大的有线电视运营商——德国有线电视集团（Kabel Deutschland），以及投资于西班牙最大的通信、宽带互联网及付费电视供应商欧诺电讯集团（Grupo Corporativo Ono）以及印度第三大移动运营商、印度移动电话公司（Idea Cellular）。

② Chris Fournier and Frederic Tomesco, "Fund buys the biggest Canadian phone firm", *Bloomberg News/International Herald Tribune*, July 2, 2007(Factiva).

③ 根据彭博发布的2006年财务数据。

相应的重组计划，并由当时的 BCE 总裁兼首席运营官乔治·科普（George Cope）担任新公司的 CEO，负责执行上述计划。一旦收购完成，迈克尔·萨比亚将离开公司，而乔治将获得内部提升。

为确保新的商业计划得到贯彻，并规避针对加拿大电信企业外资所有权比例的限制，需要对交易结构进行缜密设计：在收购完成后，教师基金会持有 BCE 52% 的股份，普罗维登斯获得 32% 的股份，麦迪逊-迪尔伯恩则占股 9%，剩余的 7% 由其他加拿大投资者持有。此外，预留 5% 的股份作为期权激励计划，管理层在完成业绩指标的前提下有权获得这部分股权。交易条款还约定，如 BCE 单方面终止交易，BCE 应向联合收购方支付 8 亿加元的终止费，并约定应由联合收购方支付的终止费 10 亿加元（事实证明，这项约定非常重要）。

史上最大规模杠杆收购面临的挑战

交易面临的一个挑战，就是需要从监管机构取得的大量批复以及取得这些批复所需要的时间。在这方面，BCE 发挥了关键作用，确保此次收购先后从美国联邦通信委员会（2007年 8 月）和加拿大竞争管理局（2007 年 9 月）获得反垄断许可，并得到加拿大无线电电视委员会（CRTC）（2008 年 3 月）及加拿大工业部（2008 年 4 月）的批复。

尽管这笔交易得到了主要监管机构的认可，但其他麻烦却接踵而至。BCE 的债券持有者对这笔交易非常不满：因为完成杠杆收购之后，他们所持有债券的优先级别将低于 BCE 新发行的债券，而且由于发行新债券会导致 BCE 的负债大幅增加，原债权人的债券被下调信用评级，成为垃圾债券。包括宏利金融公司（Manulife Financial Corporation）在内的两大债券持有人于 2007 年 9 月向法庭提起申诉，要求法院禁止这项交易，他们的理由是此次收购明显有利于股东，却损害了债权人利益[①]。法律分歧将 BCE 拖入了一场为期 9 个月之久的司法程序，最初魁北克高等法院拒绝了这项请求，随后，魁北克上诉法院推翻了魁北克高等法院的裁决，而后，加拿大最高法院做出有利于股东的最终裁定。

在这一年里，按照加拿大法院的裁决，只要 BCE 的董事会能切实履行对债权人的合同义务，就有权从普通股股东的利益出发而采取行动，但就在 BCE 奔走于法院之间的同时，对于交易更大的外部挑战开始浮出水面。在 2007 年下半年开始的美国次贷危机，到 2008 年中旬已大面积爆发，演变成一场席卷全球的金融危机，这场危机迫使花旗银行和瑞银集团不得不接受美国和英国政府的救助资金。随着两家银行的资产负债状况大不如前，而且信贷市场出现了断崖式暴跌，银行开始对最初达成的收购融资条款出现动摇，而坊间也开

---

① Robert Gibbens, "Bondholders have reason to celebrate", *Montreal Gazette*, December 12, 2008(Factiva).

始质疑交易能否如期进行。

在经过了漫长的静默之后，贷款人试图重新就收购条款进行谈判，尽管最初达成的条款对他们依旧有法律约束力。2008年6月24日，在与此次收购的最大贷款人花旗银行进行磋商之后，吉姆和乔纳森·内尔森与BCE董事会碰头。在会上，吉姆发表了最后通牒，BCE必须接受如下条款：减少20亿加元的债务融资，上调债券的利率，暂时停止发放股息，任命乔治·科普担任首席执行官并立即开始执行新的商业计划，交割日期先后推迟6个月，如BCE不接受上述条款，交易将自行终止。与此同时，联合收购方同意将反向分手费追加到12亿加元。在这种情况下，BCE原本可以银行违反上一年达成的协议将银行诉诸法庭，但是把银行告上法庭极可能彻底扼杀交易，因此，他们最终还是同意了财团代表银行方面提出的修订条款，使交易得以继续进行下去，尽管有可能比预期的要慢。

就在银行家们战战兢兢、BCE的股东坐立不安地等着拿股息时，媒体开始热炒这场交易的命运。随着约定截止日期（2008年12月11日）日益逼近，尽管面临诸多困难和挑战，但交易似乎终会成功。而事实却并没有如人们预料的那样。根据交易协议，需要由独立审计师根据资产的公允市场价值确定BCE的偿付能力。这是应BCE方面特别在协议中要求增加的条款，其目的就是满足现有债券持有者的要求，即只有在公司对现有债务的偿付能力不受影响时，交易方可继续进行。到2008年11月底，也就是在截止日之前不到两个星期的时候，接受聘请的毕马威会计师事务所宣布，在完成收购后，加拿大贝尔公司将无法通过偿债能力标准的测试。这实际上宣判这笔交易已经死亡：在12月11日午夜的几分钟之后，教师基金会及其合作伙伴发表联合声明，终止收购协议，他们引用的理由就是加拿大贝尔公司未能通过偿债能力测试。

某些人认为，偿付能力测试只是联合收购方和银行终止交易最方便的借口，在杠杆收购的鼎盛时期，这笔交易让他们兴奋不已，但是在信贷危机的大背景下，这笔交易却让他们心怀疑虑。加拿大的高收益杠杆贷款市场总额约为3 600亿美元，如果完成杠杆收购，仅BCE一家公司的债务就会接近10%。毋庸置疑，银行当然会因为交易夭折而暗自窃喜，而教师基金及其合作伙伴已为交割做好准备，并已为支付交易对价拨付了相应资金。

但BCE显然不满意这个结果。于是，公司向魁北克高级法院提起诉讼，要求联合收购方支付12亿加元的反向分手费——这笔赔偿最终于2012年10月结清，收购方以非现金方式进行赔偿，即向BCE转让其持有的一部分Q9网络公司的股权，Q9网络是一家加拿大数据中心运营商，已被上述联合收购方和BCE联合收购[①]。收购夭折事件的最直接后果，就

---

① Q9 Networks Press Release, "Investor Group Completes Acquisition of Q9 Networks", October 17, 2012 (http://www.q9.com/pr158.html).

是公司的股价遭遇大幅下跌（见附录 2.6），但也给公司创造了机会，BCE 抓住这个机会回购了 4 000 万股，并通过支付部分现金股利的形式让股东略感欣慰。2008 年，贝尔电信曾将 2007 年度的每股 1.46 加元股利削减了一半，到了 2009 年，公司再次发布对股东的利好消息，将股利重新增至每股 1.58 加元。

虽然杠杆收购并未完成，但教师基金会的积极参与"让这家公司比实施收购计划前更专注，而且更有竞争力"。① BCE 也确实发生了很多变化，取消了冗余的管理层级，重启品牌运营，与泰勒斯电信达成分摊创建 3G 网络成本的协议，可以说，这些成果都离不开教师基金会的推动。

在交易完成之前被提拔为首席执行官的乔治·科普成为 BCE 的新掌门人，在他的领导下，BCE 继续实施教师基金会协助开发的商业计划，并最终实现了该计划制定的长期 EBITDA 目标。但是在 2009 年，未来前景看起来似乎还不那么乐观。

由于退市操作的放弃，在教师基金会内部，管理 BCE 股权的责任再次回到私募股权公司，而后者已决定，将最初按每股约 30 加元价格收购的 5 500 万股 BCE 股票全部清盘。② 最终，教师基金会清仓 BCE 股票的价格在每股 23～25 加元，并在 2009 年 5 月完全退出这笔投资。

思考对 BCE 的收购案，教师基金会确实面临着一些问题。首先，市场表明，预料中的融资或许会出人意料地灰飞烟灭，让原本可以载入史册的大手笔杠杆收购渐行渐远。假如收购 BCE 的交易取得成功，那么，最终结果将导致教师私募股权公司的组合过度集中于电信媒体技术行业。公司需要为收购 BCE 拿出的资金总额约为 35 亿加元。而且一旦交割成功，预计他们会马上减少仓位，将 10 亿加元的股份转让给加拿大养老保险基金投资委员会等其他机构投资者。即便如此，到 2007 年年底，对 BCE 的股份依旧会在教师基金会的全部投资组合中占据相当大的比例。③

此外，如此规模浩大、需要倾注全部精力的收购，交易的机会成本不可能微不足道。在 2007 年 3—6 月项目最繁忙的时期，私募股权公司负责加拿大境内业务的 6 个人全部投入到交易中。尽管教师基金会可以利用合作伙伴（普罗维登斯投资基金也派出五六个人参与到 BCE 的收购项目中），但随着媒体聚光灯的关注以及交易面临的困难越来越多，教师基金会已经在人力上感到捉襟见肘。

---

① Ross Marowits, "BCE takeover dead, court fight looms over $1.2B termination fee", *The Canadian Press*, December 11, 2008(Factiva).
② Dow Jones Newswires, "Ontario Teachers Seen As Big Seller of BCE Stock", May 22, 2009(Factiva).
③ 考虑到债务融资的最终数额，整个财团的出资总额约为 77 亿加元。

第四阶段：后金融危机时代

2007年12月，也就是BCE收购项目最紧张的时候，吉姆·里奇被提升为教师基金会的总裁兼首席执行官，全面掌管养老保险基金。在负责教师私募股权公司期间，吉姆直接负责的资产规模近200亿美元（其中包括90亿加元的直接和间接私募股权以及100亿加元的基础设施投资）和40%的风险基金。此外，吉姆还是教师基金会不动产投资机构的董事会成员，由于该公司是一家独立企业，因此，他还要负责监督另外200亿加元的资产以及30%的风险基金。

随着股权投资项目持续获得盈利，吉姆无疑给董事会留下了深刻的印象。在当时的一次采访中，他的前任上司克劳德·拉莫鲁认为，吉姆是一个具有强大领导能力的"杰出沟通者"，媒体和同僚也接受这样的评价。有一篇新闻报道称他"最适合于承担同时需要销售技巧和人际管理能力的岗位"，而他的前下属则将他描述为一个非常强大的管理者，善于与人交往，而且能言善辩、诚实可信、平易近人。在晋升为公司一号管理者之后，虽然吉姆需要承担更多的责任，但考虑到现有关系以及交易的关注度，他仍然继续参与BCE的事务。实际上，吉姆·里奇被提拔为教师基金会一号人物之时，也恰值公司的重大变革时期——自1990年独立运营组织以来一直担任公司核心领导职务的克劳德·拉莫鲁和罗伯特·波特拉姆在1年时间内先后离职，尽管吉姆已着手组织人员结构调整并已开始关注人才开发问题，但他依旧需要确保组织人员的情绪稳定。与此同时，他还要解决基金目前面对的经常性资金赤字问题——这也是出现在20世纪90年代后期的一个重大转变。对这位新任首席执行官来说，要推行提高会员教师缴费率和削减未来退休人员退休金之类不受欢迎的措施，他的面前还有着难以逾越的政治挑战。

2007年12月，厄罗尔·尤苏默里（Erol Uzumeri）从吉姆·里奇手中夺取教师私募股权公司的指挥棒，在他的领导下，公司仅用了几个月的时间便重组为行业团队，以便于开发深层次的板块运营能力，在寻找和评估投资机会的基础上选择投资，而不是像以前那样凭借运气。为开拓欧洲市场，教师私募股权公司在伦敦开设办事处，另外，公司本身也确定了4个关键投资领域：电信和媒体、消费品、多元化行业（化工及材料），以及金融服务，并进一步在这些行业内部确定最有投资吸引力的细分板块。与此同时，整个集团开始有意识地规避采矿、金属、石油和天然气行业（尽管这些行业是加拿大经济的支柱产业），因为要开展这些领域的投资，公司就必须建立一支新的团队。

虽然信贷危机给全球经济带来了巨大灾难，但教师私募股权公司的投资组合几乎未受影响，只有其中一笔直接投资出现了股权损失。和很多其他投资者一样，在经历了全球金融危机之后，风险管理也成为教师私募股权公司的一项核心任务，但公司的风险承受能力并没有因此而降低，当然，还是要规避像收购BCE这样的超大型交易。2010年，尤苏默里离开教师基金会开创了自己的基金，随后，他的职位被简·罗威（Jane Rowe）取代，在撰写本书时，罗威依旧是私募股权公司的负责人。

从2001年到2011年间，尽管股权投资在教师基金会全部投资组合中的比例从60%降至44%，但同期的私募股权投资比例则从8%升至24%。[①] 此外，对加拿大境内企业的股权投资比例缩减了17%，这反映出股权投资组合走向国际的趋势。2012年，教师基金会宣布了开拓对印度及拉丁美洲进行股权投资的规划，相比之下，他们此前在北美和欧洲以外的海外投资仅限于对中国、日本、韩国和非洲的小额投资。2012年，教师基金会通过柯达拉投资顾问公司（Kedaara Capital Advisors）完成了对印度的第一笔投资。此外，英国、比利时、荷兰、卢森堡、德国及斯堪的那维亚地区也被确定为未来投资的重点地域。2012年11月，教师基金会宣布在中国香港地区设立办事处，负责统一协调在亚太地区的投资活动，这也进一步体现出公司在地域多样化方面的意图。

基金会继续强化有效的公司治理模式，并建立直接投资模式所需的人才吸引和培养机制。在全球金融危机之后，教师基金会对薪酬计划进行了一些调整，随着时间的推移，薪酬计划也开始变得越来越复杂。为重新灌输成本意识，用于衡量业绩的所有利润均按照扣除成本后的净额计算，当然，还要扣除需要在各团队之间完全分摊的内部管理费用。薪酬结构继续体现回拨机制，确保累积奖金池在未达标年度做相应扣减。同时吉姆一直在提醒他的下属，教师私募股权公司不是一个附带养老保险基金功能的PE基金，而是一个设在养老基金内部的独立PE实体。

对于教师基金会取得的成功，吉姆将很大一部分原因归功于直接投资部门，因为它拥有一个理性的投资委员会，而且委员全部是经验丰富的投资专业人士，而非政客或是官方人士——这种情况在国有养老基金和投资机构很常见。这个委员会深刻理解股权投资的风险，并随时将投资风险掌握在可控范围之内，即使面对偶然的失败也不会手足无措，这一点对实现流动性溢价来说至关重要，毕竟，这是对那些有耐心的投资者最好的回报。另外，将管理职能和监督职能区分开来同样非常重要，1996年，时任教师基金会董事长的爱德华·迈德兰德（Edward Medland）在致函计划部成员时表示："我们的董事会对管理被投资公司不感兴趣，也不会设专人去管理被投资公司。"

虽然教师私募股权投资公司有自己的内部运营部门，并在2008年组建投资组合管理团

---

① 减少股权投资比例的部分原因，是公司对资产组合政策进行了针对性调整，主要是考虑到股票的波动以及未来持续融资问题导致基金本身的风险承受能力较低。

队,以确保将优秀的运营经验和最佳公司治理实践运用到每一家被投资的公司,但他们始终致力于将自己定位为优秀的资产监督者(而不是管理者)。此外,灵活机动性同样是他们引以为荣的优势,毕竟,"灵活"这个形容词很少会用来标注养老基金的特征。在面对GP带来的联合投资机会时,很少有大型LP能像他们这样,以高效、灵活的方式做出回应。

评估教师基金会取得的成功:基于教师基金会、养老基金和其他LP的三重视角

如附录2.7所示,从绝对意义上来看,自成立以来,教师私募股权公司实现了19.3%的净内部收益率(IRR)。按照每一年的业绩,公司在近期有数据可查的17年时间(1995—2011年)中,在14个年份内均实现了正收益。从相对角度来看,在这17年里,公司在15年内的收益率超过基准收益率,为此,教师私募股权公司给自己定义了一个基准参照指标,即在相关公开股票市场收益率的基础上增加一个利差,这个利差因不同市场而异。

自成立以来,私募股权公司的内部收益率已接近养老保险基金总体内部收益率(10%)的两倍,这凸显了公司在过去20年内为基金会做出的贡献。教师基金会最大的主动性风险预算出现在私募股权、公开市场股票和房地产,主要是因为这些资产的历史收益率均高于各自的基准收益率。私募股权在基金会资产组合中始终保持重要地位,他们的平均风险调整收益率始终高于其他资产类别(见附录2.8)。

通过分析教师私募股权公司收益的来源(见附录2.9)可以发现,从成立初始到2000年,也就是在建立直接投资组合的过程当中,基金投资的收益率(IRR为34.3%)优于直接投资和联合投资(IRR为20.9%)。但是从2000年开始到2006年,这一趋势出现了逆转,基金投资的年均收益率大幅降至13.8%,而直接投资和联合投资的收益率则提高至31.6%。直接投资的良好收益,一方面来自于直接投资和联合投资本身拥有的更高的收益能力,另一方面原因则是团队经验的增加,以及私募股权市场提供的有利条件。但这些数字并没有反映出另一个事实:如果没有对基金进行相应的投资,就不可能有联合投资带来的某些超额收益。就总体而言,基金投资以及直接投资和联合投资的收益率都已经下降,而且在近几年(2006—2011年)里差异不大。但是从成立初始到2011年,直接投资的收益能力明显优于基金投资。在2009年和2010年,私募股权公司将基金投资划分为核心股权投资和非核心股权投资。

在基金投资方面,私募股权公司在选择基金经理方面的结果喜忧参半。根据Preqin提供的资料,公司在投资的47只基金中,有25只基金的业绩逊色于各自的基准收益率(见附录2.10)[①]。虽然可以对私募股权公司在选拔基金经理方面的能力提出质疑,但综上所述,

---

① 按收益率的四分位排名,10只基金进入前1/4,9只基金进入第二个1/4,13只基金位列第三个1/4,还有12只基金处于后1/4。

并没有考虑到这样一个事实：很多基金投资为公司提供了更有吸引力的联合投资机会，而在评估外部经理的业绩时，仅在内部考虑这个因素。此外，虽然直接投资和联合投资取得了非常不错的收益，但考虑到和投资基金相比，直接交易所需要的资金量更大，因此，公司在这方面扩大投资组合的空间是有限的。

前进之路

2011 年，教师私募股权公司进入"私募股权名人堂"，对此，《道琼斯私募股权分析师》（*Dow Jones Private Equity Analyst*）的编辑在提名时指出，他们"为风险投资、收购和私募股权相关业务提供了值得借鉴的范例和持久的贡献"。同年，吉姆获得加拿大公共关系学会颁发的"公共关系卓越奖"。然而，随着大量投资者的资金涌入私募股权行业[①]——行业管理的总资产规模在 2012 年达到历史新高的 3.2 万亿美元，较前一年增长了 4%，由此引发的竞争对吉姆和他的私募股权乃至整个董事会都形成了重大挑战，无论是私募股权的未来预期收益率、内部管理团队和外部管理团队之间的利益分配还是资产组合对私募股权的资金配置，都将承担巨大压力。

在从小到大的发展过程中，教师基金会已在直接投资领域取得了长足进步，从创立以来，基金会已通过直接投资和联合投资将近 150 亿加元的资金投入到私募股权。基金会的投资策略在各类机构投资者中间引发广泛共鸣，尤其是资金缺口不断扩大的养老保险基金，基金会的做法已成为他们创造风险调整收益的重要手段。然而，在建立内部专业能力方面，教师基金会的确经历了一个漫长的渐进过程，在十几年的时间里，他们最初从与 GP 进行联合投资起步，逐渐发展到独立开展直接交易，并最终引领大规模的收购。在这一路上，他们始终高度重视将实践建立在正确的企业文化和适当的公司治理框架基础之上。

展望未来，在投资竞争不断加剧的大环境下，教师私募股权公司应如何延续他们的超常盈利能力呢？从组织角度来看，他们应如何在避免养老保险基金资产遭受不必要损失的同时，保持理性、审慎的风险观呢？考虑到脱媒策略在规模上的局限性，他们是否应重新关注基金投资，利用私募股权基金收益能力的改善来进一步扩大其持有的私募股权组合呢？或者说，是否应聘请外部管理人员，针对不同投资策略进行专业化分工管理，还是像很多投资者那样，把资金交给基金，而放弃对投资的控制权或讨价还价能力呢？在以分散化投

---

① Paul Hodkinson, "Rise and Rise of Private Equity Assets", *Private Equity News*, February 4, 2013 (http://www.penews.com/magazine/news/content/4071712174/40872/).

资为目的而涉足的某些新兴市场中,教师基金会还是一个彻头彻尾的新手。因此,在这样的市场里,他们必须与适当的外部管理机构建立关系,以便为将来充分利用这些市场的繁荣做好准备。

附录2.1

安大略省教师养老保险基金会的基本状况:基金总规模及年度收益率

年度	净资产				
	资产规模:10亿加元	年收益率(%)	基准收益率(%)	1990年以来的IRR(%)	1990年以来的基准IRR(%)
1990	20.1	5.60	不适用	5.60	不适用
1991	24.7	19.60	不适用	12.40	18.10
1992	27.8	8.90	不适用	11.20	不适用
1993	33.7	21.70	20.50	13.80	7.60
1994	34.5	1.70	−0.3	12.70	不适用
1995	40.1	16.90	17.20	12.20	8.30
1996	47.4	19.00	18.10	13.10	9.70
1997	54.5	15.60	15.60	13.40	10.40
1998	59.1	9.90	11.90	13.00	不适用
1999	68.3	17.40	17.60	13.40	11.20
2000	73.1	9.30	5.30	13.10	10.70
2001	69.5	−2.3	−5.3	11.70	9.30
2002	66.2	−2.0	−4.8	10.60	8.10
2003	75.7	18.00	13.50	11.10	8.50
2004	84.3	14.70	10.60	11.30	8.60
2005	96.1	17.20	12.70	11.70	8.90
2006	106	13.20	9.40	11.80	8.90
2007	108.5	4.50	2.30	11.40	8.50
2008	87.4	−18.0	−9.6	9.60	7.50
2009	96.4	13.00	8.80	9.70	7.60
2010	107.5	14.30	9.80	10.00	7.70
2011	117.1	11.20	9.80	10.00	7.80

1990年以来的内部收益率和1990年以来的基准内部收益率是年均内部收益率。

资料来源:安大略省教师养老保险基金会1990—2011年的年度报告。

附录2.2

养老基金的专业词汇表

活动会员（Active Member）	目前还在向养老金计划缴纳保险费用的会员
资产	包括养老金计划全部财产的价值：股票、债券、房地产和基础设施投资的价值与未来缴费的现值之和
养老保险缴费（Contributions）	以雇员应缴纳养老金的收入总额为基础，按预定比例缴纳的养老保险，雇主负责逐月缴纳养老保险，已缴纳资金累计计算
固定收益计划（Defined Benefit Plan）	教师基金会的养老金计划就是一种固定收益计划。会员的养老金水平取决于他们的就业年数和5个最佳年度工资的平均水平，而不以投资收益水平为基础
固定缴费计划（Defined Contribution Plan）	是一种养老保险基金，其中，每个成员的养老金水平取决于使用其缴款进行投资取得的收益。个别成员对其投资收益承担全部风险，因而对其养老金投资利益拥有全部所有权
资金赤字（Funding Deficit）	也称为资金不足或资金缺口。如果养老金计划的负债大于资产，那么，该计划就出现了资金赤字，或者说资金不足
资金结余（Funding Surplus）	养老金计划持有的资产超过其负债时，就出现了结余
负债	负债包括养老金计划对外全部债务的价值，即未来收益的现值以及应付工资和未偿还债务等其他金融债务之和
会员	有资格向养老金计划缴纳养老保险并享受服务的人员。养老金计划的会员包括所有正在领取养老金以及正在缴纳养老保险的人
安大略省教师联合会（OTF）	代表安大略省全部教师的一个协会，也是养老金计划的发起人之一
养老金领取者（Pensioner）	已退休并按月领取养老金的会员
养老金（Pensions）	定期向符合养老金计划资格要求的成员或在世者支付的福利
养老金的发起人（Plan Sponsors）	养老金计划由安大略省教师联合会和教育部共同发起
《教师养老金法》（TPA）	安大略省为管理教师养老保险基金所颁布的法案

资料来源：安大略省教师联合会网站（http://www.otffeo.on.ca/english/pensions/glossary.pdf）。

附录2.3

资产政策组合的演变　　　　　　　　　　　　　　　　　　　　　　　　　　　%

年　度	股权投资	通胀敏感型资产	固定收益投资
1991	65	0	35
1995	65	0	35
1996	69	7	24

续表

年　度	股权投资	通胀敏感型资产	固定收益投资
1999	65	15	20
2000	60	22	18
2002	50	30	20
2004	45	32	23
2006	45	33	22
2009	40	45	15
2010	增加	重新定义	重新定义

- 股权投资包括上市公司的股权以及非上市公司的股权。在1995年之前，房地产投资也被视为股权投资的一部分。
- 通胀敏感型投资包括大宗商品、房地产、基础设施、木材和政府发行的实际收益债券。
- 固定收益投资包括绝对收益策略、对冲基金、债券和货币市场证券。

资料来源：安大略省教师养老保险基金会1990—2011年的年度报告。

附录2.4

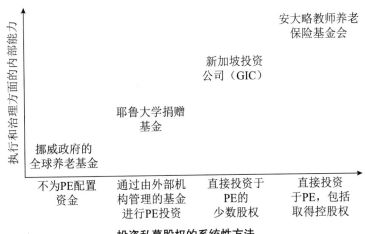

投资私募股权的系统性方法

资料来源：笔者分析。

附录2.5

安大略教师养老保险基金会对加拿大贝尔电信公司的持股情况

年　末	持股数量（100万）	价值（100万加元）	持股比例（%）
1990	0.6	24.6	0.10
1991	3.5	164.5	0.60
1992	3.2	132.8	0.60

续表

年末	持股数量（100万）	价值（100万加元）	持股比例（%）
1993	7.9	366.9	1.40
1994	11	494.8	1.90
1995	10.3	487	1.80
1999	11.2	1 472.60	1.90
2003	10.4	305	1.20
2004	11.1	324.2	1.30
2005	44.9	1 266.55	5.30
2006	42.8	1 357.50	5.30
2007	50.8	2 032.90	6.30
2008	50.8	1 295.20	6.30
2009	—	—	—

资料来源：安大略省教师养老保险基金会 1990—2011 年的年度报告；彭博社提供的数量。

附录2.6

BCE 的股票价格走势图

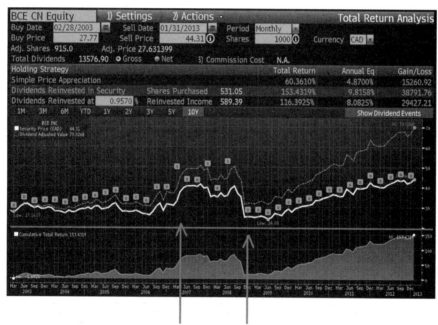

资料来源：彭博社。

附录2.7

教师私募股权投资公司：投资组合的规模和年收益率

教师私募股权投资公司					
年　份	规模：10亿加元	净资产的比例（%）	股权的比例(%)	年收益率（%）	基准收益率(%)
1990					
1991	0.1	0	2	不适用	不适用
1992	0.1	1	2	不适用	不适用
1993	0.2	1	2	34.5	不适用
1994	0.4	1	2	不适用	不适用
1995	0.7	2	3	21.5	16.5
1996	1.0	2	3	38.4	30.3
1997	1.7	3	4	52.9	17.0
1998	2.3	4	5	12.3	0.4
1999	3.1	5	7	28.3	33.7
2000	3.9	5	9	21.8	7.3
2001	3.4	5	8	1.2	−12.5
2002	3.3	6	10	−0.2	−12.2
2003	4.2	5	12	40.5	27.6
2004	4.3	6	11	27.6	14.5
2005	6.0	6	13	31.4	24.2
2006	6.1	8	13	26.9	19.6
2007	9.0	11	18	9.8	−0.9
2008	9.9	10	28	−12.7	−19.3
2009	10.0	11	24	−2.8	11.3
2010	12.0	10	25	19.0	7.1
2011	12.2	11	24	16.8	−0.2

4年期的年均收益率		
年　份	教师基金的收益率（%）	基准收益率（%）
2003	14.6	1.2
2004	16.0	2.8
2005	23.8	12.2
2006	33.3	21.2
2007	23.1	13.6
2008	12.0	4.1
2009	3.9	1.3

续表

4年期的年均收益率		
年　份	教师基金的收益率（%）	基准收益率（%）
2010	2.6	-1.2
2011	4.2	-1.0

以1990年为起点，教师基金的投资组合到2000年为止的年度内部收益率（IRR）为23.0%，到2011年为止的年度内部收益率（IRR）为19.3%。

资料来源：安大略省教师养老保险基金会1990—2011年的年度报告。

附录2.8

安大略省教师养老保险基金会——风险调整后的收益率

项　目	基　金			
风险调整收益	1995—2000年	2001—2005年	2006—2011年	1995—2011年
平均超额收益（%）	0.40	3.80	1.30	1.70
超额收益的标准差（跟踪误差）（%）	1.80	0.70	4.50	3.20
信息比率（超额收益/跟踪误差）	0.22	5.16	0.29	0.53

资料来源：安大略省教师养老保险基金会1990—2011年的年度报告。

注：

信息比率（Information ratio）用于衡量按风险调整后的投资收益率。它等于超过基准收益率的超额收益率与收益的标准差之比。即

$$信息比率 = 超额收益 / 跟踪误差$$

其中，超额收益是指超过基准收益以上的超额收益；跟踪误差是指超额收益的变化程度，以标准差来表示。

信息比率（IR）不仅衡量了一名投资组合管理者创造超额收益（超过基准收益率以上的超额部分）的能力，还可以反映投资业绩的一致性程度，信息比越高，说明投资管理者取得超额收益的稳定性就越高。

资料来源：Investopedia.com。

附录2.9

教师私募股权投资公司：基金投资及直接和联合投资的年净收益情况

年度净收益率（%）	1990—2000年	2000—2006年	2006—2011年	1990—2011年
基金投资（%）	34.30	13.80	7.10	16.00
直接及联合投资（%）	20.90	31.60	4.50	21.00

表中数字均扣除管理费收入。

资料来源：教师私募股权投资公司。

附录2.10

教师私募股权投资公司的基金投资

基金名称	起始年份	状态	基金规模：100万美元	投资类型	实缴率(%)	投入资本分红率(%)	投资倍数	净IRR	基准收益率(%)	超额收益率(%)	在四分位中所处位置	报告时间
BC 欧洲投资基金 V	1984	已清算	530.6	收购	93.3	93.3	519	58	30.5	27.5	1	2012年12月31日
BC 欧洲投资基金 VI	1988	已清算	1 212.80	收购	86.4	86.4	231.3	20.8	13.8	7.1	1	2012年12月31日
普罗维登斯投资基金 IV	2001	交割	2 764.00	收购	92.1	92.1	229	24	22.9	1.1	1	2012年6月30日
WellsPring 投资基金 III	2002	交割	675	收购	98.7	98.7	184.1	27.6	16.1	11.5	1	2012年6月30日
Ares 企业机会投资基金 II	2006	交割	2 065.00	收购	107.2	107.2	97.9	14.7	7.8	6.9	1	2012年6月30日
Technology Crossover 风险投资基金 VI	2006	交割	1 411.00	收购	97.4	97.4	92.6	10.5	3.1	7.4	1	2012年6月30日
Frazier 健康基金 V	2005	交割	475	扩张/后期阶段	97.3	97.3	81.2	9.3	0.5	8.8	1	2012年6月30日
Abingworth 生物风险投资基金 V	2007	交割	587.6	风险投资（一般性）	57.2	57.2	51.3	19.6	1.1	18.5	1	2012年3月31日
Actera 投资基金	2007	交割	693.6	风险投资（一般性）	97.7	97.7	49.1	20.9	7.7	13.2	1	2012年6月30日
安博凯（MBK）投资基金 III	2008	交割	1 600.00	收购	63.3	63.3	9.8	19.6	9.1	10.6	2	2012年6月30日
BC 欧洲 IV	1991	已清算	166.2	收购	100	100	215.3	25.9	25.3	0.6	2	2012年12月31日
地中海（MidOcean）投资基金	2003	交割	1 800.00	收购	98.5	98.5	210.2	不适用	14.3	不适用	2	2012年6月30日
凤凰投资基金 IV	2001	交割	422.3	收购	122.1	122.1	188.8	32.1	28.8	3.2	2	2012年6月30日
普罗维登斯投资基金 III	1999	交割	950	收购	101	101	149.8	14.5	10.7	3.8	2	2012年6月30日
Ares 企业机会投资基金	2003	交割	750	收购	120.7	120.7	131.8	14.3	14.3	0	2	2012年6月30日
Glencoe 投资基金 III	2003	交割	200	收购	108.5	108.5	113.4	40.6	14.3	26.3	2	2012年6月30日
Doll 投资基金 IV	2004	交割	375	收购	95	95	47.9	6.4	0.7	5.8	2	2012年6月30日
Chrysalix 能源基金 II	2005	交割	70	早期阶段	87.9	87.9	19	无数据	−0.4	无数据	2	2012年6月30日

续表

基金名称	起始年份	状态	基金规模：100万美元	投资类型	实缴率（%）	投入资本分红率（%）	投资倍数	净IRR	基准收益率（%）	超额收益率（%）	在四分位中所处位置	报告时间
方源资本（fountainvest）中国成长基金	2008	交割	942	成长股投资	65.3	65.3	17.7	6.5	2.7	3.8	2	2012年6月30日
BC欧洲投资基金VII	2000	交割	4 077.90	收购	100	100	203.8	17.9	24.9	−7	3	2012年6月30日
DU商业银行投资基金II	1997	交割	3 000.00	收购	98.5	98.5	140.1	6	9.3	−3.3	3	2012年6月30日
光源资本（Lighthouse Capital）基金V	2003	交割	366	风险债	93	93	112	4.4	11	−6.6	3	2012年3月31日
银湖投资基金II	2004	交割	3 600.00	收购	88.4	88.4	84.8	10	1.23	−2.3	3	2012年6月30日

注：

表中数据来自Preqin数据库，可能没有涵盖教师私募股权投资公司参与的全部基金投资项目。

每个基金所采用的基准收益率是根据基金类型、基金的起始年份及投资所在地域选择的。比如说，BC欧洲V基金选择基准收益率的标准为1994年/欧洲/收购。

资料来源：Preqin Database.

案例 3　Pro-invest 集团：如何发起私募股权不动产基金

一、概述

本案例将介绍 Pro-invest 集团如何进行业务打造，并成功完成第一只私募股权基金的筹集。Pro-invest 是一家专门从事房地产私募股权投资、房地产资产管理及其他私募股权投资的小型投资银行。自 2013 年创建以来，Pro-invest 的创始人一直使用自有资金开展业务，但是到了 2014 年中旬，自有资金已基本耗尽，此时，公司的进一步发展亟须获得第三方资金的支持。在确定合适的基金结构之后，公司走上了筹资之路。但就在潜在投资者终于浮出水面时，Pro-invest 却陷入混乱。公司的团队必须重新评估筹资方法，并选择其他资金募集方案。本案例深入探讨了各种基金募集方案的优点和缺陷。

二、案例研究的目标

本案例归纳了私募股权公司募集新基金时可采用的不同方案。通过这个案例的学习，读者可以对各种募集选择做出评价，并全面了解募集过程中的相关机制，尤其是对于首次募集的基金，本案例非常具有代表性。通过本案例，读者可以得到如下体会。

- 了解私募股权基金经理在募集基金时需要考虑的核心要素，如控制权和收益分配等。
- 了解房地产私募股权投资行业的募集动态。
- 站在基金经理管理委员会的立场上，评估各种基金募集方案的利弊。
- 在基金对房地产私募股权基金进行资产配置之前，理解大型机构投资者需要解决的

- 问题以及尽职调查要求。
- 理解平衡基金募集和开展投资这两项任务所面对的挑战,尤其是对于首次募集的基金。

三、本案例需要解决的主要问题

1. 完成补充材料 1 中的附录。起草对不同方案进行排序所采用的标准,然后对各方案进行从 1～3 分的评分。
2. 会选择哪个方案,为什么?
3. 关于私募股权的筹资比例,你从这个案例中得到的最关键的体会是什么?

四、补充资料

为充分利用本案例,建议读者通过如下资料了解本案例的过程及背景信息。
- 重点推荐读者阅读《精通私募股权》中的如下章节。
  - 第一章:私募股权基金的基本概念
  - 第五章:另类投资策略
  - 第十七章:基金的筹集
  - 第十九章:绩效报告
- 可以参考如下网站获得更多资料:www.masteringprivateequity.com

五、案例简介

本案例由 INSEAD 全球私募基金投资研究小组(GPEI)的助理研究员安妮-玛丽·卡里克(Anne-Marie Carrick)、该小组副主任鲍文·怀特(Bowen White)及"决策科学"与"创业与家族企业"课程资深特邀教授克劳迪娅·纪斯伯格编写。本案例旨在为课堂讨论提供基础材料,无意对案例所涉及的处理方式是否有效做出判断。

有关 INSEAD 案例研究的更多材料（如视频材料、电子表格及相关链接等）可登录官网 cases.insead.edu 查询。

Copyright © 2016 INSEAD

2015 年 4 月，Pro-invest 公司首席执行官罗纳德·巴罗特（Ronald Barrott）回到董事会会议室，在这里，公司正在召开每周 1 次的管理委员会会议。罗纳德告诉大家，"钱还没有到位"。听了他的话，整个会议室突然变得出奇的安静。几分钟之前，他匆匆忙忙地跑出会议室，去接一个让他期待了很久的电话，电话是阿德里安星际投资公司打来的。几个月以来，公司一直在绞尽脑汁地寻找外部资金，试图解集团的燃眉之急，但结果却令人失望。

目前，集团迫切需要外部股权注入，以推进澳大利亚和新西兰设计与建造三星级连锁酒店的策略，只有这样，才能满足不断扩大的市场需求。自 2013 年以来，Pro-invest 已取得了长足进步：不断完善投资理念，建立投资团队，已开工建设并完成了第一只基金的交割。目前，公司还有 3 个项目正在进行当中，但由于资金紧张，即便是偿还集团的对外负债和支付每个月的工资，已经使集团感到力不从心。

阿德里安在最后关头退出的消息，的确让所有人都没有意料到。Pro-invest 的团队已度过了无数个不眠之夜，为这家投资者的团队准备背景资料、财务报告及各种文件……和投资者的行业专家经过了不计其数的碰头会、电话会议和面对面的会议，细细梳理 Pro-invest 提供的资料，帮助对方拟定投资方案。投资协议已取得阿德里安公司澳大利亚和亚洲区董事会的签字，而纽约投资委员会的审批似乎只是履行程序的一种形式。面对这种现实，即使是阿德里安星际公司的内部投资团队都感到不知所措。

罗纳德感到有点崩溃，却依旧坚持，不能就此放弃，他要求融资团队考虑其他资金来源。时钟正在嘀嗒嘀嗒地作响……

投资集团的背景

Pro-invest 集团是一家小型投资银行，专门从事私募不动产投资（PERE）、房地产资产管理和私募股权投资，集团由罗纳德·巴罗特和萨宾·谢弗（Sabine Schaffer）在全球金融危机之后共同创立。随着资产价值的暴跌和流动性上涨，很多投资组合的唯一现金来源就是不动产带来的收益。在意识到这个宝贵机会的情况下，罗纳德和谢弗开始筹措资金，采取了专门投资澳大利亚房地产的策略。

然而，稳定现金流并不是投资者对私募股权投资的唯一诉求：他们更希望能从中看到真正的价值创造。到 2010 年，投资者开始越来越关注对实体资产进行的投资，因为在金融危机中，他们亲身经历了"纸面"财富灰飞烟灭的遭遇。房地产市场也在"回归基础"：通过运营管理创造价值，而不是空洞无物的财务重组，因为在经济危机之前，财务重组形成大量过度加杠杆的房地产项目，从而给市场留下了很多不良资产。

在房地产投资中，创造价值意味着必须有团队参与到物业的日常运营中，而且这个团队必须拥有从头开始建设酒店的实战经验。"标准"的基金经理大多不希望参与到被管理资产的运营过程之中，因此，为了让他们的基金与众不同，罗纳德和谢弗希望打造一个具有深厚专业知识的团队，并以此作为自己的独家卖点。

寻找机会，2012：智选假日酒店（Holiday Inn Express）——是否南下？

公司团队重点关注的资产类别，就是拥有三星资质的酒店业务。这种选择出于多种考虑。首先，它可以为投资者提供良好的风险－收益特征。其次，首席执行官罗纳德·巴罗特是一位屡次创业成功的创业者，他曾在英国和中东地区创建并管理过一些大规模的综合性房地产开发管理企业。罗纳德认为，自己在这个行业有着丰富的经验。在以前的职业生涯中，罗纳德曾帮助洲际酒店集团（IHG）在 20 世纪 90 年代末期将三星级商务酒店品牌引入欧洲。在 5 年的时间里，自己所在的小公司就在英格兰建成了一家智选假日酒店，这也是英国 15 家智选假日酒店中的第一家，从 1997 年到 2003 年，他们为投资者创造了超过 25% 的净内部收益率，而且在最近几年里连续实现了无杠杆盈利。

2012 年，Pro-invest 的团队对智选假日酒店品牌尚未涉足的市场进行了研究，洲际酒店集团在亚洲、澳大利亚和新西兰的主导地位让他们大吃一惊。这让他们很受启发：洲际酒店集团已在亚洲经营了 30 多年时间，并且在澳大利亚积极推行他们的全方位服务品牌，但显而易见的是，精选服务品牌还没有进入澳大利亚或新西兰市场。当地政府官员的建议和一家私人研究公司的研究为拟定投资案例提供了支持：研究显示，澳大利亚需要更多的酒店卧室，尤以三星级酒店的需求最高。

摆在他们面前的是一个令人难以置信的机会——实际上，整个大陆（澳大利亚）都是一个市场。2013 年年初，Pro-invest 再度与洲际酒店集团合作，并很快签署了一份在澳大利亚开发智选假日酒店市场的主开发协议。①

---

① 随后补签了新西兰的智选假日酒店业务。

组建团队

为核心团队寻找合适的人才是至关重要的。但考虑到资金有限，不可能从一开始就完全配备需要用到的员工。萨宾和罗纳德发现他们掉进了"先有鸡还是先有蛋"的两难困境：一方面，他们需要资金去建立一个团队；另一方面，有些投资者至少需要看到他们的核心团队之后才会同意出资。

最初，两位创始人在运营中尽可能地使用自有资金，因为在达到一定规模之前，他们必须量入为出。他们采取了循序渐进的方式，以创造性思维吸引人才。罗纳德指出：

> 我们很清楚我们想聘请的是什么人——拥有良好的记录，而且是以前有过合作经历的业界专家（见附录3.1）。我们必须以创造性的解决方案来招聘团队，要么在一开始就维持足够的灵活性——从兼职人员中发展全职人员，或者采用较低的薪酬，并用较多的股本弥补较低的薪酬收入。

这种方法在一定程度上缓解了现金流的消耗，而且也适用于早期Pro-invest部分员工的要求，他们刚刚离开大型企业，暂时还不想重新进入每周工作60小时的节奏。更重要的是，这种以股权激励为主的薪酬结构，有助于为Pro-invest的关键员工提供激励，实现团队内部利益的一致性（在公司最初时期，这种同舟共济的精神经常会在艰难时刻中得到检验）。

集团聘请的第一批员工全部为经营岗位的高级专业人员，公司认为，这不仅是执行投资策略的前提，也是为他们在投资界建立信誉的关键。为全面打造高级管理团队，萨宾和罗纳德亲自担纲开发总监职位，并任命了一名接待主管（见附录3.2）。

随着核心团队的到位，Pro-invest终于可以在市场上宣传他们的价值主张了。在澳大利亚，他们找到了一个酒店房间供应不足且渗透率较低的市场。随后，他们与洲际酒店集团合作，针对澳大利亚制定了一份稳健的总体发展协议。他们的战略和总体规划已基本得到第三方研究的证实……现在，他们已经有了执行这些战略和规划的团队。萨宾回忆说：

> 那是一个激动人心的时刻，因为我们终于拥有了自己的核心团队，开始寻找我们的第一个收购目标。但是，让人不太痛快的就是如何为项目融资。我们必须确保每个月底都有足够的资金给大家开工资。随着资金日益收紧，连购买商务舱机票都出现了困难，好在我们可以使用在前几年里积攒下来的积分里程。不要忘记，无论你从澳大利亚去哪，都是长途旅行。

每前进一步都是需要付出代价的：很明显，内部资金即将耗尽，但引入外部资金还需要让创业企业提高到一个新水平。萨宾和罗纳德估计，距离资金枯竭，最多只有 12 个月的时间。因此，现在应该是对外融资的时候了。

采用什么样的融资结构？

首先，他们需要确定哪种类型的融资最适合自己。萨宾和罗纳德首先考虑的是，每开办一家酒店，就寻找一家小型家族理财办公室，单独为这家酒店提供资金，但他们觉得，这种无休无止地筹集资金，在管理上无异于一场噩梦。此外，这种方法还有可能会导致每个投资者想要在自己出资的酒店中取得发言权，在这种情况下，要对各酒店采取统一的管理模式几乎难于登天。对此，Pro-invest 酒店集团的负责人菲尔·卡塞利斯说：

> 根据经验，大多数人会认为，留在酒店会让他们成为业内专家，并对从室内设计到餐具的各个开发环节发表意见。

此外，他们一直打算卖掉机构投资者会支付溢价的长期酒店资产组合。Pro-invest 将首个投资组合的目标定为 12～15 家酒店，他们的目标是最终在澳大利亚全国各地推出多达 50 家智选假日酒店，独立为每个酒店融资可能会导致大批业主提出多种多样的诉求，以至于以组合形式出售酒店并对相关条款达成共识的可能性微乎其微。

其次，则是募集一个典型的"盲池"①，通过私募股权基金为第一批酒店投资提供资金，并为集团提供全面的投资决策控制机制。此外，这也可以让其他投资者通过分处于澳大利亚不同地区的资产分散组合风险，使这些投资者无法去挑选 Pro-invest 的最优资产，从而避免了可能发生的潜在利益冲突。最后，通过以往至少 7 年的出资认缴，这种基金结构可以让 Pro-invest 组建一个专注于通过酒店资产组合创造价值的团队，而不是零星地去寻找单一资产。集团开发部主管负责人蒂姆·夏洛克（Tim Sherlock）表示：

> 虽然我们在当时组建的团队只有几名成员，但考虑到他们深厚的专业功底和丰富的实践经验，我们坚信，我们已经拥有了成功的"秘诀"。作为一个团队，我们有足够的动力让投资组合成功退出，这也是投资者乐于看到的结果，因为我们的利益是一致的，只有真正实现成功的退出，我们的投资者才能看到回报。

---

① "盲池"通常采取有限合伙组织结构，它是基金管理公司筹集长期投资资金的工具，而且基金经理享有完全的投资决策权。这些工具的投资者则对投资决策过程基本没有影响，因此，他们对这些投资工具的参与是"盲目"的。

第一部分　GP 和 LP 关系的管理

虽然市场的通行趋势是直接开展单笔投资，但罗纳德、萨宾和集团投资团队经过对投资目标和收益的深入考虑，一致认为封闭式基金①是最适合的投资结构。

锚定投资者——第一个承诺出资的投资者

从 2013 年中旬开始，创业团队的成员们花费了数月时间，与来自世界各地的潜在投资者进行了会面。他们不仅致电以前曾经合作过的投资者，还接触了对酒店或不动产私募股权基金等房地产开始感兴趣的新投资者。

虽然 Pro-invest 已经引起了投资界的关注，但是需要找到锚定投资者（anchor investor，和基石投资者一样，他们也是基金的主力投资者，发挥着稳定基金的作用，但是和基石投资者不同的是，他们持有的股份没有锁定期——译者注）签署第一笔出资认缴协议，以此来验证他们的投资理念，帮助他们"振翅起飞"却远非易事。在经过了与潜在投资者进行无数轮对话之后，萨宾在一场不动产私募基金会议上偶遇到一家投资公司的高级合伙人：

> 很长时间以来，我们一直试图和这位合伙人取得联系，但由于他是一位知名的投资专业人士，因此要见到他几乎是不可能的。在这次不动产私募基金会议上，我们曾尝试和他进行沟通，但我们的努力未能取得成功，会后，我决定贸然给他发送一封电子邮件。考虑到他的级别很高，因此，我并未期望得到他的回复。所以，几天之后收到他的回信让我兴奋不已。他在回信中指出，他的确对我们的投资策略很感兴趣，并建议下次在香港会面。

预定的见面时间到了，但萨宾只有 30 分钟的时间和这位合伙人交流，因此，她下决心一定要利用好这短短 30 分钟的时间。会谈之后，在陪同萨宾走到电梯的路上，这位合伙人解释说："虽然我不确定你们的投资组合是否适应我们的要求，但我的一位朋友或许会对你们感兴趣。"萨宾很清楚对方临别时的一句话"很高兴见到你，但不谢"，这几乎就是没有任何希望的意思。

然而，就在 4 个星期之后，萨宾收到了高级合伙人发来的电子邮件，希望萨宾下一次能在新加坡与他在当地的朋友会面。后来才知道，这位"朋友"原来就是他们的亚洲家族

---

① "盲池"，在技术上更多地称为封闭式基金，其中，基金管理公司确保向投资者取得长期资金以执行其投资策略。在基金存续期届满时，所有投资资本以及由投资活动创造的大部分利润必须返还给投资者。

理财办公室业务负责人之一，而且在酒店业方面拥有丰富的经验，他很快就掌握了集团的主张。在与罗纳德举行面对面的会议后，他们聘请第三方房地产服务提供商对 Pro-invest 进行了尽职调查，并于 2013 年年底签署了第一笔出资承诺协议，承诺出资 4 000 万澳元。正如罗纳德所说：

> 对我们来说，这显然是这个家族信任我们的一个标志，对此，我们既感到非常荣幸，又感到有点受宠若惊。毕竟，有了第一笔外来资金，我们就可以执行我们的前 3 个特征项目——位于悉尼和布里斯班的酒店。

探索更多融资方案——寻找正确的"组合"

有了锚定投资者，未来 6 个月的工作就是寻找其他资金来源，以继续实施他们的后续计划。时间当然是最重要的，因为随着投资团队的扩大，有吸引力的投资机会也越来越多，但每个机会都需要相应的资金与之匹配。进入 2014 年夏季，Pro-invest 已经与 7 种资金来源建立了密切合作。

超高净值个人

来自新加坡的一位超高净值人士提出为 Pro-invest 出资 2 亿澳元，但是从一开始对方就很明确，必须按他们的意图进行投资。仅仅当作"员工"——虽然也算得上很荣耀的员工，显然不是他们想要得到的，于是，他们断然拒绝了对方的出资提议。据称这个人是一个非常精明的商人，而且他们也不敢肯定他的最终目的是不是分享增值收益，抑或别有用心。

IPO

另一个机会来自一位投资银行家，他建议 Pro-invest 考虑利用公开市场进行融资。他坚信，他们可以轻松利用前 3 项资产做公开上市，而且考虑到 Pro-invest 已经开发起来的交易流程，他们认为公司完全可以在澳大利亚股票市场筹集资金。他的公司可以协助 Pro-invest 团队进行上市，没有提供承销业务。由于成功上市还缺乏保障，而且准备公开上市也需要消耗大量资金，因此，这一方案也被搁置一边。

夹层融资

融资团队和一家对 Pro-invest 投资策略感兴趣的国际投行进行了深入讨论。为此，公司进行了为期3个月的尽职调查，以确保公司值得拿出Pro-invest投资委员会的一个席位来换取锚定投资者的出资承诺。然而，该投资银行在澳大利亚的负责人在酒店业方面几乎没有任何经验，而且Pro-invest团队的成员则不愿意让外部人士参与公司的投资决策过程。这家投行最终提出了一个带有股权收益（equity kicker，通过提供可转换债务功能或是在债务基础上附带认股权证，为债权人提供"股权收益"效应，分享权益增值带来的一部分收益。将这些"收益"纳入债务工具中，往往可以增加债务的收益能力，进而吸引投资者认购这些债务工具——译者注）参与机制的夹层融资结构，在防止公司遭遇投资亏损下行风险的同时，为投资者提供分享增值收益的机会。最重要的是，这种投资结构将为该国际投资公司提供优先于锚定投资者有关的地位。对此，萨宾·谢弗说：

> 对于现有的锚定投资者，如果知道自己的股权投资在地位上落后于另一个刚刚来到的夹层投资者，他们会不会接受，我们还不得而知。因此，我们没有采纳这个方案。

"小马项目"

一家在全球开展业务的澳大利亚投资公司也加入进来。他们的团队很快就意识到这是个机会，并且表达出与Pro-invest合作的强烈愿望，开玩笑地称之为"小马项目"。他们的资本市场团队迅速投入行动，通过对一家澳大利亚机构投资者和几家跨国不动产私募基金进行私募，在很短时间内即筹集到2亿澳元的资金。作为回报，这家澳大利亚投行要求取得对Pro-invest投资管理公司的股权，这样，该投行就可以直接分享Pro-invest创造的收益增值。这家投行坚称"这就是2008年以后的实际情况"，为此，投行还罗列出过去一年中和他们以相同方式合作过的基金管理机构，并向Pro-invest团队保证他们完全有能力筹集到超过投资所需要的资金。Pro-invest投资并不认可，因为他们的团队不想和这家投行分享未来的价值增长，因为他们不能通过常规运营创造价值，而且他们最终只能扮演募集代理人的角色。此外，这家投行的参与，还会导致Pro-invest与其他新投资者的讨论更加复杂，因为Pro-invest更希望看到让实际投资运营团队得到100%的激励，从而与投资者在利益方面达成一致。

托管账户

一个想法来自和一家知名养老基金组织进行的对话：你们为什么不创建一个托管账户呢？在以前的"混合"基金中，由多个投资者同时为单个项目提供资金，导致投资者收益不佳。该养老基金提出可为托管账户提供3亿～5亿澳元的资金，并保留对投资的全部审批权。通过这种模式，养老基金可以完全规避"盲池"造成的控制权丧失问题，可以逐一审查每个投资机会，并最终决定是否将其资金投入某个投资机会。资金来源的规模和确定性对 Pro-invest 的团队来说当然不乏吸引力，但这种方法却导致他们无法控制投资决策，而且有可能会迫使他们放弃原本有吸引力的机会，因此，这个方案同样被他们否决了。

私人银行

在几个月的时间里，Pro-invest 反复揣摩了和一家国际投资银行私人银行业务部门开展合作的机会。该投行的很多客户均表达了对基金投资理念感兴趣的想法，而这家投行也很愿意探索一下未来合作的可能性。但投行的客户却要求，Pro-invest 的投资工具必须采取澳大利亚托管投资信托基金（MIT）的形式，以便通过税收优惠待遇（享受的税率为15%，而非30%）实现更高的收益。但是，采取这种结构不仅需要建立取得"澳大利亚金融服务注册许可"（AFSL）的在岸基金管理机构，还要对现有的投资基金进行全面重组，这个过程显然需要大量的时间和资源。

反向 IPO

第七种可能的途径就是使用在现有另类投资市场（AIM）上市的投资工具，并实施反向 IPO。在以往的另类投资市场上，IPO 主要用于对矿业板块的投资，但随着矿产行业资产泡沫的破裂，一些已经上市的 AIM 实体开始探索转型，积极参与其他更有发展前景的行业，旅游住宿业就是其中之一[①]。通过对另类投资市场的上市投资工具进行反向 IPO，Pro-invest 不仅可以依靠现有基础创造收益，而且对于希望在澳大利亚投资的投资者，他们可以通过证券的二次发行在短时间内推高价格，从而为公司带来增值收益。

通过与各类投资者的逐一讨论，事实逐渐浮出水面：各方都希望看到 Pro-invest 团队和洲际酒店集团投资于具有"收益共享和风险分担"机制的新型投资工具。在经过深入的尽职调查之后，洲际酒店集团确认对基金出资2 000万澳元，而 Pro-invest 团队也如法炮制，这无疑为筹资过程增加了额外的信用保障。额外的资金来源使公司得以开始在阿德莱德筹办第三家智选假日酒店。凭借这笔意外的出资承诺，Pro-invest 在2014年11月进行了首次基金交割，募集资金超过6 000万澳元。

---

① 进入21世纪初，大宗商品价格不断创下历史新高，但随着全球金融危机的爆发，这种状态出现了逆转。在拥有强大采矿业的国家（澳大利亚），很多公司和个人都未能幸免。

艾德里安星际投资公司的出现和退出

就在公司全力以赴、如火如荼的前进过程中，Pro-invest 的领导层接到艾德里安星际投资公司打来的电话：他们想要了解更多情况。他们对公司的首次交割、处于不同发展阶段的 3 项主要资产、洲际酒店集团以投资者身份的参与和已发展成为由 7 名专业人士组成的 Pro-invest 团队，都给他们留下深刻的印象。于是，从 2014 年下半年开始，双方就投资进行了认真的讨论。随后，艾德里安进行了为期 5 个月的深入尽调，此次尽调覆盖了公司的各个方面，无一遗漏。萨宾认为：

> 在过去的两年中，我们已经找到了一家锚定投资者，并完成了该基金的首次正式交割。随着我们管理中的第一批资产和项目进入运行状态，我们相信，我们有能力通过艾德里安星际投资公司严格的尽职调查流程。到目前为止，这也是自己在金融生涯中遇到的最彻底的一次尽调。

在尽调完成之后，澳大利亚的投资团队负责人认为，将投资案提交给投资委员会审批并由纽约总部签署协议，只是走走形式罢了。这似乎是艾德里安投资澳元的最佳时机，因为当时的澳元兑美元汇率大幅走低，使筹资成本变得"更便宜"，因而对美元投资者更具吸引力。

然而，尽管一切皆已就绪，纽约的投资者却给投资委员会做出了令人匪夷所思的回复：他们的态度是否定。对那些参与尽职调查的人来说，最令人沮丧的事情，就是纽约总部几乎没有任何明显解释。

重归原路

罗纳德宣布了一个近乎灾难性的消息，并对沉浸在失望中的团队表示了感谢：

> 尽管我们已经拥有了 3 笔资产，但我们还是要迅速启动更多的其他项目，只有这样，才能让我们在利益相关者面前"保住面子"。我们刚刚经过了为期 5 月的尽职调查，而且通过了对方提出的所有尽调问题，但是最终，在我们没有做错任何事情的情况下，他们却无缘无故地决定退出。我们已经做好了一切准备，前进所需要的全部条件都已到位：团队、选址以及融资的银行。我们唯一的要求就是必须拥有股权控制权。在这

种情况下，还能有什么想法呢？

虽然艾德里安星际投资公司的拒绝让Pro-invest感到震惊，但他们决心另谋出路，探索另外一种解决方案。罗纳德和萨宾都曾明确表示，他们应回过头来，重新审视以前考虑过的7种融资方案。投资者还对他们的项目感兴趣吗？如果是的话，他们最终应选择哪一种方案呢？"任何方案都不是完美无缺的，"罗纳德认为，"但我们没有其他选择了。"

继续前行，守住价值

第二天，Pro-invest的团队似乎比任何时候都更加低沉低调。上午9点，罗纳德将所有执行董事召集到董事会会议室，会上，萨宾再次重复了每一种筹资方案以及各自的利弊。判断可选方案的标准如下所述。

- Pro-invest必须保持对投资的控制权：Pro-invest团队最担心的一个问题，就是在需要引入外部投资者时候，新投资者在投资决策过程中拥有多大的发言权。尽管在大多数情况下，Pro-invest及现有基金利益相关者的利益会和新引入的外部投资者保持一致，但是在个别情况下，不可避免地会出现利益冲突。让即将到来的新投资者在Pro-Invest的投资委员会中占有一席之地，或以其他方式参与投资决策，很有可能会削弱Pro-invest团队控制自身命运的能力。
- Pro-invest的团队必须掌握投资增值带来的收益：几位投资者表示，希望参与投资管理公司创造的部分增值收益，以此作为换取他们出资承诺的条件。但一些投资者和投资顾问指出，如果让外部投资者取得增值收益，就失去了"做大生意"的机会。与此同时，Pro-invest的高层管理者也必须以足够的增值收益作为对投资团队的激励。
- 资金的确定性：Pro-invest刚刚经历过一次让他们体会到融资无常的惨痛教训。因此，选择一种成功概率较高的融资方案，也成为团队的首要任务之一。
- 与投资者的匹配性：投资者形形色色，需求五花八门。高净值和家族理财办公室使用自有资金进行投资，而机构投资者则是代表其客户进行投资。一般情况下，超高净值个人和家族理财办公室可以按自己的意愿长期持有投资，而机构投资者则需要明确的退出时间[①]。因此，在理想的情况下，Pro-invest选择的投资者，必须拥有与

---

① 称为"夕阳"条款或自动削减条款。

公司投资策略相匹配的特征。
- **额外成本**：在每个基金创始人的头脑中，成本都是第一个要考虑的问题，严格控制现金和支出对他们来说至关重要。除设立基金的常规成本（如法律成本和构建成本等）之外，投资团队还必须牢记重组可能带来的成本，尤其为获取某些登记许可而支付的募集费用和注册费等。
- **投资者带来的增值**：一些投资者可能会带来基金经理可以利用的特定技能（如行业知识和网络等）。此外，除有形技能外，获得知名大型机构投资者的投资也可以向市场传递一个信号，为Pro-invest投资团队的质量提供背书，进而为进一步筹集资金创造有利条件。
- **未来的资金筹集**：在首次创建基金时，建立合理的投资者组合对未来的资金筹集至关重要。投资者必须关注投资者为后续基金继续出资的能力。相反，如果从一开始就建立了"错误"的投资者组合，则有可能对未来的筹款造成不利影响。

挑战

在Pro-invest的高层管理团队考虑各种方案时，对上述7个标准基于相同的权重，也就是说，对所有标准一视同仁。但随着讨论的深入，控制权和财务状况逐渐成为全体团队成员最关心的要素。对此，萨宾做出如下总结："一旦对某个关键标准达成一致，我们就必须将这个标准应用于每一种方案，去判断某个方案是否符合该标准，或者是否该考虑替代方案。时间在流逝，我们必须迅速采取行动，只有时间才能证明我们的决定是否正确。"

补充材料1

方案评价标准	高净值个人	IPO	夹层融资	小马项目	托管账户	私人银行	反向IPO
合计							

附录3.1

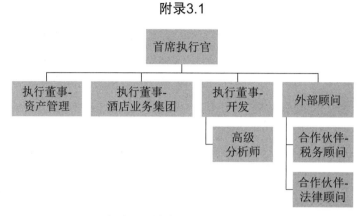

Pro-invest 投资团队的成员及顾问（2014 年 5 月）

资料来源：Pro-invest.

附录3.2

Pro-invest 的高级管理团队

 罗纳德·巴罗特 （Ronald Barrott）	● 是一位连续创建多家公司的企业家，拥有 40 多年从事房地产行业投资、开发及项目管理方面的实战经验 ● 阿联酋迪拜阿尔达房地产公司（ALDAR Properties）的首席执行官，该公司曾开发了世界知名的亚斯人工岛，岛上有举办阿布扎比一级方程式赛车大奖赛的亚斯湾赛道 ● 以主要负责人身份参与了欧洲、海湾合作委员会及亚洲地区的多个交易性房地产项目，金额总计达到 750 亿美元 ● 斯坦尼佛集团（Stannifer Group）创始人、首席执行官兼董事长，该公司是一家综合型开发及房地产企业，资产遍及全球 ● 作为斯坦尼佛集团的旗下资产，罗纳德与洲际酒店集团合作创建了英国的"智选假日酒店"品牌 ● 皇家特许测量师研究所研究员
 萨宾·谢弗 （Sabine Shaffer）	● 拥有 17 年从事资金管理、私募股权、对冲基金和资本市场业务的经验 ● 作为主要参与者参与了 3 只私募股权基金的孵化，并为一只专门从事中东 Quality Limited Services 酒店业务的私募股权基金担任咨询顾问 ● 作为团队负责人参与伦敦及 AIM 市场的上市业务，并在迪拜国际金融中心设立公司 ● 在投资工具的架构及资产管理方面拥有丰富经验 ● 获得哈佛大学硕士学位及奥地利大学的经济学博士

续表

 蒂姆·夏洛克 （Tim Sherlock）	● 拥有 18 年澳大利亚房地产市场方面的经验 ● 在收购、开发及资产管理方面取得良好的管理业绩 ● 拥有广泛的国内物业中介、业务管理及开发业务关系 ● 在 Investec 银行房地产投资银行业务部门负责收购业务，任职时间为 5 年 ● 在国际代理公司 Savills 从事现场开发和投资物业工作，任职时间为 5 年 ● 参与的住宅开发现场项目金额达到 4 亿美元，商业、工业及零售投资项目的价值总额达到 3 亿美元 ● 在澳大利亚房地产市场领域拥有丰富的专业知识，并拥有广泛的业主及代理机构人脉
 菲尔·卡西利斯 （Phil Kasselis）	● 第四代酒店业从业者，拥有 30 多年的酒店行业实战经验 ● 拥有 8 年的酒店业咨询公司工作经验，曾就职于浩华管理顾问公司（Horwath Asia Pacific）和安达信（Arthur Andersen） ● 曾在悉尼、迪拜和新加坡的洲际酒店集团从事高级酒店开发职位，任职时间达到 13 年 ● 曾参与超过 100 个酒店交易项目的谈判，涉及亚太、中东和非洲地区酒店管理协议及特许经营权协议 ● 此前曾担任过莱坊-艾斯波酒店（Knight Frank Expotel）的董事及雅高亚太区业务的开发总监 ● 旅游住宿协会（NSW）理事会理事

案例 4 达成目标：
瑞士合众集团私募股权投资组合的优化

一、概述

2011 年，瑞士合众集团（Partners Group）对一家欧洲养老基金为期 1 年的委托管理已接近尾声，这只被称为"未来计划"的养老基金存续期为 6 年，但养老金客户在此期间却遇到了严重问题，不仅不能达到目标的资产配置率，而且收益持续低迷——在市场机会面前，他们似乎总是落后一步。迄今为止，"未来计划"完全通过由两家基金管理机构提供的 PE 母基金产品进行投资，一家基金管理人以欧洲市场为主，另一家基金管理人则专做全球市场业务。全球经济危机的后遗症给投资组合造成了严重破坏，"未来计划"的 PE 策略亟须大幅调整。在拓展投资范围、纳入二级市场和直接投资策略之后，"未来计划"开始了寻找基金管理人的流程，他们的目标只有 1 个：到 2014 年，达到对 PE 资产类别的目标分配率。本案例讲述了合众集团在选择基金管理机构过程中走过的道路，并详细介绍了公司如何凭借其专业能力、服务及其新颖的持股结构为"未来计划"实现目标提供解决方案。

二、案例研究的目标

本案例将为读者提供一个近距离观察投资的机会，了解中等规模养老基金在管理私募股权投资组合分配时所采取的行动。读者可以借此探索制定投资决策的依据，认识机构投资者在创建和管理私募股权投资组合时面临的主要挑战，了解一级市场、二级市场以及直接 PE 投资的不同特点。在这个案例中，我们将为读者提供相应的数据和基本步骤指南，帮助读者针对一级市场、二级市场及直接 PE 投资制定相应的出资策略，通过这样的出资认缴安排，可以帮助"未来计划"在 2014 年年底之前实现对 PE 资产的目标分配率。

三、本案例需要解决的主要问题

1. 为什么"未来计划"对他们的 PE 计划感到失望？其间到底缺失或是缺乏了什么？
2. 在寻找其他外部基金管理机构时，"未来计划"面对的主要挑战是什么？他们理想中的基金管理人应该是怎样的？
3. 增加二级市场交易和直接投资会对"未来计划"的 PE 项目带来什么影响？

投资组合的建模

4. 使用附录 4.4 和附录 4.8a 中的信息，为"未来计划"投资的现有组合在截至 2011 年年底的预期资产净值构建模型。"未来计划"对这一资产类别的敞口是否符合模型的预测结果？如果不是的话，哪些因素可能会导致造成这种偏差？
5. 假设"未来计划"对 PE 资产维持 5% 的目标配置率，且养老金资产总额稳定增长，确定"未来计划"在 2012 年、2013 年及 2014 年年末对 PE 资产的目标配置（以欧元计算）。
6. 根据"未来计划"对 PE 计划的收益期望和附录 4.9 和附录 4.11 提供的信息，确定"未来计划"按板块划分的长期目标分配（配置给私募股权、私募债务、私募基础设施和私募不动产等全部组合的百分比）。计算投资组合按这个目标配置率可实现的预期收益。
7. 根据"未来计划"的风险偏好和本案所描述的战略重点，确定按投资类型分布的长期目标分配（配置给一级市场、二级市场以及直接 PE 投资等全部组合的百分比）。
8. 根据对上述问题的回答以及附录 4.8a～4.8c 所提供的信息，确定"未来计划"为实现对 PE 资产的目标配置率，需要在 2014 年年底之前对一级市场、二级市场以及直接 PE 投资的出资承诺（以 100 万欧元表示）。要在 2014 年年底以后维持对 PE 资产的目标配置率，"未来计划"每年需要为一级市场、二级市场及直接投资提供多少出资？

四、补充资料

为充分利用本案例，建议读者通过如下资料了解本案例的过程及背景信息。

- 重点推荐读者阅读《精通私募股权》中的如下章节。
  - 第一章：私募股权基金的基本概念
  - 第五章：另类投资策略

- 第十八章：LP的投资组合管理
- 第二十一章：LP的直接投资
- 第二十四章：私募股权的二级市场交易

• 可以参考如下网站获得更多资料：www.masteringprivateequity.com

五、案例简介

本案例由 INSEAD 全球私募基金投资研究小组（GPEI）助理研究员安妮-玛丽·卡里克（Anne-Marie Carrick）、研究小组副主任鲍文·怀特及"决策科学"与"创业与家族理财"课程资深特邀教授克劳迪娅·纪斯伯格编写。本案例旨在为课堂讨论提供基础材料，无意对案例所涉及的处理方式是否有效做出判断。

有关 INSEAD 案例研究的更多材料（如视频材料、电子表格及相关链接等）可登录官网 cases.insead.edu 查询。

Copyright © 2017 INSEAD

2011 年 12 月：瑞士合众集团为欧洲"未来计划"养老基金创建定制型私募股权投资组合（PE）进行最终陈述的前夜。在近十年的时间里，合众集团一直小心翼翼地维持着与这家养老基金的业务关系，最近，合众集团参与了"未来计划"项目为期 1 年的选拔外部基金经理过程，整个过程划分为若干阶段。此时，合众集团的合伙人兼组合及风险管理负责人迈克尔·斯塔德尔（Michael Studer）正在审核上一次提出的策略。

在 PE 资产类别的资金配置上，"未来计划"提出的挑战在中小规模养老基金中很常见。自 2005 年推出 PE 计划以来，"未来计划"难以达到对 PE 资产类别的目标配置率，而且收益状况令人失望。因此，认识和解决这些问题也就成了投资委员会最重要的议程——尽管整个投资组合为 PE 资产类别配置的资金比例不足 5%，但 PE 的资金配置每次都要占用会议时间的一半。

合众集团的陈述已接近尾声。集团的投资业绩以及在私募股权市场上的专业能力在业界的口碑毋庸置疑，他们提出了一只创新的投资持股结构，旨在改善流程，提高效率，简化"未来计划"的报告和决策体系。但是要拿到业务就必须面对激烈的竞争。在最后一场陈述中，合众集团需要呈现出远优于其他 PE 管理人的方案。迈克尔·斯塔德尔怎样才能阐述合众集团是最适合帮助"未来计划"实现 2014 年资产配置目标的公司呢？

"未来计划"和养老金资产，2005—2011年

养老基金的背景

1999年，全球物流供应商HM Domestic正式筹建"未来计划"，对其45亿欧元的养老金资产进行管理。该计划的初始资金整合了一小笔由外部管理的养老金资产，资产直接来自于HM物流资产负债表。由于公司处于扩展阶段，大多为年轻雇员，预计未来10年支出的养老金数额将很小，因此，在需要为发放养老金而担心之前，养老金资产还会经历很长一段增长时期。

而管理养老基金的任务则落在投资委员会的肩上，委员会包括由董事会指定的3名现任公司雇员和3名由公司养老金计划持有人提名的代表组成。由于没有专业投资人士负责基金的日常运营，而且养老金计划提名的委员很少参与基金事务，因此，基金的绝大部分管理工作由投资委员会中的3名现任员工来承担，具体负责人是公司的会计主管托马斯·梅尔。

托马斯和其他两位同事均在HM物流公司担任全职职务，因此，他们只能拿出10%的工作时间来管理这只养老基金，与同等规模的养老基金相比，他们的人员配备明显不足，这也增加了基金管理的难度。为弥补人力不足问题，投资委员会以投票表决的方式决定聘请外部管理机构进行投资。随后，"未来计划"聘请了阿克兰咨询公司（Aaklan Advisors），在投资委员会设定的资金配置目标范围内，协助开展尽职调查和基金管理人的选择工作。

1999年6月，投资委员会批准了一项保守的组合方案，其中，60%的资金配置给（主要是国内）政府债券，其余资金投资于国内及新兴市场的公开发行股票，并将很小一部分资金投资于国内房地产（见附录4.1）。

收益放大——加大另类投资

在截至2004年年底的5年时间里，基金业绩始终保持稳定，而且投保人持续缴纳保费，使"未来计划"的资产基础已增至68亿欧元（见附录4.2）。但养老基金的表现显然还不尽如人意（见附录4.3），其中很大一部分原因在于投资组合的配置过于保守。

在托马斯·梅尔的牵头下，投资委员会对如何改善基金的风险/收益特征进行了调查研究。在2005年中期对投资组合进行的审核中，投资委员会认为，"未来计划"需要扩大投资范围，将资金配置于由私募股权、对冲基金和大宗商品等构成的多样化另类投资组合。每一种另类资产类别的目标配置率为2.5%。托马斯对"未来计划"采取的另类投资模式做

出了如下解释:

> 我们已着手寻求收益更高的投资,而且我们相信,另类投资是适合我们的选择,一个很重要的原因就是我们有能力长期锁定资金。按照预测,第一笔养老金的支付距离现在还有很长时间,而且我们也想利用某些另类资产类别带来的非流动性溢价。此外,美国大型养老基金和捐赠基金在另类投资领域取得的成功,也是促使我们做出这个决定的原因。我们之所以看好私募股权,就是通过基金经理参与被投资公司管理而创造的收益。

当时,PE行业的黄金时代刚刚开启,强劲的投资业绩、充沛的募集资金和廉价的债务融资,驱动着整个行业走上快车道。对于"未来计划",私募股权资产将为其整个投资组合带来增量收益。尽管现有投资组合的目标收益率只有9%,但实施PE计划的预期收益率将到12%~16%。即便前景诱人,但投资委员会的委员们依旧对这种做法持谨慎态度,因为他们深知自己对PE组合的运行机制还知之甚少。

在这方面,"未来计划"并非个例。对很多中小型养老基金而言,PE还是一个未知领地,因此,它们的主要投资方向还是固定收益和上市公司股票等流动性市场策略。管理PE基金现金流入和流出的复杂性、对投资决策过程和时间安排缺乏控制以及大多数PE基金要求的10年锁定期,对他们来说完全是闻所未闻的新事物。

考虑到这些困难,"未来计划"采纳了阿克兰咨询公司的建议,选择两家母基金管理机构,帮助他们完成对PE做出的资金配置:一家是专做欧洲成长型股权基金和收购基金的贝莱克斯(Bellex Capital),另一家则是从事多样化全球投资的阿克莱奇(Arkridge Capital)。这些母基金管理公司将资金投资于一级市场募集的PE基金,再由PE投资私人公司股权的组合并进行管理。

"未来计划"PE组合的演变

2005年10月,"未来计划"对贝莱克斯投资公司管理的封闭式母基金首次进行PE认缴承诺,随后,在2006年6月,再次对阿克莱奇管理的封闭式母基金做出资承诺(见附录4.4)。2006年11月,"未来计划"首次直接对一级市场发售的私募股权基金认缴出资:一只投资于欧洲资产的基础设施基金。

尽管"未来计划"很快就完成了对大宗商品和对冲基金的资金配置目标,但对母基金的资金配置则随着资金认缴和使用而逐渐增加(见附录4.5)。不过,截至2007年年底,

PE组合的资产净值才增加到7 000万欧元，而在年底的会议上，投资委员会已将目标配置率提高至3%。

"未来计划"刚刚对PE产生兴趣，国际市场便陷入风雨飘摇之中，全球金融危机席卷而来。在2006年到2007年的最鼎盛时期，PE投资经常会成为媒体狂热追捧的头条，而在金融危机大潮中，随着基金管理机构手忙脚乱地应对过度扩张的投资组合，PE持股公司申请破产也成为人们最经常听到的新闻。回顾"未来计划"采取的PE计划（见附录4.6），托马斯·梅尔认为：

> 尽管预计需要一段时间才能完成对私募股权的资金配置，但我们对母基金的执行始终缺乏力度。我们从一开始就出资不多，因此，实际投资总额一直低于我们的预期，随后，我们同样陷入危机，投资速度自然比以前更慢。

"未来计划"受金融危机的影响尤其严重，这不难理解，因为非上市基础设施业务在危机中遭受的打击最为严重。在他们投资的几只基金中均出现了彻底崩盘的投资，这也间接影响到"未来计划"PE组合中其他投资的业绩，从而导致整体收益率大受影响（见附录4.7）。

原本糟糕的业绩又因母基金的多层费用而被放大，除此之外，解决PE配置造成的问题也给管理带来了巨大压力。基金如期取得认缴出资的过程开始变得尤为烦琐：每一笔入资都必须由HM物流公司的会计单独处理。此外，按照"未来计划"基金托管银行的要求，在进行任何资金转移之前，基金必须提供书面的原始转账凭证，因此，要在规定的10天募集资金到账时间窗口内取得现金并完成资金认缴，显然还要面对银行的制约。因此，投资委员会会议每次都要拿出一半的时间讨论PE——而焦点就在于，操作上带来的负担已远远超过它所能带来的收益，尤其是和"未来计划"的传统资产组合相比，劣势显而易见。

全球金融危机给PE投资组合造成了沉重打击，让整个行业伤痕累累，此时，"未来计划"也面临着新的抉择：要么按预期对PE进行强制性资金配置，要么终止。

重新定位PE组合

考虑到"未来计划"在PE配置上的业绩乏善可陈，因此，他们认为必须采取措施，但投资委员会应采取哪条路径呢？他们可以进一步增加对现有基金经理的出资，同时接触其他基金经理，或是在未来几年时间内逐步缩小规模并最终退出，总之，他们需要兼顾各种方案。经过无数个通宵达旦的讨论，他们终于做出了一致性决定：继续寻找更合理的解决方案，而不是放弃 PE 计划。对此，托马斯回忆说：

> 我依然对 PE 策略充满信心——只是我们需要在执行方面不断完善。此外，我们现有的投资组合也适于改进：我们决不能卖掉它。虽然我们也在听取母基金经理们的正确意见，但我们确实落后于潮流了，而且错过了市场上的"甜点"。因此，我们唯一需要的就是更灵活和更合理的执行。但前提是我们必须找到相应的解决方案。

根据一项重大战略评估得到的结论，"未来计划"的目前计划过于狭隘：仅仅通过封闭式母基金投资于一级市场基金，以至于缺乏随时把握市场机会的灵活性。为了提高机动性，"未来计划"决定扩大其外部基金管理人的职责范围，以便他们可以随机应变，灵活地把握机会。

迄今为止，由于"未来计划"过度关注于一级市场的私募股权基金（通过母基金），因此，它们忽略了两种有助于主动管理 PE 基金配置的战略工具——二级市场交易和直接投资。在二级市场上收购现有 PE 基金中的 LP 股权，可以借助更成熟的组合对 PE 基金建立敞口，这种方式不仅有助于加快资产净值的增长速度，而且与在一级市场上认缴基金相比，这些基金拥有更高的透明度（见附录 4.8a 和附录 4.8b）。因为按照直接投资模式，资金将直接用于收购 PE 所投资公司的股份，因此，通过包括联合投资在内的直接投资可以消除"未来计划"在投资上的时间滞后性和方向不明确性（见附录 4.8c），而且还有利于规避典型 PE 基金带来的基本费用。此时，寻找一个能同时执行这两种投资策略的基金经理，成为"未来计划"的明确目标。

但是，将二级市场交易和直接投资纳入投资组合也并非没有风险。与在一级市场上认缴基金产品不同，二级市场和直接投资是决定性的交易：对于一级市场基金产品，PE 公司首先需要在市场上预售募集的产品，而后在 1～2 年内正式发售该基金，而二级市场和直接投资的机会则是不可预测的，而且需要投资者在几个星期或几个月内对复杂的交易做出评估。因此，对于执行此类交易的投资经理，他们需要掌握的技能应不同于投资一级市场基金的团队。此外，直接投资还会带来与一级市场和二级市场基金投资不同的风险特征，对此，托马斯认为：

> 我们不希望自己的投资组合过度集中于起始年份中的少数几个 PE 基金，而且直接投资形成的资金投入速度缺少渐进性，在这种情况下，投资管理人的投资会集中到少数几个起始年份的项目上，所以说，还是算了吧。此外，我们也担心联合投资情况下的信息不对称问题，而且当基金经理只能在为数不多的联合投资机会中做出选择时，

那么，如果投资体量对于主要基金来说过于庞大，就很容易超越他们的能力和控制范围。

2010年中旬，"未来计划"首次对贝莱克斯和阿克莱奇两家投资公司做出出资承诺。但"未来计划"认缴的并非封闭式基金工具，而是投资于独立管理账户（separately managed accounts，或称理财专户），并扩大了每家管理人的权限范围，允许他们在一级市场、二级市场和直接投资中自由裁量。然而，由于贝莱克斯和阿克莱奇刚刚涉足二级市场和直接投资业务，因此，可以预期，通过这些账户配置的大部分资金会进入一级市场基金。为马上进入二级市场和直接投资市场，"未来计划"还需要另一家基金管理机构。

最后的竞争：合众集团的设想

托马斯亲自负责基金经理的选拔，按照要求，候选人需要在二级市场和直接投资以及一级市场两个领域均拥有良好的历史业绩。合众集团是托马斯最早联系的资产管理公司之一，背后的原因是托马斯多年来的老朋友罗伯特·拉斯滕博格（Robert Lustenberger）。罗伯特是合众集团的高级客户关系经理，负责维护集团与瑞士养老基金的业务关系。他们在2002年相识，并通过各类投资会议保持联系。在全球金融危机后的艰难环境中，罗伯特始终是托马斯最值得信任的支持者，他向托马斯提供了大量关于PE的信息，帮助托马斯对PE有更多的了解。他的意见是促成"未来计划"考虑增加（而不是取消）PE投资的重要因素。

针对如何解决PE投资组合所处困境这一问题，还有其他10家管理机构（除合众集团之外）对"未来计划"发出的"信息请求函"（Request For Information）提交了初步反馈。经过两个月的筛选过程，候选机构减至6家基金管理机构之后，"未来计划"邀请这些机构对更详细的"征求建议函"（Request For Proposal）做出回应，并就历史业绩和建议的解决方案提供背景信息。对于"征求建议函"，罗伯特是这样描述合众集团采取的方法：

"征求建议函"对我们来说是非常重要的一步。在提议中，我们强调了"未来计划"面临的挑战，并介绍我们将如何帮助他们实现目标。首先，我们指出，合众集团的多样化资产类别及针对非公开市场采取综合"相对价值"法，可以为客户实现最大程度的灵活性，因而可以帮助客户在任何时点投资于拥有最好机会的策略。我们还特别强调，在投资组合中纳入直接投资和二级市场投资时，由于不存在双重收费问题，使我们的收费低于传统的母基金收费水平。此外，我们还要让"未来计划"认识到，除投资管理以外，我们还可以通过组合管理和高质量报告体现等客户服务系统，为"未来计划"

提供更全面的支持。

随后,"未来计划"又在这6家基金管理机构中,选出两家参与最后一轮的竞争:一个是合众集团,另一个同样是业内的知名企业。2011年8月,"未来计划"投资委员会委员受邀来到合众集团位于扎格的总部,进行了一整天的尽职调查。对此,罗伯特回忆说,此时的焦点就是让客户了解合众集团对目前市场的看法(见附录4.9)及他们的从业经验:

我们向潜在合伙人展示了我们对未来两年的总体投资策略。我们对二级市场和直接业务进行了解释,在当时的条件下,考虑到很多LP都在寻求出售对私募股权基金持有的股份,因此,这项业务是非常有吸引力的。随后,我们向对方阐述了我们将如何在长期内对资产配置进行管理,并以实例介绍了我们是如何为其他客户在短时间内构建投资组合的。

此外,罗伯特还针对"未来计划"PE组合承受的管理压力提出了解决方案:通过一种创新性的持股结构,将他们对单一离岸实体的全部PE投资进行合并(见附录4.10)。在投资建议中,合众集团提出为"未来计划"管理持股公司,并对其现有PE基金、母基金及独立管理账户(SMA)的现金流入及流出进行管理;"未来计划"只需如期从持股公司取得认缴出资。此外,由于整个PE计划的资产净值仅合并为资产负债表上的一行,这就大大简化了基金业绩的报告方式。最后,在持股公司层面,按照扣除资本配置后的净额催缴出资,从而减少了"未来计划"的税收成本。

在陈述文稿中,合众集团借助持股公司的模拟合并财务报表,介绍了他们如何从投资层面出发,为"未来计划"全部PE投资的未来认缴出资决策提供了建议。但这项内容完全属于咨询事项,最终决策权还取决于投资委员会。罗伯特没有在会上介绍具体的认缴计划,而是泛泛地提到,合众集团的组合与风险管理团队将如何与客户合作,帮助他们实现针对PE的目标配置率。

当下的任务

第一次内部尽职调查的结果给"未来计划"留下了深刻的印象,2011年12月3日,"未来计划"安排了第二次会面。合众集团方面,参会人士除创始合伙人之一的阿尔弗莱德·甘特纳(Alfred Gantner)以外,PE直投和二级市场、房地产、基础设施以及组合与风险管理部门的负责人也悉数出席。

在合众集团的提案中,最重要的是需要一种强有力的执行策略,让"未来计划"能在2014年年底实现对PE资产的配置目标。虽然持股公司的结构就像是"结在蛋糕上的冰",但迈克尔·斯塔德和他的团队还是要烤好这块蛋糕。

附录4.1

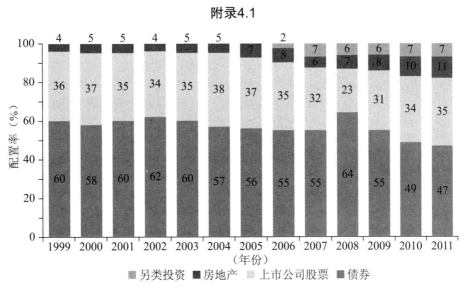

"未来计划"投资组合的资产配置总额

附录4.2

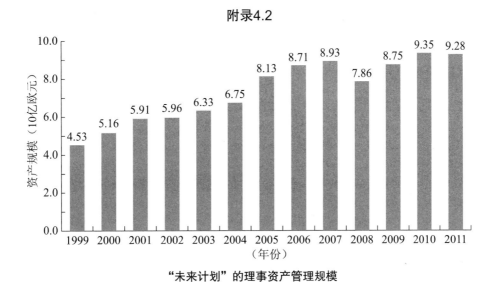

"未来计划"的理事资产管理规模

附录4.3

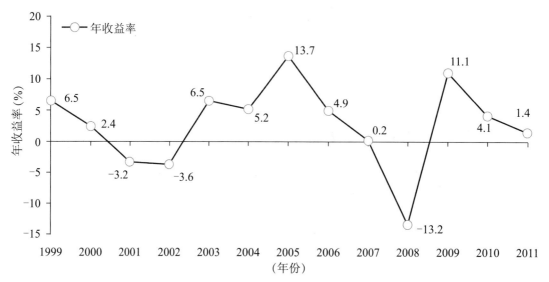

"未来计划"投资组合的总体业绩

附录4.4

"未来计划"对PE基金的认缴出资　　　　　　　100万欧元

	贝伦资本	阿奇里奇资本	基础设施	基金总额
2005年下半年	93.54			93.54
2006年上半年		82.13		82.13
2006年下半年			68.64	68.64
2007年上半年				
2007年下半年	61.24			61.24
2008年上半年				
2008年下半年				
2009年上半年				
2009年下半年				
2010年上半年	106.47	59.82		166.29
合计	261.25	141.95	68.64	471.83

第一部分 GP 和 LP 关系的管理

附录4.5

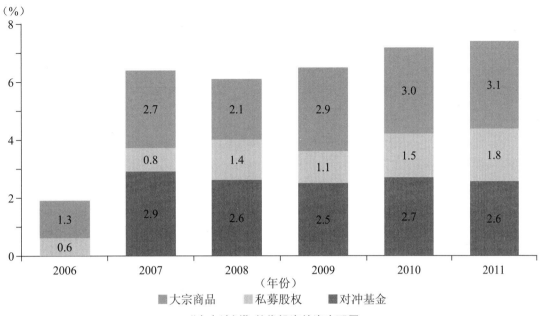

"未来计划"替代投资的资产配置

附录4.6

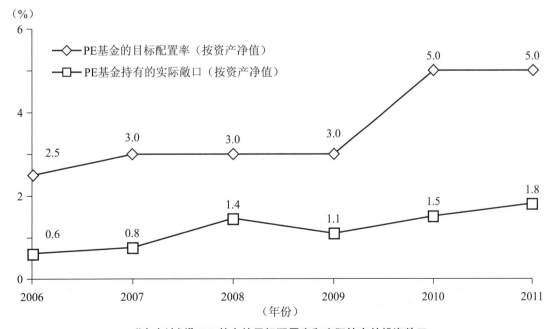

"未来计划" PE 基金的目标配置率和实际持有的投资敞口

附录4.7

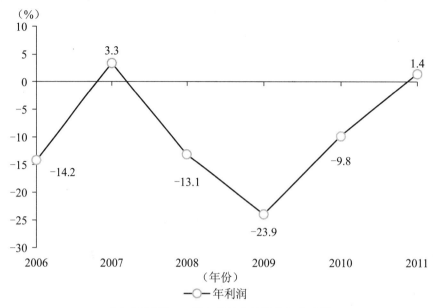

"未来计划"PE基金所持有的投资组合业绩

附录4.8a

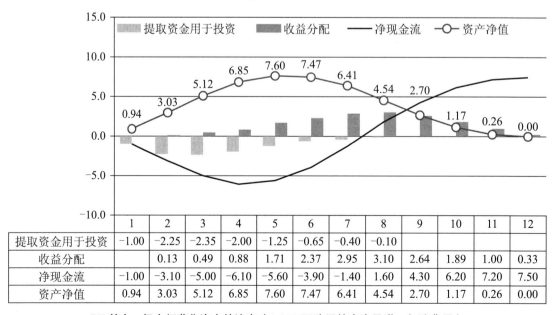

	1	2	3	4	5	6	7	8	9	10	11	12
提取资金用于投资	-1.00	-2.25	-2.35	-2.00	-1.25	-0.65	-0.40	-0.10				
收益分配		0.13	0.49	0.88	1.71	2.37	2.95	3.10	2.64	1.89	1.00	0.33
净现金流	-1.00	-3.10	-5.00	-6.10	-5.60	-3.90	-1.40	1.60	4.30	6.20	7.20	7.50
资产净值	0.94	3.03	5.12	6.85	7.60	7.47	6.41	4.54	2.70	1.17	0.26	0.00

PE基金一级市场募集资金的演变（1 000万欧元的出资承诺，扣除费用）

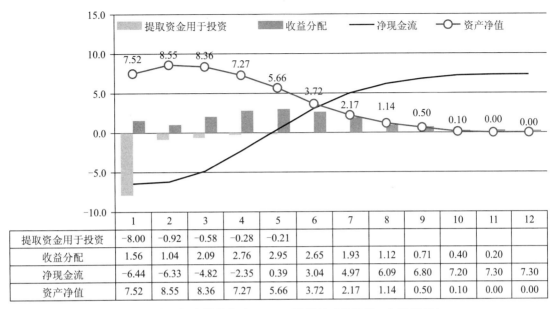

附录4.8b

	1	2	3	4	5	6	7	8	9	10	11	12
提取资金用于投资	-8.00	-0.92	-0.58	-0.28	-0.21							
收益分配	1.56	1.04	2.09	2.76	2.95	2.65	1.93	1.12	0.71	0.40	0.20	
净现金流	-6.44	-6.33	-4.82	-2.35	0.39	3.04	4.97	6.09	6.80	7.20	7.30	7.30
资产净值	7.52	8.55	8.36	7.27	5.66	3.72	2.17	1.14	0.50	0.10	0.00	0.00

PE 二级市场投资的演变（1 000 万欧元的出资承诺，扣除费用）

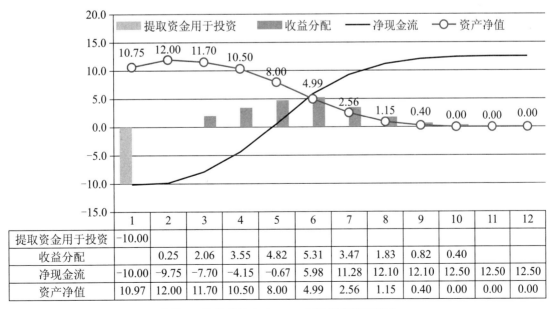

附录4.8c

	1	2	3	4	5	6	7	8	9	10	11	12
提取资金用于投资	-10.00											
收益分配		0.25	2.06	3.55	4.82	5.31	3.47	1.83	0.82	0.40		
净现金流	-10.00	-9.75	-7.70	-4.15	-0.67	5.98	11.28	12.10	12.10	12.50	12.50	12.50
资产净值	10.97	12.00	11.70	10.50	8.00	4.99	2.56	1.15	0.40	0.00	0.00	0.00

直接 PE 投资的演变（1 000 万欧元投资总额）

附录4.9

	北美洲			欧洲			亚洲及新兴市场		
私募股权	直接投资	二级市场	一级市场	直接投资	二级市场	一级市场	直接投资	二级市场	一级市场
成长型股权投资	直接投资	二级市场	一级市场	直接投资	二级市场	一级市场	直接投资	二级市场	一级市场
私募债券	直接投资	直接投资及二级市场	一级市场	直接投资及二级市场	二级市场	一级市场	直接投资	直接投资及二级市场	一级市场
上市基础设施基金	棕地投资	绿地投资	直接投资	二级市场	棕地投资	绿地投资	直接投资	二级市场	棕地投资	绿地投资	直接投资	二级市场
私募不动产	增值性投资	机会性投资	直接投资	二级市场	增值性投资	机会性投资	直接投资	二级市场	增值性投资	机会性投资	直接投资	二级市场
上市策略	上市私募股权基金		上市基础设施基金		大宗商品		固定收益	与保险挂钩的有价证券		机会性投资

合众集团的相对价值矩阵——2012年上半年

附录4.10

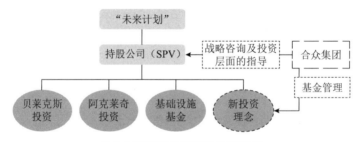

合众集团提议的持股结构和服务

附录4.11

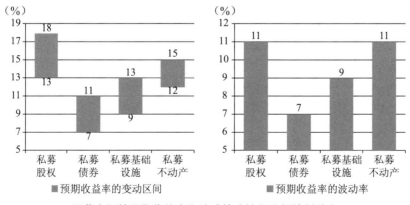

私募市场的预期收益率和波动性（按行业板块划分）

第二部分
风险投资

　　风险投资者必须善于为公司提供建议、说服、劝阻和鼓励,但最关键的是帮助企业创造价值。而后,才能让风险投资成为真正有创造性的资本——为公司创造增长,为投资机构创造利润。

　　——乔治·多里奥特(George F. Doriot),INSEAD 的创始人,全球第一家风险投资公司(ARD)的设计者及创始人,被称为"风险投资之父"

案例 5 苏拉葡萄园
印度的葡萄酒——那怎么可能呢!

一、概述

在这个案例中,我们将讨论在新兴市场环境下对初创企业进行的种子投资。在不到 4 年的时间里,苏拉葡萄园(Sula Vineyards)的创始人拉吉夫·萨曼特(Rajeev Samant)即在印度葡萄酒市场上取得了 19% 的市场份额。现在,为了拓展市场并进一步提高产量,他已开始寻找外部投资者加盟。他找到了在 2004 年创建印度宝石投资咨询公司(Gem India Advisors)的迪帕克·沙阿达普里(Deepak Shahdadpuri),其只投资于刚刚创建的印度创业企业。本案例介绍了对应于这类投资的机会、风险及各种假设,并要求读者掌握初创企业的估值。

二、案例研究的目标

在这个案例中,我们将以苏拉葡萄园为例,循序渐进地讲解印度风险投资的估值和交易架构问题。使用贴现现金流(DCF)和可比资产估值法能否计算出风险投资的公允价格?哪种交易架构有助于保护投资者免受这种交易的内在风险?通过本案例,我们将详细探讨风险投资者需要在投资之前解决的关键问题,并对投资后推动被投资企业成长的措施展开探索。

三、本案例需要解决的主要问题

1. 对于沙阿达普里来说，宝石咨询投资于苏拉葡萄园最关键的风险是什么？请提出降低各种风险的措施。
2. 使用可比公司法及 DCF 估值法，确定宝石咨询应如何计算苏拉葡萄园在 2005 年 1 月 1 日的企业价值。在进行估值时，在增长、资本支出等方面的主要假设群体是什么？
3. 宝石咨询应在苏拉葡萄园谋求多大的股权比例，以及按怎样的估值进行投资？为什么？
4. 宝石咨询应如何构建股东协议以规避估值下降的风险？
5. 宝石咨询应在投资后的苏拉葡萄园中扮演怎样的角色？你认为宝石咨询应如何扩大业务规模？目前限制苏拉葡萄园增长的主要因素是什么？

四、补充资料

为充分利用本案例，建议读者通过如下资料了解本案例的过程及背景信息。
- 重点推荐读者阅读《精通私募股权》中的如下章节。
  - 第一章：私募股权基金的基本概念
  - 第二章：风险投资
  - 第七章：目标公司的估值
  - 第九章：交易架构
- 可以参考如下网站获得更多资料：www.masteringprivateequity.com

五、案例简介

本案例由 INSEAD 阿布扎比案例开发中心助理研究员德鲁夫·纳里恩（Dhruv Narain）和罗梅恩·卡帕迪亚（Romain Kapadia）及案例作家利兹·斯科特（Liz Scott）撰写。案例的编写是在 INSEAD "决策科学" 及 "创业与家族企业" 课程资深特邀教授克劳迪娅·纪斯伯格的指导下完成的。本案例旨在为课堂讨

第二部分　风险投资

论提供基础材料，无意对案例所涉及的处理方式是否有效做出判断。本案例的研究经费来自阿布扎比教育委员会提供的财政捐赠，在此，对他们的支持表示衷心的感谢。

有关 INSEAD 案例研究的更多材料（如视频材料、电子表格及相关链接等）可登录官网 cases.insead.edu 查询。

Copyright © 2010 INSEAD

2005 年 1 月，印度宝石投资顾问公司董事总经理迪帕克·沙阿达普里缓缓晃动着手中的一杯"西拉子"红酒，他想让自己的脑子静下来几分钟。他正在回想在法国枫丹白露度过的一年，他在那里攻读 INSEAD 工商管理硕士学位的时候，就已开始深入研究各种复杂的葡萄酒知识了。他有时候会想，这些知识能不能变成一笔比当时学费更值钱的投资，每想起这件事他都会觉得好笑。在提起笔签署股东最新一笔投资的股东协议时，他的思绪又回到了 6 年前，1998 年 12 月，他第一次见到苏拉葡萄酒首席执行官拉吉夫·萨曼特。在果阿度假时，沙阿达普里和萨曼特通过各自朋友初次相识，在随后的 6 年时间里，沙阿达普里和萨曼特逐渐结下了深厚友谊，正如萨曼特所说的那样，因为他们对"好生活"有着共同的认识和憧憬。此后，他们通过定期休假不断加深了了解，而沙阿达普里也成了萨曼特非正式的咨询师。

在 2000 年进入印度市场时，苏拉葡萄园的最初种植面积仅有 30 英亩，而在四年半之后，他们就已发展成为印度的第二大葡萄酒生产商、经销商和零售商。苏拉的品牌明显不同于国内的其他葡萄种植企业，他们将第一款具有印度口味和本土化生产的葡萄酒作为营销宣传的主打，号称它是体现印度制造自豪感的载体，并满怀信心地自称在质量上绝不逊色于加州、澳大利亚和欧洲的葡萄酒品牌。

随着苏拉葡萄酒的发展，沙阿达普里的兴趣和参与度也在与日俱增。然而，尽管该品牌的确取得了良好的市场业绩，而且又适逢有利的经济环境，但沙阿达普里依旧有自己的顾虑。由于印度的葡萄酒和烈酒行业缺乏权威性市场数据和历史交易记录，因此，沙阿达普里最担心的就是能否对苏拉葡萄酒做出合理的估值。此外，他担心印度在葡萄酒酿制和酒类产品分销配送等方面的法律还存在很大的不确定性，因为在印度，22 个邦均单独制定适用于本地区的法规。同样地，他感到无法确定的还有在非常少的信息基础上得出的增长假设，以及来自印度最大烈酒制造商形成的潜在竞争压力，包括联合酿酒公司，这些公司在开发新产品和新市场方面已经得到了业内公认。此外，尽管进口关税大幅削减了进口葡萄酒以往所具有的竞争力，但这种状况还能维持多久呢？当然，沙阿达普里最关心的还是他与萨曼特的友谊。他很清楚，商业关系带来的压力很可能会摧毁他们长期以来的友谊。

在他的头脑中，经常回想起一句古语——"生意和友谊不能混到一起"。

苏拉葡萄酒

苏拉是印度最主要的酿酒企业之一，其首席执行官在创建苏拉葡萄园的过程中并没有循常规之道；可以说，萨曼特的初衷并不是做葡萄园，而是在追寻其他诸多创业思路的过程中，最后将落脚点落在了葡萄酒制造行业上。20世纪90年代初，萨曼特离开印度，来到斯坦福大学攻读经济学学士学位，但他在最后却拿到了工业工程学士的学位，毕业后，萨曼特被旧金山的甲骨文公司录用。在这里，萨曼特很快就成为公司最年轻的财务经理之一。然而，考虑到专业志向以及家族的核心都在印度，于是，在甲骨文任职两年后，萨曼特回到了孟买。

在回国1年多之后，萨曼特决定探访家族在纳什克的庄园。纳什克位于孟买以北，距离孟买约2个小时的车程。庄园就在印度西部山脉的山脚下，风景如画的背景促使萨曼特说服家人不要出售这30英亩土地，他觉得可以利用这块土地种植芒果。但是，在准备实施这个想法的过程中，萨曼特开始越来越担心芒果业务的持久性：当地已经有很多芒果种植园，竞争非常激烈，而且零售市场极其分散。最后，他认为芒果出口市场的利润水平很难让企业长久生存下去。相反，他更清楚酿酒行业的盈利性。在斯坦福大学学习期间，他就曾发现，加州葡萄酒种植区和纳希克地区在气候与植被上有着不可思议的相似之处。于是，萨曼特最终将精力集中到利用这块土地种植葡萄的创意上。

随后获取的大量气候数据，再加上与他未来生意合作伙伴、加州索诺玛河谷顶级酿酒大师凯里·邓普西（Kerry Dempskey）的邂逅，最终促使萨曼特在1998年创建了苏拉葡萄园。随后，两人又在2002年成立了纳希克酿酒有限公司（NVL），以利用当地优惠的政府政策以及苏拉葡萄酒需求的不断增长。最初，萨曼特以种子资本形式筹集了3 000万卢比，他用这笔钱在家族的庄园建成了一个当时最先进的酒庄，于是，在尚未出现国内市场和竞争的情况下，苏拉葡萄酒正式进军印度的葡萄酒市场。除此之外，由于高关税的存在，进口葡萄酒供给已非常有限，高昂的价格让葡萄酒难以为大多数印度人所了解。因此，消费者对葡萄酒产品的兴趣和了解均处于较低水平。

自创建以来，苏拉葡萄园的产品组合不断发展壮大，在纳什克葡萄园推出苏拉"马德拉"（Madera）等品牌的国产葡萄酒。（表5.1为"苏拉"品牌的系列产品，以及在2005年1月1日的定价）。此外，公司还从世界各地进口知名品牌的葡萄酒并在国内进行分销，不仅直接进口法国"泰亭哲香槟"（Taittinger Champagne）、澳大利亚"BRL哈迪"（BRL

Hardy）以及葡萄牙"泰勒波特"（Taylor's Port）等国际品牌，同时还进口散装葡萄酒，瓶装后使用"苏拉"品牌在印度销售。苏拉大量进口散装的智利"梅洛"（Merlot），而后使用自有的"Satori Merlot"品牌进行销售，凭借这款葡萄酒，苏拉在印度最大的城市孟买奠定了自己在红酒市场上的领导地位[①]。截至2005年，苏拉在印度葡萄酒市场（不考虑原产地）中的占有率已达到19%；自2000年以来，公司的年产量已经翻番，但市场需求的增长速度仍超过供给增长速度。

苏拉成功地说服国家和联邦政府，让他们接受发展葡萄酒产区给印度带来的经济效益。为此，多个邦的政府采取措施扶植葡萄酒行业发展，其中，马哈拉施特拉邦政府宣布，将葡萄酒重新划归农产品，从而削减了针对葡萄酒征收的消费税和减税。其他邦监管机构同样采用了令人鼓舞的政策；针对葡萄酒零售（通过杂货店）的规定也开始出现松动，预期未来将进一步放宽。

迄今为止，公司已向原创始人和天使投资者筹集到130万美元。自设立纳希克酿酒有限公司以来，公司收入已从2002年3月31日财务年度的62万美元，增至截至2004年3月31日财务年度的250万美元。公司预计，2005年的年收入为430万美元，EBITDA将达到89万美元。目前，苏拉正在向外部投资者寻求融资，以增加公司的产能和分销能力，加强市场营销，强化管理团队，并通过引进新产品来满足市场的增长预期。

印度宝石投资咨询公司

印度宝石投资咨询公司是一家专门投资于印度新兴消费行业的印度私募股权基金，由沙阿达普里发起并领导。作为私募股权业内的资深人士，沙阿达普里在私募股权和战略咨询管理方面拥有超过16年的实战经验。尽管在过去4年里专做技术板块，但多次造访印度的经验告诉他，印度的消费者市场隐藏着巨大的投资机会，只是在当时还尚未被大多数基金关注。为发掘值得利用的机会，2004年，沙阿达普里与纽约宝石投资咨询公司合作，在印度创建了分公司，并确立了投资印度消费者相关行业的基本目标。在接触苏拉之前，沙阿达普里也曾考虑投资其他几家初创公司。不过，按照沙阿达普里自己的说法，促使他做出选择苏拉的决定性因素，就是因为与萨曼特的交往让他感到轻松惬意，当然，还有他们之间的相互信任和尊重。但不管怎样，作为私募股权基金的管理者，沙阿达普里的未来声誉将很大程度上取决于宝石咨询在印度的这笔投资能否首战告捷。

---

① Satori Merlot 后来由苏拉本地企业生产，而不再依赖进口。

印度的葡萄酒行业

如果按数量衡量,印度是世界上最大的烈性酒消费国,也是排在中国之后的第二大酒精饮料消费国,但葡萄酒的消费量却非常有限,2004年,印度的葡萄酒销售量还不到全部含酒精饮料的0.2%。按人均水平计算,印度的葡萄酒消费量平均每年仅为0.1升,而全球的年人均消费水平则是6升。

据宝石咨询的估计,按消费量计算,2004年,印度葡萄酒市场每年的规模接近270万升(见附录5.2)。预计在未来3年内将达到500万升以上,到2014年,印度的葡萄酒市场规模将增长10倍,超过2 000万升。从2000年到2004年,国产葡萄酒将逐步替代进口葡萄酒,在此期间,国内品牌在全部市场消费量中的比例将从44%升至69%。但是和烈性酒、白兰地以及朗姆酒等产品相比,葡萄酒的消费量仍相对较低,其中,烈性酒每年的消费量估计超过5亿升。但随着葡萄酒的普及,烈性酒占据的部分市场份额会逐步转向葡萄酒。

20世纪90年代后期,也就是苏拉酒业的发展时期,印度几乎还不存在国内的葡萄酒产业。而对进口葡萄酒征收的高关税则使进口葡萄酒始终保持高价位,因而也限制了大多数民众对葡萄酒的消费。与此同时,国内生产的匮乏,再加上发展葡萄酒创业所需要的专业知识,也阻碍了国内葡萄园的发展。此外,文化要素也限制了需求。在经过几个世纪英国殖民统治之后,酒精饮料的市场也深受英国社会的影响,使威士忌酒、啤酒、朗姆酒和杜松子酒的消费量远远超过对欧洲大陆及东欧出产酒品类型(如葡萄酒和伏特加酒)的需求。同样地,和女性相比,印度的饮酒文化在男性之间更为盛行,而葡萄酒则被很多人视为属于"女性"的饮料。因此,无论是国内自产的葡萄酒,还是进口的葡萄酒,数量都极为有限。

在国内市场上,苏拉酒业最初的竞争来自两家种植商:印帝香槟(Champagne Indage)和格罗弗葡萄园(Grover Vineyards)。印帝香槟是印度最早的葡萄酒生产商,市场占有率达到60%,被业界誉为印度葡萄酒行业的鼻祖。该公司的产品包括3个大类:白葡萄酒、红酒和起泡葡萄酒,并以多个品牌推出25种产品。仅其主打品牌——Riviera,就占据了印度葡萄酒市场15%的消费量和12%的总销售额。印帝香槟本身就拥有200英亩的葡萄园种植面积,又通过协议方式租用了750英亩,此外,公司还计划在不久的将来再增加1000英亩的种植面积。这家公司制定了一种独特的策略,即通过印帝酒店集团拥有的餐厅和酒吧进行自销,印帝酒店集团在印度各大主要都市拥有大量的高档物业。虽然是上市公司,但公司60%的股权仍是由创业家族控制。截至2004年3月31日的财务年度,印帝集团披露的公司销售收入为2.45亿卢比(约合590万美元),EBITDA为5 900万卢比(约合140万美元),净利润为3 400万卢比(约合80万美元)。

苏拉的另一个竞争对手格罗弗葡萄园成立于1988年,位于班加罗尔郊区的南迪山脚下,公司的创始人是坎瓦尔·格罗弗(Kanwal Grover)和卡比尔·格罗弗(Kapil Grover),兄弟两人将振兴印度葡萄酒产业视为己任。截至2005年,格罗弗葡萄园拥有已超过200英亩的种植面积,而且仅使用从法国酿造用葡萄中精挑细选出的35个品种。此外,格罗弗葡萄园以其特色品牌销售若干种葡萄酒,而且不采用任何进口产品。

几个方面的因素促成了印度葡萄酒产业在新世纪初的增长,当然,最重要的当属有利的政策环境和印度人口消费方式的变化。各邦均制定了有利于印度本土葡萄酒制造商的政策。比如说,在印度最大城市孟买所在的马哈拉施特拉邦,当地政府对葡萄酒制造实行减税政策,销售税税率从20%大幅降至4%。紧邻新德里的拉贾斯坦邦也放松了对葡萄酒分销的监管,成为采取此项措施最大的邦。此外,印度还颁布一项新法令,对于2001年之后由新建葡萄酒厂生产的葡萄酒,免征全部消费税。

除放松管制之外,消费者对葡萄酒的态度和行为方式也发生了变化,这些变化给印度的葡萄酒市场带来了重大影响。随着经济形势的不断好转,以及媒体对崇尚西方文化、拥有全球化的年青一代人的关注,酒类消费(包括葡萄酒)也日趋成为新型大都会生活方式中的一个要素。在印度,很多青年人都在向往好莱坞电影和媒体中描绘的生活方式。

基于这些因素,自20世纪90年代以来,印度葡萄酒行业实现了22%的年均增长率,而此后10年的预期年均复合增长率(CAGR)将达到25%。但由于印度本土的葡萄酒制造商数量有限,而且在国外市场的认知度不高,因此,出口市场始终维持较低水平,但有望在未来若干年有所增长。

全球葡萄酒产业

到2005年,全球葡萄酒行业的销售总额预计为870亿美元,年均增长率为5%。[1] 按产量计算,美国是新兴葡萄酒生产国中的领军人;而在新兴葡萄园的规模上,美国与中国并驾齐驱。[2]

根据相关报道,澳大利亚在全球新兴葡萄酒出口国中名列第一;按出口数量估计,到2003年,除欧盟内部贸易以外,澳大利亚已成为世界第一大葡萄酒出口国。智利、美国、南非和新西兰同样是全球新兴葡萄酒生产大国中的佼佼者,而且他们的出口均呈快速增长

---

[1] GIA,《投资备忘录》2005年4月。
[2] 国际经济研究中心(CIES)和荷兰银行(ABN AMRO)针对全国性机构进行的估计。

趋势。①

按公升数衡量,全球最大的葡萄酒生产国依次为法国、意大利、西班牙、美国和阿根廷,而最大的葡萄酒消费国则分别是法国、意大利、美国、德国和西班牙(见附录5.3)②。尽管全球葡萄酒产业持续增长,但老牌葡萄酒生产国的增长速度已逊色于新兴生产国及新兴市场。不过,在老牌的葡萄酒市场上,消费者对高档葡萄酒产品的需求持续增长,尽管消费量趋稳甚至下降,但整体销售额依旧增长。

在过去10年中,中国已成为葡萄酒总消费量增长最快的市场,而且必须看到的是,中国葡萄酒市场的起点非常低。而更有趣的是,在中国,葡萄酒消费量的增长速度远远超过其他酒精饮料。造成这种差异的部分原因在于消费者对葡萄酒相比其他酒精饮料的消费承受力高。影响中国葡萄酒消费的其他因素同样适用于印度市场,比如西方饮食习惯及人均收入上涨带来的影响。③ 截至2005年,中国的葡萄酒产量已位居全球第11位。因此,很多业内人士认为,中国将成为全球葡萄酒市场和消费最大的地区之一。

作为葡萄酒的生产地,印度当前的增长很接近于20世纪60年代末和70年代初的新西兰——当时,新西兰在法律、政治和社会等领域发生的变化,刺激了国内葡萄酒行业的发展。20世纪60年代末,新西兰取消了"六点钟禁令"——酒吧必须在傍晚5时停业,且在星期日不得营业。同期的立法改革还涉及允许"自带饮品"进入餐馆,也就是说,顾客在外出用餐时,可以自带酒品。这两个方面的变化,改变了新西兰人对饮酒的态度,尤其是对葡萄酒的消费产生了深远影响。此外,当时有很多新西兰人开始到欧洲旅行、生活和工作,因而深受欧洲饮酒文化的影响。

1973年,英国加入欧洲经济共同体,结束了英国和新西兰之间在肉类及乳制品方面的长期贸易伙伴关系。失去了最大的肉制品和乳制品贸易伙伴,使新西兰政府不得不重新考虑农业政策,并将发展重点转移到葡萄种植等替代产业,从而极大地刺激了新西兰葡萄园和葡萄酒生产的增长。从1995年到2004年,新西兰的葡萄酒年产量从5 640万升增至1.192亿升,而同期的葡萄种植面积也从6 110公顷增至18 112公顷。与此同时,新西兰的葡萄酒出口业务蓬勃发展,其"长相思"葡萄酒被很多业内专家公认为世界上最好的葡萄酒。但是和印度相比,新西兰人口稀少也大大限制了葡萄酒的国内消费量,使大部分产量均面

---

① Wittwer, G. & Rothfield, J. "Projecting the world wine market from 2003 to 2010", Centre of Policy Studies, Monash University, Australia; *Australasian Agribusiness Review* – Vol.13 – 2005, Paper 21, ISSN 1442-6951.
② "Global Wine Production, Consumption and Trade, 1961 to 2001, A Statistical Compendium", CIES, University of Adelaide, Australia.
③ http://www.wines-info.com/Newshtml/200907/2282009072811164753.html.

向出口市场。

对中国、新西兰和印度的葡萄酒行业进行比较，可以发现很多共同的规律，即人们对消费葡萄酒在态度上的转变，受西方生活方式的影响，人均国内生产总值上涨与葡萄酒消费量增加之间的相关性，以及政府政策的调整，成为促进葡萄酒行业发展的主要因素。

估值

沙阿达普里面对的真正挑战之一仍然是公司本身的估值。虽然可比交易法往往是风险投资的最佳估值法，但是在印度，能作为可比公司的信息非常有限。因此，仅凭借建立在一般性人口数据和趋势基础上的增长假设，难免会让沙阿达普里对需求问题及生产和配送给估值带来的风险感到担心。

最重要的风险当属经营风险——比如说，葡萄酒酿造专家及股权合作伙伴凯里·邓普西和萨曼特出现分歧，甚至解除合作、葡萄园的虫害侵扰、桶装过程中的问题、投入成本的上升、品牌形象或质量下降导致消费者需求减少、出现更强大的竞争品牌等。此外，随着本地市场的扩大，国内厂商必然会面对进口葡萄酒的潜在竞争，与此同时，消费者口味需求的多样化，印度葡萄酒市场扩大所形成的巨大诱惑力，都会引来国外葡萄酒出口商的竞争。此外，政府也有可能会降低对进口葡萄酒征收的关税。

为此，沙阿达普里对投资团队提出要求：对于苏拉在未来市场增长率上的预测及其维持或扩大市场份额的能力，必须对相关假设进行深入研究。如果市场在过去10年内实现的年均复合增长率为22%，那么，是否可以将这作为预测未来增长的合理基础，如果是的话，苏拉会拥有多大的市场份额？而后，他的第一项任务就是使用历史财务数据和市场数据建立"基础情境"，并在此基础上，对投资之前的企业价值做出评估：

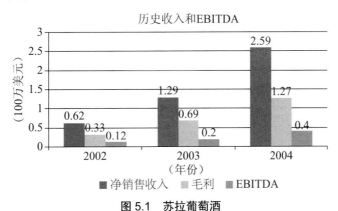

图5.1　苏拉葡萄酒

即使有增长率和成本假设的支持,但另外几个严重问题依旧困惑着宝石咨询的团队:
- 他们应在什么时期对资产进行摊销?
- 他们应使用多大的贴现率?
- 业务的终值是多少?

此外,沙阿达普里及其团队还要考察他们应占有多大比例的股权,应在谈判中争取什么样的股权和投票权,以及应取得哪些保证,如何实施对公司的控制。在编制分析报告时,沙阿达普里的团队还需要了解未来投资可能采取的退出策略。

达成投资

尽管存在很多需要关注的因素,但沙阿达普里确实希望实现对苏拉的投资。而完成投资的关键就在于能否正确地分析和确定投资价值,识别交易中的主要风险点,并采取有效措施减轻这些风险。沙阿达普里提起笔在股东协议上签下了自己的名字,这意味着宝石咨询已确定对苏拉进行投资,随后,他又酌了一口杯中的西拉子红酒,暗暗地对自己说:"生活总是有风险的,而且没有风险的生活肯定是非常无聊的。"

附录5.1

产品定位,2005年1月1日

产品定位	低档 (<150卢比) (<3.30美元)	中档 (150~250卢比) (3.30~5.60美元)	高档 (250~350卢比) (5.60~8.00美元)	高级 (350~500卢比) (8.00~12.00美元)	高级 (>500卢比) (>12.00美元)
红酒		"马德拉"红葡萄酒(180卢比)(4.00美元)	Satori Merlot(350卢比)(8.00美元)	苏拉"赤霞珠西拉子"(395卢比)(9.00美元)	苏拉"Dindori西拉子"珍藏(550卢比)(13.00美元)
白葡萄酒		"马德拉"白葡萄酒(180卢比)(4.00美元)	苏拉"白诗南"(350卢比)(8.00美元)太平洋"霞多丽"(350卢比)(8.00美元)	苏拉"白诗南"(350卢比)(8.00美元)	
玫瑰红葡萄酒		"马德拉"玫瑰酒(180卢比)(4.00美元)	苏拉"桃红粉黛"(350卢比)(8.00美元)		
起泡葡萄酒			苏拉干型起泡酒(340卢比)(7.75美元)	苏拉"起泡酒"(475卢比)	
强化葡萄酒					苏拉"晚熟白诗南"(550卢比)(13.00美元)

资料来源:苏拉酒业。

附录5.2

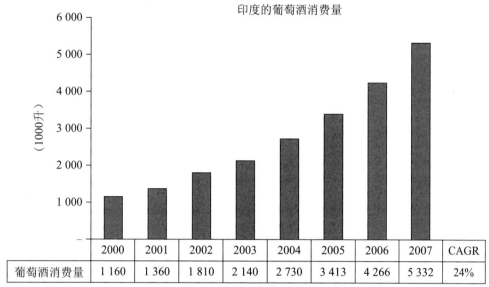

从2000年到2004年，国产葡萄酒的市场份额从44%升至69%。

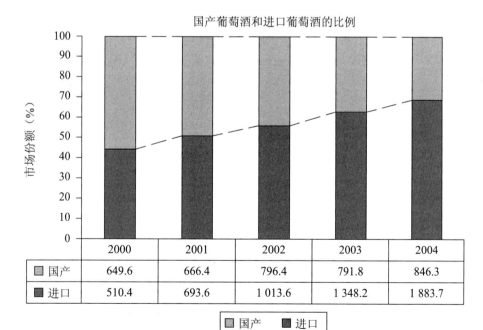

印度的葡萄酒市场

资料来源：宝石印度咨询公司。

附录5.3

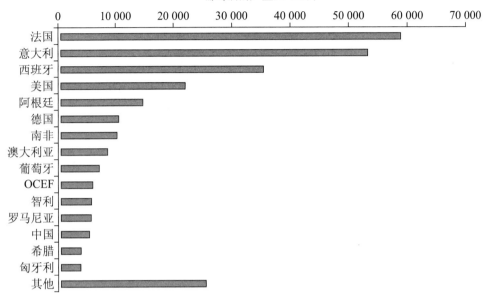

资料来源：《1961—2001年统计纲要：全球葡萄酒生产》（*Global Wine Production, Consumption and Trade, 1961 to 2001 A Statistical Compendium*），阿德莱德大学国际经济研究中心（CIES）。

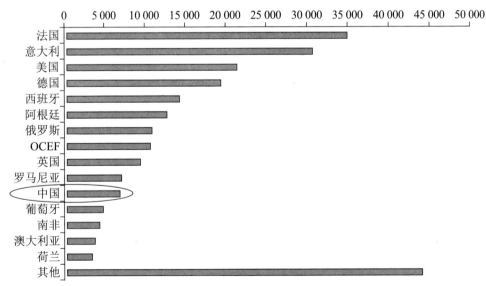

全球葡萄酒产业

资料来源：《1961—2001年统计纲要：全球葡萄酒生产》（*Global Wine Production, Consumption and Trade, 1961 to 2001 A Statistical Compendium*），阿德莱德大学国际经济研究中心（CIES）。

附录5.4

行业比较

	股票代码	财务年度截止月份	ML Rtg	币种	本地价格（美元）	本地市值（100万美元）	市值—以美元表示的市值（100万美元）	EPS（美元）2004	EPS 2005	EPS 2006	PVE 2005	PVE 2006	EPS增长率(%) 2004	EPS增长率 2005	EPS增长率 2006	5年期EPS增长率(%)	5年期PEG	05*EW EBITDA	05*CP MGN(%)
百威英博（ANHEUSER-BSCH）	BLD	12月	A-2-7		48.55	39 354.6	39 155	2.56	2.35	2.95	17.7	16.5	4	7	7	10	1.8	11.3	21.80
百富门酒业（BROWN FRMAN）	BFB	4月	NR		50.56	6 158.2	6 158	2.19	2.44	2.68	20.7	18.9	20	11	10	10	2.1	不适用	17.20
群星酒业（CONSTELLATION）	STZ	2月	B-2-9		53.64	6 233.0	6 233	2.65	3.21	3.7	16.7	14.5	6	21	15	15	1.1	10.3	13.40
威科尔（VINCOR）	YVN	3月	C-2-9	加拿大元	32.69	1 091.5	874	1.43	2.25	不适用	14.5	NA	-13	57	NA	11	1.3	10	15.30
平均值							52 620				17.4	16.6	-1	24	11	11.5	1.6	10.5	17.70
欧洲—葡萄酒和烈酒																			
联合多美集团（ALLIED DOMECQ）	ALDQF	8月	B-2-7	英镑	515	5 541.40	962	35.54	36.35	40.37	14.00	12.80	0.06	4	0.10	10.30	1.40	10.40	23.30
迪亚哥（DIAGO）	DGEAF	6月	A-3-7	英镑	738	21 984.40	3 778	48.19	46.58	49.77	15.8	14.8	1	-3	7	6.2	2.5	11.2	23.30
路易威登集团（LVMH）	LVMHF	12月	B-1-7	欧元	55	26 948.60	4 631	2.8	3.08	3.13	17.8	16	8	10	11	0.6	1	10.2	19.50
保乐力加集团（PERNOD RICARD）	PDRDF	12月	A-3-7	欧元	107.6	7 584.10	1 303	6.62	7.08	7.79	15.2	14	5	7	9	8	1.9	10.7	21.30
皇家人头马控股集团（REMY CONTR）	REMYF	3月	B-3-7	欧元	31.68	1 402.50	241	1.66	1.61	1.69	10.7	18.7	0.24	-1	6	8.1	2.4	12.8	17.00
平均							10 906				16.5	15.3	3	3	8	8.5	2	11.1	21.10
欧洲／拉丁美洲—啤酒																			
嘉士伯（CARLSBERG）	CABJF	12月	B-2-7	丹麦马克	283.5	21 624.80	3 716	15.8	21.15	25.94	13.4	10.9	-34	33	23	9.7	1.4	7.7	7.20

续表

	股票代码	财务年度截止月份	ML Rtg	币种	本地价格（美元）	本地市值（100万美元）	市值—以美元表示的市值（100万美元）	EPS（美元）			PVE		EPS 增长率（%）			5年期EPS增长率（%）	5年期PEG	05*EW EBITDA	05*CP MGN（%）
墨西哥芬莎（FEMSA）	FMK	12月	C-2-7		56.35	5 970.10	1 026	3.36	4.08	4.75	13.8	11.8	27	22	17	14.4	1	8.3	15.90
墨西哥哥莫德罗集团（GRUPO MODELO）	GPMCF	12月	C-1-7	MDN	30.74	99 959.10	127 643	1.72	1.92	2.05	16	14.9	15	12	7	9.2	1.7	7.3	29.40
喜力集团（HEINEKEN）	HINKF	12月	A-3-7	欧元	26.99	13 225.10	16 914	1.51	1.58	1.69	17.1	16	-8	4	7	4.9	3.5	9.9	13.40
英博集团（INBEV）	IBRWF	12月	B-1-7	欧元	29	17 284.00	22 105	1.64	1.9	2.14	15.2	13.6	14	16	13	12.9	1.2	7.9	11.50
南非米勒（SABMILLER）	SBWRF	3月	B-2-7		15.4	18 387.60	16 388	0.76	1.04	1.15	14.9	13.4	44	24	11	8	1.9	7.5	15.40
苏格兰 SCTTISH & NWC	SNCNF	12月	A-2-8	英镑	455.5	4 074.40	7 570	29.31	32	34.54	14.2	13.2	0.25	9	8	7	2	11.6	19.90
平均							197 562				15	13.4	5	19	12	9.4	1.8	8.3	14.90
澳大利亚—葡萄酒和啤酒																			
福斯特特集团（FOSTER'S）	FBRWF	6月	A-2-7	澳元	5.45	10 864.10	8 343	0.26	0.29	0.32	19	17.1	0.13	10	11	10	1.9	11.2	21.40
南方葡萄酒业（SOUTHCORP）	STHHF	6月	-6	澳元	4.41	3 255.30	2 500	0.15	0.16	0.29	27.8	22.4	41	9	24	5	5.6	16.2	15.10
狮王酒业（LION NATHAN）	LNNTF	9月	B-2-7	澳元	7.54	4 129.70	3 171	0.42	0.46	0.59	16.2	15	8	11	9	8	2	10.1	22.30
平均							14 014				21	18.2	12	10	14	7.7	3.2	12.5	19.60
亚洲—啤酒																			
青岛啤酒（TSGTF）	TSGTF	12月	C-3-7	人民币	8.45	8 957.00	1 148	0.22	0.26	0.23	33	30	9	14	16	15	2.2	8.2	6.70
朝日啤酒（ASAHI）	ASBRF	12月	B-2-7	日元	1 249	608 950	5 761	50.3	94.1	84.3	14.9	14	1	0.67	0	16	0.9	6.4	0.065

第二部分 风险投资

续表

股票代码	财务年度截止月份	ML Rtg	币种	本地价格（美元）	本地市值（100万美元）	市值—以美元表示的市值（100万美元）	EPS（美元）			PVE			EPS 增长率（%）			5年期EPS增长率（%）	5年期PEG	05*EW EBITDA	05*CP MGN（%）
麒麟啤酒（KIRIN BREWERY） KNVWF	12月	A-2-7	日元	1 022	993 129.50	9 395	44.4	45.2	45.9	22.6	22.3		33	2	2	8.1	2.8	6.5	6.50
札幌啤酒（SAPPORO） SODBF	12月	B-2-7	日元	468	166 322.80	1 573	18.2	24.51	25.12	10	18.6		162	35	2	31.1	0.6	9.9	4.30
平均						17 377				22.4	21.4		53	30	3	17.6	1.6	7.5	6.00
全球酒精饮料平均值				1 192		292 979				17.8	16.4		8	15	10	9.6	1.9	9.3	
（标准普尔500指数）SPX							66.42	70.33	75	16.9	15.9		20	6	7				

注：

EPS：每股收益。

PVE：

PEG：市盈率－盈利增长率比率＝PE/年盈利增长率

EW EBITDA：按股权加权的EBITDA

资料来源：美林证券BLD的每股收益包括期权费用。对于在2月或3月财政年度终结的公司，我们采用2006财年的营业利润率和EBITDA预测值进行估计。

附录5.5

可比交易

葡萄酒行业发生的主要收购事件

日　　期	收购方	被收购资产	所在国家	EBITDA（倍数）
1995年12月	福斯特集团（Foster's）	米达拉·布莱斯酒庄（Mildara Blass）	澳大利亚	11.8
1996年4月	福斯特集团	罗斯伯里酒庄（Rothbury）	澳大利亚	11
1996年4月	南方葡萄酒业（Southcorp）	冷溪酒庄（Coldstream）	澳大利亚	19.4
1997年4月	西米恩酒业（Simeon）	澳大利亚酒庄（Australian Vntg）	澳大利亚	20.1
2000年8月	威科尔（Vincor）	菲利普斯酒庄（RH Phillips）	美国	9
2000年8月	福斯特集团	贝灵哲酒庄（Beringer Wine）	美国	11.5
2001年1月	南方葡萄酒业	玫瑰山酒庄（Rosemount）	澳大利亚	13
2001年2月	狮王酒业（Lion Nthn）	蒙大拿酒业（Montana Wines）	新西兰	12
2001年8月	联合多美集团（Allied Dorn）	蒙大拿酒业	新西兰	12.4
2001年8月	威科尔	霍格酒庄（Hogue Cellars）	美国	6.5
2001年9月	联合多美集团	波迪盖酒庄（Bodegay Bbds）	西班牙	10
2001年9月	狮王酒业	班克西酒庄（Banksia Wines）	澳大利亚	12.4
2001年9月	威科尔	霍格酒庄	美国	11.5
2001年10月	BRL哈迪酒业	黑石酒庄（BlackStone）	美国	11.2
2001年10月	狮王酒业	葡萄之路酒庄（Petaluma）	澳大利亚	16.5
2002年2月	麦格根酒庄（McGuigan）	西米恩酒业	澳大利亚	8.3
2002年11月	威科尔	谷瑞酒庄（Goundrey）	澳大利亚	9.6
2003年3月	美国酒业集团（Wine Grp）	艾伦峡谷酒庄（Glen Ellen）	美国	4.2
2002年6月	赤颈鹤酒业（Cranswick）	埃文斯酒庄（Evans&Tate）	澳大利亚	8.8
2002年7月	西米恩酒业	麦格根酒庄	澳大利亚	8.3
2002年9月	狮王酒业	威瑟山酒庄（Wither Hills）	新西兰	10.4
2003年1月	群星酒业（Const Brnd）	BRL哈迪酒业	澳大利亚	12
2003年5月	威科尔	金凯福酒庄（Kim Crawford）	澳大利亚	6
2004年7月	威科尔	西部酒庄（Western）	澳大利亚	10.6
2004年7月	美国酒业集团	金州酒庄（Golden State）	美国	NA
2004年12月	群星酒业	蒙大维酒庄（Robert Mondavi）	美国	15
2004年12月	帝亚吉欧酒庄（Diageo）	卡蒙酒园（Chalone Wine）	美国	17.1
2004年12月	群星酒业	鲁芬诺酒庄（Ruffino）	意大利	NA
2005年1月	福斯特集团	南方葡萄酒业（Southcorp）	澳大利亚	15.4

续表

日　期	收　购　方	被收购资产	所在国家	EBITDA（倍数）
2005 年 1 月	嘉露酒庄（EJ Gallo）	贝尔富特酒庄（Barefoot Cellars）	美国	NA
EBITDA 平均倍数				11.6 倍

注：NA 指无法取得数据。

资料来源：公司报告和美林证券。

附录5.6
报刊摘录

与国际品牌抗衡的印度陈年葡萄酒

作者：伊安·麦金农（Ian MacKinnon）

《时代》杂志：英国伦敦，2003 年 9 月 8 日

在决定加入印度少数几家葡萄酒制造商的行列时，拉吉夫·萨曼特就知道，他必须要面对一个从未想过的障碍：努力满足市场需求。

然而，萨曼特先生的苏拉葡萄园最近刚刚推出了主打产品——5 年的"长相思"白葡萄酒，这款产品受到印度消费者的火爆追捧。一位著名葡萄酒评论家声称这款酒"花香干爽"，完全有能力和国际知名品牌抗衡。

葡萄酒在印度拥有悠久的历史，甚至在卡马经中就被提到过。尽管印度的佛教文化大多宣扬禁酒，但那些沉迷饮酒的人却大多更喜欢饮烈性酒，而且基本上都是威士忌。

36 岁的萨曼特先生喜欢与众不同的做事风格。在斯坦福大学获得工程学士学位后，他曾就职于旧金山的甲骨文公司。两年后，他离开了甲骨文公司。在思考下一步人生规划的时候，萨曼特来到位于纳什克的家族庄园，他发现，这里气候适宜、日照充足而且土壤灌溉良好，与加州葡萄园种植区的条件极为接近，于是，他决定利用自家庄园的土地种植葡萄，并酿造葡萄酒。

产量几乎每年翻一番，到 12 月份，苏拉葡萄酒的产量已达到 50 万瓶，但仍然无法满足需求。它的成功表明，印度人对饮酒的口味已发生了变化，尤其是在新兴的富裕中产阶级中。

葡萄酒的消费量每年增长 20%。经常出国游历的年轻专业人士也带来了新的饮酒习惯，人们开始减少烈性酒的消费量。"孟买的酒品经销商说，在 10 年前，葡萄酒在他们的全部销售量中仅占一小部分，而现在已经高达 10%"，萨曼特先生说。

不仅在印度国内，苏拉葡萄酒也赢得了外国买家的信任。去年，这家公司出口了 7 000

箱葡萄酒，他们的产品在旧金山湾区的商店和餐馆里均有销售，甚至意大利最著名的一家葡萄酒经销商也开始进口苏拉葡萄酒。此外，今年还有来自法国的订单。

"现在是我们最开心的时候，因为公司已开始扭亏为盈"，萨姆坦先生说，"但是起步阶段总是艰难的。我所有的朋友都认为我太疯狂。他们认为这个生意不会长久。"

事实上，仅仅是为了酿酒厂的开业，萨曼特先生就花费了 18 个月的时间，取得 100 多个官方机构的签字。"我拿到的文件足足超过 1 英尺（1 英尺 =0.304 8 米）厚"，萨曼特说。

面对葡萄酒行业的大潮袭来，其他厂商也开始跃跃欲试。在过去的 1 年时间里，仅纳什克就开办了 5 家酒庄，官方人士称，还有 40 家在筹备中。而在 10 年前，这里还有 14 000 英亩的土地因为找不到买家而荒芜。

由于原材料依赖进口，苏拉葡萄园的成本仍然很高。其中，使用的葡萄酒瓶从法国进口，酵母来自澳大利亚，而传统酿制法使用的丝网则来自西班牙。但葡萄是印度土生土长的，而且萨曼特先生坚信，只有葡萄才是保证竞争实力的关键。

案例 6 阿黛拉风险投资公司：
打造一家风险投资公司

一、概述

在本案例中，我们将审视阿黛拉风险投资公司（Adara Venture Partners）的合伙人必须在 2013 年 6 月做出一个关键决策。在募集第二只基金时，公司合伙人面对一家锚定投资者有可能退出的情况，原因是阿黛拉未能在月底截止日之前安排好首次交割所需要的资金。于是，公司合伙人开始评估由普通合伙人（GP）包销认缴金额缺口部分的可能性，而这就涉及风险资本基金管理的一系列核心问题：GP 的经济收益、筹资策略、投资者关系以及基金的投资策略。

二、案例研究的目标

本案件的总体目标，就是让参与者了解创建风险投资公司所面对的挑战。通过本案例讨论的特定决策——合伙人是否应认购公司发行的第二只基金，读者可以研究与风险投资公司管理相关的一系列问题。

三、本案例需要解决的主要问题

1. 在决定是否应在后续基金中包销较大份额时，GP 应考虑哪些因素？

2. 如采取包销的话，GP 应在首次交割中包销多大的基金份额？
3. 除在锚定投资者指定的截止日之前不能进行首次交割这一显见风险之外，GP 不包销资金缺口部分还会带来哪些影响？

如果他们决定认购基金份额，那么：

4. 在有限合伙人（LP）已承诺参与首次交割的情况下，GP 应如何考虑是否在基金中包销较大份额的决策？如 GP 在基金中包销较大份额，那么，你认为 LP 会做出怎样的反应？
5. 从金额和时间安排两方面，你会如何评估合伙人在首次交割后履行被包销基金份额的可能性？
6. 你建议 GP 应如何向潜在投资者进行推销自己包销的部分？是否应随着时间的推移而适当调整资金募集方法？
7. 在首次交割后与潜在 LP 进行沟通时，GP 应优先考虑（a）认缴包销份额，或是（b）扩大基金规模？
8. 是否会因 GP 包销基金股份而导致在基金的未来管理中出现利益冲突？合伙人怎样做才能减少这些风险？
9. 首次交割（包销或不包销）的结构会给实施投资策略带来哪些潜在影响？

四、补充资料

为充分利用本案例，建议读者通过如下资料了解本案例的过程及背景信息。

- 重点推荐读者阅读《精通私募股权》中的如下章节。
  - 第一章：私募股权基金的基本概念
  - 第二章：风险投资
  - 第十六章：创建基金
  - 第十七章：基金的筹集
- 可以参考该网站获得更多资料：www.masteringprivateequity.com

五、案例简介

> 本案例由 INSEAD "创业与家族企业"课程助理教授维卡斯·艾格瓦尔（Vikas Aggarwal）教授及 INSEAD 创业中心助理研究员安妮-玛利亚·卡里克-凯格纳（Anne-Marie Carrick-Cagna）撰写。本案例旨在为课堂讨论提供基础材料，无意对案例所涉及的处理方式是否有效做出判断。
>
> 有关 INSEAD 案例研究的更多材料（如视频材料、电子表格及相关链接等）可登录官网 cases.insead.edu 查询。
>
> Copyright © 2015 INSEAD

"经过一番跌宕起伏之后，我们面临着要么退出、要么加倍投注的选择，当然，我们必须做出艰苦的努力，承担巨大的风险……"

这是 2013 年 6 月初一个星期五的傍晚。作为阿黛拉风险投资公司的联合创始人，尼克·古莱特（Nico Goulet）和阿尔伯托·戈麦斯（Alberto Gómez）刚刚就公司面临的困境进行了数小时的讨论。2006 年，他们成功募集了公司的第一只基金，现在，他们距离第二只基金的交割只有咫尺之遥。然而，由于锚定投资者要求以 2013 年 6 月 30 日作为最终交割截止日期，而且已承诺出资又未能达到首次交割的 3 000 万欧元目标，这让阿黛拉面对的压力陡然增加。此时，两位合伙人必须做出一个无比艰难的选择：要么亲自认购出资不足的部分，要么取消第二只基金。

第二个选择注定会让这家羽翼未满的风险投资公司陷入危机，让公司以及两位合伙人 9 年来的投入付诸东流。然而，由他们自己来认缴出资缺口的决定，同样会让未来变得扑朔迷离。两位执行合伙人注定要度过一个令人煎熬的周末，因为他们很清楚，在下一周的前几天里，他们必须做出决定。

起步

1992 年，从 INSEAD 毕业后，尼克进入莫尼特咨询公司（Monitor Company），开始了咨询师的职业生涯。他的工作地点主要在西班牙的马德里。在这家公司任职的 8 年时间里，尼克在信息技术、电信、制药、医疗保健以及国防等领域积累了宝贵的经验。但是到了 1999 年，咨询职业开始让尼克感到厌倦，他相信，在西班牙，完全有机会创建一家专门做初创高科技企业的风险投资基金。随着高科技领域的新公司如雨后春笋般出现，寻找以初创企业为目标的投资，逐渐成为新创业企业面对的最大问题。

2000年，他放弃了在莫尼特还算稳定的工作，创建了一只名为NetFractal的风险投资基金。在随后的两年时间里，他以转让股权和创办有限合伙企业的形式向德意志银行资产管理等金融机构募集到1 800多万美元资金，并开始投资于3个不同项目：

> 在2002年之前，我们一直在做这3个项目。但是到了那个时候，两家公司已深陷网络泡沫崩溃的大潮，只有一个项目运行良好，但显而易见的是，在这个市场上，只有凭借更强大的手段才能维持下去。

2002年年底，尼克见到阿尔伯托·戈麦斯和罗贝托·德·圣马洛（Roberto de Saint-Malo），3个人志同道合，都有在西班牙创办一家风险投资基金的想法（见附录6.1）。凭借创建一家复制传统风险投资模式制度特征的企业愿景，3个人走到一起，共同成立了阿黛拉风险投资公司。但是要让潜在投资者相信，西班牙的高新技术领域是一个有吸引力的投资对象，显然就不是那么回事了。尽管尼克及其合作伙伴已找到很多引发西班牙技术发展的动因，但是要找到足够的投资者，让他们拿出真金白银，显然不会像他们想象的那么快。

这个团队面对的第一个决策，就是在哪里创建基金。通过深入研究在西班牙境内创建基金的可能性，他们发现，这个想法过于复杂——因为围绕基金的运营存在着大量的法律法规限制。因此，他们开始探索在其他国家创办基金的可能性，尤其是在比利时和卢森堡。最终，他们将落脚点选在卢森堡，因为这里不仅有相对完善的财政和监督体系，而且在采用同等基金结构的情况下，远比西班牙更为灵活。总的来说，卢森堡的制度环境更易于建立有限合伙模式的基金。

接下来，他们需要确定基金可以采取的形式及其投资策略。最终，他们一致认为，阿黛拉的目标应该是吸引机构资金，并专注于处于早期阶段的初创企业。

"我们确实希望能取得更多的机构资金，尽量减少个人资金，但我们也不排除个人资金。机构资金的优势在于，它们会以更系统、更长期的视角看待投资。而且他们的观点一般较为客观，而且较少涉及个人色彩。"

首次筹款：艰难但却直接

3位合伙人相信，他们完全有理由说服投资者，对于一只以早期初创企业为目标的新基金来说，西班牙绝不缺乏有吸引力的机会。然而，尽管3个人的经验合到一起确实范围甚广，但他们在这个领域毕竟还没有过合作。

两年半之后，也就是 2005 年 6 月，他们在卢森堡正式创建阿黛拉风险投资 SICAR 作为他们的投资工具。首次交割的日期为 2005 年 7 月 18 日，合计筹集 4 000 万欧元，最终交割时间为 2006 年 3 月 30 日，合计募集资金 5 000 万欧元。对于阿黛拉风险基金的募集方法，尼克解释说：

"我们一直以为只需要 1 年的时间。诚然，我们确实没有这方面的经验，但可以说，我们一直在努力寻找出资企业。我们让潜在合作伙伴看到，我们已经取得接触潜在被投资公司的通道。在与目标公司沟通时，我们指出，我们的目标就是成为西班牙最大的技术风投基金之一。我们的操作模式非常接近于早期阶段的创业企业。虽然必须要说服 LP，但首先必须以创造性方法让他们全面了解我们的完整思路。"

正是在首次融资中，一个"统计"性障碍逐渐浮出水面：要让某个投资者交割资金，团队就必须讨论近十种发展前景，而且这个比例还会在未来的筹款中延续下去。

在阿黛拉风投基金（一号基金）的主要投资者中，包括通过"欧洲共同体增长与就业计划-MAP-ETF"创业基金进行投资的欧洲投资基金（European Investment Fund）、西班牙电信公司的养老基金和其他几家机构投资者及家族理财办公室。合计共有 24 家有限合伙人（其中包括 8 家机构投资者，占承诺出资总额的 63%，还有 16 家私人投资者）。约 45% 的出资来自西班牙，剩余出资来自欧洲及其他地区。2007 年，通过与阿黛拉风投所管理的 NEOTEC 达成联合投资协议，资金池再次增加 500 万欧元。

首次涉猎基金：比赛开始

交易流竟然比公司最初预想得更好，投资机会良好而且极具吸引力。阿黛拉在筹资过程中对近 200 个投资机会进行了评估，并从中选出了一批可在短期投资的交易。在对这些机会的前景进行分析之后，又对进展情况进行了几个月的跟踪，因此，他们得以迅速完成尽职调查过程，并就最终投资协议进行谈判。这就为基金迅速进行资金配置创造了条件。基于这些便利，投资期由 5 年缩短到 3 年。对此，阿尔贝托解释说：

"实际上，我们一直在步步为营地进行资金筹集，相当于为投资者提供了两年的免费服务。这种做法也符合我们的价值观，即，追求企业家精神以及服务于我们的投资者，还有我们所支持的企业家利益。我们的感觉是，投资者能够对我们投资的方式有一个具体的感觉，因此，我们将能够用自己的资金配置生产性投资组合。

我们开始投资。这是个令人兴奋的时刻，我们筹集到了 5 500 万美元！我们在一个没有其他资金活跃的市场上拥有了一只基金。这样，在投资期结束前的 3 年时间里，我们就可以完成 13 项投资。"

缩短的投资期限结束于 2008 年 12 月。此时，他们已在 500 多个投资机会中进行了筛选，并在包括企业软件、移动技术、半导体、网络安全和协作等诸多领域完成了 13 笔投资。其中有 1 笔投资已实现了快速退出，并取得了良好的投资收益（实现了 145% 的总内部收益率），其余投资也进展顺利。只有 1 笔投资被注销（而且是 1 笔金额较小的投资）。

第二只基金：初次尝试

传统观点认为，普通合伙人（GP）应在完成初始基金的资金配置时——或者说在投资期结束时，开始筹集后继基金。考虑到此时的管理费结构已普遍下降，因此，后继基金应确保 GP 在对后续基金进行资金配置的同时，维持足够的收入流，以便于为管理团队及其现有投资组合的管理活动提供支持。

因此，在 2008 年中旬，投资团队开始筹集公司的第二只基金……但他们很快就受到打击。一系列灾难性事件接踵而来——首先是雷曼兄弟的崩盘，随后是次贷泡沫破裂，全球金融危机紧随而至，经济陷入衰退。与此同时，他们的投资组合也不够成熟，无法让感兴趣的 LP 认识到第一笔基金的潜在预期收益。

他们意识到，在这种情况下，根本就没有办法成功地为第二只基金筹集资金，于是，几位合伙人决定放弃后续基金，集中精力管理第一只基金的投资。在这个阶段，尽管投资已完全到位，但基金尚未完成一个完整的周期。因此，此时还无法评估公司的真正潜力，即，哪些投资最终会取得成功或是失败。正如尼克所言：

"当试图筹集第二只基金时，我们遭受了双重打击。因为你不仅要通过第一只基金展现出良好的业绩，还要考虑到当时极为不利的外部条件，因此，第二只基金通常会更加困难。我们的投资组合还非常年轻，而且很难评估，因此，我们很快就意识到，我们必须全力以赴，在兑现筹集第二只基金的想法之前，要让第一只基金拿出值得夸耀的业绩。"

"黑暗时代"

在 2008 年到 2011 年间，公司遭遇了一系列危机，若干不利趋势终于带来了恶果。

首先，投资组合的自然变化带来一系列的资产注销。在 2008 年到 2011 年之间，有 3 笔投资被创始人回购，两笔较大投资被彻底清算，导致这 5 笔投资被完全注销。注销这些投资耗用了合伙人的大量时间。尽管投资组合中情况较好的投资进展顺利，但还很难判断到底哪家公司会成为剩余 6 家公司中的胜出者。

其次，如果以资产净值（NAV）衡量基金的财务表现，基金的业绩已处于传统 J 曲线上的最低点，这无疑会让 LP 坐立不安，甚至会让少数小额投资者出现轻度违约——接受亏损，不再支持基金。

最后，GP 自己也要面临不断萎缩的预算，这使投资团队认识到，他们无法同时养活 3 个全职合伙人。经过长时间的谈判，考虑到针对第二只基金投资策略进行的讨论，眼下形势最终使罗伯托·圣马洛退出投资管理公司。

复兴

2011 年，欧元有可能退出市场的传闻不断发酵，西班牙国内的失业率从 6% 飙升至 26%，阿黛拉管理的组合也逐渐缩减到 5 家公司。然而，尽管市场动荡起伏，但他们的投资组合还是小有斩获，2011 年，阿黛拉的基金成功退出了一笔大额投资。

进入 2012 年之后，第一只基金在退出两笔的投资上大获成功，实现了足以向投资者炫耀的收益。他们的投资组合看起来非常健康，所有公司至少眼下还不存在失败的风险，有两家公司已出现了复苏的迹象，而 AlienVault 和 LoopUp 两家公司则已经展现出依靠自身实力成为"龙"基金的潜力。[1] 在业绩开始复苏的大背景下，尤其是 AlienVault 展现出的强大业绩，整个组合的演变为下一只基金的策略提供了强大的指引。

AlienVault 成立于 2007 年，由来自马里兰州的胡里奥·卡萨尔（Julio Casal）创建。公司推出的"AlienVault 统一安全管理"（AlienVault USM）系统，是市场上最受欢迎的开源安全信息管理（OSSIM）安全平台。OSSIM 市场的年均复合增长率达到了 21.9%，2014 年，市场规模可能会超过 23 亿美元。2008 年，阿黛拉创业投资公司参加了该公司的 A 轮融资，此次融资的目的是推动公司业务的国际化，其中的一项计划就包括在 2011 年迁入硅谷。

---

[1] "龙"或"基金收益者"是指通过一次退出即可取得等于或大于所有投资者出资的收益分配。这种投资不仅需要足够大的投资规模，而且更需要极为出色的经营业绩。

在这里，公司又陆续向硅谷的顺威投资（Trident Capital）、KPCB 资本（Kleiner Perkins Caufield&Byers）和因特尔资本（Intel Capital）等蓝筹股公司进行了 B 轮、C 轮和 D 轮融资。此外，公司挖走了惠普的高管，并利用其风险投资基金扩大销售、营销及研发业务，成为全球中小企业投资市场的领导者。

2013 年 1 月，AlienVault 披露的收入较 2012 年增长了 1 倍，成长指标呈现出持续强劲的上升势头。此外，凭借其开发的基于社区来源的威胁情报渠道和数据库（"AlienVault 开源威胁情报交换平台"），公司成为信息安全管理领域的知名企业。在 D 轮融资中，AlienVault 成功地完成了与纪源资本（GGV Capital）的交割，筹集资金总额超过 7 000 万美元。按公司既有的市场、团队、投资者基础、董事会的构成以及收入和估值的增长状况来看，这笔投资很快就会成为阿黛拉首只基金最重要的收益来源之一。它很有可能彻底改变公司的业绩。对此，阿尔伯托认为：

"显而易见，AlienVault 为我们认识首只基金的潜在业绩提供了有利的依据，但同样重要的，它还为我们准备筹集的第二只基金提供了一个异常强大的启迪。这是为我们的投资战略提供了一个完美的例证，即，投资于处于创业初期的本地公司，充分利用高质量、低成本的工程资源推动企业快速成长，随后，通过全球扩张并进入硅谷地带，吸引顶级投资者牵头下一轮融资。在这个过程中，我们在资本收益率更高的环境中进行资金配置，因此，一旦成功，我们就可以为个别投资带来非常高的总收益。"

此外，其他被投资公司也不断向好，增长率和毛利率等指标指出改进（见附录 6.2）。具体来说，被注销投资与成功投资之间的对比以及正常投资的收益结构特征，也为 LP 传递出一个重要的信号，正如尼克所言：

"从传统上看，我们对 LP 发出的信号，主要还是强调在我们所进行的投资类型上。尤其是，我们开始越来越重视被投资公司的管理，因为基金的总体收益不仅依赖于最初的投资决策，后续投资决策的方式同样也会带来重大影响。

从根本上说，决定投资成败的关键不仅是选择正确的被投资公司，还需要最大限度地将资金配置到好的投资上，并最大程度地减少对业绩不佳公司的投资。但考虑到早期风险投资具有非常高的不确定性，因此，只能通过渐进性的投资策略实现，毕竟，对所有公司来说，第一笔投资都只是全部投资中的一小部分。因此，确定基金总体业绩的两个变量，应该是失败投资在全部投资中的比例，以及所有已执行投资的平均投资回报率。而且通过在基金各个阶段上采取适当的战略和战术，GP 可以主动地对这两个变量进行管理。"

在这个阶段上，投资团队已清晰地向外界表明：利用高素质和低成本的西班牙工程人员在投资初期发挥的杠杆作用，他们已经拥有了成功的投资策略；而且已经向人们展示出投资于全球企业的能力——并最终定位于引进硅谷的蓝筹股投资者，实现投资的成功退出。现在，他们认为已经拥有了足够动人的故事去吸引投资者参与下一只基金。附录 6.3 总结了他们采取的使命宣言和投资策略。

第二只基金：孤注一掷

回想起两位执行合伙人决定再次尝试筹集后续基金时的情形，阿尔伯托说：

"2012 年中旬，就在第一只基金的投资显示出强势反弹的迹象时，我们再次开始尝试筹集公司的第二只基金。这一次，我们胸有成竹，而且全部准备就绪。我们的全部投资在总体上已形成可观的收益能力，而且投资组合还有很大的潜力可挖掘，因此，我们的后续基金是在盈利基础上启动的。现在，我们已经取得了一些有说服力的财务指标，而且始终在为了筹款活动奔走相告。"

似乎一切都开始按部就班地进入快车道，2012 年 12 月，尼克和阿尔伯托找到了锚定投资者（anchor investor，和基石投资者一样，他们也是基金的主力投资者，发挥着稳定基金的作用，但是和基石投资者不同的是，他们持有的股份没有锁定期——译者注）。他们和欧洲投资基金（EIF）及 NEOTEC（西班牙的一家公募 - 私募母基金）达成协议，在预计为 3 000 万欧元的首次交割总额中，这两家机构将投入近一半的资金。但受限于 NEOTEC 投资时多采用的一种工具，他们在做出出资承诺时，要求阿黛拉必须在 2013 年 6 月底之前完成首次交割。EIF 是阿黛拉第一只基金的出资者，而 NEOTEC 则是第一次做阿黛拉基金的 LP。此外，这笔交易还包括投资团队本身承诺的 200 万欧元出资（见附录 6.4）。

在这笔锚点投资的基础上，投资团队在接下来的 6 个月里还可以找到 10 家左右 LP。即便如此，随着截止日期的临近，投资团队面对的交割压力依旧持续发酵，对此，尼克解释说：

"我们经历过 2008 年到 2011 年那段最艰难的时期，当时，我们的基金净值已下降到不到 0.6 倍。虽然第一只基金的部分投资者支持筹集基金并承诺出资（尽管金额不大），但其他投资者还是准备在真正取得投资收益后再做决定。到第二季度中旬，我们还在和很多感兴趣的方面进行对话，而且未达成任何协议，但我们还是明明白白地告诉对方，我们可能无法在 6 月 30 日的截止日期之前完成交割目标。压力与日俱增，我们不得不开始考虑其他方案。"

一方面，阿黛拉基金可以取消交割并失去锚定投资，并寄希望于团队能维持募集能力，以弥补锚定投资者的退出。但这不可避免地会大幅延长筹资时间，而且切切实实增加了第二只基金永无兑现的风险，而由此给公司未来造成的影响，将是不可估量的。

另一方面，合伙人也可以包销首次交割的出资，而这么做并不是为了实际出资，而是在首次交割后再找到认缴他们所包销出资的投资者。实际上，这意味着合伙人必须让他们自己及锚定投资者相信，他们能在一段时间内执行可预见的出资催缴计划，直到募集到他们所包销的出资份额，与此同时，又能让 GP 维持保留的资金为二号基金构建投资组合。最后但同样重要的一点是，如果要采取这种方法，他们还必须对募集到所包销出资份额的能力做出评价：

"如果决定着手采取包销首次交割的计划，那么，我们就必须相信，我们有能力执行这个策略并着手进行投资。如果我们建立投资组合的能力受限于 GP 满足认缴出资的能力，那么，我们就很容易陷入利益冲突的境地。"

此外，考虑到第一只基金在 2013 年中旬认缴完毕，因此，基金将在 2015 年甚至更早时候停止向 GP 支付管理费。此后，GP 及合伙人的唯一收入将来自于第二只基金支付的费用：

"这种包销还会带来几个耐人寻味的数学题：GP 已取得 200 万欧元的基础认缴承诺，这也是不可撤销的最低认缴限度。按照'稳态'的认缴出资计划，应是认缴每年已承诺出资的 10%。因此，在采取包销方式的情况下，对每 100 万欧元的承销，削减年金将为每年 10 万欧元，从而对 GP 的经营预算产生影响。

尽管这些认缴的出资只是通过 GP 进入基金的，但这些合伙人仍有义务对认缴过程负责，因此，缴款计划最终会对 GP 的经济收益造成极大影响。虽然第一只基金仍有收费，但仍有承担更多承诺出资的余地。但运气再次和我们擦肩而过，因为巨大的压力促使公司提早募集承诺出资，这就在基金的资金部署上投入大量的时间和精力。"

此外，募集承诺出资的能力以及资金的募集速度也影响做出这个决策的背景：

"显然，只有相信GP能在合理时间内募集到所包销的出资，或者能始终维持超过谈判约定最低限额的出资承诺，并在条款清单上予以确认，合伙人才会包销。因此，不仅要确保获取潜在投资者的渠道，同样重要的是我们还要相信，我们能说服投资者至少会认购我们包销的额度，而且寄希望于他们会认购更多的出资，从而提高基金的总规模。

此外，在经过一段时间之后，基金通常会采取对包销金额开始折扣的备选方案。也就是说，在募集每一部分包销额度时，GP都会恢复此前已提取的出资，因此，基金每次催缴出资时，这个数字都会相应增加。但这么做实际上为新投资者认购所包销出资提供了激励，但对那些在开始时就签约出资的投资者来说，显然是不公平的。"

唯一称得上灾难性结果的，就是GP因无法找到认缴出资者而对部分认缴承诺违约，因此，这是他们必须不惜一切代价去避免的情况：

"违约事件实际上就相当于对GP做出了最终裁决。唯一可能的结果，就是LP通过投票解除GP的管理权，将基金的管理权交由其他能够履行出资承诺的GP。这无疑等于让公司彻底失去了未来。"

最后但同样至关重要的一点是，包销方案必须精心设计，而且需要和已承诺参与首次交割的投资者进行沟通。对于和其他GP有广泛接触的锚定投资者[①]，他们非常关注出现不同情景的可能性以及GP应遵守的约束。

2013年6月：抉择的时刻

"当6月30日的截止日期逼近时，我们越来越清楚地意识到，我们已陷入'要么拥有全部，要么一无所有'的两难境地：摆在我们面前的只有两个选择，一个是取消或延迟二号基金，另一个就是包销首次交割的出资额度。"

为了给决策过程提供依据，阿尔伯托和尼克必须对他们作为GP所面对的收益分配机制有一个清晰认识，包括各种收入的来源（费用及附带收益）、管理这两个基金的后续现

---

① 通过20年的经营，欧洲投资基金在整个欧洲已经与350家GP进行过合作。

金开支以及对出资承诺的催缴。由于他们的全部个人财富几乎都成为作为GP的投入,因此,他们很清楚,做GP的收益将最终决定他们能否包销,以及在包销的情况下,可承担的金额是多少。

是否包销的决定对企业和团队的未来至关重要,而且这几位合伙人也非常清楚,这个决策不仅会影响公司本身,还会影响基金筹集策略的诸多方面、与投资者的沟通、基金的投资策略、投资计划的落实及其他运营和战略问题。

附录6.1

执行合伙人(从2013年中旬投资者出现开始)

投资者的教育背景	麻省理工学院	哈佛大学	欧洲工商管理学院	巴黎中央理工学院(École centrale Paris)	
任职过的公司	西班牙电信公司 摩根士丹利	美林证券 博思艾伦咨询公司(Booz Allen Hamilton)	麦肯锡咨询	安达信咨询 莫尼特咨询集团(Monitor Group)	27年
风险投资	3种投资工具 管理的资金规模1亿美元	为1 000笔交易提供服务 制定了18项投资决策 经历了12个完整的投资周期	收购了5家公司 3笔投资由创始人回购 4家公司清算		22年
公司治理背景	担任过4家企业的高管职位		在19家公司担任过董事/其中包括13家高科技企业	丰富的董事会管理经验	

	阿尔伯托·戈麦斯	尼克·古莱特	合　　计
	49岁	47岁	
教育背景	麻省理工学院:学士学位,电子工程 哈佛大学:MBA	巴黎中央理工学院:学士学位,空间大气 麻省理工学院:硕士学位,航空航天 欧洲工商管理学院:MBA	5个学位;4所国际知名学府
企业任职经历	16年: 博思艾伦咨询——3年 麦肯锡咨询——2年 摩根士丹利——4年 美林证券——4年 西班牙电信——3年	11年: 麦肯锡咨询——2年 莫尼特咨询——9年	27年;7家国际顶级公司

续表

	阿尔伯托·戈麦斯	尼克·古莱特	合　计
	49 岁	47 岁	
投资经验： 从事投资业务的时间 资产管理的规模 管理的投资工具种类 参与的合计交易数量 做出的投资决策总数 已完成的投资周期 收购的公司数量 回售给管理层的投资数量 公司被清算的投资数量	10 年 800 万美元 3 超过 1 000 笔 15 10 4 3 3	12 年 1 亿美元 3 超过 1 000 笔 16 11 4 3 3	22 年 1 亿美元 4 超过 1 000 笔 18 12 5 3 4
对创业企业的参与： 直接以高管身份参与的创业 以正式董事身份参与：合计／高科技企业 担任董事的合计时间	2 家风投公司 总共 8 家／包括 7 家高科技风投企业 超过 35 年	3 家风投公司 总共 15 家／包括 11 家高科技风投企业 超过 55 年	4 家风投公司 总共 19 家／16 家高科技风投企业 超过 90 年
参与学术活动： 教学／研讨会及学术会议	IDE 西班牙胡安卡洛斯国王大学（ESIC）	欧洲工商管理学院 国际高管培训学院（IFAES） 斯坦福大学 西班牙标准化和认证协会（AENOR）	

附录6.2

- 目前投资组合的情况
  - 收入超过 8 500 万美元——年复合增长率达到35%
  - 完全出资且资金充足
  - 拥有强大的财团：KPCB、顺威投资、三星投资、富达资本（Fidelity）、印度Accel资本、艾玛迪斯资本（Amadeus）、海纳基金（Sigme）、比利时佛兰德斯投资（GIMV）、Techno风险投资管理……
- 被硅谷公司收购
  - 投入资金 1 000 万——回收资金 2 800 万美元：IRR为74%（Tessera，eSilicon，Atmel）
- 由公司管理层回购
  - 收益率高达60%（总收益率为30%）
- 被投资公司进行清算
  - 完全形成损失

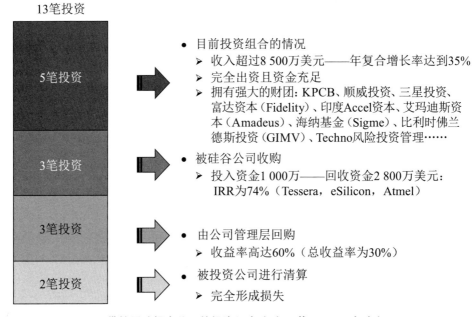

阿黛拉风险投资公司的投资组合（Ⅰ），截至 2013 年中旬

附录6.3
阿黛拉风险投资公司的使命陈述（2013）

我们的使命是为投资者的资本创造长期超额收益。我们实现这个目标的手段，则是以高科技风险投资企业为基础创建多样化组合。

我们致力于打造拥有创造恒久价值潜质的伟大企业。为此，我们以强大的愿景、卓越的计划执行能力以及为了理想而不畏失败的勇气，为企业家提供最坚实的后盾。

而我们的被投资公司，则凭借差异化的商业模式和快速增长的潜能，致力于"数字企业"的创新性产品和服务。我们全力支持这些公司在最短时间内走向全球，让他们在硅谷这样的高科技中心展现自身实力。

归根到底，我们以退出投资为目标，将我们的股份出售给全球实业投资者，与我们所支持的企业家分享成功的快乐。

阿黛拉风险投资公司的投资策略
（摘自 2013 年对投资者的推介书）

公司战略

通过发起第三只投资基金，阿黛拉将继续致力于和硅谷业务高度相关的欧洲风险投资公司。我们将关注"数字企业"领域的初创企业，毕竟，我们对这个领域（软件、信息技术安全、移动技术、半导体、云设施以及通讯信等）有深入的了解，并以发现和支持引导这些领域的企业家为出发点。

我们的战略建立在如下前提基础之上。

- 打造一个由12～15家公司构成的投资组合，这些公司为取得后续融资而展开竞争。我们最初投入小额资金，之后将逐渐增加对这些公司的持股比例，直至达到或超过既定标准。对于成功的投资，我们的目标是实现超过4倍的投资倍数，而对不成功的投资，则必须迅速止损。
- 选择先进的技术团队，他们的领导者必须是拥有深入技术天赋的杰出企业家；在我们进行第一轮投资时，这些公司必须拥有稳定的收入流（某些情况下需要收入达到100万美元）和基础顾客群。我们的投资通常以强化价值主张为导向，从而致力于对细分市场的投资，并通过"产品化"追求"规模化"为团队提供参与全球化竞争的人才。
- 只关注那些善于接受辅导、组织成长及合作性支持的企业家。我们只考虑有明显的全球经营路径并在硅谷已立足或产生重大影响的企业家。
- 积极支持被投资公司为走向全球所做出的努力，并着重强调：①北美洲，因为这是全球最大的高科技市场，也是实现成功退出不可或缺的"证据"；②亚洲，这里已出现了强烈的高科技消费趋势；③拉丁美洲，这里的高新技术市场不仅规模可观，而且呈现出持续增长趋势，因此，被投资公司可以利用西班牙跨国公司在该地区的本地化销售，为自身发展提供动力。
- 被投资公司在硅谷生存环境中建立的主动地位，充分利用我们的经验，包括投资者、专业人士/高管、合伙人、服务供应商及潜在收购者的可信度及网络。
- 培育参与"数字企业"（B2B）市场的经验，了解中等规模创业市场上支持技术创新和技术突破的长期趋势。我们计划规避受短期趋势影响的本土市场消费者，转而关注应对全球细分市场需求的独有产品和市场优势。我们相信，通过对这些公司实施战略性并购，所创造的潜在资本增值将远优于其他方案。
- 必须为后续基金提供创造的资金供给，只有这样，才能继续和国际投资者并肩参与未来的融资轮，进而维护并强化我们的收益能力。

附录6.4

阿黛拉风险投资公司二号基金的条款清单（2013年第一季度）

基金名称	<ul><li>阿黛拉基金二号风险投资基金（"阿黛拉二号基金"）</li><li>Sociétés en Commandite par Actions，按卢森堡风险资本投资公司相关法律成立的公司</li></ul>
规模	目标规模：4 000万～5 000万欧元（首次交割最低限额为3 000万欧元）
目标收益率	为投资者提供实缴出资2～3倍的回报，相对于内部收益率约为20%
投资策略	<ul><li>投资于高成长的科技型公司，先期投资于处于发展早期阶段的公司；并在增长阶段进行有选择性的后续投资</li><li>以成立西班牙的公司为主，但必须拥有进入全球市场的潜质，并寻求在硅谷之类的顶级高科技全球性市场实现投资退出</li><li>聚焦于服务"数据企业"且拥有明显工程内容和知识产权的企业（如，企业管理软件、信息技术安全、移动技术、半导体、云设施以及通信等）</li></ul>
普通合伙人	阿黛拉风险投资公司II对基金拥有管理权，并全权拥有投资决策权
投资者代表	投资者顾问委员会（由认缴200万欧元以上的投资者构成）负责监督投资政策、估值以及潜在利益冲突等相关事务
锚定投资者	欧洲投资基金，NEOTEC资本及AXIS资本
托管银行	苏格兰皇家银行卢森堡分行
行政管理	Alter Domus基金管理公司
法律顾问	卢森堡Arendt & Medernach律师事务所
独立审计机构	德勤会计师事务所
交割	首次交割必须在2013年6月30日之前完成
最低认缴出资	每个投资者的最低认缴出资为50万欧元
出资催缴	<ul><li>约每半年催缴1次出资，相对是每年认缴承诺资金总额的6%～12%</li><li>在普通合伙人发出催缴通知时认缴（提前10天的通知期）</li></ul>
基金存续期	<ul><li>投资期限：5年（约在2018年6月30日之前到期）</li><li>总存续期：不考虑延期的情况下为10年（约在2023年6月30日之前到期）</li></ul>
管理费	在投资期内，每年按出资承诺总额的2.5%提取管理费。投资期结束后，减少至按已投入资金的2.5%提取管理费
普通合伙人的认缴	承诺认缴200万欧元的出资
设立成本	一次性设立成本不超过承诺出资总额的1.0%
收益分配	优先向投资者分配全部已认缴出资，自己按认缴出资20%绝对最低收益率计算的收益
多样化配置要求	针对单一被投资公司的投资不超过认缴出资总额的15%
投资者报告机制	每季度向投资者提供未经审计的报告；按年度向投资者提供经过审计的财务报表
法律管辖权	<ul><li>依照卢森堡大公国法律</li><li>风险投资公司与普通合伙人受卢森堡金融监管委员会（CSSF）监管</li></ul>

案例 7 西拉杰资本公司：
投资于中东地区的中小企业

一、概述

西拉杰资本公司（Siraj Capital）是一家专门投资沙特阿拉伯中小型企业的基金。2009年，西拉杰资本正在考虑是否要投资于沙特的电信基础设施供应商塔尔联合承包公司（Tower United Contracting Company）。作为这家公司目前的股东之一，阿尔法传媒集团（Alpha Media Group）急于剥离他们对公司持有的股权：两年前，他们通过竞标方式投资了塔尔公司，最初的设想是摆脱对广播网络业务的依赖性，加大公司业务的多元化，并借此进入快速增长的电信网络市场。但他们低估了公司的融资需求，现在，阿尔法传媒已开始急于变现对塔尔公司的股份。

通过这个案例，读者将有机会了解投资专业人士在中东私募股权投资公司中扮演的角色。从这个角度说，重要的是不仅在于以合理的价格对合理的交易进行交割，还必须关注投资带来的风险，并充分考虑如何降低风险。在本案例中，与投资决策相关的最大问题就是西拉杰资本能为塔尔带来什么价值。

二、案例研究的目标

本案例将帮助读者了解在中东进行投资的特殊挑战。本案例从更广泛的层面上强调了评估新兴市场交易的诸多问题。为此，需要对如下方面展开分析：塔尔的业务，包括公司增长的机会和限制要素；中东北非地区的投资环境，及在相对不健全的成长环境中投资资本市场的利弊；以及西拉杰资本的投资方式，包括可以为被投资公司带来的潜在增值效应。

三、本案例需要解决的主要问题

1. 妨碍塔尔联合增长最大的瓶颈因素是什么？
2. 西拉杰资本为塔尔创造增值的源泉是什么？
3. 西拉杰资本在投资塔尔联合的过程中必须考虑的重大风险因素是什么？
4. 西拉杰资本在对这笔投资进行尽职调查时应注意哪些项目？

四、补充资料

为充分利用本案例，建议读者通过如下资料了解本案例的过程及背景信息。

- 重点推荐读者阅读《精通私募股权》中的如下章节。
    - 第三章：成长型股权投资
    - 第六章：交易搜索与尽职调查
    - 第十三章：营运价值创造
- 可以参考该网站获得更多资料：www.masteringprivateequity.com

五、案例简介

本案例由 INSEAD 中东校区案例研究中心案例作家帕斯凯尔·鲍兹（Pascale Balze）撰写，案例的编写过程是在创业与家族企业助理教授维卡斯·阿格加瓦尔的指导下完成的。本案例旨在为课堂讨论提供基础材料，无意对案例所涉及的处理方式是否有效做出判断。本案例的研究经费来自阿布扎比教育委员会提供的财政捐赠，在此，对他们的支持给予衷心的感谢。

有关 INSEAD 案例研究的更多材料（如视频材料、电子表格及相关链接等）可登录官网 cases.insead.edu 查询。

Copyright © 2010 INSEAD

事件发生在 2009 年 7 月。西拉杰资本公司是一家位于沙特阿拉伯的控股公司，公司实控人塔里克·卡布里特（Tarek Kabrit）和副总裁哈沙姆·艾尔法罗吉（Hisham El-Farouki）。此时，他们必须决定是否要对塔尔联合承包公司进行投资，塔尔联合公司是一家位于沙特阿拉伯王国（KSA）的电信基础设施供应商，属于阿尔法传媒公司旗下的子公司。留给卡布里特和艾尔法罗吉的时间已经很少了。他们很清楚，阿尔法传媒的股东急需现金投入媒体业务，他们正在寻找最有利的报价。两年前，他们投资于塔尔联合，最初的设想是摆脱对广播网络业务的依赖性，加大公司业务的多元化，并借此进入快速增长的电信网络市场。但他们低估了公司的融资需求，现在，阿尔法传媒已开始急于变现对塔尔公司的股份。

按照计划，这笔交易涉及收购塔尔联合公司 65% 的股权。塔尔联合的创始人及董事总经理阿齐兹·哈斯（Aziz H. Assi）目前仍持有公司的股份，他曾做出估计，塔尔联合公司在未来 5 年内还需要另外取得 2 000 万沙特里亚尔（约合 530 万美元）的资金，才能满足全部管道项目的需要并实现 ICT 部门的增长。最初，他曾设法增加债务融资，但是在当时极端紧张的融资背景下，他并没有这样做。到 2008 年年底，全球金融和经济危机已在该地区初见端倪，银行贷款很难取得，即使有这样的机会，贷款成本也高得令人难以接受。

考虑到电信行业的良好市场前景，卡布里特和艾尔法罗吉认为，塔尔可能会给西拉杰资本公司的投资组合带来有益的补充，尤其是旗下诸多处于扩张性非周期行业的沙特中小企业。通过精简业务流程并利用其广泛的区域网络，这家控股公司将把中小企业的投资组合转为国家或地区型业务，凭借这些被投资公司，他们已创造了超过 50 亿美元的运营价值。

但两位投资者仍不想仓促做出决定。全球经济衰退已开始给西拉杰带来负面影响。控股公司曾计划扩大投资力度，并筹集第一只 2 亿美元的私募股权基金，但随后的形势表明，筹集基金远比预想得更加困难。个人投资者和机构投资者都已经开始畏惧市场风险。事实证明，即使在西拉杰现有股东中募集资金也是不成功的。这些股东由高净值人士组成，他们对控股公司的投资资金总额已达到 6 500 万美元。在当时的形势下，他们并不愿意为公司注入更多资金。地区新银行也停止发放贷款。最终，西拉杰只能设法增加股东人数，向新股东筹集到了 2 500 万美元。与此同时，他们的被投资公司也开始出现危机；卡布里特和艾尔法罗吉最担心的是资金匮乏，可能会迫使他们退出部分已经取得成功的投资。

此时的他们比以往任何时候都清楚，他们不能犯任何错误，而且还有很多事情需要考虑。他们必须以合理的价格对合理的交易实施交割。那么，这些投资带来的风险是什么呢？他们应如何管理这些风险呢？归根到底，西拉杰资本会带来怎样的增值呢？

中东及北非地区的私募股权

中东北非地区的私募股权起步很晚。虽然 21 世纪初的石油美元曾为很多顶级全球 PE 提供资金,但该地区自身的 PE 业务却极为落后。事实上,从 2002 年到 2006 年期间,中东及北非地区私募股权投资的累计价值仅占该地区 GDP 的 0.2%。

2007 年,受石油价格高、人口结构改善,以及公募及私募股权投资活动持续活跃的利好影响,整个地区经济前景向好,大量流动性盈余开始回归这一地区。(见附录 7.1:石油价格,7 月 8 日—9 月 9 日)。此外,该地区新创建的证券交易所也开始吸引外来投资者。在这些利好因素的作用下,截至 2006 年,中东北非地区管理的基金已达到 107 个,管理资金规模达到 140 亿美元,而在 2006 年,本地区还只有 74 个基金和 70 亿美元的认缴规模。(附录 2:中东北非地区的 PE 基金,2001—2007 年)。

然而,该地区的公司化程度很低,金额市场极不成熟,这大大妨碍了私募基金的投资和退出。尤其是传统家族企业对市场的统治性地位,对新兴的 PE 行业构成了极大挑战。由于基本不了解私募股权给投资者带来的收益,因此,企业所有者并不愿意将公司股权和控制权交给私募股权公司,更不愿意接受结构性变革。同样,他们也不希望改善公司治理——而寻求透明度恰恰是 PE 公司的基本要求,也是从被投资企业退出投资的基本前提。

肤浅的资本市场与不健全的银行业相互叠加,也阻碍了投资交易使用杠杆的深度。由于银行贷款主要以资产负债表、抵押品和个人担保为基础,而很少考虑无追索权的现金流,导致企业融资的渠道受到严重制约。在这种情况下,PE 投资股权的对象主要是资金不足、杠杆率较低且财务结构不佳的企业,而不是用于对业绩不佳的企业进行重整或是改善高杠杆企业的运营。PE 的少数股权投资同样难以取得成长型资本,因为银行不愿意为不掌握企业经营和战略决策以及现金流控制权的投资者提供贷款。此外,缺乏财务信息导致难以对不同公司和国家的财务绩效进行比较,甚至会造成公司之间完全不具有可比性,这也极大地妨碍了 PE 的投资。了解当地市场和跨国公司管理经营能力的人力资本极为匮乏,以至于 PE 公司和被投资公司的高级职位找不到合适人选,同样对 PE 的发展构成了障碍。因此,截至 2008 年年底,在整个地区募集的资金总额中,只有一半形成投资,而且只有 5% 的投资实现了退出。

全球经济和金融危机更是为新兴的 PE 行业带来了新的挑战,导致整个地区的融资活动陷入停滞,债务资金成本高(而且难以取得),投资机会在这里变得寥寥无几。与此同时,股市调整也迫使 PE 行业不得不考虑其他退出路线。

下面来看看其他投资公司面临的挑战。

西拉杰资本公司

背景

2006 年，哈桑·苏莱曼博士（Ghassan Al Sulaiman）创建了西拉杰资本公司，这是一家商业投资和金融控股公司。西拉杰公司的总部位于沙特阿拉伯王国西部的经济中心吉达港，此外，公司在沙特首都利雅得也设有机构，并在迪拜（阿联酋）和贝鲁特（黎巴嫩）的重要区域经济中心分别设有办事处。自成立以来，公司已在企业开发和孵化、结构性融资市场以及 PE（附录 7.3：西拉杰资本公司的常规投资范围）方面成为重要的市场参与者。

西拉杰的 PE 投资集中于中东和北非地区，尤其是沙特阿拉伯。对西拉杰来说，沙特为它们提供了强大的宏观经济基础。近年来，随着电信和电力行业的私有化进程不断加快、政府改革以及石油价格大涨等原因，整个国家进入持续增长态势。此外，沙特阿拉伯的年轻人口比重较大，从而为未来提供了巨大的潜在市场（附录 7.4：2006 年沙特阿拉伯宏观经济展望）。

在沙特阿拉伯，西拉杰主要投资于非周期性行业的中小企业，这些企业主要得益于强劲的人口结构和良好的宏观经济基本面，主要分布在消费品、食品饮料和零售行业。此外，那些最有可能利用沙特监管环境快速变化的部门，也是西拉杰考虑的投资领域，如电信、媒体和高新技术行业。

不同于对 pre-IPO 企业投资 30 万～40 万美元的区域性投资者，西拉杰主要从事金额在 5 万美元到 2 000 万美元的直接的小额投资。西拉杰认为，该地区的中小企业隐含着巨大的私有化交易机会。从以往经验来看，艾尔法罗吉认为，很多中小企业缺乏成为国家地区性领军企业所需要的财务资源和业务专长。考虑到当地的资本市场和融资市场还不成熟，银行在传统上也不会向无法提供 3～5 年历史财务数据和足够固定资产抵押品的中小企业发放贷款。与此同时，大多数中小企业集中于成长型市场，很少会想到如何抵御经济衰退。因此，市场急需拥有改善业务效率专业能力的私募股权基金，毕竟和大型家族企业相比，小企业所有者更有可能向投资者让渡一部分股权。

艾尔法罗吉认为，这样的市场定位在沙特国内是独一无二的。事实上，其他在沙特国内开展业务的私募股权投资公司，要么将重点放在较大规模的交易上，要么就是只盯住某些行业。沙特最大的PE机构、阿布拉杰资本集团（Abraaj Group）才刚刚开始进入中小企业。然而，西拉杰的管理层仍信心百倍。首先，西拉杰已经在这个领域取得领先优势，他们在这个领域的经营时间比所有对手正式提前了3年。其次，虽然阿布拉杰资本和其他后进入者可能在某些情况下给他们带来竞争，但艾尔法罗吉认为，他们也会投资于由西拉杰发起的交易。

网络与专长

关系网在这里扮演着重要角色，因为该地区的商业依赖于关系密切、隐形的商业家族，外部人很难窥见他们的真实面貌。西拉杰的主要股东就是高净值人士，他们为搜索交易和培育被投资公司提供了宝贵的接入点。苏莱曼在沙特的私人企业和支付部门内拥有良好的关系，这帮助他建立起一个由国内知名家族集团组成的强大股东阵容。凭借在高度固化的伊斯兰金融领域的丰富经验，西拉杰的首席执行官伊布拉西姆·马达姆贝（Ibrahim Mardam-Bey）与社会名流保持着密切关系，并和大多数地区性商业银行保持着良好的关系。作为沙特快速成长中的企业家组织的第一批成员，艾尔法罗吉还经常混迹于接受西方教育的年轻一代沙特阿拉伯圈子，这些人返回国内的目的就是接管家族企业或建立自己的家族企业。除了利用自身资源获得交易线索之外，西拉杰还参与了几项商业开发活动，通过这些活动，他有机会最先接触到沙特阿拉伯国内增长最快的中小企业。

为支持和发展被投资公司，西拉杰为吉达和迪拜办事处聘请了16名经验丰富的投资专业人才。这个团队主要由来自中东地区的MBA毕业生组成，他们在财务和运营管理方面拥有丰富的经验。卡布里特本人就毕业于欧洲工商管理学院，并在中东及北非的投资银行和战略咨询方面拥有超过9年的专业经验。艾尔法罗吉则拥有欧洲工商管理学院和沃顿商学院的学位，毕业后，他曾就职于摩根大通的银团业务部门，之后回到沙特阿拉伯创建了自己的企业。和投资团队的其他成员一样，卡布里特和艾尔法罗吉也拥有强大的商业头脑，他们深谙在该地区经营小企业的最大障碍。

投资方式

截至2009年7月，西拉杰已对数百家公司进行了筛选，共完成了9次收购。此外，公司深知，和收购大公司股权相比，在该地区收购中小企业股权要艰难得多，对任何投资都做了更高水准的尽职调查和更多亲力亲为式的参与，在这个过程中，他们不断完善投资流程和价值创造模式。对此，卡布里特指出：

"投资本地区的中小企业，是一种完全不同于投资大公司股权的游戏。和西方同行相比，该地区的中小企业在结构上还远远未规范。他们已在成长型市场上混迹多年，几乎很少重视会计和财务流程的建立。因此，他们提供的数字几乎是完全不可信的，其控制也和大公司的标准相去甚远。"

鉴于这个事实，西拉杰建立了严格的项目评估流程，强调以合理的价格对合理的交易实施交割。初步评估通常将重点集中于公司的财务状况、成长前景、市场态势、管理质量以及企业的估值。除获取正确的信息之外，最大的挑战就在于如何确定公司的公允价值。由于沙特国内的上市公司数量有限，再加上缺少健全的财务披露制度，因此，很难按照市场指标对公司进行估值。和该地区的其他私募股权投资公司一样，西拉杰也采用贴现现金流（DCF）法对企业进行估值。然而，确定未来现金流的现值就不那么简单明了了。尤其棘手的问题就是对无风险利率的估计。在欧美国家，可以将政府债券的利率作为无风险利率。但是在中东地区，由于发行的政府债券在数量和种类上都非常有限，因而无法用政府债券的利率代替市场的无风险利率。同样，由于该地区的股票市场还不成熟，因此，很难采用当地股票市场指数以及按股票超过长期无违约风险债券历史溢价的股票风险溢价，计算出股权的贝塔系数。此外，事实还表明，调整管理层的预测同样难上加难，因为公司的财务数据通常是不值得信任的。因此，根据历史数据、行业前景和公司的预期增长率，西拉杰通常会将管理层的最初估值预测下调，下调幅度最高可达70%。

此外，公司的投资委员会在审核中还坚持一个不容谈判的"交易中断"原则：除非公司能展现出超乎寻常的增长潜力，否则，公司坚决规避估值超过净收益5倍的交易以及内部收益率（IRR）低于30%的项目。然而，由于获得贷款的机会有限，该地区的中小企业很少会制定相应的增长方案，因此，估值倍数往往是可以重新谈判的。他们没有能力聘请国际级的投资银行做估值。确保对董事会的控制权是西拉杰进行投资的先决条件，这对他们至关重要。虽然他们一直寻找只持有被投资公司的少数股份，但可以通过委任投资团队成员担任被投资公司董事长或是在董事会成员中占有多数席位的方法来控制董事会。这有助于西拉杰控制对被投资公司的预算以及政策调整的速度和范围。尽职调查程序通常由国际知名机构进行，其目的在于发现和投资相关的各种法律、商业或财务风险。

除收购阶段之外，积极参与被投资公司的经营对西拉杰成功实现创造价值同样至关重要。卡布里特提到：

> "中小型企业必须随时接受监督，PE公司必须做最脏最累的工作，从数字计算，到起草提交给银行和主要客户的陈述书函件，必须做到事无巨细。"

为此，西拉杰已建立了一个内部投资监督部门，专门负责进入被投资公司后6个月内的事务。这个由会计师组成的部门通过创建会计和财务流程控制被投资公司的日常账务，为投资团队的工作提供支持。为进一步加大对投资的监督力度，西拉杰要求被投资公司的董事会每月召开1次会议，提交详细的季度报告。（附录7.5是西拉杰在多家被投资公司实施创造价值流程的示例）。

除控制和监督被投资公司之外，西拉杰还要考虑如何利用他们的关系网取得资金和专长，以建立打造增长平台所需要的流程。就公司的战略导向提供建议，公司通常会建立一个健全的顾问委员会。对此，卡布里特解释说：

"在世界上的这块土地上，企业家是非常封闭的。他们对财务知之甚少，几乎没有人会谈论公司的战略方向。这就需要建立一个健全的顾问委员会，为这些企业家提供战略支持。"

除了他们的第一笔投资之外，西拉杰的投资流程和价值创造模式已经得到了事实的检验。自第一笔收购以来，他们通过全部被投资公司创造的运营价值总额已超过1亿美元。此外，西拉杰还通过管理层回购，成功退出了对Janayen I房地产项目，这笔投资的回报率超过了80%。

塔尔联合承包公司

背景

塔尔联合承包公司成立于2005年，是一家为电信运营商和原始设备制造商（OEM）提供基础设施外包服务的沙特阿拉伯企业。到2009年年初，塔尔联合的业务主要涉及3个板块：①GSM部门负责为无线市场提供服务。该部门主要从事绿地及屋顶信号传输塔及其相关基础设施的建设。随着新的竞争对手不断进入无线市场和以信号传输塔为主的基础设施推广的相关支出不断下降，这项业务也取得了飞速发展。截至2008年年底，GSM部门的收入占公司总收入的比例已达到80%。②外部施工（OSP）部门承担与铺设固定电缆（铜缆和光纤等）相关的所有项目，包括各种土木工程，2008年实现的收入占塔尔联合承包公司的总收入的15%。③电信仪器部门负债采购和安装其他两个部门需要的相关设备。设备包括信号站内部需要的各种仪器仪表以及安装在无线信号发射塔顶部的各种接收器。这3个部门均提供端到端的土木及电气工程，涉及规划、工程、设计、实施、建造及采购等业务。

塔尔的市场

尽管塔尔的规模很小，但塔尔在电信基础设施领域的专业知识和良好业绩已得到沙特阿拉伯的认可。他们在主动响应客户需求以及高效迅速的执行方式方面尤其令人称道。GSM和OSP部门的负责人积极参与塔尔公司日常经营活动的监督。现场工程师必须每天就工作进展情况提交最新的书面和图像资料，以便客户随时了解工程的最新情况。管理团队和执行团队拥有多年的电信行业从业经验。作为塔尔联合承包公司的管理合伙人和创始人之一，西拉杰在行业领域拥有丰富的经验，而且亲自参与公司业务的实际运行。

依托强大的声誉，公司已经和几家大型国际设备供应商及电信运营商建立了长期合作关系。到2009年年中，塔尔联合承包公司已取得大批项目（附录7.6列示了2007—2008年期间主要顾客对塔尔收入的贡献率，表7.7为塔尔已取得并宣布的项目）。依赖于良好的声誉，公司不断提升自己在价值链中的位置。到2008年年底，他们单独或与其他设备供应商合作开展直接投标，成为电信运营商大部分项目的主要承包商。

在这个行业里，只有少数参与者能像塔尔这样，为电信供应商提供端到端服务。此外，行业也对新参与者设置了障碍——只有能够提供全方位的服务，他们才有资格参与竞争。这意味着他们必须拥有大量技术熟练而且随时可以进入项目施工现场的人才储备和充裕的流动资金。

财务业绩

2008年，塔尔的净收入达到850万沙特里亚尔（约合230万美元），较上年同期增长了118%。收入的飞跃得益于电信运营商和电信设备供应商越来越多地将主要基础设施建设活动外包给塔尔这样的公司，而塔尔则能及时有效地执行他们的计划。

随着收入的增长，公司当年的总利润和净利润分别达到净收入的26.4%和10.6%。2009年的初步财务业绩表明，塔尔公司已成功避过全球金融和经济危机，公司净收入增长12.2%，达到950万里亚尔（250万美元），总利润和净利润分别为净收入的20.8%和5.3%。

尽管如此，公司仍需要增加资金注入，为已完工工程和在建工程对应的应收账款提供营运资金，应收账款的大量存在也是这个行业的管理特点（附录7.8：2007年塔尔的主要财务数据）。

增长潜力

展望未来，塔尔将受益于沙特国内电信行业的快速增长，尤其是3G和宽带互联网市场的发展（附录7.9为2008年到2012年期间沙特电信运营商的收入）。公司业务扩张来自于诸多因素的推动。自从加入世界贸易组织以来，沙特政府承诺为电信运营商提供30亿～40亿美元的资金，用于建设全国性的网络设施，通过大量安装模拟及光纤电缆等电信设备，实现互联网接入和电子服务的普及，从而将沙特阿拉伯的主要城市变成数字化大都市中心。

沙特消费者购买力及国内年轻人口的增加，预计将在未来几年内进一步推动移动技术和宽带普及率的增长（附录7.10为3G技术、互联网和固话线路的市场前景）。

随着电信运营商不断增加新的用户，他们的关注点将转移到网络质量和网络升级方面。可以预见，电信行业出现的新竞争将导致行业利润率的压缩以及价格水平的下降，这将迫使运营商不得不着手于降低运营费用，在现有的资产负债表中发掘价值，从而为未来项目通过融资。信号塔共享以及第三方信号塔企业也将就此出现。

这些市场动态对电信基础设施和服务的供方市场将产生深远影响。电信基础设施的建造和升级，是推动电信行业在技术、地域和服务上实现扩张的前提。本地区的进一步发展潜力已经呈现，尤其是在塔尔的电信客户启动国际和地区性扩张计划的国家，潜力尤为明显。

此外，通过向电信运营商提供建设、维护、持有和租赁网络站点及基础设施，还为进一步提高塔尔在价值链中的地位创造了机会。尽管这种资产管理模式已在美国和欧洲流行了十几年，但是在中东地区却鲜有耳闻。除了增加电信基础设施服务企业的利润之外，这种模式还可以通过与蓝筹客户签订长期协议创造出诱人的年金收入。另外，电信运营商也会从这些交易中受益，因为他们可以凭借有限的资本支出快速扩大业务覆盖面。据行业专家预测,在未来4年里,资本开支将大幅增长(附录7.11为2009年沙特阿拉伯市场的电信行业资本支出,附录7.12为塔尔管理层及西拉杰的收入预测)。

附录7.1

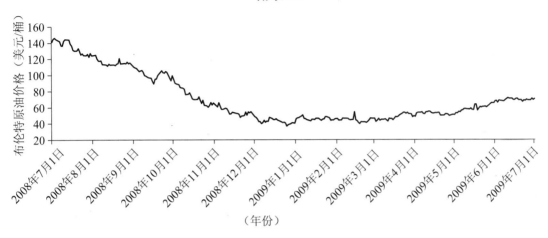

石油价格:2008年7月—2009年7月

资料来源:Zawya私募股权监测中心(Zawya Private Equity Monitor)。

附录7.2

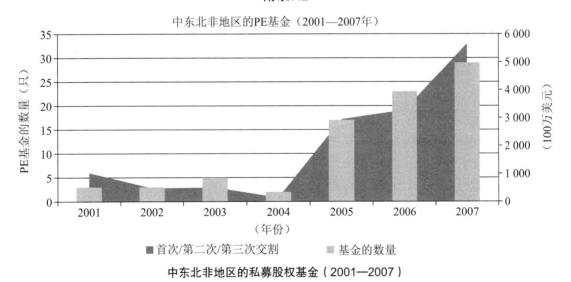

中东北非地区的私募股权基金(2001—2007)

资料来源:Zawya私募股权监测中心,中东北非地区私募股权协会(MENA Private Equity Association)。

附录7.3

西拉杰资本公司的常规投资范围

日期	公司名称	所在板块	西拉杰的持股比例(%)	投资现状
2007年7月	Morpheus IT	信息技术	16.70	破产
2008年4月	Salata	农业	80	已扩大到沙特全境
2007年4月	Reidin.com	房地产服务	25	进入土耳其
2009年5月	Lomar	高端零售	30	店面数量增加200%
2007年7月	RE Janayen I、II、IV	员工餐饮住宿	30	在新加坡上市
2010年11月	沙特假日酒店	旅游住宿	10	第一批3家酒店在沙特开业

资料来源：西拉杰资本公司。

附录7.4

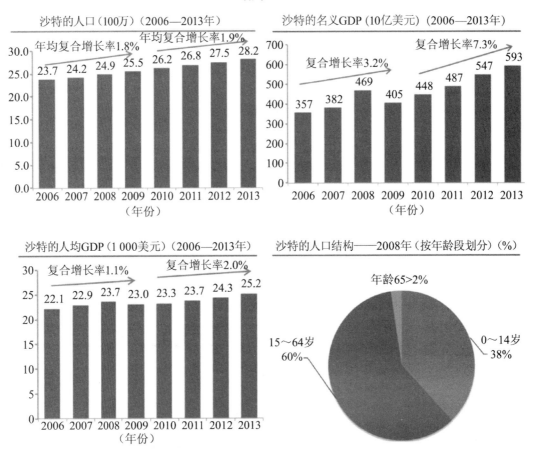

沙特阿拉伯的宏观经济基础（2006—2013年）

资料来源：西拉杰资本公司。

第二部分 风险投资

附表7.5

西拉杰资本公司的价值创造示例

公司名称	战　略	财　务	人力资源	营销销售	运　营
萨拉塔 (Salata)	- 与行业专家管理团队合作制定公司总体发展战略 - 与扎德开发综合性"管理演示"，制订与战略合作伙伴开发沙特和巴林市场的总体计划 - 与英国农业咨询公司 Bidwells 合作，为技术尽职调查、管理扩展、供应链及可持续发展战略方面提供支持 - 与 Lovells 公司合作注册 Salata IP - 牵头资金并德作为首席财务顾问，为海湾合作机构投资者筹集资金 2 000 万美元	- 聘请拉扎德担任牵头财务顾问，向海湾合作机构投资者筹集 2000 万美元 - 任命临时首席财务官制定财务报表，为毕马威公司进行的第一次重大审计做准备 - 以额外的股东贷款注入 100 万美元，满足短期营运资金需求。目前正在争取另外 300 万美元，补贴营运资金 - 开发月度报告综合预测模型 - 任毕马威报告综合会计师事务司审计师	- 成功启动财务经理（替代西拉杰 IMU 团队的成员）和营销部经理的招聘工作 - 制定各职能部门的人力资源路线图，并将其作为公司扩展计划的一部分	- 与广告代理机构合作，开发"Salata"品牌及相应的标志和标签 - 与代理机构合作创建萨拉塔营销信息以及在 BBC 采访中使用的第一个网站 - 制作接受 BBC 采访使用的营销信息以及在《Emirates 24/7》上发表文章 - 为业务发展活动提供支持，以确保和 Unifrutti 签署购销协议 - 萨拉塔被提名为 2011 年"阿拉伯 500 强"	- 与哈伊马角投资局就土地、电力和海域权进行谈判 - 支持 CEO 取得欧盟的独家技术供应商协议 - 为沙特的顶级食品及饮料客户群创造条件
洛马公司 (Lomar)	- 制订置年度平衡计分卡，以监督公司经营业绩 - 季度董事会会议 - 通过在"Hemza"旗下开发二线品牌，进入信用等级达到 B/B+ 的细分市场 - 牵头沙特与高端女性品牌收购目标进行讨论 - 以在沙特"拥有"经营网点为目标，通过"特许经营"进入中东和北非地区的市场 - 与法律顾问固定和保护知识产权及品牌权	- 引进预算及现金流规划系统 - 修订公司现金支付流程，营运资金周期内缩短了至少 20 天 - 通过银行引荐，将 LC 线采购订单改为毕马威 - 将审计机构调整为毕马威	- 支持西拉杰投资管理部门成员担任首席财务官；升级内部流程和控制，培训公司会计团队 - 创建岗位职责描述，采访了 20 多位"品牌管理机构"目前正在最终确定入围候选人名单 - 与管理层合作制定铺选销员的启用及入职发展规划 - 与洛马公司的首席执行官定期就财务、预算和现金管理进行培训讨论会	- 公司被提名为"沙特增长最快百强"并排名第 13 位；洛马公司的 CEO 已成为该项活动的"代言人" - 向费尔蒙特集团区域事介绍洛马关于费尔蒙特及酒店集团售厅场的店面预约选址战略方案 - 在西拉杰资本的成功试点项目基础上启动"企业客户"计划	- 确定主要瓶颈原因素——生产，并与管理层和政府机构合作推动新生产设施及新工人签证的完成 - 提议和主导沙特女性生产运动（目前已经有 12 名女性工作人员），缓解所谓的"沙特化"问题

续表

公司名称	战略	财务	人力资源	营销销售	运营
塔尔	- 设置平衡记分卡，以监督公司业绩 - 战略重点向增长更快的蒙带业务和重复性收入转移 - 就扩大巴林市场发起伙伴关系讨论，同时采取拥有和租赁电信信号塔的措施	- 以股东贷款形式向公司注入近200万美元 - 从黎巴嫩银行获得250万美元信贷额度；并扩大到500万美元 - 推出融资计划，为公司提供实现增长目标（正在进行中）所需要的资金 - 将公司的审计机构调整为毕马威会计师事务所，并修订收入确认程序	- 筛选并采访了超过50名CFO和人力资源主管候选人 - 任命西拉杰IMU团队成员担任CFO；升级内部流程与控制，培训公司的会计团队 - 由于现任首席执行官已接近退休年龄，因而讨论聘请新任首席运营官作为过渡，并将此作为后续计划的一部分内容	- 重新设计公司标识 - 重新启动新的公司网站 - 协助公司参与各投标活动的财务部分合同内容 - 主导部分合同谈判 - 公司被提名为"沙特增长最快百强"并连续2年连续第11名 - 被提名为2010年"阿拉伯500强"	- 安装新的财务软件 - 安装ERP系统 - 简化部分关键流程，包括预算、现金流管理、计价及收款 - 以毕马威取代本地的第三级审计员
雷丁（Reidin）	- 设计和领导年度战略和行动规划研讨会，协助改进公司的增长重点及产品战略 - 支持H2T，麦格理资本和德意志银行的募集资金活动 - 对与技术互朴型公司和并购对象建立合作伙伴关系战略联盟的机会进行评估	- 以可转换债券注入资金50万美元，作为支持公司业务发展的过渡性融资 - 目前正在指导财务经理开展每月收益结构的预测 - 强化公司财务报告标准，以确保与国际会计准则接轨	- 成功推动了直销部门主管的招聘工作	- 针对内部销售最佳实践和激励薪酬计划对管理层提供指导	- 通过扩大董事会，吸引2名非执行董事的方法改善公司治理 - 协助麦格理资本的市场准入路演，向包括吉达市长在内的沙特主要机构和人士推荐业务

资料来源：西拉杰资本公司。

附录7.6

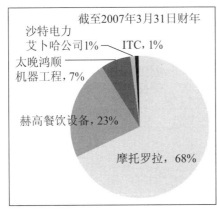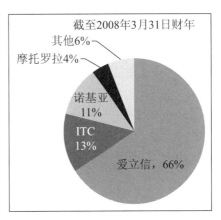

主要客户对塔尔收入的贡献率

资料来源：Tower 财务数据。

附录7.7

塔尔的管道项目和已宣布项目

部门	项目名称	供应商	施工地数量	状态	预计项目金额（沙特里亚尔）	预计开工时间	预计完工时间
GSM	绿地施工	爱立信	25	已中标	9 375 000	2010年1月1日	2010年12月31日
GSM	绿地施工	沙特电信（艾哈德）	40	进入最终名单	17 400 000	2010年5月1日	2011年3月31日
GSM	绿地施工	NSN（Zain）	14	进入最终名单	5 600 000	2010年5月1日	2011年3月31日
GSM	屋顶安装	爱立信	36	已中标	3 780 000	2010年1月31日	2010年12月31日
GSM	屋顶安装	沙特电信（艾哈德）	17	进入最终名单	5 355 000	2010年5月1日	2011年3月31日
GSM	屋顶安装	NSN	20	进入最终名单	5 600 000	2010年5月1日	2011年3月31日
GSM	电信深安装	NSN	34	进入最终名单	850 000	2010年5月1日	2011年3月31日
GSM	电信深安装	沙特电信	74	正在招标	1 850 000	2010年5月1日	2011年4月30日
GSM	建设项目收购	爱立信	20	进入最终名单	230 000	2010年5月1日	2011年4月30日
GSM	建设项目收购	沙特电信	74	正在招标	851 000	2010年5月1日	2011年4月30日

续表

部门	项目名称	供应商	施工地数量	状态	预计项目金额（沙特里亚尔）	预计开工时间	预计完工时间
GSM	OSP 安装	沙特电信（艾哈德）	11	进入最终名单	7 425 000	2010年5月1日	2011年3月31日
GSM		沙特电信	266	正在招标	99 750 000	2010年5月1日	2011年3月31日
				合计	158 066 000		

资料来源：塔尔公司管理层。

附录7.8

塔尔公司的主要财务指标（2007—2009年）

（单位：100万沙特里亚尔，截至3月31日的财政年度）

	2005年10月10日—2007年3月31日	2008年3月31日	2009年3月31日	截至2007年3月31日的10个月	2007年3月31日
收入净额	392	8 552	9 597	21 033	24 498
增长率（%）		118	12		155
销售成本	-2 604	-6 291	-7 601	-14 723	-17 434
利润总额	1 318	2 261	1 996	631	7 064
毛利率（%）	34	26	21	30	29
管理费用	-1 573	-0.785	-0.752	-2.001	-2.12
占收入的百分（%）	40	9	8	10	9
EBITDA	-0.256	1 477	1 244	4 308	4 944
EBITDA 盈利率(%)	-7	17	13	21	20
折旧及摊销	-0.038	-0.514	-0.621	-0.207	-0.215
营业利润（EBIT）	-0.294	0.962	0.622	4 101	4 729
财务费用	-0.008	-0.055	-0.117	-0.681	-1 104
扣除 Zakat 之前的利润	-0.302	0.962	0.505	342	3 625
转法定储备金	0	-0.061	-0.051	0	0
留存收益	0.302	0.545	0.998	4 291	4 533
扎卡特	0	0	-0.077	不适用	-0.091
扣除 Zakat 之前的利润率（%）	0	0	7.70	2.50	2.50
年度净利润	-0.302	0.907	0.505	4 291	3 534
利润率（%）	-8	11	5	20	14

资料来源：西拉杰资本公司。

第二部分 风险投资

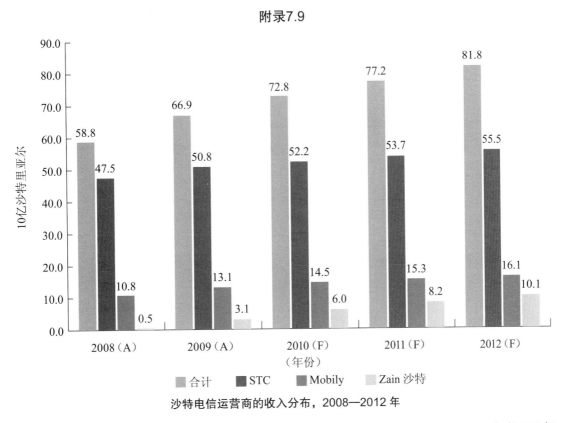

附录7.9

沙特电信运营商的收入分布，2008—2012年

资料来源：公司经审计的财务报表。预测数字根据科威特环球投资所（Global Investment House）在2009年4月研究报告中做出的财务预测。

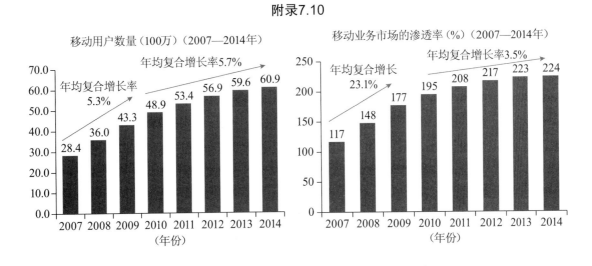

附录7.10

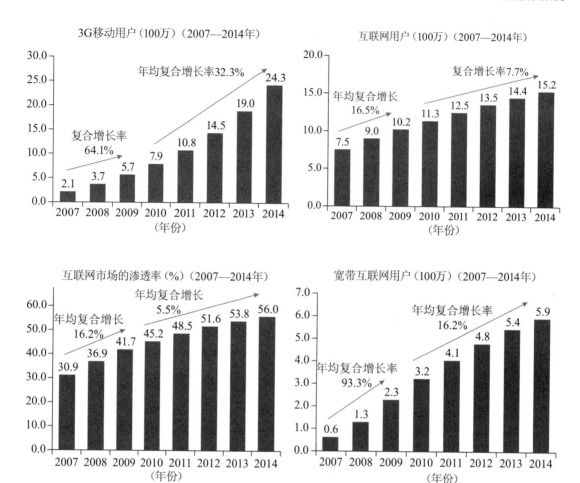
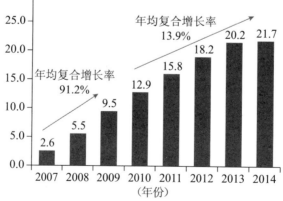

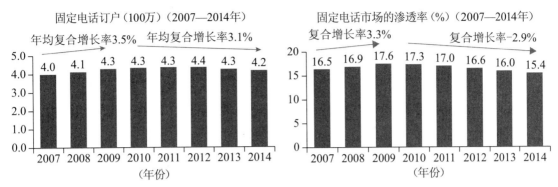

3G 技术，互联网和固定电话业务的市场展望

资料来源：一季度 BMI Saudi Arabia Telecommunications Report。

附录7.11

2009 年沙特阿拉伯电信市场的资本支出情况（单位：1 000 沙特里亚尔）

STC	15 925 731
Mobily	3 292 112
Zain 沙特公司	1 840 393
合计	21 058 326

注：资本支出包括对钢塔和天线安装结构、电池组、电源以及安全舱等网络无源元件的开支。
资料来源：塔尔公司管理层。

附录7.12

塔尔管理层与西拉杰的收入预测（单位：沙特里亚尔，截至 3 月 31 日的财年）

塔尔的基础增长情境			
	2011	2012	2013
总收入	65 081 000	85 126 000	103 990 000
总成本	46 403 000	60 696 500	73 846 000
项目成本	28 600 000	36 300 000	43 800 000
非项目成本	17 803 000	2 439 500	30 046 000
净利润	18 678 000	24 429 500	30 144 000
净利润率（%）	29	29	29
西拉杰的基础增长情境			
	2011	2012	2013
总收入	33 556 280	46 674 588	68 000 000
总成本	30 053 942	39 232 231	55 855 291
项目成本	18 791 517	26 137 770	38 080 000
非项目成本	11 262 425	13 094 461	17 775 291
净利润	3 502 338	7 442 358	12 144 709
净利润率（%）	10	16	18

资料来源：西拉杰资本公司。

第三部分
成长型股权

对于我们来说，事业带给我们的乐趣，既有找到超级高成长企业的兴奋，也有挽起袖子和他们密切合作、帮助企业迈上新台阶的那种成就感。

——威廉·福特（William E. Ford），泛大西洋投资集团（General Atlantic）

案例

8 新兴市场的私募股权：
经营优势能否提升退出价值？

一、概述

　　湄公河资本（Mekong Capital）是一家位于越南胡志明市的私募股权投资公司。2008年4月，该公司收购了金门餐饮集团（Golden Gate）的少数股权，金门集团是当时越南为数不多的餐饮连锁经营企业之一。在5年的时间里，金门集团积极扩张，从一家单一门店的餐厅发展成为在5座城市开设58个门店、拥有9种经营风格的大型餐饮集团。到2013年，由于急于尽早为有限合伙人兑现可观的投资收益，湄公河资本已开始考虑退出这笔投资。但退出路径以及金门集团的估值却无法确定。越南还没有从事多元化概念餐厅的上市公司，也没有私人竞争对手可以作为估值可比对象。同样令人焦虑的是，进入2012年，金门集团的经营业绩已开始下滑，旗下多家连锁店均未能实现目标利润和单一店面销售增长指标。此时，湄公河资本必须对退出方案的选择和最佳途径做出评估，并确定如何通过改善运营来吸引买家，或是为首次公开发行（IPO）的成功创造条件。

二、案例研究的目标

　　通过本案例我们将看到，具有经营能力的私募股权投资公司在把握新兴市场的投资机会方面拥有明显优势。读者可以借此研究少数股权投资者如何动态改造被投资公司的经营策略，将公司定位于IPO或是匹配潜在买家的需求，从而最大限度提升现有所有权人的价值。此外，本案例还为读者提供了一个了解越南投资吸引力的特殊机会，毕竟，越南正在迅速成为亚洲私募股权投资的热点目的地之一。本案例内容充实，情节多变，因此，教师根据其教学需求适当强调其中的某个组成部分。

三、本案例需要解决的主要问题

1. 如何通过优势性搜索渠道以最低价格赢得最好的交易？
   - 讨论湄公河资本的交易发起策略，并与美国或欧洲的交易搜索过程进行比较。
   - 在越南所有者的思维中，湄公河应如何与其他PE公司区分开来？
2. 考虑到成长型股权结构的脆弱性，作为少数股东，以运营为核心的私募股权公司应如何影响被投资企业的发展方向和策略执行？
   - 在新兴市场，企业家们习惯于对他们的愿景笃信不已，并且可能会非常顽固地坚持自己的观点，尤其是在取得初步成功的情况下，要说服其改变思路就更加困难了。在新兴市场，成长型股权投资者应如何评价企业所有者以合作伙伴身份参与决策过程的意愿？
   - 在决定进行战略转型并采取行动之前，湄公河资本持有这笔投资已达5年之久。在收购之前的尽职调查过程中，他们还没有想到这些战略调整和转型思路，而且在湄公河持有股权的前5年中也没有提出过这个问题。
3. 在形成退出策略时，金门集团的董事会已开会讨论过公司的价值实现计划。那么，究竟应该选择哪种退出方式呢？两种退出路径的运营策略有什么区别？

四、补充资料

为充分利用本案例，建议读者通过如下资料了解本案例的过程及背景信息。
- 重点推荐读者阅读《精通私募股权》中的如下章节。
  - 第一章：私募股权基金的基本概念
  - 第三章：成长型股权投资
  - 第六章：交易搜索与尽职调查
  - 第十五章：投资退出
- 教师和讲师案例网站：http://cases.insead.edu/mekong-capital
- 可以参考该网站获得更多资料：www.masteringprivateequity.com

五、案例简介

> 新兴市场的私募股权：经营优势能否提升退出价值？
>
> 本案例的作者为彼得·古德森（Peter Goodson）和金伯利·麦金尼斯（Kimberly McGinnis），其中，彼得·古德森是加州大学伯克利分校哈斯商学院、INSEAD 全球私募基金投资研究小组（GPEI）名誉研究员兼达特茅斯-塔克私募股权中心（Tuck Private Equity Center）研究员，金伯利·麦金尼斯为案例作家及加州大学伯克利分校哈斯商学院（Haas School）校友。案例的编写过程是在 INSEAD 创业课程资深教授及全球私募基金投资研究小组学术总监克劳迪娅·纪斯伯格的指导下完成的。本案例旨在作为课堂讨论的基础，而不是说明处理行政情况的有效或无效。
>
> 注：本案例中的董事会会议为虚构内容，以便于加深认识和解决问题。
>
> 有关 INSEAD 案例研究的更多材料（如视频材料、电子表格及相关链接等）可登录官网 cases.insead.edu 查询。
>
> Copyright © 2016 INSEAD

2013 年 7 月，一个温婉和煦的傍晚，在越南第一家私募股权投资公司、位于胡志明市的湄公河资本公司总部，合伙人查德·奥威尔（Chad Ovel）坐在办公桌前。不过，办公室空调带来的舒适与这一天早晨的气氛形成了鲜明对比。在凌晨 4 点的时候，他就已经来到金门集团的中央厨房，在这家越南最大的餐饮连锁店里，他需要亲自观察店面经理领料情况并检查库存水平。在过去的两天里，他已经考察了金门集团在胡志明市所有店面的厨房。

湄公河资本在过去 5 年里一直对金门集团持有 15% 的成长型股权，在此期间，金门集团也从一家单一门店的餐厅，发展成为在 5 座城市开设 58 个门店、拥有 9 种经营风格的大型餐饮集团。截至 2013 年，金门集团的 EBITDA 已达到 630 亿美元，与湄公河资本最早投资时相比，客流量年均增加 34%，EBITDA 的年均增长率达到 33%。对于金门集团的这笔投资来说，实现投资收益的窗口正在向他们缓缓敞开。

私募股权基金的有限合伙人（LP）通常包括养老基金、主权财富基金、家族理财办公资本和基金中基金投资者，其投资一般在 5～7 年内退出，甚至更早。查德开始思考，尽管金门的业务增长令人印象深刻，但餐厅的营运是否达到了最优化呢？管理团队是否做好准备，向新业主展现一个为未来增长奠定基础的稳固平台呢？尽管这是管理团队需要关注的问题，但对于还不熟悉餐厅生意而且需要从运营视角看待问题的查德来说，他最想了解的，是金门集团的管理层，而不是湄公河的团队是否关心自己的问题。

当企业实现大幅增长（如本案例中的金门集团）时，LP 就会做出现金收益将会增加的预期。虽然说金门集团确实在持续扩大,但仍要面对新兴市场投资所无法规避的种种挑战——过度执迷于追求增长、难以捉摸的利润以及少之又少的退出。事实上,在进入2012年之后,从盈利能力以及相同规模店面的销售情况看,金门集团的很多店面均表现得差强人意。查德问自己,如果我是收购方或承销商,我会认为过去取得的这些成功还会延续下去吗?我会轻松愉快地为这家餐厅连锁店投标吗?如果这样做的话,我会不打折扣地照单付款吗?

15年在越南从商的经历,以及一位拥有成功业绩的重整型首席执行官的阅历,促使奥维尔开始质疑餐饮连锁店为投资者退出的"准备"情况。在那天早上视察了厨房之后,他深信,金门集团显然还没有为投资者创造最大价值做好准备。更重要的是,他可以在较短时间内提升这家公司的经营能力,从而吸引多个买家并实现溢价出售,或是说服承销商发起IPO,在上市之后陆续抛出湄公河持有的股份。

但是到目前为止,管理团队还一直主张,只有延续扩张计划才是为股东创造价值的最佳途径。明天上午,奥威尔将提出一个彻底转变金门集团经营战略的提议——不再开设新的店面。他将要求公司管理层暂停铺设新店面,并集中精力进行后台改进,他必须说服管理层,逐步改进供应链和厨房管理,将有助于实现价值的最大化——而且不只是湄公河所持股份的价值,从长期看,这也是实现金门集团其他股东价值最大化的手段。

考虑到这是湄公河资本以合伙人身份第一次提出如此重要的提案,而且也是湄公河资本第一次在金门集团交易上发挥主导作用,因此,奥威尔深知,要和集团内部"为增长而寻求增长"的主流思维作对,必然会承担很大的风险。金门集团的董事会由5名董事构成,包括奥威尔、一名外部董事和来自金门集团管理团的3名成员。长期以来,金门集团的管理层一直热衷于寻找新地点,开发新店面——在他们看来,这就是金门集团的最大优势。奥威尔不知道这些人是否愿意听他的建议,毕竟他还不太了解情况,而且他的提议又着眼于运营,而并非出自于投资者的角度。虽然有了正确的动力,一切都是有可能的,但是他在接下来筹备退出投资的几个月里,这件事必然要求他投入全部的精力。

奥威尔走出办公室,深深地吸了一口气,挥手拦下一辆前往机场的出租车,他要到河内出席金门集团的董事会会议。他希望这次夜间航班能让他静下心来,毕竟,第二天的会议才是对他最大的考验。

亚洲的私募股权市场

新兴市场的投资往往会采取不同的形式。迄今为止,亚洲地区88%以上的私募股权交易均为"成长型股权投资",也就是说,通过投资持有公司的少数股权,投资将主要用于为公司成长提供资金,而不是着眼于通过收购现有股东股权而获得控制权。作为成长型股权的投资者,PE 公司必须说服管理层认真考虑他们的诉求(这一点不同于控股型投资,PE 公司在必要时可以强制做出决定)。尽管少数股权投资者也会根据约定享有一定的权利,但这种权利的可执行性存在疑问。这与美国的管理层收购形成鲜明对比——通过收购取得控股权已成为 PE 投资的模板。在风险投资行业,随着初创企业的发展,创业者持有的所有权会被逐渐稀释,最终往往会低于 50%。不同于此的是,在新兴市场中,成长型股权的普及在某种程度上属于商业文化的产物,即,创业者和所有者(通常为家族)对放弃控制权几乎是不能容忍的。

事实也证明,退出这种投资可能极具挑战性。在新兴市场,市场流动性较差,发展程度较低,这就导致公开发行非常困难,而且很少有交易买方具备引入第三方出售的能力。对家族企业来说,由于企业维系着家族的遗产和声望,因此,他们通常不愿将整个企业出售给买方,而是更青睐于 IPO,因为这种方式不仅可以让家族成员继续保留企业的控制权,而且有助于提高他们在社区的声望。在 2008 年第一次对金门集团投资时,湄公河还是一家很年轻的私募股权公司,那时,他们还没有现有的这些投资,因而也毫无业绩可言。而在此之后,他们在新兴市场的全部投资均创下佳绩,并逐渐打造出业内最优秀的执业纪录,在截至 2014 年完成的 26 笔投资中,湄公河资本已全部或部分退出 19 项。

背景:湄公河资本

湄公河资本由克里斯·弗洛伊德(Chris Freund)创建于 2001 年,作为一家专做越南本土业务的私募股权公司,它是越南私募股权行业最早的践行者。和很多新兴市场的发起者一样,湄公河资本早期也经历了大量的试验性经营,在成与败中摸索前进。湄公河的第一只基金主要投资于低成本的制造业,但收效甚微。

向以消费者为中心的战略转型

作为第二只投资基金 MEF II 的一个组成部分,湄公河资本于 2008 年开始对金门集团进行投资。在对湄公河资本以往的成功与失败进行总结之后,弗洛伊德认为,公司的绝大部分盈利来自于对消费型企业的投资。因此,随着时间的推移,公司应专门投资于该板块,而这背后的部分原因就在于,越南拥有该地区增长最快的中产阶级和富裕消费群体(见附录 8.1）。

另一个需要考虑的因素是退出消费性业务的机会更大：事实已经证明，收购者和股票市场都青睐于以消费者为主导的企业。此外，政府对该行业的干预很少，而且投资机会大量存在。随着湄公河资本在这个领域的知识和业务专长不断积累，可以预见，他们将给创业者带来纯财务投资者所无法提供的增量能力。

向亲力亲为式的运营改进策略转型

多年来，公司在参与业务的深度和广度上不断提高。帮助企业提升业务效率已成为湄公河价值创造战略的基石。最初，湄公河资本在会计标准化、治理结构、强化报告指标体系以及目标设定等方面为企业提供支持。逐渐地，随着需求的变化，他们陆续增加了其他服务。在人才发现越来越有挑战的环境下，他们开始为被投资公司招募高管人员。截至 2015 年 6 月，湄公河人才团队招聘的 65 位高管已经得到被投资公司的重用。此外，他们还聘请了拥有功能或行业专长的运营咨询师。

招聘查德·奥威尔就体现了湄公河资本以经营为中心的愿景。尽管奥维尔在 2013 年才加入湄公河资本，但实际上，克里斯·弗洛伊德早在 2004 年就已和他相识。奥威尔是美国爱荷华州人，1996 年来到越南，此后就一直在越南任职，在从事管理及业务开发工作的过程中，奥威尔学会了一口流利的越南语。当湄公河资本的创始人克里斯·弗洛伊德第一次见到奥威尔时，他还在打理国内最大的家具出口商。弗洛伊德非常赞赏奥威尔的丰富经验以及对现场业务的领导力，于是，弗洛伊德邀请奥威尔牵头对湄公河资本的被投资公司 AA 公司进行重整改造。在 AA 公司担任首席执行官的 6 年时间里，奥威尔让这家公司起死回生，收入增长了 12 倍，并创造了 50% 的 EBITDA 年均增长率。弗洛伊德在 2012 年邀请奥威尔加盟湄公河资本时，后者还没有意识到这种关系将会带来怎样的结果。

价值优化委员会的诞生

湄公河资本创建了价值优化委员会（VOB），为保证委员会结构的正规化，他们聘请克杜莱投资公司（Clayton, Dubilier & Rice）的一位退休合伙人协助进行，克杜莱投资是美国第一家以经营为中心的 PE 公司。价值优化委员会为湄公河资本及其被投资公司提供了获得世界顶级专业能力的机会，这在当地市场是不可想象的（见附录 8.2）。例如，在湄公河退出金门集团投资时，他们邀请百胜国际餐饮集团（Yum! International）前首席执行官皮特·巴希（Pete Bassi）加入了价值优化委员会。作为百胜的前董事长兼总裁，巴希曾管理了遍布 100 多个国家的超过 12 000 家餐厅（包括肯德基旗下 60% 的餐厅、38% 的必胜客餐厅和2%的塔可钟餐厅），这些餐厅每年给百胜集团带来的销售收入总额超过100亿美元，利润高达5亿美元。巴希还亲自主导了肯德基和必胜客在亚洲地区的扩张，集团每年在全球设1 100多家新店面。

价值优化委员会主席的职责范围可以很广泛——从搜索新投资项目，开展和评估以创造价值为目标的运营计划，以及通过与公司管理团队合作，推动整个投资期间的经营业绩。此外，为确保该委员会委员的利益与湄公河资本保持一致，所有委员都要对经营结果承担责任，并有权获得附带权益（收益提成）。对此，奥威尔解释道：

"我们的价值优化委员会成员都有几十年的从业经验。要在本地请到这种水平的人才或是找到拥有相同资质的顾问是很困难的。此外，与咨询顾问不同的是我们和这些价值优化委员会的成员保持着长期的合作关系，我们的成功也是他们乐于见到的。"

发起交易

茶道中的天机

湄公河资本的交易发起策略已逐渐倾向于自上而下的方式，即，寻求最优秀的管理团队和有潜力的行业领先者，并与他们保持长期的联系。一方面，在亚洲地区打造最优管理企业的声誉就是他们的名片，另一方面，公司也为管理者及其他公司所有者提供了创造财富的机会。从投资机会出现时开始，到取得预期投资结果，中间要有很长的路要走。然而，在湄公河投资金门集团时，直觉在发现机会的过程中发挥了关键作用。弗洛伊德曾在2007年7月提到：

"我当时还在河内的办事处喝着茶。我看着茶叶盒上的标签——'养生茶'，突然灵感突现，我觉得这家茶业公司中或许就蕴藏着投资机会……他们的网站重新被命名为'阿诗玛'（Ashima）——这也是金门集团的第一个餐厅品牌。荣既是餐厅的创始人，也是这家茶业公司的创始人。我们进行了一番研究，而且认为餐厅似乎是一个更有吸引力的机会……我们对这个行业也确实很感兴趣，只不过这个概念在越南还没有太多的先例，因为越南还没有公开上市的餐饮公司。这只不过是另一家不赚钱的大连锁店而已。"

示好最终促成了交易

作为弗洛伊德的追随者,湄公河资本驻河内办事处负责人陈秋鸿联系到公司创始人荣(有关人物姓名的索引,见附录 8.12)。当时,荣并不寻求股权投资,而且已经拒绝了其他几家追随者,对此,陈秋鸿是这样解释的:

"虽然荣对投资不感兴趣,但我们有一个共同的朋友,因此,荣愿意接见我。开始,我们只是毫无目的地聊天。我们会定期聚到一起,讨论他的业务。我们谈论了他的愿景,他想要实现的目标是什么。当时,他的脑海里已经出现了另一个概念……于是,我鼓励他拓展思维,设想更大的目标,我们谈到将业务扩大到 50 个地点的想法。"

通过每周的交流,荣开始重新考虑对金门集团增长的愿景,并意识到他有可能需要一个股权合作伙伴。不过,直到他和另一位企业家沟通之后,他才决定要和湄公河资本一起前进。这家公司向荣推荐了移动全球投资(Mobile World)的首席执行官阮德才。回忆起这次经历,荣说:

"阮德才向我讲述了他的故事。在和他谈话之后,我相信,和私募股权基金合作是正确的。我也知道,湄公河资本不仅仅是通过投资赚钱,还会帮助我打造业务,并为我们在外界建立声誉。另一个吸引我的则是克里斯·弗洛伊德的诚信和声望。我觉得,虽然我们可能在未来的发展方向上会有不同的看法——这也是在所有创业企业中都不可避免的,但他的观点是正确的。有一个值得我信赖的合作伙伴,这对我来说是至关重要的。"

谈判过程简短而甜蜜(有关亚洲地区投资交易谈判的基本情况,见附录 8.9)。荣指出:

"我并不认为估值是主要问题……我出售股份是为了引入一个可以帮助我成长更快的合作伙伴,如果没有这个合作者,我们不可能增长得那么快。这确实是一次赌注,但我更感兴趣的是,湄公河资本是否能帮助我,带动我们的企业实现比单纯以最高价格出售少数股份更好地发展下去。如果他们确实能如我所愿,帮助我们充分挖掘企业的增长潜力,那么,我们就会通过剩余股权获得更大的收益。"

经过数月的尽职调查,2008 年 1 月,湄公河资本以 150 万美元的价格收购了金门集团 15% 的股权。

金门集团及其增长

机遇

尽管越南还没有成型的餐饮连锁店企业，但向好的经济形式和人口发展趋势确实给这个国家的餐饮业带来了巨大推动：目前，越南的人口数量已排名世界第 13 位，到 2013 年，越南人口数量已达到 8 900 万人[①]，而且平均年龄只有 29 岁（有关越南宏观经济和人口指标的数据，见附录 8.3～8.5）。自 1986 年开启经济体制改革以来，越南已开始从中央计划经济逐步向自由市场经济过渡。经济转型不仅带来了出口的强劲增长，也带领工业和消费行业走上了快速路。世界银行提供的数据显示，2014 年，越南国内生产总值同比增长 6%，这个增长速度预计将延续到下一年，并在 2016 年出现进一步的加速增长。此外，越南还努力改善宏观经济的稳定性，2014 年，越南成功地将通货膨胀率控制在 4.1%。

2006 年至 2011 年期间，食品服务业增长了 9.2%，是该地区增长速度最快的国家之一[②]。但休闲餐饮领域的竞争还很有限。肯德基到 1997 年才进入越南，而麦当劳在 2014 年之前还没有在越南开设餐厅。在越南当地，近 80%[③] 的餐馆是不提供室内餐位的小吃店或食物摊。

来自亚洲其他发达国家和地区的成功案例表明，餐饮业在规模上有很强的可拓展性。像"阿诗玛"这样的火锅餐厅极具吸引力，而且开办成本相对较低，只需要有限的厨房设备。在泰国，Coca 集团等专门经营中式、泰式和日式火锅的餐饮企业以及 Syndicate 集团等从事多种特色的公司，已在国内开设了 50 多家店面。Syndicate 集团甚至已经在泰国证券交易所上市交易。在中国，截至 2007 年，"小肥羊"火锅连锁店已成为国内第二大零售连锁点，店面数量超过 400 家（见附录 8.6）。

即使在餐饮行业内部，金门集团也凭借其强大的管理团队和始终的开设成本而独占鳌头。弗洛伊德说："显而易见，荣和他的联合创始人都是顶级的企业家。他们拥有一个名副其实的领导团队，他们的决策过程是高度合作性的。"

出身卑微

2003 年，荣在越南开设了一家茶叶公司，直接向消费销售茶业产品。虽然"养生茶"目前已成为越南第二大袋茶品牌，但来自"利普顿"的强大竞争依旧导致他们很难将市场

---

① 世界银行发布的《世界发展指标》（World Development Indicators）。
② East West Hospitality Group Report.
③ 同上。

份额转化为盈利。到2005年,也就是荣还在经营茶叶生意的时候,他决定在河内开设一家蘑菇火锅餐厅,这家餐厅不仅有令人兴奋的室内装饰风格,而且还拥有大量的异国情调食材。

尽管最初的价格似乎有点儿不符合普通越南人的消费能力,但这家名为"阿诗玛"的餐厅还是在一夜之间取得巨大成功。餐厅只用了3个月的时间就收回原始投资(相比之下,美国快餐店的平均投资回收期为2~3年)。于是,他很快就把精力从令人感到煎熬的茶业生意转到餐厅上,并陆续开设新的店面。当陈秋鸿第一次认识荣的时候,公司已经在河内和胡志明市开设了5家"阿诗玛"餐厅。

在摸索中发展

在湄公河完成投资(2008年)之后,湄公河与金门集团对两个问题达成一致:首先,他们决定,在2012年之前继续推行店面扩张策略,并达到拥有50家店面这一彰显雄心的扩张目标;其次,就是加强公司的管理团队。

金门集团已计划推出第二个主题餐厅——"琦琦"自助火锅连锁店(Kichi Kichi),这种旋转火锅的人均价格是11美元,还不到"阿诗玛"餐厅人均水平的一半。弗洛伊德认为:

> "一开始,我最大的一个顾虑就是由单一概念向多概念方向改变会带来冲击。金门集团一直在探寻打造多种风格的途径,而当时他们还只有一种风格的餐厅。"

"琦琦"自助火锅于2009年推出,但并未一炮走红。它的第一家店面开设在商场内,但经营惨淡。在对初步概念进行调整并选择沿街开设店面之后,形势大有改观,随后,金门集团陆续开设了几家"琦琦"自助火锅分店,而且均收效显著。对此,弗洛伊德予以了肯定:

> "事实证明,金门集团确实善于探索和尝试。他们一直在完善内部装饰、菜单和服务理念。"

金门集团的适应能力与越南中产阶级不断变化的餐饮口味不谋而合。就餐者渴望尝试新的就餐体验,而且很多越南人鲜有出国旅行的经历。市场研究显示,越南消费者具有典型的价值驱动性特征(强调产品的性价比),在偏好亚洲美食的同时,也渴望尝试新的理念。而年轻消费者正在加速培育对品牌的意识和忠诚度。显然,金门集团迎合了这些趋势。在"琦琦"自助火锅推出1年之后,他们开设了"相扑烧烤"系列(Sumo BBQ)餐厅,这是一个在餐桌上进行烧烤的日式餐厅。1年后,金门集团再次推出了"呜呜祖拉"(Vuvuzela's)

系列餐厅，这个升级版的欧式运动酒吧主要提供啤酒及亚洲饮食和西餐（各种餐厅的风格和口味见附录8.7）。

如此迅猛的扩张不可能一帆风顺，回想起进军新加坡市场遭遇的惨败，荣说：

"在得到湄公河资本的投资以后，我开始觉得我们已经是一家大公司了，必须考虑全球化经营。于是，我们决定进军新加坡餐饮市场。我们认为，将越南餐饮概念带给全球美食家，这将造就一个巨大的市场，但我们根本就没有为此做好准备。"

在新加坡遭遇滑铁卢之后，金门集团重新将精力集中到国内市场，现在，他们必须在越南的两大城市打入竞争火爆的房地产及人才市场，这也是他们全部餐厅的所在地。2013年，公司所在的河内市已拥有690万居民，人均收入为2 985美元。而处在越南南部的胡志明市则拥有780万人口，人均收入为4 513美元，达到国内平均水平的两倍以上。这两个"一线"城市，消费者拥有相对较强的购买力，也使它们成为商家展开竞争的焦点地区，但强劲的经济也让这两个城市在经营地段和人才上的竞争尤为激烈。奥威尔认为，很难在河内和胡志明市找到合适的地段开设餐厅。

"荣曾特意向政府部门争取有利的地段。所有好地段都会稍纵即逝……他不想把这件事交给董事会去讨论；他必须当机立断。"

人才培育

招揽人才也是一个问题，尤其是在胡志明市。河内市与胡志明市相隔超过700千米，而且每个城市都要有自己的中央厨房和管理人员。荣和他的联合创始人都是河内当地人，他们发现："胡志明市的情况与河内完全不同。我们折腾了5年才找到合适的管理人员。"弗洛伊德还记得，当时金门集团是多么需要人才来推动其扩张战略：

"从一开始，我就一直担心管理团队。他们是否打算招聘专业人员呢？他们的营销和财务人员素质非常低下。当然，这是一个缓慢的培育过程，但归根到底，他们迟早能造就一个优秀的管理团队。"

在湄公河的帮助和建议下，金门集团招聘了新的运营总监、财务总监和人力资源总监。2011年，金门集团请到了在肯德基多年从事食品服务的阮高池负责经营胡志明市的店面，局面取得了重大突破。荣解释说：

"阮高池发现，公司在结构、营销和运营方面都存在问题。他不仅带来了肯德基的最佳实践，而且动力十足。"

没有实现的目标

2012年，尽管金门集团的餐厅类型已逐渐从4个增加到8个，营业网点也从36家餐厅增加到了41家，但总的客流量却在下降（见附录8.8）。虽然还处于盈利状况，但它在2012年却没能完成盈利目标，而且很多店面的可比销售额增长率均出现下降。

更让金门集团火上浇油的是，弗洛伊德已口头同意荣在年初提出的建议，即，金门集团将以27亿美元的公司估值为基础，按6倍市盈率向一位联合创始人回购11%的股份，上述估值则是以2012年的预期净利润指标为基础得出的。而在进入2012年之后，净利润的表现却明显差强人意，因此，如果按约定的估值进行回购，最终的市盈率可能会达到10～12倍，几乎相当于此前约定倍数的两倍。弗洛伊德原本以为，回购提议还需提交董事会审议，而且在审议之前还不会形成最终条款，但他随后却获悉，协议已经执行，董事会审批只是例行公事，完全是一种形式。

这导致湄公河资本和金门集团之间爆发了冲突，而由此造成的僵局花了几个月时间才得以解决。最终，弗洛伊德应承担的责任是没有和荣做出明确的约定：他对该计划的初步支持只是"原则性的"，在执行回购之前，正式条款必须得到董事会的批准。最后，弗洛伊德同意按2 700万美元的估值进行回购。对此，荣也承认：

"克里斯的诚信和声誉是无可挑剔的。他并没有对我们彻底失望。虽然我们可能会有不同的意见，但我们完全相信，他的初衷和目的完全是着眼于公司利益。"

为未来所有权人创造最大价值并铺垫盈利渠道

成长型投资与价值投资：方向是否改变？

到2013年，金门集团已拥有10种类型的餐厅和58家分店。公司已发展成为越南唯一的多品种连锁店企业之一，并拥有高度专业化的管理团队。但不可否认的是，2012年的经历在克里斯·弗洛伊德的脑海中依旧历历在目。他和新的合作伙伴查德约定，应由奥威尔

主导湄公河退出对金门集团这笔投资的交易:

"我们已经同意,湄公河资本退出对金门的投资已是近在眼前的事情。但令人称奇的是,尽管金门集团已成为一家非常优秀的企业,但至今尚无人可为新买家提出明确的投资理念。"

为了给下一个股东或是公开上市营造出引人注目的价值主张,奥威尔的首要任务就是从上到下、从客户到供应商全面地认识金门集团:

"在湄公河资本,我的前任始终没有去过中央厨房,也没有深入到供应链中间。他们与金门集团的互动仅限于董事会会议室、公司总部,或是没有针对性地参观一些餐厅。"

尽管奥威尔还不太了解餐饮业务,但他深谙营运资金和供应链管理之道。经过几天对金门集团餐厅厨房的视察,奥威尔认为,对后台业务进行彻底改造,有可能让金门成为更有诱惑力的收购目标:

"人们总是习惯于只看到好的方面:漂亮的内部设计、吸金的餐厅位置和令人垂涎三尺的菜单。餐厅的餐饮区运转良好,但其他业务却全部委托给别人。我相信,餐厅后台才是保证利润持续扩大的第一动力。如果我们进一步强化厨房和供应链管理,并制定合适的构建业绩指标(KPI),我们就可以进一步提高盈利能力,增加营运资金效率,改善客户体验——以更快的速度和更高的质量为消费者提供菜单上的每个菜品……

当时,从餐厅到中央厨房都没有需求预测。所有沟通都采用书面文字和电子邮件。对于一家拥有近60个店面的大型餐饮集团,居然没有一个IT系统,这的确让我感到不可思议。另一个问题就是供应链。如果一个供应商送来满满一车厨房当天根本就不需要的莴苣,那么,他们可以用质量差的借口拒绝接受。但这种做法只会纵容进一步的低效或无效行为。"

到目前为止,金门的成功模式已通过收入增长得到了充分验证。荣的团队被认为是善于发掘新口味的"美食制造大师"。管理人员按照餐厅客流量和重复就餐率取得薪酬。奥威尔认为,如果湄公河通过股权交易退出投资的话,那么,能给他们带来更高价格的是效率,而不是收入的增长。他深信,围绕材料消耗、腐败,投入成本以及优化对供应商的付款条件,实施一套新的运营价值关键绩效指标（KPI），将是成功退出关键性的第一步。为了在餐厅层面考核关键业绩指标，他必须和金门集团的财务总监共同设计出一套合理的成本会计系统，并建立最基础的企业资源计划（ERP）系统。

此外，奥威尔还认为，为供应商通过培训有助于提高食材的品质。在越南，只有很少几家农场的规模能满足金门的全部需求，并成为金门集团的唯一指定供应商，因此，金门集团必须和众多小规模供应商合作，获得他们所需要的每一种食材，这就大大降低了考量标准的一致性。因此，奥威尔认为，通过与农民展开无间隙合作，金门可以根据要求的规格取得相应的产品及其他关键食材。

引进运营顾问教管理，走出去看世界

湄公河资本为荣推荐了很多运营顾问，包括来自美国和香港的很多知名餐饮咨询机构。对于这种做法，奥威尔认为：

"我们不能像餐厅专业人员那样事无巨细；我们无法为公司提供最佳实践。对于金门集团，我们可以告诉他们该如何制作投资报告，打造企业文化……但我们无法告诉他们该怎样安排厨房结构或是如何制作酱汁……因此，我们需要寻找能给他们带来行业洞见、运营操作和善于引入变革的外部顾问。"

对新兴市场的很多管理团队来说，"眼见为实"才是唯一的选择。在这些人当中，大多数人都非常向内，较少接触行业的最佳做法或是接受过正规培训。为此，金门集团的高层管理团队参观了中国香港地区的"马克西姆"餐厅、泰国的中央集团以及芝加哥的生菜娱乐吧（Lettuce Entertain You）。荣认为：

"到海外参观其他餐馆给我带来了新的灵感……因为这有助于我自己去看，去体验，去思考。在芝加哥参观生菜娱乐吧之后，我就想到了调整"金门集团"结构的问题。金门集团采用的是'自上而下'的体制，大区经理和餐厅经理直接向总部报告。随着金门集团的规模不断扩大，业务复杂性不断提高，要维持集中式的领导结构已变得越来越困难。生菜娱乐吧有40多个类型的餐厅。他们完全能打造出更多的风格，因为他们采用的组织结构依赖于自下而上的利润提成模式。后台只是为他们提供支持，而不对他们发号施令。因此，餐厅的一级管理者成为名副其实的一线决策者，让他们得以发挥自己的创造力。"

奥威尔针对调整关键业绩指标的提议，与荣提出的组织转型恰好吻合，因为二者都需要新的报告流程和体系，以便于将责任最终落实到餐厅层面。

作为湄公河资本的一名运营顾问，东西酒店集团的乔·希尔维斯坦（Joel Silverstein）受命到香港进行业务考察。希尔维斯坦的结论是："在走进餐厅大门之前，金门是一条运转良好的链条。我们正在循序渐进地改进……没有什么办法能让我们的收入在一夜之间翻一番或是翻两番。"为此，他归纳了有待考虑的其他措施：

- 购买"整头牛"：金门集团直接从北美和澳大利亚采购牛肉，并将这个噱头作为宣传优质食材广告的重要成分。牛肉成本占金门集团全部采购成本近40%，毕竟，他们的大部分菜品都和牛肉有关，而且牛肉价格又恰值25年以来的最高点。为此，希尔维斯坦建议他们购买"整头牛"，并采用特殊的屠宰技术，将可用产量提高到每头牛成本的90%～95%。
- 开发菜品配方管理系统：这可以让金门集团能了解每一道菜的关键操作指标（如菜单上每道菜品的浪费情况和成本），这甚至比奥威尔建议的系统更细致入微。
- 降低定价：在金门集团的每个餐厅，人均消费水平均超过10美元，希尔维斯坦认为这会扼杀进一步提升业务的空间。相比之下，和金门集团存在竞争关系的越南连锁餐饮企业Al Fresco，人均消费水平仅为5美元，而必胜客的人均消费额更是只有6～7美元。
- 向一线城市以外的地区发展：希尔维斯坦认为，越南二线城市的市场还很大，而且还远未得到开发。比较他在泰国和中国的经验，希尔维斯坦预计，在未来的5～10年内，越南二线城市将会有良好的发展机会，但消费承受能力仍将是获得市场的关键。

是否从现在开始起步扩张？

很长时间以来，人们还没有想到要走出河内和胡志明市这两个一线城市。毕竟，超过80%的越南人口居住在河内和胡志明市以外，在二线城市中，只有两个城市的人口超过100万，此外还有其他几座较大城市。相对而言，在这些市场上从事餐饮业的国际性或全国性连锁店还很少，因此，这些地区还是一片尚未开发的庞大市场。

2013年初提出的一项业务扩展计划似乎尤为及时。金门集团的管理层获悉，越南最大的房地产开发商VinGroup即将发布消息，他们将在2016年年底之前在越南二线城市新建22座购物中心。为吸引客流量，VinGroup的商场将主要以娱乐餐饮业为主。除快餐企业之外，金门及其多个品牌都将成为VinGroup的理想租户。考虑到每个商场可容纳金门集团旗下2～4个不同类型的餐厅，因此，这些购物中心预计可为公司新增50～75家餐馆。一旦进入二线城市的时机成熟，金门集团即可搭上新的供应链，在每个主要二线城市的繁华街区开设店面，这样，到2017年年底，他们就可以轻而易举地增加200多家餐厅。

但这种策略并非没有风险。农村人口的城市化进程已逐渐减速，二线城市的人均收入明显低于一线城市，正如奥威尔所说的那样："在二线城市上进行的业务扩张，在很多方面都有其自身特定点，这在很多方面不同于一线城市，也远比一线城市更烦琐，毕竟，在一线城市，管理者可以全力以赴地去做一件事。"为距离数百英里的餐厅供应材料，对物流也是一个巨大的考验，而人员的招聘和培训同样会带来问题。

为退出做准备

奥威尔开始和金门集团的财务总监开展合作，着手为投资退出创造条件。此前，他一直在和金门的领导层并肩工作，共同制订关键员工的股权激励计划，因为他坚信，阮高池（胡志明市的业务负责人）这样的关键员工是公司最重要的价值创造者。不管金门集团寻求哪种发展路径——存量优化还是增量扩张，这都是在可能退出之前必须采取的步骤。奥威尔不仅亲自担任运营顾问协助制订退出计划，并在即将举行的董事会会议之前，针对两种退出路径的效率和价值向他们征求意见。

董事会会议

在董事会会议之前取得的退出建议

奥威尔与河内证券公司负责消费行业的阮山广进行了沟通，请阮山广对金门集团在12个月内公开上市的可能性进行评估。河内证券是越南最大的投资银行。考虑到承揽金门集团IPO的可能性，阮山广先生会见了奥威尔及几位金门集团的董事会成员，并为他们进行了一次简短的宣讲，介绍了金门集团公开上市需要履行的过程以及需要考虑的因素。在会谈中，他介绍了湄公河资本如何通过IPO出售其持有的全部股票，或是通过IPO出售部分股票，并通过保留部分享受股票上市后的二级市场增值。按照阮山广的想法，由于越南股市刚刚进入牛市，因此，实现这笔投资最高最大价值的途径就是公开上市。他认为，在上市以后，可以通过股权转让出售金门集团的股份获得超过市场价格的溢价，这实质上是双重收益。如果金门吉姆继续维持目前的积极成长政策，阮山广估计，如果继续持有对金门集团的股份并在5年内出售给战略收购者，那么，湄公河资本的股权价值至少可以达到3亿美元（附录8.10为阮山广给出的估值）。

河内证券的演示稿被分发给金门集团的全体董事会。部分董事已经表示认可这家投行的分析，即，IPO 和积极成长战略是实现价值最大化的最佳途径。

针对经营策略——短期内的重点是继续扩大覆盖范围还是改善现有店面的利润，阮山广斩钉截铁地建议，必须将扩大业务覆盖面作为重中之重。此外，他还强烈建议金门集团应全力抢占二线城市市场，他认为这将为公司上市提供一个有力的故事素材。阮山广在私下里表示，在这个尚未开发的人口群体中抢先一步，最大的好处就是让他们更容易吸引到成长型投资者；在这个市场上，IPO 的买家更喜欢积极成长的故事，他们期待的是超过 30% 的收益增长率。虽然在越南还没有大型餐饮集团 IPO 的先例做比较，但阮山广提到，最近几家消费品公司均通过上市实现了大幅增值，此外，他还提到，已经有餐饮企业在邻国的泰国证券交易所上市成功，如从事快餐店业务的 S&P，其市值已超过 1 亿美元。

对此，奥威尔仍心有疑虑。通过近期亚洲食品饮料大会上的非正式对话，他认为，一些国际性餐饮集团和可能投资于餐饮连锁企业的私募股权公司均对金门集团表示感兴趣。为进一步评估餐饮企业或 PE 买家出售股权的可能性，奥威尔联系了几家擅长食品行业的国际投行。

一位中国香港的投行人士认为，单位店面的盈利性和同规模店面的销售增长率是收购方进行估值的基础，这位投行人士还发来一些关于食品服务业的研究报告，这些报告似乎支持这种观点。他解释说，如果向同业企业出售这笔股权，那么，金门集团近期令人失望的同规模店面销售增长率将会成为退出价值最大化的主要障碍。此外，对同业收购或是 PE 买家而言，虽然二线市场扩张战略会让金门集团的价值主张更有吸引力，但他们要体验金门集团的潜在增长，并不需要湄公河资本来证明。事实上，在二线城市市场进行小规模探索的风险可能太大，因而还无法成为可行的短期策略。

最后，奥威尔向几位餐厅企业领导人征求了意见，他们也购买了金门集团之类的其他连锁店。根据百胜在亚洲各地铺设必胜客和肯德基分店时的大规模扩展经历，行业专家皮特·巴希针对收购者制定了标准，附录 8.11 为这些标准的示例。

暴风雨前的焦虑

坐在河内一家酒店的房间里，奥威尔开始整理自己的思路。他反复揣摩了各种退出方案。是否能充分阐述每一种方案的利弊呢？通过与全球承销机构和收购专家的对话，董事会是否对风险—收益特征进行了明确的评估呢？（这些机构和专家的名称见附录 8.12。）

尽管 IPO 确实很有诱惑力，但河内证券公司做出的评估，更多强调的是当前的市场条件，而不是长期的盈利基础？股市情绪变幻莫测：如果不能纠正现有店面的低迷表现，迟早都会带来股票价格的下跌。

管理团队能否兼顾新市场的增长和现有市场效率的改善呢？首先强调改善效率并将收购作为最可能、最及时的退出路径是否过于保守呢？他应该如何接受二线市场扩张是纠正现有业务问题之前的正确举措呢？进入非中心城市市场会在运营上带来怎样的挑战呢？从投资者利益的角度出发，推迟近期的现金收益、等待更大的价值增值，是否是正确的选择呢？

从刺激同规模店面的销售增长，到引入新的关键绩效指标，再到创建供应商培训计划，这都是他们需要优先考虑的事情。在这些方面实现改进注定会得到回报，而且对于收购方来说，这很可能是最有吸引力的一部分价值主张，但归根到底，还需要金门集团优先考虑这些问题。毕竟，它根本就没有足够的资源一次性解决这些问题。

奥威尔希望自己的想法能在第二天得到董事会的认可，但他也清楚地意识到，这很难做到。尽管这两种退出路径都非常有可能，但它们却会给金门集团的经验带来截然相反的影响。他现在需要搞清楚的是："我该怎样规划自己的演示稿呢？"

附录8.1

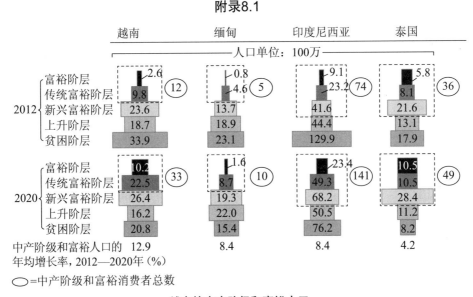

越南的中产阶级和富裕人口

资料来源：波士顿咨询集团的"中国消费者洞察智库"模型（CCCI）；波士顿咨询集团的独家分析。

注：在越南和缅甸，中产阶级和富裕人口包括富裕阶层和传统富裕阶层两个群体。而在印度尼西亚和泰国，中产阶级和富裕人口还包括新兴的富裕阶层；这是基于消费支出在这些市场大幅增长所带来的差异。对于界定中产阶级和富裕人口的标准，在越南为每月人均收入达到190美元，缅甸的标准为人均收入达到120美元，泰国为150美元。而对于印度尼西亚，中产阶级和富裕人口的标准是消费支出每月达到40美元，也就是说，衡量的标准是消费水平，而不是收入水平。

附录8.2

湄公河资本公司的价值优化委员会（2015年5月）

 彼得·古德森 （Peter Goodson）	**委员会主席：运营型PE专家** ● 克杜莱投资公司（Clayton, Dubilier & Rice）的一位退休合伙人。克杜莱投资是美国第一家以经营为中心的PE公司，曾为52家公司通过运营绩效改进咨询，创造了800亿美元的收益 ● 基德尔·皮博迪投资公司（Kidder, Peabody）全球并购业务的创始人，以及投资银行的联席负责人 ● 加州大学伯克利分校哈斯商学院教授；擅长主导企业重组项目、运营价值创造以及新兴市场的私募股权。塔克·达特茅斯私募股权中心（Tuck Private Equity Center）研究员 ● 运营专长：INSEAD新加坡地区全球私募股权项目名誉研究员
 鲍勃·威莱特 （Bob Willett）	**零售行业专家** ● 曾在百思买国际集团（Best Buy）担任过10年的首席执行官，在此期间，曾负责百思买在美国本土以外最盈利的业务，包括欧洲的"车智连"（CarPhone）仓库、中国的"五星电子"以及欧洲的"计算机特工"（Geek Squad），并在美国市场推出"百思买"手机 ● 前埃森哲咨询公司全球零售业务执行合伙人 ● 在马莎百货进入高级管理职位 ● 曾在Meta Pak, Occahome及Eagle Eye Solutions任董事长
 皮特·巴希 （Pete Bassi）	**餐厅业专家** ● 他是全球首屈一指的高级餐饮管理者之一 ● 前百胜国际集团董事长兼总经理，遍布100多个国家的超过12 000家餐厅（包括肯德基旗下60%的餐厅、38%的必胜客餐厅和2%的塔可钟餐厅），这些餐厅每年给百胜集团带来的销售收入总额超过100亿美元，利润高达5亿美元 ● 亲自主导了肯德基和必胜客在亚洲地区的扩张，集团每年在全球新设1 100多家店面 ● 董事：Potbelly，BJ餐厅和AmRest等波兰连锁餐饮公司
 保罗·拉格韦格 （Paul Lageweg）	**快速消费品行业专家** ● 知名品牌及营销开发专家 ● 目前在英美烟草亚太地区营销总监，曾率先在全球推出电子烟 ● 曾在金佰利集团（Kimberly Clark）担任多个亚洲国家的集团业务总监，包括越南 ● 前越南联合利华总经理

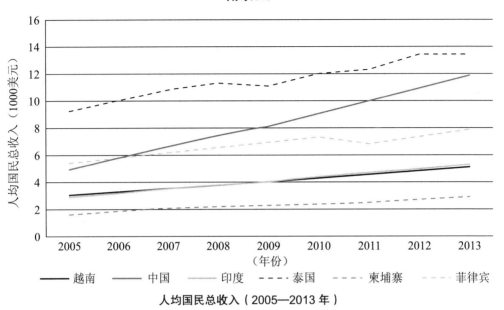

人均国民总收入（2005—2013年）

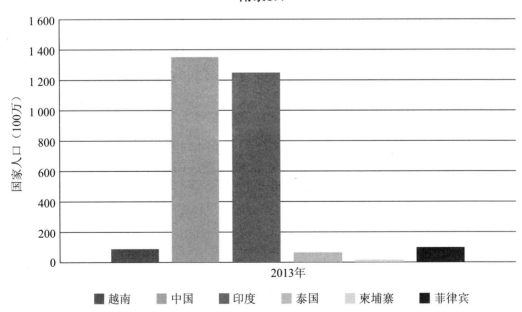

附录8.5

东南亚、中国及印度的真实 GDP 增长率（年均增长率） %

	2012 年	2018 年	2014—2018 年	2000—2007 年
东盟六国集团				
文莱	1	2.4	2.3	—
印度尼西亚	6.2	6.1	6	5.1
马来西亚	5.6	5.3	5.1	5.5
菲律宾	6.8	5.9	5.8	4.9
新加坡	1.3	3.1	3.3	6.4
泰国	6.5	5.3	4.9	5.1
柬老缅越四国				
柬埔寨	7.2	7.1	6.8	9.6
老挝	7.9	7.5	7.7	6.8
缅甸	—	7	6.8	—
越南	5.2	6	5.4	7.6
东盟十国的平均水平	5.5（*）	5.6	5.4	5.5（**）
亚洲两大新兴经济体				
中国	7.7	7.5	7.7	10.5
印度	3.7	6.1	5.9	7.1
亚洲新兴经济体的平均水平	6.4	6.9	6.9	8.6

资料来源：联合国经合组织发展中心。

附录8.6

亚洲的休闲餐饮及火锅连锁企业（2008 年）

中　　国	小肥羊 715 家分店	味千拉面 185 家分店	小美羊餐饮 413 家分店
泰　　国	Coca Suki 餐厅 50 家分店	S & P 278 家分店	Pizza 餐饮公司 120 家分店
越　　南	Highlands 咖啡厅 40 家分店	Pho24 60 家分店	肯德基 40 家分店

在泰国，Coca 集团凭借 50 多家门店在国内外建立了巩固的市场地位，该集团的主打产品是泰式、中式和日式火锅。S&P 已在泰国证券交易所公开上市，这家快餐服务集团拥有 278 家连锁店，2007 年 10 月的市值达到 1.009 亿美元。在中国，味千拉面（中国）公司拥有 200 家连锁店，是中国最大的 5 家连锁餐厅之一，2007 年的营业收入为 1.12 亿美元。

在越南，当湄公河资本首次投资金门集团时，并没有真正意义上的多样化餐饮连锁企业。肯德基是当时市场上唯一的主要西方快餐店。

附录8.7

金门集团推出的服务概念（2013年）

阿诗玛 人均消费水平： 23美元	"琦琦"自助火锅 人均消费水平： 11美元	相扑烤肉 人均消费水平： 18美元	呜呜祖拉 人均消费水平： 13美元	i寿司 人均消费水平： 11美元
火锅蘑菇及其他传统上只被皇室和贵族享用的菜品	通过旋转装置提供各种菜品的自助式旋转火锅——人均价格固定	在餐桌上安装烤肉架的日式烧烤，特色是配有来自澳大利亚和美国的进口牛肉	形式活泼的西式酒吧，提供各种食物和起泡啤酒	正宗的日式料理，包括寿司和铁板烧
门店数量：5	门店数量：22	门店数量：12	门店数量：6	门店数量：2
Ba ConCùu' 人均消费水平： 13美元	37号街 人均消费水平： 7美元	Daruma 人均消费水平： 9美元	GoGi 人均消费水平： 10美元	
蒙古羊肉火锅，以澳大利亚特色汤和进口羊肉为特色	传统街头美食的现代版诠释，集中了老河内36个区的精髓	日本小酒馆，提供新潮的日本快餐服务	传统韩式烧烤	
门店数量：4	门店数量：1	门店数量：1	门店数量：5	

资料来源：公司数据，门店数量为截至2013年年末的数据，不包括即将在2013年第四季度关闭的店面。

附录8.8

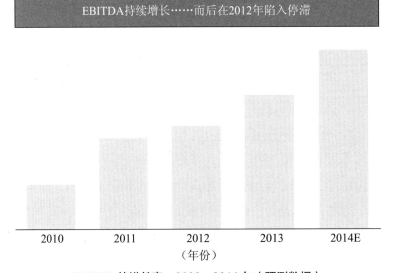

EBITDA的增长率，2008—2014年（预测数据）

附录8.9

在亚洲地区成功谈判的八大要素（改编自：The Chinese Negotiation, John L. Graham and N. Mark Lam，October 2003，*Harvard Business Review*）

1. 私人关系

在亚洲，从商人士非常重视朋友、亲戚和同事之间的关系。人们讲求知恩图报，礼尚往来。违背互惠互利精神被认为是不道德的。

2. 中间人

中间人的介绍对陌生人的见面是必不可少的。你信赖的商业伙伴会让你联系到他所信任的商业伙伴，和你的目标组织或高管人员建立个人联系。中间人要善于察言观色，解读谈判者的心情、肢体语言和每一个面部表情。虽然他们不是谈判方，但通常会首先提出供双方讨论的业务问题，而且经常会成为分歧的调节者。

3. 社会地位

不重视社会地位，让那些强调服从和尊重上司的人感到无法容忍。因此，派出低级别代表进行高层谈判极有可能会让交易流产。

4. 人际和谐

平等的关系源于友谊和相互之间的好感，它可能需要数个月的相互往来和反复的聚餐。任何没有和谐关系为基础的商业意图都会被视为鲁莽之举。

5. 整体思维

亚洲人喜欢将所有问题铺开，然后以没有顺序的方式随机讨论每个问题，因此，他们对整体的强调要胜于每个细节。任何一个环节没有谈妥，就意味着什么都没有谈妥。这种整体思维与一些西方人各个击破式的线性思维形成鲜明对比，因而倾向于在谈判团队之间造成更紧张的关系。

6. 寸利必争

亚洲人在价格上寸步不让，这就为他们提供了灵活机动的空间，而沉默和耐心只是他们的一种手段。他们期望双方都能做出让步——尽管这往往需要经过数个星期的讨价还价。

7. 爱"面子"或者说重视社会资本

违背承诺或是表现出愤怒或进攻性，会让双方丢面子，这对所有交易来说都是灾难性的。

8. 吃苦耐劳

亚洲人崇尚艰苦劳动的精神。他们会尽心尽力地为谈判做准备，并随时面对长时间的讨价还价。因此，一定要提出很多问题，进行认真的研究，并彰显你的忍耐，体现你的持久力。

附录8.10

河内证券公司对IPO的估值建议

	IPO-持有投资 经过5年的增值后出售股权	出售股权现在退出
收益的用途	再投资	分配
餐厅的数量	300个	60个
收入	3.5亿美元	7 000万美元
EBITDA	3 000万美元	1 000万美元
EBITDA倍数	10	10
价值：第五年后出售及现在退出的现值	3亿美元	1亿美元

附录8.11

餐饮企业收购方对价值的看法[①]

（改编自对前百胜国际餐饮集团退休主席兼总裁皮特·巴希的采访）

当收购者在进入像越南这样的新市场时，他们可以使用几个关键标准来判断利益水平并确定收购对象的价值。收购方希望看到现有业务拥有稳定的经营基础，单位盈利能力得到充分发掘，并针对未来增长制定可行、可信的规划。收购方强调的问题及指标可能包括：

单位收益能力与估值预测

- 单店销售增长率：现有店面的发展趋势如何？买家可能会参照可比店面对标的进行分析，在这个过程中，他们会隔离正处于所谓"蜜月"期的新开设商店。收购方的分析可按如下组合进行分类：区域、年份、管理层权限范围以及营业额等。他们可以将基础单店销售增长与持续期进行比较，以更好地确定每个开发计划的实际执行情况如何，以及未来可能会有怎样的表现。

- 新店面的收益：包括新开设店面的详细业绩追踪及分析情况。对于新店面，不仅要隔离出新店面的"试用期"模式，还要了解它们的销售退化模式。收购方可以根据实证数据开发出新的单店收益模型：销售额的退化情况、利润的稳定性、以投资回报率表现的单店现金收益情况等。

- 单店盈利的稳定性：稳态的利润是多少呢？需要多长时间才能达到这种稳态利润呢？通常情况下，需要在开业几年之后才能达到稳态利润，收购方期望的是超过20%的现金盈余。这对收购方来说非常重要，假如需要1年或更长时间才能达到稳态利润的话，那么，公司就必须吸收发展规划带来的成本增量。收购方希望了解固定成本和可变成本的结构及其对利润和价格弹性的影响。同样，收购方也可以通过

[①] 信息来源于古德森教授采访皮特·巴希。

如下的问题组合进行细分市场分析：区域、年份、管理层权限范围以及营业额等基本面数据。单店的盈利模式是什么？是否存在重大的业绩差异呢？是否存在位置带来的引致效应或是运营要素方面的影响？

- 资金效率：从总体上看，新开设店面的平均现金投资回收期是多少？平均回收期是否达到12个月以下，或者能达到这个标准？如果存在收购方的话，需要收购方为公司注入多少资金才能支持买家的预测？通过特许经营可以获得哪些本地资金，通过内部借贷融资能否促进增长？

- 供应链的效能：在供应链中，有哪些部分是来自本地的，外汇和定价会给这部分来源带来怎样的影响？哪些部分是进口的？通货膨胀率给已售商品带来的历史成本是多少？供应的集中度如何？供应商是否存在规模问题？是否存在ERP流程或是简单的局域网系统？买方会着重从质量、效率和规模等方面考量分销系统。合同流程是什么？持续时间、条款及审批情况如何？是否有足够的后备供应商能在必要时提供稳定的供给，并始终对成本构成适当压力？

战略效能

- 顾客知识：出售方是使用顾客分析还是只依赖于经验判断？吸引顾客的是什么？顾客如何在纷繁的市场中发现这家餐厅？他们是如何形成顾客反馈的：反馈使用的过程是什么，以及以往反馈的准确性如何？哪些因素有助于形成重复消费性的顾客？

- 与价值驱动因素相关的动机：他们是否能生成可操作的关键业绩指标对适当的内容进行衡量？是否存在个别能以有意义的方式与薪酬挂钩的业绩指标？

- 覆盖范围的潜力：每个主题实现拓展的机会是什么？人才和地段位置的竞争程度如何？顾客的消费能力和消费偏好是否能对未来的餐厅理念和价格水平提供有意义的启发？供应链的能力是否足以维持增长？是否存在设立集中性或中央厨房的可能性？

- 经营多种餐饮理念的能力：管理层是否具有创新、开发和支持更多餐饮理念的能力，或是只能局限于现有餐厅的经营理念？在实现稳定盈利之前，他们是否会涉足新的餐厅主题？关键性品味、菜单、店面的开创者是谁，他们在这些方面的能力如何？他们是否在菜单制作方面展现出创新性，并随着时间的推移不断增加新的菜品？

- 关键人才的留用及开发：在新兴市场，大多数管理团队都存在严重的人才缺口。管理层有多大意愿吸引真正的人才？在整个组织中，谁是"不可或缺的人才"？如果交易发生，如何留住这些关键性人才？从员工对话和三角测验答案可以发现：谁始终被认为是最擅长开发供应链及采购来源？谁是最出色的菜单创新者？谁是最优秀的培训人员，为什么？谁是最优秀的店面管理员，原因是什么？

附录8.12
案例中的角色

- 查德·奥威尔（Chad Ovel）：湄公河资本公司的新任合伙人以及金门集团交易的负责人。
- 克里斯·弗洛伊德（Chris Freund）：湄公河资本公司的创始人，最早提议对金门集团进行投资的发起人。
- 皮特·巴希（Pete Bassi）：前百胜国际餐饮集团CEO；任职于湄公河资本公司的价值优化委员会。
- 荣（Vinh）：金门集团的创始人兼首席执行官。
- 陈秋鸿（Tran Thu Hong）：湄公河资本的交易负责人，负责与金门集团的联系。
- 阮德才（Nguyen Duc Tai）：另一家湄公河被投资公司、Mobile World的首席执行官。
- 阮高池（Nguyen Cao Tri）：从肯德基招聘的经理，负责执行金门集团在胡志明市的餐厅运营。
- 乔·希尔维斯坦（Joel Silverstein）：来自东西酒店集团的运营顾问，负责审查金门集团的业务。
- 阮山广（Nguyen Son Duy）：河内证券公司的投资银行人员。

金门集团的主题餐厅

- 37号街：面向当代的传统街头美食餐厅
- 阿诗玛：越南最早的蘑菇火锅餐厅连锁店
- Ba Con Cuu：内蒙古火锅餐厅连锁店
- 城市啤酒站：一家经济实惠的啤酒花园
- Daruma：日式的榻榻米餐厅
- Gogi House：韩式烧烤连锁餐厅
- iCook：日本的快餐
- Isushi：日本料理自助餐厅
- Kichi-Kichi自助火锅：旋转自助火锅连锁餐厅
- 相扑烤肉：烧烤及火锅连锁餐厅
- 呜呜祖拉：啤酒连锁俱乐部，外卖式经营

餐厅管理层的出国培训及访问

- 中央集团（Central Group）：位于泰国的餐厅管理集团
- 生菜娱乐吧（Lettuce Entertain You）：位于美国芝加哥的餐厅管理集团
- 马克西姆（Maxim's）：位于中国香港的餐厅管理集团

案例 9　在煎熬中走向成功：
凯雷集团对蒙克雷尔的退出

一、概述

2010年年底，凯雷集团（Carlyle）正考虑退出对欧洲时装品牌蒙克雷尔集团（Moncler）持有的少数股权投资。随着资本市场在全球金融危机之后逐渐升温，公司的股东们开始为准备上市而跃跃欲试。但是到了2011年春季，金融市场再度掀起波澜（基于欧元危机的爆发），这促使凯雷选择低调模式，将二级市场出售作为退出投资的备选方案。但到了6月初，凯雷必须在这两种并行的模式中做出最终抉择——他们要么选择其中之一，要么另辟蹊径。

本案例强调的是，在瞬息万变的市场条件下，考虑到各方利益相关者的利益诉求，以及有可能实现的成果，应如何应对筹备和执行投资退出的复杂性。作为一种真正意义上的成长型股权投资，即使有大型跨国收购性投资者的参与，要确保和其他利益相关者保持利益协调，还需要面对更多的挑战。

二、案例研究的目标

本案例表明，私募股权公司在投资开始时就应该考虑到合适的退出方式，以及如何通过各种战略性决策，让被投资公司为成功地退出投资做好准备。本案例为读者评价私募股权公司的不同投资退出方案，并讨论股权出售过程中应如何创建和维护足够的可选择性及协商能力。此外，本案例还说明，基于各种财务和非财务因素，私募股权公司应如何在不确定性和时间约束条件下做出决策。

三、本案例需要解决的主要问题

1. 描述凯雷在退出对蒙克雷尔的投资时所面临的制约条件。
2. 在 2010 年秋季，凯雷的主要退出方案是什么？列出每种方案各自的优点和缺陷。
3. 时间快速推进到 2011 年 6 月 2 日，星期四：比较一下摆在凯雷集团面前的两种主要方案，并通过回答如下问题来讨论每一种方案：凯雷在不同退出方案下的预期收益各是多少？请区分立即可实现的价值和未实现价值。每个方案的优点和缺陷分别是什么？描述实现这些收益的风险。

四、补充资料

为充分利用本案例，建议读者通过如下资料了解本案例的过程及背景信息。

- 重点推荐读者阅读《精通私募股权》中的如下章节。
  - 第一章：私募股权基金的基本概念
  - 第三章：成长型股权投资
  - 第十二章：管理团队的维护
  - 第十五章：投资退出
- 教师和讲师的案例网站：http://cases.insead.edu/slalom-to-the-finish
- 可以参考该网站获得更多资料：www.masteringprivateequity.com

五、案例简介

本案例由 INSEAD 全球私募基金投资研究小组研究员雷什卡·阿格莱瓦尔（Rishika Agrawal）及 GPEI 常务理事迈克尔·普拉尔（Michael Prahl）撰写。案例的编写过程得到了 INSEAD "决策科学"及"创业与家族企业"课程资深特邀教授克劳迪娅·纪斯伯格的指导。本案例旨在为课堂讨论提供基础材料，无意对案例所涉及的处理方式是否有效做出判断。

第三部分　成长型股权

本案例的相关信息均来自公开渠道。

本案例源于 Borja Aparicio、Beat Braegger、Lukas Gayler 及 Gerd Wipplinger 等的课堂项目，他们均是 2012 年 12 月的 MBA 课程的学院，该项目是在 INSEAD "创业与家族企业"课程助理教授雷什卡·阿格莱瓦尔指导下进行的。

本案例由 INSEAD 的私募股权俱乐部（IPEC）主办，是 MBA 学生年度案例创作竞赛的获奖案例。

本案例的研究资金由 INSEAD 全球私募基金投资研究小组提供。

有关 INSEAD 案例研究的更多材料（如视频材料、电子表格及相关链接等）可登录官网 cases.insead.edu 查询。

Copyright © 2013 INSEAD

> "蒙克雷尔羽绒服针对高山运动而设计，款式休闲，穿着舒适：它既是传奇的演绎，又是当代的化身。"
>
> ——零售商俱乐部 21

2011 年 1 月 14 日，星期五，凯雷集团董事总经理马克·德·贝内代蒂（Marco De Benedetti）坐在自己的办公室里，他刚刚和蒙克雷尔服饰集团的董事会进行了一次会谈。在浏览当天头条新闻的时候，贝内代蒂看到，惠誉已成为最后一个将希腊国家信用评级降至垃圾级的大型评级机构。惠誉在声明中指出，尽管欧盟和国际货币基金组织支持希腊实行的经济紧缩计划，但惠誉还是不得不做出这一决定。

贝内代蒂认为，迄今为止，我们对蒙克雷尔服饰的投资一直保持良好状态，不过，凯雷还是要面临着一个重要问题：尽管 2010 年的 IPO 市场显示强劲的复苏迹象，但眼下的欧债危机加重了欧洲股市的不确定性和波动性，让原本大有希望的 IPO 市场可能再次关闭。那么，我们是否应该扩大投资退出的选择面，采取双轨并行的策略，一方面不放弃尝试 IPO 的可能性，另一方面则通过拍卖进行交易性出售呢？

蒙克雷尔服饰：背景

蒙克雷尔集团的全称是 Monastier-de-Clermont 的缩写，这是法国南部格勒诺布尔附近一个山村的名字。该品牌诞生于 1952 年。在随后的几十年中，蒙克雷尔以其充满时尚气息的户外运动款羽绒服而闻名世界，而且经常被誉为户外滑雪羽绒服的发明者，从 20 世纪 60 年代开始，他们就是法国冬季奥运会代表队的指定服装供应商。他们生产的羽绒服已成为不可多得的冬季时尚服饰，无论是瑞士圣莫里茨，还是法国阿尔卑斯山小镇梅杰夫或是意大利的科尔蒂纳丹佩佐，在每一个大型滑雪场，我们都能看到蒙克雷尔开设的专卖店。

除"蒙克雷尔"品牌之外，公司还拥有"亨利卡顿"（Henry Cotton's）、"马瑞纳游艇"（Marina Yachting）以及"Coast Weber & Ahaus"等知名品牌。此外，蒙克雷尔集团还授权切瑞蒂（Cerruti）独家经营运动服品牌"18CRR81"。

意大利企业家雷莫·鲁菲尼（Remo Ruffini）在2003年购买了这个拥有50年历史的品牌。2005年，在3家意大利当地私募股权（PE）公司的帮助下，鲁菲尼已全面控制了公司的业务。他的目标是重新定位蒙克雷尔，将这款羽绒服从休闲运动系列转变为当代城市外衣系列。凭借清晰的思路以及他所说的"全球羽绒服战略"，鲁菲尼开始了产品转型、消费群体和分销的战略。

在产品方面，所有非羽绒服服装均从蒙克雷尔系列中剔除。通过与"巴黎世家"（Balenciaga）和"芬迪"（Fendi）等奢侈品牌合作，蒙克雷尔开始不断增加高端、精品产品，并逐渐形成了自己的高端品牌，譬如，由詹巴迪斯塔·瓦利（Giambattista Vialli）设计的"蒙克雷尔高级女装"（Moncler Gamme Rouge）以及由索姆·布朗尼（Thom Browne）设计的"蒙克雷尔高级女装"（Moncler Gamme Blue）。在整合了全球顶级山地度假胜地之后，蒙克雷尔的分销体系在全球各大主要城市开设专卖店和高端零售店①。2007年，蒙克雷尔在巴黎的圣卢高教堂开设了第一家位于主要城市的店面，其后，又于2008年在米兰的Via Spiga开设一家店面。凭借创新性的沟通策略以及产品的独特性，该品牌开始吸引精英名流，其款式别致的羽绒夹克更是备受青睐。

凯雷对蒙克雷尔的投资：2008年的交易

到2008年，鲁菲尼已在重塑公司形象方面花费了5年时间。一方面，让公司的产品更具现代感和创新性，另一方面，投入巨额资金进行批发分销业务的改造。鲁菲尼相信，蒙克雷尔完全有能力从仅在几个欧洲国家知名的标志性品牌跃居为全球性奢侈品牌。当时的蒙克雷尔还只是一个高档品牌，与奢侈品市场还搭不上边。他们的产品也主要通过百货公司及自营的几家零售店进行销售。鲁菲尼的愿望就是扩大产品的全球零售网络，让蒙克雷尔成为名副其实的国际奢侈品牌，为公司未来的上市铺平道路。

在公司业绩持续改善的情况下，最初进入的私募股权合作伙伴急于兑现投资收益，因此，蒙克雷尔需要更强大、更有耐心的合作者，支持他的这一全球愿景。于是，鲁菲尼开始频

---

① *Women's Wear Daily*, 6/7/2007, Vol. 193 Issue 121, p. 14.

第三部分　成长型股权

频约见国际私募股权公司，以期找到既有经验和能力、又拥有能帮助他实现目标的网络。

凭借其全球业务以及愿意为少数股权支付公允价格的声誉，凯雷（附录9.2和附录9.3）在蒙克雷尔感兴趣的多家私募股权公司中脱颖而出。鲁菲尼认为，他们的愿景和兴趣点是高度一致的，那就是让蒙克雷尔走向全球，并最终公开上市。

2008年10月，凯雷宣布了这笔交易，他们对这家意大利公司的估值高达4.68亿欧元[①]。在协议签署协议后发布的一份声明中，凯雷集团董事总经理贝内代蒂指出："蒙克雷尔是一个历史悠久的高档运动服装品牌，他们已经在市场上重焕活力，成为值得尊重的参与者。"展望未来，贝内代蒂补充说："从今天起，作为公司的股东，我们将以战略眼光和必要的资源为蒙克雷尔和集团的其他品牌提供支持，以最大程度实现蒙克雷尔的全球发展。"[②]蒙克雷尔董事长、创意总监兼股东鲁菲尼则评论说："现在，我无比激动地欢迎凯雷集团成为我们的股东。和我们一起面对新的成长挑战。"

对蒙克雷尔进行的这笔投资，由凯雷集团发起的第三只欧洲收购基金完成，即，资产管理规模为53.5亿欧元的凯雷欧洲三号基金（Carlyle Europe Partners III），发起日期为2007年。2007年，这只凯雷基金在收购意大利华伦天奴集团的竞争中败给英国的私募基金璞米资本（Permira），2008年7月，在收购罗伯特·卡沃利（Roberto Cavalli）的竞标中再次败北，现在，凯雷终于得到了他们梦寐以求的、最有前途的奢侈品牌。在这笔交易中，凯雷向鲁菲尼最初的私募股权合伙人Mittel S.p.A.（一家位于米兰的金融机构），Progressio Sgr（一家位于米兰的PE公司）和Isa S.p.A.（一家位于都灵的金融机构）收购对蒙克雷尔持有的48%股权。2007年，蒙克雷尔的营业收入为2.59亿欧元，EBITDA为4 000万欧元，2008年的预计营业额将增至3亿欧元，EBITDA将达到5 300万欧元。根据上述基本面数据，凯雷集团按对蒙克雷尔给出的估值标准为2008年EBITDA的8.8倍数（交易的详细情况见附录9.4和附录9.5）。不过，尽管凯雷现在已成为蒙克雷尔的最大股东，但根据股东协议约定，蒙克雷尔的控制权依旧属于鲁菲尼。

凯雷对蒙克雷尔的投资：价值创造

有了凯雷对蒙克雷尔的支持，直销型零售业务的扩张也成为公司的主要目标。凯雷集团确实投资了一家经营稳健并拥有高素质管理团队的公司。但是，为实现国际扩张，蒙克

[①] http://www.luxist.com/2008/08/08/carlyle-group-buys-stake-in-luxe-sport-label-moncler.
[②] *Women's Wear Daily*, 8/7/2008, Vol. 196 Issue 28, p. 4.

雷尔从 Gucci 请来了零售业务总监,他们的第一个措施就是对公司业务进行重组,通过扩大亚洲、美国以及欧洲不同市场的本地管理团队,建立区域性业务中心。

通过将分销模式转化为公司可以全权控制的合资企业,蒙克雷尔实现了对分销渠道的把握。与此同时,通过直销或新成立的合资企业,公司将几款产品的经营许可权回收到内部,如蒙克雷尔的儿童服饰。

通过组织重建,公司采取了以部门为基础的模式,根据各项业务的具体特点、需求及其发展阶段,对业务进行更好的管理。新的组织结构由两个部门构成(见附录9.6):一个部门针对"蒙克雷尔"品牌,该部门对 2010 年集团销售收入的贡献率为 66%;另一个则是针对相对不太知名的品牌,如"亨利卡顿""马瑞纳游艇"以及"Coast Weber & Ahaus"和"切瑞蒂 18CRR81"。

从一开始,凯雷集团就接受了鲁菲尼的想法,即,开设新店面和开拓新市场是公司实现进一步增长的关键。2008 年初,蒙克雷尔集团仅直接经营 6 家门店,而且收入严重依赖欧洲市场,尤其是意大利。因此,国际性扩张对于实现收入多元化、降低风险、实现投资收益和 EBITDA 的增长潜力来说至关重要,而且这恰恰也是凯雷投资蒙克雷尔的初衷。

这项战略得到了迅速实施,从 2008 年至 2010 年间,蒙克雷尔在全球各大时装都市开设了 33 个新店面,覆盖范围包括香港、北京、上海、东京、大阪、伦敦、慕尼黑、罗马、哥本哈根、纽约、芝加哥和日内瓦。集团整体销售强势增长,意大利市场对总销售额的贡献率也从 2008 年的 61% 下降到 2010 年的 52%。与此同时,亚洲和美国的销售额同期增长了 150% 以上,在 2010 年全球总销售额中的占比分别为 15% 和 4%(见附录9.7)。

从 2008 年到 2010 年,在零售业务收入增长的同时,批发业务则相对下降,在集团收入总额的比例从 89% 下降到 78%。总体而言,在 2008 年到 2010 年期间,集团的总销售额增长了 38.6%,而 EBITDA 则大增了 92.5%(见附录9.8 及附录9.9)。

在公司业绩持续超过预期,而未来发展机会还不得而知的情况下,凯雷的投资团队开始考虑实现及时退出的方案。但无论选择何种路径,事无巨细的规划和时间安排都是成功的关键。

凯雷退出投资需要考虑的问题

鉴于蒙克雷尔的经济体量,首次公开发行(IPO)显然是这家公司可以选择的可行方案之一。但考虑到公司全球经营的企业形象及其作为品牌的产品形象,以股权转让形式向战略收购者出售(如 LVMH, PPR 或 PVH 等大型品牌集团)同样应该是一项有吸引力的方案。

另一方面，蒙克雷尔的持续高速潜力以及 PE 在蒙克雷尔的成功投资经历，也有可能会让其他私募股权公司产生接盘的兴趣。

蒙克雷尔已成为凯雷集团最重要的一笔投资，也是他们实现欧洲目标的重要一环。公司强劲的业绩表现以及已实施变革的迅速反应，为这笔投资以更优的价格实现快速退出创造了机会——如果能如愿以偿的话，这将是凯雷欧洲三号基金的第一次成功。按照这个预期，凯雷就可以在基金存续期的早期阶段为投资者带来高于平均水平的收益，并为日后基金筹集的成功奠定基础。

此外，凯雷本身也有公开上市的计划。自 21 世纪第一个 10 年过半开始，凯雷的合伙人就已开始探讨 IPO 的计划，并于 2010 年底再次提出这个问题。因此，如果能成功地退出对蒙克雷尔的投资，注定有助于验证凯雷的全球商业模式，从而在一定程度上为凯雷本身的上市创造条件。

因此，马克·贝内代蒂自然热衷于对蒙克雷尔的投资实现成功退出，当然，最理想的情况是，凯雷的退出和未来还能符合鲁菲尼的愿景和愿望，因为鲁菲尼从一开始就曾明确表示过，希望他的公司能成为一家从事高档时装的上市公司。贝内代蒂在加入凯雷之前的职业经历（包括几年在意大利电信公司担任首席执行官的职位），让他得以在意大利建立一个庞大的商业人脉，因此，他当然希望能利用现有网络实现投资的高调退出。

IPO方案

在权衡各种方案的时候，贝内代蒂就已经很清楚地认识到，鲁菲尼的偏好将对凯雷选择的退出方案产生重要影响。对私募股权来说，虽然最常见的退出路径就是由战略买家或是财务投资者收购其持有的股权，但鲁菲尼始终在设想，让蒙克雷尔在适当的时间完成上市，因此，他一直强烈反对战略收购者收购自己的企业。按照所有权人的设想以及 2008 年签署的协议，IPO 也是贝内代蒂首选的退出选择——但最大的问题即是寻找合适的时间启动退出流程。

全球金融危机之后，全球股市在 2008 年和 2009 年经历了寒冬，而在进入 2010 年之后，市场开始全面回暖，希望也再度燃起。然而，欧洲 IPO 市场在这一年迎来的却是一连串失败，包括 CVC 基金计划出售对比利时特胺化学品公司（Taminco）的股权，黑石基金原本打算公开上市的两家被投资公司——英国默林娱乐集团（Merlin）和网络旅游预订平台 TravelPort，而英国时装零售连锁集团 New Look 的 IPO 失败则断送了安佰深投资（Apax）和璞米投资（Permira）两家基金的退出之路。尽管人们可以将这些事件归咎于经济形势的动荡，但也有人怀疑，是这些待上市公司资产负债表上的高额债务让潜在投资者心有余悸。

当年晚些时候，IPO市场终于重现生机，于是，PE公司开始推动这种退出方式（见附录9.10和附录9.11）。令人振奋的消息不断传来，普罗维登斯（Providence Equity Partners）和安大略教师退休金计划（Ontario Teachers' Pension Plan）两家基金投资的德国最大有线电视公司（Kabel Deutschland）在法兰克福证券交易所上市成功，安佰深投资的英国跨国教育集团（Promethean World）在伦敦证券交易所上市。在这两个例子中，投资方最终均选择IPO，而拒绝了其他几家私募股权投资公司给出的优惠报价，其中某些PE公司做出的估值甚至高于IPO定价。可以预见，这些交易将开启PE所投资的公司大举进军IPO市场。就总体而言，公开股票市场到2010年年中即已趋于稳定，并呈现出再次上扬的态势，这就为PE投资的IPO候选人提供了良好的估值基础。①

受股市大盘利好前景的鼓舞，2010年秋季，蒙克雷尔管理层开始筹备公司上市事宜。米兰证券交易所似乎是蒙克雷尔自然而然的选择，因为蒙克雷尔在意大利拥有悠久的历史和强大的知名度。最初，公司的上市筹备工作主要集中于从治理、架构、报告以及实施《国际财务报告准则》等方面进行的重组，并根据意大利证券交易所的合规性指南开展必要的法律和审计工作。

为此，蒙克雷尔分别聘请了两家国际银行——美林证券和摩根士丹利，和两家来自本土的投资银行——米兰投资银行（Mediobanca）和意大利联合圣保罗银行（Intesa Sanpaolo），由它们共同担任本次IPO的顾问。其中的一家本地银行负责针对意大利证券交易所的上市流程提供咨询，而另一家本土投行则负责对意大利的机构投资者开展营销。国际银行将负责游说英国及美国的海外投资者，向他们宣传蒙克雷尔的故事，并提高公司在国际市场上的可信度。

至于上市的合适时间，他们还要考虑到其他时装公司的上市计划。其中最有参考性的，当属意大利最大的奢侈品集团普拉达和菲拉格慕（Salvatore Ferragamo），两家公司分别计划在中国香港和米兰上市。这两家公司远比蒙克雷尔更有知名度，由于他们均计划于2011年夏季上市，因此，对投资者来说，如果为意大利时装行业配置资金受到限制，那么，他们对蒙克雷尔发行的股票可能不会有太大兴趣。此外，如果这两家标志性公司有一家在IPO中表现不佳，那么，整个行业的估值都会受到连累。另一方面，阿玛尼和杜嘉班纳（Dolce & Gabbana）等最大的意大利时装公司仍为私人企业，因此，投资者要投资于意大利的奢侈服装市场，其选择将是非常有限的。总而言之，凯雷集团认为，尽管IPO是一种可行的退出方案，

---

① http://realdeals.eu.com/article/15571-kabel-deutschland-becomes-europes-biggest-ipo-of-2010_15571.

但能否赶在普拉达和菲拉格慕之前上市，是取得足够投资者认购的关键。

意大利共同基金协会主席兼摩根士丹利意大利业务主管多梅尼科·西尼斯卡尔科（Domenico Siniscalco）指出："在意大利，从向监管机构提交申报文件开始，公司需要大约100天的时间才能完成在意大利证券交易所上市的过程。"这相当于在其他欧洲国家上市时间的两倍。考虑到这一规定以及2011年初开始转暖的IPO市场（当然，还要考虑另一个事实：Prada上市时间定为6月中旬，菲拉格慕定为7月），因此，蒙克雷尔在3月11日正式提交上市申请，并将上市的目标日期确定为6月初。

然而，就在蒙克雷尔于4月份完成IPO注册后不久，股市开始由晴转阴。于是，有些公司选择重新考虑原定的上市计划。还有几家公司，如意大利汽车部件经销商Rhiag-Inter以市场形势不佳为由，从意大利证券交易所撤回了原计划的募集发行。西班牙的Grupo T-Solar和Renovalia Energy也分别在4月和5月终止IPO。

最让贝内代蒂担心的，就是蒙克雷尔的IPO估值。投资银行一直将公司的估值确定为1.17亿到3.7亿欧元，相当于2010年EBITDA的11.4～13.4倍。尽管近期市场形势发生变动，但他们仍坚持最初估值。但随着市场失去动力，价格区间在接近上市时下调成为大概率事件。考虑到上市的不确定性陡然增加，贝内代蒂认为，为确保在盈利的情况下退出投资，他必须为凯雷另寻出路。

交易性出售方案

和私募股权支持的IPO一样，交易性出售自2010年以来持续复苏（见附录9.12）。由于潜在战略收购者的净负债很低（见附录9.13），因此，他们可以轻而易举地为收购蒙克雷尔这样的交易进行融资。LVMH，PPR和PVH等大型时装集团近期已减少了收购；蒙克雷尔可能会成为他们感兴趣的目标，因为他们可以利用自己的专业能力扩大新兴市场的销售额及特许经营（近期名牌服装销售额超过3亿美元的品牌，见附录9.14）。但这些大型企业集团更倾向于进行全资收购，或者至少取得控股性，因为这有利于他们实现业务整合，而且更易于实现协同效应。

向大型战略收购者出售股权，将是蒙克雷尔上市之路的终点。考虑到与雷莫·鲁菲尼的密切关系，贝内代蒂知道，这不会是鲁菲尼最愿意看到的退出方式。于是，贝内代蒂考虑替代方案：向私募股权公司出售转让股权。凭借鲁菲尼对与凯雷的长期交往，以及凯雷及最初意大利投资者给他留下的良好印象，贝内代蒂感觉到，他完全可以说服鲁菲尼接受另一家私募股权公司（在IPO无法执行的情况下）。

在全球金融危机爆发之前的股市最高峰，很多私募股权公司均已筹集到大量资金，但由于金融市场随后发生的剧烈震荡以及债务融资资源的枯竭，这些公司一直迟迟未将资金投入使用。大量资金囤积带来的投资压力，与较为温和的经济预期相互叠加，导致投资活动开始强劲反弹。与此同时，私募股权公司也急于向投资者返还资金，这些因素合力推动了 PE 基金之间的交易持续升温。尽管私募股权基金作为交易的买卖双方，在利益上有着一定程度的趋同性，但是在欧洲，二级市场上的大型交易却鲜有交割的实例（关于 PE 在欧洲二级市场上完成超过 4 亿欧元规模的交易，见附录 9.15）。

双轨并行时期

按照"双轨并行"策略，股权出售方同时发起公开募集和交易性出售。在最近的几个月里，凯雷的部分竞争对手已开始积极谋求这种退出模式。例如，维斯塔资本（Vestar Capital Partners）已将其投资 Birds Eye Foods 出售给战略收购方；普罗维登斯已将德国有线推上市；Advent 将持有的 Takko 的股份出售给安佰深基金，这些 PE 公司在退出过程中均采用了双轨并行的模式。

研究显示，在申请被投资公司上市后，收购方支付的溢价高达 26%[①]，尽管造成这种溢价的部分原因可能是这些公司质量相对较高带来的选择偏差。而双轨并行模式明显增加了交易的复杂性，以及由此造成的成本和管理时间的显著增加。

对当时的管理层正忙于业务拓展的蒙克雷尔来说，最后一点的影响也最大。双轨模式必然会给正常的企业运营带来严重干扰，这就有可能削弱公司的增长势头，影响中期财报的结果，而且有可能会降低当期业绩，甚至会影响到退出过程。

因此，在贝内代蒂启动双轨并行的退出流程时，他采取了低调行事的方法。在没有投资银行甚至是没有蒙克雷尔公司管理层参与的情况下，凯雷开始独自打探可能的接盘方。但是，如果有公司层面的支持，凯雷就不可能和多家潜在卖家进行传统的公开拍卖过程。于是，凯雷采取了相反的措施，首先和几个少数结果精挑细选的潜在收购方进行了初步讨论。为此，退出团队还筹建了专门的工作小组，并针对双方集中感兴趣的问题召集了几次会议。但交易的复杂性（背后对 IPO 的筹备还在紧锣密鼓地进行当中，而此次退出的又是少数股权）还是让很多原本有兴趣的收购方望而生畏。尽管撒网有可能会找来更多的潜在买家，不过，除缺少管理出售流程的顾问之外，还需要让整个出售过程远离公众视线，避免消息泄露导

---

① http://blogs.wsj.com/venturecapital/2010/07/06/ipos-it-seems-are-key-to-ma-success/.

致凯雷无法兑现退出的目标。

如果出售股权的过程被市场获悉，必将引发很多关注。投资者会质疑蒙克雷尔是否在认真对待上市这件事情，尤其是蒙克雷尔的所有权人是否认为他们有能力让公司上市，甚至会怀疑凯雷是否只是利用公开上市方案向潜在收购方施加压力，迫使他们接受对凯雷更有利的收购条款。而且一旦出售过程失败，将会对 IPO 的定价带来重大影响；投资者很可能会提出质疑，他们支付的价格为什么一定要高于这些据称是更精明、掌握更多公司内幕消息的买家。为此，凯雷甚至对他们的 IPO 咨询机构也守口如瓶，没有告诉他们公司正在暗中操作的股权出售事宜，以免挫伤他们对上市的积极性，降低信息被泄漏给市场的风险。

尽管与 IPO 流程并行操作面临着如此之多的挑战，但潜在的 IPO 方案还是为凯雷提供了与潜在买家讨价还价的谈判砝码。相反，由于卖方已对 IPO 进行了严格的尽职调查及合规性调查，因此，投标人对财务信息的可靠性确信无疑。但是，考虑到即将开启上市的历程时间紧迫，贝内代蒂急于就出售事宜与潜在收购方展开更实质性的谈判。在上市之前的 1 个月，凯雷将谈判对象最终锁定于一家私募股权公司——欧瑞泽基金（Eurazeo），作为法国最大的 PE 公司，欧瑞泽成为出售交易中的唯一对手。

即使是在和欧瑞泽的谈判过程中，贝内代蒂也依旧相信，IPO 是更好的退出选择，正因为如此，IPO 流程始终保持全速进行，没有任何怠慢，而且始终被放在优先位置上予以考虑。很长时间以来，双轨并行模式都是在公开上市方案一旦遭遇不测时采取的备用方案。

另一方面，投资银行也在忙于上市前的路演和营销工作。尽管这几家投行总体上坚持最初的估值和发行规模方案，但市场已开始弥漫着不祥之兆，对即将发起的几笔 IPO，其他投行已不看好投资者的情绪及公司估值。美洲银行全球股票资本市场业务负责人丹·卡明斯（Dan Cummings）曾在当时称：

"继续寻求上市的卖家很有可能要面临一种两难之境——要么接受相对有限的估值，要么接受相对有效的交易规模。由于近期股价大幅下挫，投资者愿意接受的新股估值水平已开始下行。"

摩根大通负责欧洲、中东及非洲地区的股权资本市场联席主管克劳斯·赫斯伯格（Klaus H. Hessberger）认为：

"我们还注意到，投资者对 IPO 的质量以及业务背后的故事开始变得更挑剔。2010 年，他们至少还看好大多数交易；但是到了 2011 年，他们已开始采取非此即彼的极端方式——要么是刨根问底地调查一笔交易，要么是干脆不考虑。"①

随着 IPO 前景变得日渐不明朗，凯雷加快了与欧瑞泽的谈判步伐。

决策时刻

2011 年 6 月 2 日，星期四，负责 IPO 的投行提出蒙克雷尔的估值在 9.6 亿欧元到 10.6 亿欧元之间，折合为 2010 年 EBITDA 的 9.5～10.5 倍。这个结果比最初的推荐方案下调了 2～3 亿欧元，EBITDA 倍数则相应较低 2～3 倍。在支持新的估值方面投资银行声称，由于欧债危机，市场正面临着更大的震荡，这必然会影响到整个市场的情绪。因此，投资者愿意接受的新股估值已开始下降，而且由于蒙克雷尔最近刚提出打造奢侈品品牌形象，这在市场上还属于新的投资题材，因此，投资者会要求进一步的折价。考虑到当前的市场地位，投行提议最多可以募集 30% 的股份（全部针对二级市场的流通股），其中，原来的意大利 PE 投资机构让出 10%，剩余 20% 由凯雷提供。鲁菲尼或公司管理层持有的股份不用于公开发行。

尽管公司的估值已大幅下调，但上市进程仍在继续当中，兑现收益的时间已经所剩无几。按照规定，蒙克雷尔必须在 6 月 6 日星期一以价格区间的形式正式公布上市价格。一旦价格公布，即宣告双轨退出模式的结束，因为这意味着凯雷已决定参与上市并继续持有股份。如果在公布价格之后撤回 IPO，那么，无论是蒙克雷尔还是凯雷，都将在资本市场上蒙受巨大的声誉损失。

此外，正式的价格公告也会大幅降低欧瑞泽的估值预期，因为他们必然会按最新的信息下调投标价格。欧瑞泽原来给出的股权估值为 10.79 亿欧元，只待形成文件并通过谈判敲定最终条款。虽然欧瑞泽愿意收购少数股权，从而为凯雷提供全部退出的机会，但对于将这部分少数股权转让给其他机构的方案，鲁菲尼始终有所顾虑，于是，经过再次讨论，将公开发行的股份比例提高到 45%，其中，30% 来自凯雷，10% 来自意大利 PE 公司，鲁菲尼拿出不到 5% 的股份，还有少量股份来自在集团长期担任财务总监的首席运营官塞尔吉奥·邦吉奥瓦尼。在 IPO 定价下调的情况下，欧瑞泽目前提出的无约束力报价似乎极具吸引力，但是，在官宣之前尝试与欧瑞泽达成交易有多大的可行性呢？在白刃相见的谈判过程中，在哪个时点上将主动权从出售方转移给收购方最合适呢？PE 公司永远都是最

---

① http://www.ey.com/Publication/vwLUAssets/Global_IPO_trends_2012/$FILE/Global_IPO_trends_2012.pdf.

精明的谈判专家，利用各种优势获得更低价格或是赚取其他让步永远都是他们最擅长的把戏。

马克·贝内代蒂知道，他必须在不到 4 天的时间内紧锣密鼓，加快脚步，并做出最终决定。对于估值下调和公开市场的折扣，鲁菲尼并不在意，但贝内代蒂却始终认为，他们在蒙克雷尔创造的价值，要远远高于目前欧瑞泽给出的报价。他认为，公司的财务状况非常健康，而且拥有巨大的增长潜力，当前市场的折扣完全是由大盘不稳定带来的。而且贝内代蒂也很清楚，公司所有控制人更偏向于 IPO，如果贝内代蒂选择其他策略，那么，他就必须寻找对凯雷和鲁菲尼具有双赢效应的方式，也就是说，在为凯雷和鲁菲尼创造和实现部分价值的同时，最好能有助于实现 IPO 的最终目标。

如果凯雷不能确定合理的退出时机，或者说，还有足够的上涨空间维持高位的 IRR，那么，凯雷就可以考虑部分退出，在兑现一部分已实现收益的同时，享受股价上涨带来的二次收益。具体手段就是在参与 IPO 的同时，通过二级市场交易将一部分股权出售给欧瑞泽，尽管与出售股权相比，IPO 可以带来更高的流动性。此外，如考虑到发行当日均价的涨幅（为吸引投资者认购新股而人为设计出较低的发行价）即可达到最近 12 个月均价的 12% 左右，那么，对于继续持有的部分股权，IPO 和交易性出售之间的估值差距将迅速缩小。

和 IPO 相比，尽管向欧瑞泽出售股权可以大幅减少凯雷的持股数量，但也会增加出售后续股权的难度。欧瑞泽肯定希望与凯雷同步退出，这就会导致投资时间再延长 3～5 年。当然，在公开股票市场上，持有上市公司的股票会让凯雷不得不承受公司和市场风险，但也会给他们带来股价乃至股权价值进一步上涨的机会。

蒙克雷尔集团的财务状态还非常稳健，当时的债务总额为 1.6 亿欧元，预期到年底还会有相当大的一部分债务得到偿付。早在 2010 年 5 月，凯雷已通过小规模分红取得 1 450 万欧元的股息。因此，公司还有很大空间重新加杠杆。具体数额在很大程度上取决于退出路径。投行曾表示，如果凯雷维持原有持股不动，那么，他们最高可以按 2010 年 EBITDA 的 4.5 倍做出估值，不过，考虑到高成长带来的高风险及其所处时装行业的不确定性较强，使凯雷和蒙克雷尔管理层均倾向于采取 4 倍这一较低的估值倍数，从而为蒙克雷尔创造适当的安全边际。如果将股权出售给欧瑞泽，那么，和凯雷最初投资蒙克雷尔时一样，在对公司现金流波动性全面了解之前，他们也偏向于适度利用杠杆，这就会导致债务倍数下降——大概在 3.0 倍左右。另一方面，公开市场并不看好在 IPO 之前进行分红，因此，凯雷并没有采取这个方案。

还有不到 4 天的时间，贝内代蒂该怎么办呢？

附录9.1
人物介绍

马克·德·贝内代蒂，凯雷集团董事总经理，欧洲区收购基金联合负责人。贝内代蒂于1962年出生于都灵，已婚，育有两个孩子。他在瑞士完成高中学业，并在1984年毕业于卫斯理大学历史与经济学系，1987年毕业于沃顿商学院，获得工商管理硕士学位。1987年至1989年，他就职于商业银行Wasserstein, Perrella & Co.从事并购业务。1990年，贝内代蒂加入Olivetti集团，担任Olivetti系统网络公司首席执行官助理，后来被任命为营销服务部总监。1992年，贝内代蒂被任命为Olivetti葡萄牙分管理总经理。1994年9月，贝内代蒂担任Olivetti集团旗下电信传媒公司首席执行官，负责开展电信和多媒体业务。1996年10月，他成为Infostrada董事长，该公司迅速成为意大利最重要的语音服务固话运营商及互联网接入市场的领导者。1999年7月，Olivetti收购意大利电信集团，贝内代蒂被任命为TIM的首席执行官。2005年7月，意大利电信与TIM合并，他被任命为意大利电信集团首席执行官，于2005年10月辞职。自2005年11月起，他担任凯雷集团董事总经理，负责欧洲收购基金业务。他在意大利Cofi电器集团、法国蒙克雷尔、美国康普公司（CommScope）、美国营养品巨头自然之宝（NBTY, Inc.）以及意大利"拯救儿童"基金会董事会任职。

资料来源：欧洲私募股权及风险投资协会（European Private Equity and Venture Capital Association）。

雷莫·鲁菲尼

雷莫·鲁菲尼的职业生涯始于父亲在美国创办的公司——Gianfranco Ruffini Ltd。该公司主要从事各种服装系列的时装设计和营销。鲁菲尼先生于1984年返回意大利，并在意大利创建了新英格兰公司（New England Company），1993年，他又创建了专做女性服装系列的Ingrose，并在2000年将这家公司出售给Stefanel集团。从2000年至2003年，鲁菲尼曾在很多公司担任顾问。

为了寻求新的挑战，鲁菲尼先生于2003年收购了"Moncler"的品牌，在开展多样化经营的同时，重点关注广告策划、形象设计、产品和分销。打造"全球羽绒服"（适合于各种场合的羽绒夹克）策略即由他提出，旨在重现蒙克雷尔昔日的荣耀。他的终极梦想就是创造一个完美的等式：Moncler就等于羽绒夹克，羽绒夹克即是Moncler。

资料来源：《金融时报》（http://www.ftconferences.com/luxury2012/speakerdetails/3197/?PHPSESSID=c31079326f70a5d1855edc1671900740）。

附录9.2
凯雷投资集团：背景

原MCI首席财务官威廉·康威先生（William E. Conway）、前总统卡特助理大卫·鲁宾斯坦（David M. Rubinstein）（前总统卡特）及前万豪集团财务和发展部副总裁丹尼尔·德安尼埃罗（Daniel A. D'Aniello）于1985年在华盛顿特区创建了凯雷投资集团，公司的总投资额达到500万美元，公司以几位创始人经常聚会的一家纽约酒店命名。他们决定将总部设在华盛顿特区，这不仅是为了与纽约投资公司相区分，而且有意于靠近美国的政治决策者。

创建初期，公司充分利用几位创始人的经验，主要投资于餐饮及食品服务企业。但是到了1989年，随着前美国国防部长弗兰克·卡鲁奇（Frank Carlucci）的加入，公司将重点转移到其他行业，包括制造业、消费品及国防领域。随后，凯雷集团涉足一系列大手笔的交易，其声誉也随着合伙人及合作伙伴数量的增加而迅速攀升。凭借强大的社会关系网，20世纪90年代中期开始，凯雷集团就已经染指中东和西欧的交易。

凯雷在咨询机构和交易商中的号召力令人叹为观止。随着时间的推移，凯雷集团甚至将很多国家元首、政治家、监管人士和社会精英网罗到旗下，其中，英国前首相约翰·梅杰任凯雷欧洲分公司主席，菲律宾前总统拉莫斯和美国前证券与交易委员会主席阿瑟·列维特担任顾问，更有前韩国总理、美国前国务卿、白宫预算主任和联邦银行行长，甚至请来美国著名投机家乔治·索罗斯做凯雷的有限责任合伙人，沙特阿拉伯拉登家族的一位王子也是凯雷集团的投资人。

在20世纪90年代后期，凯雷的业务开始拓展到欧洲，他们在伦敦、慕尼黑和巴黎设立办事处，并在1998年募集了第一只欧洲收购基金——凯雷欧洲合作基金（Carlyle Europe Partners）。到2011年，凯雷投资集团已发展成为一家多元化的全球另类资产管理公司，拥有1 300名员工，业务遍及六大洲，在全球设立32个办事处，拥有的资产规模达到1 560亿美元。

凯雷投资集团的宗旨是"从源头、结构和行为上成为全球顶级的私募投资公司，从事，致力于由管理层主导的收购、战略性少数股权投资、私募、并购整合以及成长性股权融资"。[①]

[①] 凯雷集团的官方网站。

附录9.3

发展成为全球性业务网络
- 1997年：在欧洲设立首间欧洲办事处并募集首只欧洲基金
- 1998/9年：设立第一间亚洲办事处并募集第一只亚洲基金
- 2000/2年：设立第一间日本办事处并募集第一只日本基金
- 2005年：设立第一间中东办事处并募集第一只中东和北非基金
- 2009年：设立第一间巴西办事处并募集第一只南美洲收购基金

扩大全球足迹
- 2006—2010年：资产管理规模超过710亿美元
- 2010年：购买CLO合约，并收购长期信用对冲基金、Claren Road资产管理公司的大多数股权
- 2011年：引入以撒哈拉以南非洲地区的基金
- 2011年：引入以新兴市场股票及宏观经济策略对冲基金管理（新兴主权集团）
- 2011年：引入母基金业务（AplInvest）

创始人：
小威廉·康威
丹尼尔·德安尼埃罗
大卫·鲁宾斯坦

凯雷集团成立于1987年 → 第一只基金 → 区域扩张及投资产品的多样化 → 巩固另类投资创始人的领导地位 → 至今

夯实基础阶段
- 1990年：募集了美国的第一只收购基金，交割金额为1亿美元
- 1994年：聘请了第一批投资者关系专业人士
- 1996年：募集了美国的第二只收购基金，交割金额为1.3亿美元

产品和基金的多元化
- 1997年：创建第一只房地产基金
- 1997年：创建第一只风险投资基金
- 1999年：创建第一只高收益基金
- 2000年：创建Carlyle/Riverstone能源基金
- 2004年：创建不良资产和夹层基金
- 2005年：创建可再生能源基金
- 2006年：创建全球基础设施基金
- 2008年：创建全球金融服务基金

卡莱尔集团
全球另类投资的领导者
资产管理规模：153亿美元
旗下基金总数：86
基金投资工具：49

凯雷集团[①]

- 企业私募股权：31%
- 解决方案：26%
- 不动产：24%
- 全球市场策略：19%

截至2012年12月31日

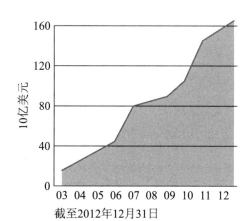

10亿美元

截至2012年12月31日

资产管理规模[②]

---

① 凯雷集团提交美国证券交易委员会的声明：（http://www.nasdaq.com/markets/ipos/filing.ashx?filingid=7858907）
② http://www.carlyle.com/about-carlyle.

第三部分　成长型股权

附录9.4

交 易 细 节

交易编号：191563		公布日期：2008年8月5日
交易标的：Moncler S.p.A.（48%的股权）		交割日期：2008年10月12日
投标方：Carlyle Europe Partners III LP		
出售方：Mittel S.p.A.，Progressio SGR S.p.A.，Isa S.p.A.		
PE机构：凯雷集团有限责任公司		
标的 Moncler S.p.A.		
说明：位于意大利境内的时装及运动服装产品制造商		
行业：消费者－零售业		分行业：服装衣帽
投标人：Carlyle Europe Partners III LP		
说明：位于意大利境内的金融服务公司，从事私募股权投资以及房地产和经营性金融业务		
行业：金融服务及不动产		分行业：投资银行业务
出售方：Progressio SGR S.p.A.		
说明：位于意大利的私募股权公司		
行业：金融服务		分行业：风险投资及私募股权投资
出售方：Isa S.p.A.		
说明：位于加拿大多伦多，投资于私募股权的金融机构		
行业：金融服务		分行业
财务（资金的使用）		
股权购买价格	4.08亿欧元	凯雷
备考净债务的再融资（2008年12月31日）	6 000万欧元	凯雷
管理费及运营费	800万欧元	凯雷
企业价值	4.76亿欧元	凯雷
披露数据		
标的财务数据（100万欧元）	截至2007年12月31日的财务年度	数据来源
收入	259	凯雷
收益	18	凯雷
机构类型	公司名称	
咨询机构	投标人的咨询机构	
律师事务所	Grimaldi e Associati Latham & Watkins Pedersoli e Associati	
公共关系	MS&L Italia（Publicis Groupe）	
Mittel S.p.A.的咨询机构		
律师事务所	Agnoli Bernardi e Associati	

资料来源：Mergermarket（Moncler S.p.A. - Carlyle Europe Partners III LP - Mittel S.p.A; Progressio SGR S.p.A; Isa S.p.A.）。

附录9.5

2008年的交易	交易签署时间为2008年8月5日，交割时间为2008年12月31日
资金来源	单位：100万欧元
收购负债	129
经营性净债务累计	43
净债务合计	172
股权融资	304
资金来源合计	476

- 凯雷　　　　　　　　　　-48%
- 雷莫·鲁菲尼　　　　　　-38.0%
- 品牌合作伙伴　　　　　　-13.5%
- 塞尔吉奥·邦吉奥瓦尼（CFO）　-0.5%

交易细节——资金来源

资料来源：凯雷。

附录9.6

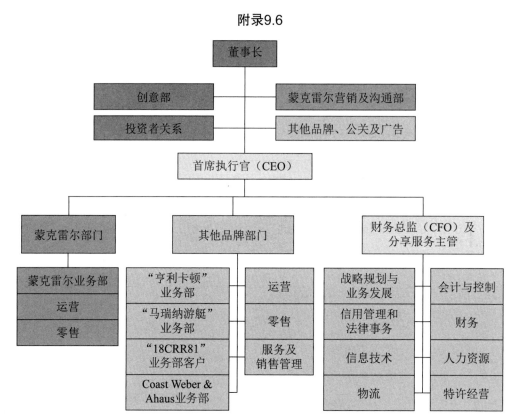

蒙克雷尔公司的组织结构

附录9.7

按地区划分的蒙克雷尔收入结构

单位：100万欧元；%	2008年（实际）	2009年（实际）	2010年（实际）
意大利	187	216	221
占收入总额的比例（%）	61	58	52
欧盟其他国家	88	108	127
占收入总额的比例（%）	28	29	30
亚洲和日本	25	40	63
占收入总额的比例（%）	8	11	15
北美洲	7	9	18
占收入总额的比例（%）	2	2	4
其他市场合计	2	0	0
占收入总额的比例（%）	1	0	0
集团收入总额	209	373	428

附录9.8

按销售渠道划分的蒙克雷尔收入结构

单位：100万欧元；%	2008年（实际）	2009年（实际）	2010年（实际）
零售	34	54	96
占收入总额的比例（%）	11	14	22
批发	274	319	332
占收入总额的比例（%）	89	86	78
集团收入总额	209	373	428

附录9.9

蒙克雷尔集团的综合财务指标（合并口径）

单位：100万欧元；%	2008年（实际）	2009年（实际）	2010年（实际）	2011年（预测）
集团收入总额	309	373	428	487
同比增长率（%）	19.40	20.90	14.60	13.90
EBITDA	53	77	102	115
EBITDA利润率（%）	17.20	20.70	23.80	23.60
EBIT	39	70	92	100
EBIT利润率（%）	12.60	18.80	21.50	20.40
净利润	18	35	52	60
净债务	172	124	143	110
净债务/EBITDA	3.2倍	1.6倍	1.4倍	1.0倍

资料来源：凯雷集团。

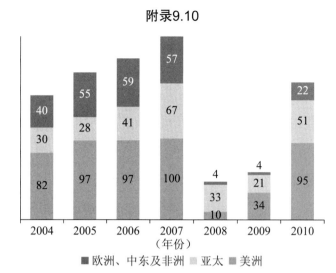

附录9.10

全球接受 PE 投资企业的 IPO 情况：按地区分布

资料来源：《安永全球 IPO 趋势调查》，原文见 http://www.ey.com/Publication/vwLUAssets/Global_IPO_trends_2012/$FILE/Global_IPO_trends_2012.pdf。

附录9.11

2010 年欧洲十大接受 PE 投资企业的 IPO

日　　期	公　　司	出 售 方	行　　业	金额 100 万欧元
2010 年 10 月 5 日	Pandora A/S	Axcel	时尚首饰	1 336
2010 年 4 月 18 日	Amadeus IT Holding	BC Partners Cinven	IT 解决方案	1 317
2017 年 7 月 9 日	Vallar	N. Rothschild	投资信托	808
2010 年 6 月 2 日	Christian Hansen Holding	PAI Partners	化工及生物技术	674
2010 年 3 月 19 日	Kabel Deutschland Holding	Providence Equity Partners	电信	660
2010 年 3 月 26 日	Brenntag AG	BC Partners	化学品分销	650
2010 年 11 月 11 日	Mail.ru 集团有限公司	Elbrus Capitals	互联网投资	648
2010 年 10 月 29 日	AZ Electronic Materials SA	Carlyle 和 Vestar Capital	化工	441
2010 年 7 月 20 日	Ocado Group	J.L. 养老基金等	互联网零售业	436
2010 年 7 月 14 日	Stroeer 户外传媒	Cerberus	媒体	358

资料来源：彭博社。http://www.rolandberger.de/media/pdf/Roland_Berger_European_Private_Equity_Outlook_20110419.pdf。

第三部分 成长型股权

附录9.12

全球PE的退出情况：按交易金额分布

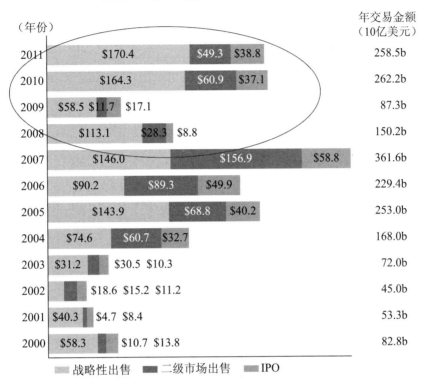

资料来源：《安永全球IPO趋势调查》，原文见 http://www.ey.com/Publication/vwLUAssets/Global_IPO_trends_2012/$FILE/Global_IPO_trends_2012.pdf。

附录9.13

可比性服装贸易企业

公司名称	所在国家	市场价值（100万美元）	企业价值（100万美元）	企业价值/销售收入		EV/EBIDTA		EV/EBIDTA	
				2010	2011	2010	2011	2010	2011
HERMES	法国	27 907	27 120	11.3	9.9	35.3	29.9	40.6	34.3
LVMH	法国	56 743	61 717	3.0	2.7	12.1	10.6	14.3	12.3
PPR	法国	13 248	18 173	1.2	1.2	9.7	8.8	11.9	10.8
RALPH LAUREN	美国	9 377	8 903	2.2	1.9	12.1	10.3	14.9	12.6
BURBERRY	英国	6 575	6 255	3.8	3.1	15.9	12.6	19.3	15.4
HUGO BOSS	德国	4 527	4 842	2.8	2.4	14.5	10.9	18.3	13.2

续表

公司名称	所在国家	市场价值（100万美元）	企业价值（100万美元）	企业价值/销售收入		EV/EBIDTA		EV/EBIDTA	
				2010	2011	2010	2011	2010	2011
PVH	美国	3 132	4 638	1.4	1.1	13.2	8.1	18.5	9.9
VF CORP	美国	9 572	9 843	1.7	1.5	11.4	9.5	13.1	11.2
A&F	美国	4 156	3 780	1.5	1.2	11.7	7.6	23.2	12.5
TIMBERLAND	美国	1 460	1 469	1.4	1.2	11.7	10.6	13.8	
COLUMBIA	美国	1 261	1 043	1.0	0.8	10.0	8.2	13.8	10.9
GERRY WEBER	德国	1 064	992	1.6	1.4	9.6	8.5	10.9	9.7
均值				2.8	2.4	13.9	11.3	17.7	13.9
中值				1.7	1.4	11.9	9.9	14.6	12.3

资料来源：彭博社。

附录9.14

近期交易额超过3亿美元的知名品牌服装企业（含回购）

宣布日期	被收购公司	收购公司	被收购股权的比例（%）	包括债务净额的交易价格（100万美元）	企业价值（100万美元）	EV/EBIDTA
2011年2月5日	Volcom	PPR SA	100	516.43	516.43	14.59
2010年8月5日	Pepe Jeans	Arta Capital, L Capital	27.9	112.05	401.608	—
2010年6月15日	Quicksilver	Creditors	—	74.5	1 325.36	6.98
2010年2月11日	VF Corp	VF Corp	—	724.4	8 488.85	8.92
2009年11月10日	Esprit Holdings	Esprit Holdings	—	855.89	7 934.40	9.34
2009年6月17日	Eddie Bauer Holdings	Golden Gate Capital	100	286	505.26	9.58
2009年2月10日	Gerry Weber	Gerry Weber	58.05	325.13	652.41	12.28
2009年1月18日	Link Theory Holdings	Fast Retailing	61.39	362.83	458.53	14.13
中位数						9.58

资料来源：ThomsonOneBanker。

附录9.15

近期欧洲 PE 二级市场的大型交易：企业价值超过 4 亿美元

日期	被交易公司	收购方	出售方	企业价值（100万美元）	所属行业
5月11日	Spie	Axa Private Equity, Caisse de Depot et placement du Quebec, Clayton Dubilier&Rice	PAI Partners	2 100	工程施工
5月11日	Gruppo Coin	BC Partners	PAI Partners	1 300	零售业
5月11日	Compagnie Europeenne De Prestations	JC Flowers	PAI Partners	800	保险业
5月11日	Environmental Resources Management	Charterhouse Capital Partners	Bridgepoint Advisers	662.34	环境服务
4月11日	Metroweb	F2I SGR, IMI Investimenti	Stirling Square Capital, A2A	436	电信
4月11日	赢创工业集团（Evonik Industries AG）	Rhone Capital	CVC Capital Partners	900	化工
4月11日	Metallum Holdings	First Reserve Corp.	Alpha Group	670	材料
4月11日	Tomkins PLC	Eigen Capital	CPP Investment Board, Onex Corporation	622.81	工程
4月11日	Kiloutou S.A	PAI Partners	Sagard Private Equity	535	工业
4月11日	地伟达股份（DYWIDAG）	Triton	CVC Capital Partners	400	工业
3月11日	Phones4U	BC Partners	Doughty Hanson, Providence Equity	805.55	零售业
2月11日	法国洁福地板（Gerflo）	Intermediate Capital Group	AXA Private Equity, Intermediate Capital, NiXEN Partners, 法国 Natixis 银行	500	制造业
2月11日	Amadeus	AXA Private Equity, 璞米资本	法国航空, BC Partners, 盛峰投资, 德国汉莎航空公司, 西班牙国家航空公司	450	IT
2月11日	Zabka	Mid Europa Partners	Penta Investments	400	零售业
1月11日	瑞典卡皮欧公司（Capio）	CVC Capital Partners	安佰深法国, 安佰深投资, Nordic Capital	900	健康医疗

续表

日　期	被交易公司	收购方	出售方	企业价值（100万美元）	所属行业
12月10日	Takko Fashion	安佰深投资	Advent International Corp	1 250	零售业
12月10日	ICMD集团	贝恩资本（Bain Capital）	AAC Capital Partners	650	工业
12月10日	瑞士猎鹰私人银行集团（Falcon Group）Falcon Group	麦格理集团（Macquarie Group）	Mid Europa Partners	574	电信
12月10日	瑞士私人银行猎鹰集团	MIRA	Al Bateen投资公司，莱曼兄弟，Mid Europa Partners	574	电信
12月10日	荷兰海沃兰液压系统集团（Hyva）	Unitas Capital	购3i Group, Alpha Group	525	工业
11月10日	宝得适儿童产品（Britax）	Nordic Capital	凯雷集团	528.4	制造业
9月10日	瑞典通讯公司（TDC A/S）	CVC Capital Partners	安佰深，黑石，KKR，璞米资本，普罗维登斯	2 540.62	电信
9月10日	Visma	KKR	华盖资本（HgCapital）	1 442.52	软件
9月10日	法国B&B连锁酒店集团	凯雷集团	EUROZEO	480	娱乐休闲
8月10日	Autopar集团	CVC Capital Partners	Charterhouse Capital Partners	1 200	食品
8月10日	TeamSystem	华盖资本	贝恩资本	565	商业服务
7月10日	法国Picard Surgeles冷食连锁集团	Lion Capital	BC Partners	1 500	食品
7月10日	安泰士集团（Ontex）	高盛，德州太平洋集团（TPG）	Candover Partners	1 200	消费品
6月10日	法国西比亚医疗设备公司（Sebia）	盛峰投资（Cinven）	Astorg Partners, Montagu Private Equity	800	健康医疗
6月10日	Cerba European Lab	PAI Partners	Astorg Partners, IK Investment Partners	500	健康医疗

资料来源：Preqin。

案例 10

银瑞达投资公司：
对瑞典固定宽带公司的投资

一、概述

瑞典宽带服务公司（Bredbandsbolaget）是瑞典的一家宽带接入服务提供商，成立于20世纪90年代末的网络泡沫时期。由于在成立最初的几年里，资本支出要求太高，而且始终未能达到商业计划目标，绝大多数投资者——包括银瑞达投资公司（Investor Growth Capital），现在不得不面对一个艰难的选择：要不要为企业追加资金支持。解决问题复杂化的最大因素，就是要想办法克服反稀释条款，该条款的目的在于防止不能参与公司继续融资的最初投资者所持有的股份因后续融资而被稀释。

银瑞达是瑞典银瑞达集团（InvestorAB）旗下从事风险投资和成长型股权投资的分支机构。银瑞达集团是瑞典的一家投资公司，成立于1916年，目前由瓦伦博格（Wallenberg）家族控制。

二、案例研究的目标

在本案例中，我们将看到一家处于发展后期、经过多轮融资的风险投资公司，以及股东变动带来的机遇与挑战。通过本案例的学习，我们将对进入发展后期的风险投资或成长型股权投资的常见问题和解决方案有一个基本了解。读者将会了解到以下内容：

- 在投资吸引力和必要的风险评估之间求得平衡的必要性
- 投资组合的匹配性和投资的时间范围
- 基于贴现现金流和比较法的投资估值
- 条款清单的结构

三、本案例需要解决的主要问题

1. 协助银瑞达的合伙人及投资委员会做出决策。他们应该怎样处理这个摇摇欲坠的被投资公司?
2. 不注入新资本的后果是什么?会带来哪些问题?
3. 在向被投资公司注入新资金之前,银瑞达需要考虑哪些风险?

四、补充资料

为充分利用本案例,建议读者通过如下资料了解本案例的过程及背景信息。

- 重点推荐读者阅读《精通私募股权》中的如下章节。
  - 第一章:私募股权基金的基本概念
  - 第二章:风险投资
  - 第三章:成长型股权投资
- 可以参考该网站获得更多资料:www.masteringprivateequity.com

五、案例简介

本案例由INSEAD2009届MBA学生大卫·菲尔(David Piehl)撰写。案例的编写过程是在INSEAD全球私募基金投资研究小组(GPEI)执行董事、"决策科学"及"创业与家族企业"课程资深特邀教授克劳迪娅·纪斯伯格的指导下完成的。本案例旨在为课堂讨论提供基础材料,无意对案例所涉及的处理方式是否有效做出判断。

关于INSEAD案例研究的附加材料(例如视频、电子表格、链接)可以在cases.insead.edu访问。

Copyright © 2009 INSEAD

2003年3月17日,在银瑞达投资公司驻斯德哥尔摩的办事处,公司董事总经理约翰·罗斯(Johan Ross)瞭望着远处瑞典首都的群岛,陷入沉思当中,随后,他的思绪又回到B2

Bredband AB（其品牌名称为"Bredbandsbolaget"或"B2"）的财务及商业计划。就像瑞典的春天一样，B2 的投资最近也展现出一派欣欣向荣充满希望的景象，但是要庆祝这个新的季节似乎还为时过早。瑞典宽带服务公司正在面临着一系列重大考验，即将到来的就是下一周即将召开的投资委员会会议。

2003 年，宽带服务公司正在争取瑞典第一大替代宽带运营商的地位。这家公司独立经营着一个基于以太网 LAN 和 DSL 技术的全国性宽带网络。自 1999 年以来，宽带服务公司就一直是银瑞达投资公司的被投资公司之一。创建宽带基础设施需要投入巨大的资金，按实际投资金额衡量，它是银瑞达投资公司投资组合中最大的一笔投资。到 2003 年年初，最初预计可持续到实现盈亏平衡的资金即将告罄。

然而，在隧道尽头也闪现出一丝光线。首先，在过去的两年中，公司的新任董事长简·斯腾博格（Jan Stenberg）和新 CEO 皮德·拉迈尔（Peder Ramel）已取得正式任命，公司已开始实施季度业务计划目标。其次，公司不完全归咎于流动性问题。资金告急的一个主要原因是，作为公司最主要的投资者之一，英国有线电视运营商 NTL 在 2002 年未能如约提供 1.575 亿瑞典克朗（约合 2100 万瑞郎）。而且在 2002 年年初，NTL 既已进入破产保护程序，这就为银瑞达和其他几家投资者提供了机会；凯雷集团，阿卡斯工业，也可能包括 Continuum 集团等投资机构，通过收购 NTL 持有的 29% 份额增加了他们对公司的持股比例。

这就给其他投资者带来了一些问题。首先，增加的投资会给公司创造新的价值吗？这取决于诸多因素，包括投资者对业务的核心理念及经营状况的改善是对商业模式的肯定还是只是暂时性的调整。其次，在达到盈亏平衡之前，宽带服务公司最有可能取得 NTL 认缴的资金承诺。因此，投资者必须确定这些基金的特征是否允许他们承受更大的出资要求。同样重要的是确定如果他们不参与下一步融资将会带来怎样的后果，也就是说，他们的持股比例会受到怎样的稀释？相反，对有意参与新一轮融资的投资者，他们需要考虑的是在现有反稀释条款的前提下，哪一种结果能最有效地稀释不参与投资者的持股比例。

考虑到这些问题，以及摆在他们面前的股东协议反稀释条款，约翰·罗斯准备到本周末再最终确定是否参与追加投资的议案，以及在参与追加投资的情况下，应采取怎样的融资结构和条款清单。

瑞典的宽带业务市场

我们可以将宽带定义为具有足够带宽、可同时携带语音、视频及数据信道的电信接入服务。2003年，宽带接入成为电信行业发展最快的板块之一。估计到2003年年底，全球宽带用户的数量将达到9720万，到2004年年底，全球宽带用户数量将进一步增加45%，达到1.406亿户[1]。到2003年年底，宽带业务的平均普及率（定义为宽带用户占全部家庭的比例）预计将达到20%。在亚洲一些国家和地区，这个比例已达到50%以上（见附录10.1）。

人口约900万的瑞典已在1993年放开原来由国家垄断的电信业[2]。约有1/3的瑞典人口居住在以斯德哥尔摩、哥德堡和马尔默为中心的3个大城市地区，其中，90%的人口居住在拥有超过2000名居民的社区。瑞典的个人电脑和互联网用户普及率相对较高，2002年，该国的宽带平均普及率与整个欧洲地区相当，达到15%；预计到2003年年底，该国的平均普及率将达到23%。

不过，随着市场参与者和政府机构加大了对城市基础设施的投资，在主要城市内部及周边地区接入宽带的基础条件大为改善，因此，瑞典的宽带业务增长率预期将高于其他欧洲国家。同样不可忽视的是针对替代性运营商的法律环境也在不断趋于改善，现在，他们可以按更合理的价格利用瑞典第一大电信运营商Telia的全国性有线网络。能否接入现有有线网络非常重要，因为它可以让运营商在铺设固定电话线路的任意地区，利用现有电话线路采用ADSL（非对称数字用户线路）技术进行数字信息传输。2003年，瑞典的固定传输网络普及率达到96%，因此，可以预期这种趋势必将引发进一步的竞争，并相应降低使用价格。到2005年，宽带普及率预计将接近于增加1倍，达到43%左右（见附录10.2）。

2003年，针对宽带服务公司的潜在市场预期将达到如下水平。

- 瑞典有450万户家庭，而且几乎全部为固定电话用户。
- 只有405万户家庭位于家庭数量超过1000户的乡镇，他们构成了DSL服务的预期盈利市场。
- 在这些家庭中，65%（约260万）已拥有了互联网连接。
- 截至2003年年底，估计有23%（或90万）的用户预计将接入宽带。

假设每个月的单位用户平均收入为300瑞典克朗，那么，这个潜在宽带市场的年价值将达到22亿瑞典克朗（约合2.93亿美元）。

- 考虑到宽带业务的增长率较高，到2008年预计每年的市场价值将达到80亿瑞典克朗（约合10.7亿美元）。

（见附录10.3）

---

[1] Informa, 2003.
[2] "FÖRHANDLINGAR" Nationalekonomiska Föreningen 2001-03-27.

竞争对手

2003年，瑞典民用住宅宽带市场的84%分属于国内最大的5家电讯运营商：Telia、宽带服务公司、Com Hem、Bostream和UPC。剩余的市场则散布在大约90家互联网服务提供商（ISP），它们主要是Telia的批发平台上的零售型服务提供商，或是针对小区域的宽带网络运营商。在这个领域中，市场份额最大的参与者是Tele2、Glocalnet和Spray（见附录10.4）。在2002年期间，B2和其他小型互联网服务提供商的市场份额预计将比它们的"公允份额"增长约5%，而Telia和有线电视运营商Com Hem及UPC的市场份额则有所下降。

随着市场的快速扩张，在未来的2～3年，宽带服务公司预计将会继续取得此前未安装过宽带的新客户，而不是从主要竞争对手手中"偷走"已安装宽带的二手客户。但市场的共识是，由于大量投资涌入已基本饱和的市场，导致经营规模和经济规模将会变得日趋重要，因此，整个市场迟早会进入整合阶段，而且预计这个阶段会很快出现。

产品

最初，宽带服务公司的业务几乎完全是通过B2的专有网络提供100 Mbps的高速宽带。到2000年左右，这种业务单一性的弊端日趋凸显。首先，市场格局已逐渐清晰——高速宽带只不过是这个市场的一小部分。其次，宽带服务公司依旧固守创始人最初曾经做出的承诺，即"每户每月200克朗的宽带费用"，因此，他们必须提供差异化产品，并以此逐渐摆脱对这一承诺的依赖。从那时起，用户开始通过以太网LAN或DSL（即固定电话线路）提供连接，而企业型客户则通过DSL或直接接入方式实现通信连接。（有关产品和定价的更多详情，请参见补充材料10.5）。

公司的创建和成长（1998—2002年）

在高科技泡沫达到顶峰时期，一些公司和企业家成为新经济的象征。在这些名声大振的企业家当中，有一个人就是乔纳斯·博格森（Jonas Birgersson），橙色的时装外套几乎成为他的特征。媒体习惯于将博格森称为"宽带耶稣"，因为他总能成功地让人们相信他的理念：宽带互联网会成为新经济和新社会的基石（见补充材料10.13——媒体画廊）。

凭借很快就让他声名大噪的口号——"让每人每月花 200 克朗就能用得起宽带"，博格森和其他几位创业者在 1998 年创建了"B2 Bredband AB"（宽带服务公司），这也是他们的网站开发公司、"未来工厂"旗下最重要的子公司。宽带服务公司最初的业务定位是成为一家互联网服务咨询公司，旨在为 IP/以太网消费者开发宽带网络技术，但这家公司实际上很快就开始向宽带基础设施供应商方向转型。因此，在 1999 年，宽带服务公司已成为一家名副其实的独立企业。

宽带服务公司早期给坊间留下的最大印象，就是他们雄心勃勃的计划和大手笔的交易，但这在无形间增大了成本。为创建专用的消费宽带网络，公司向银瑞达投资、凯雷投资集团和英特尔等一批投资者募集了 17 亿瑞典克朗（约合 2.26 亿美元）的股权资金[①]。此后不久，宽带服务公司又和大型房地产协会 HSB 签订了一项合同，为 HSB 在瑞典的全部物业安装以太网 LAN 宽带连接（约包括 50 万用户）。第一批客户已在 1999 年 12 月完成接入。

2000 年，英国有线电视运营商 NTL 对宽带服务公司进行大额投资，他们对这家公司累计投入的资金达 24 亿瑞典克朗（3.2 亿美元）。此外，宽带服务公司还通过收购 Bredbådsfabrikken AS 进入挪威宽带市场，并在瑞典政府拍卖瑞典手机运行频率时，通过竞拍，以少数股权投资者的身份加入了瑞典的 3G 财团 Orange Sverige。

同年，宽带服务公司任命了新的董事长简·斯滕博格。斯滕博格曾是斯堪的那维亚航空公司（SAS）首席执行官及前爱立信公司执行委员会委员。最后，针对持续开发和建设高速宽带网络业务，宽带服务公司与思科签署了一笔价值高达 41 亿瑞典法郎（5.47 亿美元）的供应商融资协议[②]。

2001 年，随着网络泡沫的破裂，过去 5 年里进行的很多投资陷入危机。但宽带公司则反其道而行之。在 2001 年到 2002 年期间，为实现雄心勃勃的投资计划，宽带服务公司接受了一项新的挑战——全力以赴，与此前的国有运营电信商 Telia 展开面对面的竞争。

在新任董事长的领导下，宽带服务公司迅速对环境变化做出反应。2001 年年初，公司开始实施战略重组。员工人数从 2001 年的 420 人下降到 2002 年的 217 人。在逐渐放缓扩张步伐的同时，公司开始专注于在现有网络基础上增加客户的渗透率。2001 年 10 月，公司出售对 Orange Sverige 持有的股份，开始专心攻坚核心的宽带业务。与此同时，阿卡斯工业和 Continuum 集团有限公司则成为宽带服务公司的股东；他们通过私募形式向公司投

---

① 注：英特尔随后就不再扮演积极投资者的角色。
② 思科提供的供应商融资协议采取了优先的非次级债务形式，其信用额度逐渐扩大到累计采购总额的 1.5 倍。实际的信贷额度没有带来任何利益成本。

资 24 亿瑞典法郎（3.2 亿美元），正式步入公司的股东会，在投资开始呈现加速态势的同时，到 2001 年 11 月，公司的客户数量已达到 5 万户。

为进一步扩大收入来源，2002 年，公司推出了 IP 电话服务，并开始向企业客户市场推广他们的宽带服务。另外，公司继续实施组织结构的调整，并任命了皮德·拉迈尔担任首席执行官。新任董事长和首席执行官在能力和义务上珠联璧合，为公司带来了更广泛的运营经验，并取得了积极的成效。不过，现金流和现金消耗率仍然是公司面临的一个大问题。

银瑞达投资公司

银瑞达投资公司（IGC）成立于 20 世纪 90 年代中期，是瑞典沃伦博格家族投资工具"Investor AB"旗下的风险投资部门。Investor AB 创建于 1916 年，是沃伦博格家族的持股公司，负责该家族对瑞典知名公司持有的股权，其中包括爱立信、阿特拉斯·科普柯、ABB、伊莱克斯（Electrolux）以及瑞典北欧斯安银行（SEB）等。随着银瑞达投资公司的成立，Investor AB 加大了对大型成熟企业的投资，而银瑞达投资则负责针对早期成长型企业的投资。

截至 2003 年，银瑞达投资公司已拥有 30 名投资专业人士，在纽约、加州的门洛帕克、香港、东京、斯德哥尔摩以及阿姆斯特丹等地设立办事处，旗下管理着价值超过 10 亿美元的投资组合[①]。与传统的风险投资基金相比，银瑞达投资在投资规模和投资的时间窗口上更具灵活性。除此之外，银瑞达投资基本上是一个常规性的风险投资基金[②]。

投资者的态度

在 2003 年年初，宽带服务公司的股东包括五大股东：英国的 NTL、银瑞达投资、凯雷集团、阿卡斯工业和 Continuum 集团。随着时间的推移，一个无法改变的事实已逐渐清晰：投资者情况的变化，必将影响到各方参与新一轮融资的能力，从而导致这种股权结构行将面临一场重大变化。

英国有线电视运营商 NTL 成立于 1993 年，20 世纪 90 年代末，为整合欧洲市场的资产，他们采取大举收购的策略。该公司曾以 100 亿美元的价格收购 Cable and Wireless 公司的家庭有线部门，并在 2000 年取得宽带服务公司 29% 的股权。

[①] www.investorab.com/en/InvestorGrowthCapital/Default.htm. 注：2005 年，北京宽带服务公司办事处开业。
[②] 对于宽带服务公司，采用的资本成本为 20%。

然而，进入 2000 年中期，电信市场的崩盘给 NTL 带来了沉重的打击。加上本地有线电视运营商收购业务的突飞猛进，NTL 在业务和财务方面均出现了严重问题。公司价值持续下跌，还面临着约 180 亿美元的债务，由于 NTL 已在 2000 年成为美国注册公司，因此，2002 年 5 月，公司向美国法院申请了破产保护，以便于组织再融资交易。NTL 的破产保护将持续到 2003 年 1 月，届时，公司约 110 亿美元的债务将转换为股份。单纯从金额上看，这也是美国企业历史上最大的债务违约事件。

2000 年，NTL 曾签署一项承诺协议，承诺在宽带服务公司的第二轮融资中出资 1.57 亿瑞典克朗（约合 2100 万美元），之后，由于公司已深陷困境，他们根本就无法兑现这笔出资承诺。为此，到 2002 年年底，NTL 与初步宽带服务公司达成了一项协议，由其他主要投资者按 37.5 万瑞典克朗的价格收购对宽带公司的这笔股份，以未认缴承诺的全部股权。但是到 2003 年 3 月，这笔融资交易仍未交割。①

银瑞达投资公司在 1999 年首次投资于宽带服务公司，自此之后，他们参加了公司的每一轮融资，逐渐增加了对这家公司的持股比例（见附录 10.7）。根据这一战略，银瑞达投资公司将接受收购 NTL 所承诺股份的 1/3，并负责推动其他两家大股东参与收购。

考虑到凯雷投资集团是世界上最大的私募股权投资公司之一，其管理的资产规模超过 845 亿美元，因此，对宽带服务公司的投资只是他们手中一笔微不足道的交易，而且风险特征也不同于针对成熟性企业的投资。2003 年，凯雷集团在 4 个投资领域（收购、成长型股权、房地产和杠杆融资）运行了 64 个基金，拥有超过 495 名投资专业人员，投资项目分布在北美洲、欧洲、亚洲、澳大利亚、中东和北非以及拉丁美洲等地②。在 NTL 出现违约时，凯雷决定也参与交易，并同意收购 NTL 在前三轮融资中持有股份的 1/3。

Continuum 集团成立于 2000 年，由来自伦敦的两名投资银行家创立。2003 年，这家公司管理着一只拥有 7500 万美元资金的基金。通过瑞典私募股权公司 Novestra 对 Continuum 的基金投资，Continuum 开始投资扩大服务公司。在通过基金向宽带服务公司投入总额 3.07 亿瑞典克朗（4100 万美元）之后，基金所持投资组合的其他部分出现了问题，这意味着，他们已没有能力进一步增加对宽带服务公司的投资。由于对 B2 的持股比例很大，因此，退出投资显然不是 Continuum 的最佳方案，但他们也不可能参与收购 NTL 持有的股份。

阿卡斯工业由美籍俄罗斯投资者莱恩·布拉瓦特尼克（Len Blavatnik）创建于 1986 年，

---

① http://en.wikipedia.org/wiki/NTL: Telewest#NTL_.281993.E2.80.932006.29.
② http://www.carlyle.com/Company/item1676.html.

这是一家由私人持有的美国实业集团，投资范围遍布全球各地①。2003年，该集团重点投资三大行业：自然资源和化工、媒体和电信以及房地产等②。2001年，宽带服务公司通过私募方式引阿卡斯工业。

2003年，阿卡斯工业显然着力于取得宽带服务公司的更多股份，因为它已经很明确地向银瑞达和凯雷集团做出以下提议：

- 阿卡斯工业同意参与收购NTL剩余1/3股权的交易。
- 提出以要约收购方式取得Continuum所持股份的4/5以及银瑞达投资持有的剩余1/5股份。Continuum给出的总体收购对价是2 000万美元。
- 阿卡斯工业表示，它准备按97%的折扣收购少数股权投资者（Framfab和Novestra）持有的股份，包括36.5%的A股、32.7%的B股和7.2%的C股。

股东协议的反稀释条款

约翰·罗斯意识到，他们必须专注于这场股权变动中酝酿的巨大商机。首先，股权结构的进一步集中必然会带来公司治理方面的改进。其次，银瑞达投资可以按更有利的价格做到这一点。当然，少数股权投资者极有可能不会接受这样的安排。

尽管阿卡斯工业尚未向少数股东投资者披露这项提议，但显然在估值中对宽带服务公司的A股和B股给予了大幅折价。一方面，Continuum和其他少数股东投资者很清楚，他们根本就没有资金参加下一轮融资，因而期望被阿卡斯工业收购是情理之中的事情，而银瑞达和凯雷也试图将他们赶出新一轮的融资，要达到这个目的，最简单的办法就是对公司给予较低的估值，从而降低现有股份的价值。反过来，他们又可以通过新一轮的融资，在融资后的股权结构中占有更大的比例。他们是游戏规则的制订者，假如他们认为进一步的投资会带来最高的收益，那么，他们也将承担起大股东的受托义务。如果这3个主要投资者共同接受这项计划，那么，阿卡斯工业提出的折扣也就顺理成章地成为市场公允价格，成为全体股东共同接受的估值标准。

另一方面，这种安排也是有障碍的。Continuum和少数股东投资者完全有理由认为他们的权利是应该受到保护的：在股东协议的反稀释条款中，相关各方已约定了每股最低价值。也就是说，股价不能低于5.54瑞典克朗，这是已经被确定下来的最低股价水平。即使给出更低的估值，也不能通过降低现有股份价格的方式，将公司的每股价格下调到低于5.54瑞

---

① http://www.highbeam.com/doc/1G1-61689633.html.
② http://www.access industries.com/about.html.

典克朗的水平。因此，通过新一轮融资所能达到的股份价格可以达到很高的水平，但下调的空间却受到最低临界值的限定。毋庸置疑，这肯定会让大多数股东感到头痛。

大股东面临的选择

基于所面对的事实，罗斯做出如下结论：宽带服务公司的扩张需要大量资金，到目前为止（2003 年），公司已募集到 42.89 亿瑞典克朗（6.2 亿美元），其中的 7 亿瑞典克朗（9300 万美元）来自前持有 17.65% 股份的银瑞达投资。如附录 10.9 及附录 10.10（资产负债表和损益表）所示，这些资金目前已经耗尽，但即使解决了 NTL 的问题并取得其承诺的资金，公司的资金依旧只能维持几个月的时间。

因此，董事会和投资者面临 3 种主要方案。

方案 1：如果在新注入资金的情况下维持业务"按原样"进行，那么，公司就有可能面临破产的境地。这意味着，公司不得不忍痛割爱，廉价出售，最理想的结果也不过是快速变现。在这种情况下，银瑞达投资从宽带服务公司收回的资金不会超过 1～4 亿瑞典克朗，此时，最好的选择就是当机立断，立刻取消收购 NTL 承诺的出资。

方案 2：第二个选择就是从根本上引导公司实现自救，即，停止全部资本开支并削减公司运营成本，以实现盈亏平衡为最大目标。这通常被视为一种有风险的选择，因为它需要接受 NTL 承诺的出资，而且成本下降的速度也是不确定的。但是，如果不能在短时间达到目标规模，宽带服务公司能得到怎样的竞争力同样是不确定的。还有一个问题，即宽带服务公司的投资者随后能取得怎样的退出形势，也不得而知。

方案 3：第三个方案当然就是进一步追加投资。大多数投资者都同意，要获得追加资金，宽带服务公司就必须确保经营规模超过盈亏平衡所需要的水平。与此同时，投入更多资金还需要在未来股权结构中拿出更多的股票作为回报。但反稀释条款却不允许这么做。从大多数股东的角度看，要得到他们所需要的收益，这似乎是一个难以逾越的障碍，而这恰恰又是决定宽带服务公司生死存亡的关键。

从经营层面来看，追加投资方案同样需要执行相应的业务规划。为此，宽带服务公司必须将自己定位为市场上领先替代宽带的供应商。当然，如果公司确实设法做到了这一点，那么，无论从战略角度还是在现金流方面，最大的利好就是成为当前市场参与者或新进入者最感兴趣的收购标的，或是为独立进行 IPO 提供必要的条件。

如何在这些方案之间做出选择，最终归结为公司的估值、资金消耗率、根据股东协议结构会取得多少股份、追加融资创造的价值及由此带来的投资风险。此外，如果投资者决定申请破产清算，还需要考虑的事实就是企业上市潜力的丧失，所有这一切，都促使罗斯思考这样一个事实：按照现有的反稀释条款，破产似乎是更现实的结果。

显而易见，阿卡斯工业的赌注是，新一轮融资自然会让他们切实获得所有权份额，即银瑞达、凯雷和阿卡斯工业会找到一种稀释少数股东股权的方式。随着投资会议日期的临近，罗斯唯一能做的就是调查这种结果的现实基础。幸运的是，目前的一系列可比数据（见附录10.11）确实支持这一估值，但他们能找到规避反稀释条款的措施吗？

附录10.1

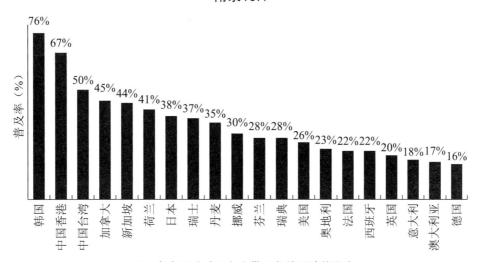

2004年各国（地区）宽带业务的预计普及率

注：定义为宽带用户总数占该国（地区）家庭总数的百分比。
资料来源：Informa。

附录10.2

瑞典的宽带业务普及率：1999—2002年为实际数据；其中，2003—2009年为预测数据

瑞典的互联网市场	1999	2000	2001	2002	2003	2004	2005	2006	2007	2008	2009
瑞典人口数量（1 000）	8 861	8 883	8 909	8 941	8 976	9 011	9 048	9 113	9 183	9 356	9 330
使用计算机的人口数量	4 847	5 507	5 791	5 990	6 642	6 759	7 148	7 473	7 714	7 960	8 024
计算机的普及率（％）	55	62	65	67	74	75	79	82	84	86	86
使用互联网的人口数量	2 658	4 530	4 722	5 007	5 834	8 128	6 514	6 835	7 163	7 498	7 744
互联网的普及率（％）	30	51	53	56	65	68	72	75	78	81	83

续表

瑞典的互联网市场	1999	2000	2001	2002	2003	2004	2005	2006	2007	2008	2009
使用宽带的人口数量		266	802	1 341	2 064	2 523	3 891	4 821	5 969	6 850	7 278
宽带的普及率（%）	0	3	9	15	23	28	43	54	65	74	78

资料来源：世界互联网学会——Internet och bredband i svenska hushäl。2009；瑞典国家统计局（SCB）。

附录10.3

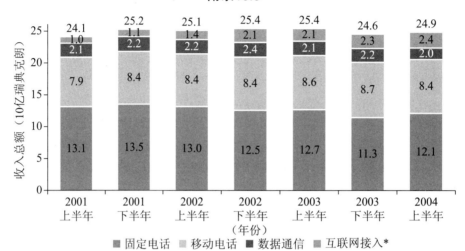

电信终端用户市场的收入（2001—2004 年）

注：不包括拨号流量收入，该项目包含在"固定电话"项目下。
资料来源：PTS。

附录10.4

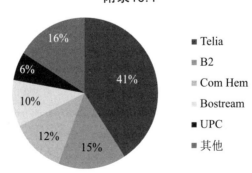

2002 年瑞典宽带市场的市场结构

资料来源：根据瑞典宽带服务公司的估计。

Telia

Telia 是瑞典目前最大的电信运营商，是北欧和波罗的海地区最大通信公司 TeliaSonera 在瑞典的子公司。在剥离以前的子公司 Com Hem 之后，该公司的业务范围已覆盖除有线电视以外的整个电信市场。Telia 通过 DSL 和以太网 LAN 网络提供宽带服务，根据公司披露的信息，他们在 2002 年年底拥有 42 万家用户。同时，该公司还披露，目前已有 14.4 万个宽带用户通过服务提供商接入他们的网络。到 2003 年年初，TeliaSonera 由瑞典支付持有 45% 的股份。

Com Hem

Com Hem 是瑞典最大的有线电视运营商，为 140 万家庭提供服务，在瑞典占有的市场份额约为 55%。除电视服务外，该公司还为连接升级后的双向网络（目前为 81 万个家庭）的家庭提供宽带服务，并在最近推出了 IP 电话服务。Com Hem 披露的 2004 年第四季度报告显示，公司拥有 139 000 个宽带用户。公司曾是 TeliaSonera 的子公司，2003 年，公司被私募股权基金 EQT 收购。

Bostream

Bostream 由瑞典房地产公司 Riksbyggen 创建，并在 2001 年被英国私募股权投资公司 Regency Capital 以未公开披露的价格收购。

作为一家纯粹的宽带互联网服务提供商，到 2002 年年底，该公司共有 9.5 万个用户（其中包括 65 000 个 ADSL 批发型用户，12 000 个 DSL 直接用户，17 000 个 LAN 用户以及 3 500 家中小企业客户）。在地域覆盖面上，Bostream 及其客户的分布区域不同于瑞典宽带服务公司，这意味着，两者之间的直接竞争迄今为止还很有限。

Bostream 的大部分客户（2/3）可通过 Telia 的网络访问"批发"型用户，也就是说，Bostream 的远程服务并没有建立自己的网络或设备，从而导致资本开支较低，但毛利率也相对较低。

Bostream 的财务状况非常可观：按照 2003/04（截至 3 月 31 日）年财报，公司收入总额为 3.72 亿瑞士法郎（上期为 2.22 亿瑞典克朗），EBITDA 为 5 600 万瑞典克朗（上期为 3 200 万瑞典克朗），净利润为 3 500 万瑞典克朗（上期为 2 100 万瑞典克朗）。公司的资产负债表显示，期末的资产总额为 1.94 亿瑞典克朗，但净资产仅为 1 100 万瑞典克朗，即公司的所有者权益为 1 100 万瑞典克朗（见补充材料 10.12）。

2003 年，Bostream 拥有 105 名员工，其中 60 人在客户呼叫中心工作。公司管理层由来自 Regency Capital 投资公司的 3 名合伙人领导，其中包括两名合伙人与瑞典业务联系很小，基本只负责和 Bostream 对接。公司首席执行官是前摩根士丹利的银行家理查德·伯斯顿（Richard Burston）。

UPC

UPC Sverige 是欧洲最大的有线电视运营商 UnitedGlobalCom 在瑞典的分支机构，在斯德哥尔摩拥有一个有线网络，为 28.7 万个家庭提供服务。此外，UPC 还以"Chello"的品牌提供宽带服务，根据公司披露的信息，2002 年年底拥有 65 000 个宽带用户。

Tele2 公司

Tele2 是欧洲最大的替代电信运营商之一，目前拥有 2800 万客户，主要从事固定电话及拨号互联网业务。在瑞典，Tele2 还以"Comviq"和"Kabelvision"两个品牌分布提供移动网络和有线网络服务。Tele2 的瑞典业务部门 2004 年实现的收入为 104 亿瑞典克朗。

Glocalnet

Glocalnet 是以住宅型市场为对象的替代电信运营商，主要提供固定电话和宽带业务。该公司由挪威政府运营的国有电信运营商 Telenor 持有 37% 的股份。Glocalnet 在 2002 年年底报告的宽带用户数量为 3.5 万。

Spray

Spray 网络是瑞典最大的互联网门户之一，同时提供宽带和固定电话服务。该公司是 Lycos Europe 的子公司。

企业市场

在企业宽带接入市场中，现有的 Telia 在 2003 年年初是瑞典最大的企业，占据的市场份额约为 40%。Tele2 为第二大运营商，在全部接入业务中拥有 11% 的市场份额，其次是 Telenor，市场份额为 8%。B2 是该市场的第四大供应商，市场份额为 6%。剩余部分的市场份额较为分散包括 MCI 和 Bahnhof 在内的大量的互联网服务提供商。

Telenor 公司

Telenor 是挪威的国有电信运营商。尽管该公司在瑞典国内市场上拥有广泛的服务组合，并通过积极收购延长拓展业务领域，但是在国际市场上，Telenor 只从事移动电话业务。例如，Telenor 的瑞典固定电话业务就是对 Utfors、Telenordia 及 Telenor 业务解决方案等几家公司合并基础上形成的，服务于具有固定电话和数据通信解决方案的企业市场。Telenor 也是 DSL 接入业务的批发商。与此同时，公司通过对 Glocalnet 持有的 37% 市场份额积极参与住宅业务。2002 年期间，Telenor 的瑞典国内固定电话业务收入约为 12 亿挪威克朗。

Song 网络是一家以企业为核心的电信运营商，业务遍及北欧各国。2003 年，在向其他电信运营商提供载波服务的同时，该公司也在提供电话、互联网接入、主机和 IP-VPN 等数据通信服务。据估计，Song 网络公司在瑞典的业务每年可实现营业收入约为 8 亿瑞典克朗。

附录10.5

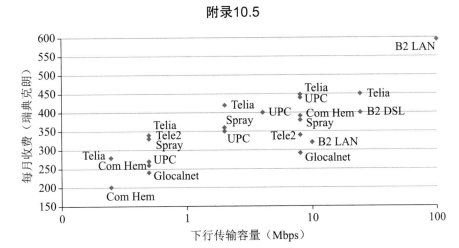

瑞典宽带市场上各种服务的定价

宽带服务提供的主要服务项目

宽带可被定义为拥有足够带宽且可传输多种语音、视频或数据信道的电信接入服务。某些时候，宽带也被定义为能提供2Mbps或更高传输速度的接入服务，但是在一般情况下，对于所有"实时"接入服务，只要其传输速度超过公共电话网络提供的传统拨号接入服务，即可包含在宽带服务范围之内。

宽带连接可提供多种多样的服务和应用程序，包括所有高速互联网的接入和应用程序的广泛的服务和应用程序，如快速下载大型文件、即时信息、音乐和视频流以及在线游戏和电子商务等。

从20世纪20年代初开始，宽带运营商就已经具有提供足够的信号传输能力，提供载波级IP电话及数字电视和视频点播等视频服务。

以太网局域网（Ethernet LAN，以太网本地接入网）

通过以太网LAN网络连接的用户可以选择订阅两种不同的产品：一种可以提供每秒10Mbps的双向传输速度；另一种则提供每秒100Mbps的上行或下行传输速度。10Mbps服务的每月费用为320瑞典克朗，而享受100 Mbps的连接服务每月还需另外支付275瑞典克朗，即595瑞典克朗。两种连接的安装费用均为495瑞典克朗。

DSL

订阅DSL（数字用户线路），其含义为通过电话线连接到互联网。B2只向DSL客户出售一种产品，也就是说，在"尽力而为"的基础上，提供最高下行传输速度可达24 Mbps的连接，与实际传输速度在低于4 Mbps的范围内有所不同。首个订购期为6个月，除495克朗的安装费之外，DSL接入的每月使用费为399瑞典克朗。

在 DSL 的用户中，位于 B2 网络以外地区的用户比例越来越高，这些用户通过其他网络运营商提供的批发平台实现接入，其中最常见的运营商就是 Telia。尽管这些订购的定价仅相对于 24 Mbps 常规服务的价格，却为 B2 自有网络的用户贡献了 30% 的总利润。另一方面，通过其他网络连接的能力并不包含在 B2 的最初商业计划中，这就意味着，随着潜在市场的增长，其最终将覆盖到同一条固定电话线路的每个家庭（见附录 10.5）。

附录10.6
假设收购NTL的承诺出资，收购之前和收购之后的股本结构

B2 的股份类型及股本结构——收购 NTL 承诺出资的股份之前

股份的优先性	股份数量；单位：1 000				持股比例（%）
	A	B	C	小计	
NTL	76 558	90 973	7037	174 568	29.00
银瑞达	23 771	—	82 497	106 268	17.65
凯雷集团	20 933	—	60 921	81 854	13.60
阿卡斯工业	—	—	84 883	84 883	14.10
Continuum	669	17 128	37 726	55 523	9.22
其他	79 958	11 403	7578	98 939	16.43
合计	201 889	119 504	280 642	602 035	100.00

B2 的股份类型及股本结构——收购 NTL 承诺出资的股份之后*

股份的优先性	股份数量单位：1 000				持股比例（%）
	A	B	C	小计	
NTL	—	—	—	—	0.00
银瑞达	49 290	30 324	84 843	164 457	27.32
凯雷集团	46 452	30 324	63 267	140 043	23.26
阿卡斯工业	25 519	30 324	87 229	143 072	23.76
Continuum	669	17 128	37 726	55 523	9.22
其他	79 958	11 403	7578	98 939	16.43
合计	201 889	119 504	280 642	602 035	100.00

注 *：假设由银瑞达、凯雷集团和阿卡斯工业收购 NTL 承诺出资的股份。

绝对变化情况

股份的优先性	单位：1 000			
	A	B	C	小计
NTL	−76 558	90 973	−7 037	−174 568
银瑞达	25 519	30 324	2 346	58 189

续表

股份的优先性	单位：1 000			
	A	B	C	小计
凯雷集团	25 519	30 324	2 346	58 189
阿卡斯工业	25 519	30 324	2 346	58 189
Continuum	—	—	—	—
其他	—	—	—	—
合计	201 889	119 504	280 642	602 035

附录10.7
银瑞达投资公司对B2投资的历史

表中的金额单位全部为瑞典克朗

股份序列	股票级别	投资日期	股份总数	投资总额	银瑞达持有的股份总数	本轮融资的比例（%）	实际成本		调整后的成本	
							每股成本	合计：1 000	每股成本	合计：1 000
普通股第一轮	A	1999年6月	34 601 382	204 758 074	4 074 074	11.77	5.92	24 109	5.54	22 570
普通股第二轮	A	1999年12月	38 218 800	510 220 981	4 500 000	11.77	13.35	60 075	5.54	24 930
普通股第三轮	A	2000年3月	9 224 150	366 484 698	1 086 080	11.77	39.73	43 151	5.54	6 017
普通可转债	A	2000年8月	119 844 668	991 115 403	14 110 883	11.77	8.27	116 697	5.54	78 174
过桥可转债A轮	B	2001年2月	64 495 208	357 303 454	12 683 392	19.67	5.54	70 266	5.54	70 266
过桥可转债B+C轮	B	2001年3～4月	55 008 792	304 748 706	10 817 828	19.67	5.54	59 931	5.54	59 931
过桥可转债D，E，F轮	C	2001年7～8月	46 264 798	256 306 982	9 725 606	21.02	5.54	53 880	5.54	53 880
优先级可转债第一层	C	2001年9月	140 160 080	776 486 843	29 463 907	21.02	5.54	162 230	5.54	162 230
优先级可转债第二层	C	2002年3月	94 217 122	521 962 855	19 805 957	21.02	5.54	109 725	5.54	109 725
合计			602 035 000	4 289 389 268	106 267 727	17.65	7.12	700 064	5.54	

估值说明：

投资之前的股权估值基准日为2000年9月6日，估值结果为10 450亿瑞典克朗，即每股5.54瑞典克朗。按照股东协议中的反稀释条款的约定，5.54瑞典克朗为最低的每股价格。作为融资轮中的一个部分，全部过桥可转债均转换为C级优先股。

资料来源：2002年B2第二季度的投资状况报告。

附录10.8

B2 的客户基础预测表（2003—2009年）

B2	2003	2004	2005	2006	2007	2008	2009
宽带—互联网服务供应商	311	400	600	795	994	1242	1553
增值业务容量；1 000MB	10	33	45	58	78	105	142
宽带市场小计	321	433	645	853	1072	1348	1695
宽带市场的份额（%）	16	17	17	17	18	20	23
通话业务							
公共传输电话网络	29	5	—	—	—	—	—
互联网协议（IP）-通话业务	61	191	284	362	398	438	482
TLPH 合计	2064	195	284	362	398	438	482
企业	30	77	101	116	133	153	176
全部服务合同金额合计	2 415	705	1 030	1 331	1 603	1 939	2 353

附录10.9

瑞典宽带服务公司（B2 Bredband AB），合并口径

损 益 表　　　　　　　　　　　　　　100万瑞典克朗

	2001 实际数据	2002 实际数据	2003 预测数据	2004 预测数据	2005 预测数据	2006 预测数据
销售收入	166.9	245.1	441.2	724.8	979.2	1 199.9
销售成本	-163.9	-147.7	-181.4	-253.1	-315.9	-374.6
利润总额	3.0	97.4	259.8	471.7	663.3	825.3
管理费用	-167.6	-87.3	-58.6	-64.0	-64.0	-64.0
销售费用	-96.4	-58.4	-63.8	-57.6	-58.2	-55.0
技术及安装费用	-62.1	-70.7	-122.7	-122.3	-131.8	-140.6
客户服务及支持费用	-90.9	-63.3	-78.3	-78.0	-83.2	-85.5
其他运营成本	-45.8	-48.3	0.0	0.0	0.0	0.0
EBIDTA	-459.8	-230.6	-63.6	149.8	326.1	480.2
重组成本	-82.4	—	-10.5			
折旧和摊销	-297.6	-420.3	-447.9	-490.0	-546.8	-598.1
EBIT	-839.8	-650.9	-522.0	-340.2	-220.7	-117.9
财务费用净额	-70.7	151.1	1.0	-0.1	-0.1	—
汇率损益	-59.3	-30.9	—	—	—	—
影响可比性的项目	-0.7					
税收费用	—	—	—	—	—	—

续表

	2001 实际数据	2002 实际数据	2003 预测数据	2004 预测数据	2005 预测数据	2006 预测数据
净利润	894.0	540.8	520.9	340.3	220.8	117.9
EPS						

附录10.10

瑞典宽带服务公司（B2 Bredband AB），合并口径

资产负债表　　　　　　　　　100万瑞典克朗

	2001 实际数据	2002 实际数据	2003 预测数据	2004 预测数据	2005 预测数据	2006 预测数据
资产						
现金及现金等价物	557.0	31 407.0		0.0	11.6	135.4
贸易性往来款及其他应收账款	88.3	55.0	47.8	98.2	129.7	154.0
预付费用及应计收入	61.6	50.0	50.0	50.0	50.0	50.0
其他流动资产	2.4	35.0	35.0	35.0	35.0	35.0
有形资产净额	1 932.2	1 505.0	147 604.0	1 274.4	1 005.4	621.8
无形资产净额	170.0	136.5	131.4	131.4	131.4	131.4
安装连接成本	46.8	46.6	44.1	47.4	50.8	52.1
资产小计	2 858.3	2 142.8	1 784.6	1 636.5	1 413.9	1 179.7
负债						
长期负债中的流动部分	12.5	22.8	—	0.0	0.0	0.0
贸易性应付账款	142.5	114.0	98.9	118.4	126.5	123.4
其他流动负债	131.1	114.8	87.8	87.8	87.8	87.8
预收账款及递延收入	65.7	95.0	95.0	95.0	95.0	95.0
长期负债	9.9	9.9	9.9	9.9	—	—
供应商融资 2	869.6	659.5	566.0	566.0	566.0	452.9
所有者权益	—	—	—	—	—	—
所有者权益 4	1 280.0	1 126.8	605.9	265.6	44.8	−73.1
负债及所有者权益合计	3 011.3	2 142.8	1 463.5	1 142.7	920.2	686.0

注：

1. 假设应付账款在2009年偿还；
2. 不考虑其他融资。

附录10.11

可 比 参 数

截止2003年第一季度 公司名称	每股价格 本季度	相比上季度的变化	上季度市值	市值	债务净额	企业价值	业绩 本年度 销售额	EBIT	EPS	下年度 销售额	EBIT	EPS
2003年2月27日												
T-Online	12.53	−5.30%	16 191	15 335	−3 590	11 745	1 539	−384	0.3	1 973	−260	−0.2
Terra Networks	8.16	−21.80%	6 510	5 082	−190	4 892	904	−279	−0.8	1 124	−130	−0.4
Wanando	6.06	2.10%	8 584	8 763	−2 000	6 763	2 100	−114	−0.1	2 840	59	0.1
web.de	3.71	−43.70%	245	138	−110	28	31	−15	−0.4	49	−3	−0.1
Freenet	10.5	−24.50%	249	188	−54	134	42	−12	−0.5	53	−4	0.1
Jippii集团	0.37	−8.30%	36	33	5	38	111	2	−0.2	151	11	0
Loycos欧洲	0.62	−22.50%	275	213	−320		152	不适用	不适用	170	不适用	不适用
雅虎	14.82	−17.10%	10 292	8 536	−1 765	6 771	781	178	0.1	956	384	0.2
AOL时代华纳	23.05	−38.60%	165 945	101 812	22 000	123 812	41 800	6 000	1	45 717	2 639	1.2

注：AOL时代华纳的EBIT不包括450亿美元的商誉减值。

资料来源：Investor AB。

补充材料10.12

Bostream的损益表和资产负债表

Bostream：损益表　　　　　　　　　　　　　　　　　　　　　　　100万瑞典克朗

	2001—2002 15个月	2002—2003 实际数据	2003—2004 实际数据	2004—2005 预测数据	2005—2006 预测数据	2006—2007 预测数据
收入	124.8	222	371.7	511	722	886
外部成本	−102.4	−165.4	−279	−352.1	−399.6	−475
人员成本	−13.5	−24.8	−36.4	−38.2	−36.2	−36.5
EBITDA	9	31.8	56.3	113	279	30
折旧与摊销	−1.1	−4.2	−9	−21	−30	−36
EBIT	7.9	27.6	47.3	93	249	332
财务费用	0.3	1.8	2.1			
税前利润	8.2	29.4	49.4			
税费	−4.1	−8.4	−14.1			
净利润	4.1	20.9	35.3			
EBITDA率（%）	7.20	14.30	15.20	22	39	41
EBIT率（%）	6.30	12.40	12.70	18	25	37

资料来源：Bostream的2003—2004年度报告（截至2003年3月31日）。

Bostream：损益表						100 万瑞典克朗
	2001—2002 15 个月	2002—2003 实际数据	2003—2004 实际数据	2004—2005 预测数据	2005—2006 预测数据	2006—2007 预测数据
有形固定资产净额	34.9	36.8	38.7	40.6	42.7	44.8
其他固定资产净额	3.2	3.4	3.6	3.8	4.0	4.2
固定资产净额	38.1	40.2	42.3	44.4	46.7	49.0
存货	4.3	4.6	4.8	5.0	5.3	5.6
应收账款	78.9	83.0	87.4	91.8	96.4	101.2
其他流动资产	11.2	11.8	12.4	13.0	13.7	14.4
现金和银行存款	43.0	45.3	47.7	50.1	52.6	55.2
流动资产	137.4	144.7	152.3	159.9	168.0	176.4
资产合计	175.5	184.9	194.6	204.3	214.7	225.4
所有者权益	10.4	10.9	11.5	12.1	12.7	13.3
对母公司的负债	34.4	34.4	34.4	34.4	34.4	34.4
应付账款	42.3	44.6	46.9	49.2	51.7	54.3
其他流动负债	91.9	96.7	101.8	106.9	112.2	117.8
流动负债合计	165.2	173.9	183.1	192.3	201.9	212.0
负债及所有者权益合计	175.6	184.9	194.6	204.3	214.5	225.3

资料来源：Bostream 的 2003—2004 年度报告（截至 2003 年 3 月 31 日）。

补充材料10.13

媒 体 库

瑞典宽带服务公司的创始人——

乔纳斯·博格森

（Jonas Birgersson）

附录片来源：Realtid.se

阿卡斯工业的创始人——

莱恩·布拉瓦特尼克

（Len Blavatnik）

附录片来源：timesonline.com

有关瑞典宽带服务公司的其他资料：

Exit Watch

Private Equity Week Volume: 12 Issue: 23 (2005-05-30) p. 7-7. ISSN: 1099-341X.

Groups Seeking Low-Fee UMTS Licenses As Sweden, Norway Spur Development.

Wall Street Journal Volume: 236 Issue: 33 (2000-08-17) Latour, Alma. ISSN: 0099-9660.

Sveriges IT-guru

Aftonbladet: (2000-01-09)– http: //wwwc.aftonbladet.se/nyheter/0001/09/birger.html .

High on ethernet

Tele.Com Volume: 4 Issue: 19 (1999-10-04) pp. 34-35. ISSN: 1086-7821.

第四部分
杠杆收购（LBO）

> 我们喜欢把自己当作实业家。在收购一家公司的时候，我们会看看自己能做点什么让公司变得更好。对我来说，我更感兴趣的是投资，而不是低买高卖。
>
> ——亨利·克莱维斯（Henry R. Kravis），KKR联合主席兼联席首席执行官

案例 11 身边的筹码（A）：对安华高科技的收购

一、概述

2005年夏天，安捷伦（Agilent）启动范围有限的拍卖，出售旗下的半导体产品集团（Semiconductor Products Group）。到7月下旬，安捷伦已确定KKR及银湖资本（Silver Lake Partners）组成的财团为中标者，只待进行确认性尽职调查。但是在两周的确认性尽职调查期间，KKR和银湖资本仍旧对投资前提所依赖的核心机会表示质疑，并对估值及下行风险进行了评估。融资方案最终得到了确认，考虑到股权融资的规模较大，他们又引入联合投资者。

通过这个案例，读者将有机会站在KKR或是银湖资本合伙人的视角考虑这个剥离的机会。为筹备签署收购协议及随后的股权转让，交易团队需要从估值和风险的角度重新审视自己的投资理念。案例十一侧重于交易的运营层面，而案例十二则旨在阐述兑现合理的融资及资本结构。

二、案例研究的目标

本案件讨论了私募股权的风险—收益关系及财务和运营风险在交易架构设计过程中的相互影响，从而帮助读者从更高的层面上了解杠杆收购的运作机制。本案例以投资委员会的决策过程为主线，力图在较高运营风险的剥离背景下，全面认识不同债务工具和融资结构的相互关系。

本案例以典型的大规模收购为背景，在了解PE公司创造价值和收益的过程中，着重强调设计融资架构之前的运营价值创造问题。此外，本案例还分析了 PE 所有者和综合性企业集团（尤其是上市公司）之间在公司治理模式上的差异。案例通过一个具体形象的例子，阐述了 PE 投资者在提高被投资公司的竞争地位、运营和企业文化等方面的潜力。在业务剥离的背景下，本案例分析以运营为主的大型收购交易的主要风险，并讨论减少这些风险的措施。

三、本案例需要解决的主要问题

1. 惠普和安捷伦为什么要卖掉这项业务，他们应如何以最优化的方式进行这笔交易？
2. 在这笔交易中，对价值创造影响最大的要素是什么？有哪些利好因素？
3. 最大的风险（运营和财务）是什么，如何缓解这些风险？
4. 按照你对这笔交易风险及收益的看法，应如何为此交易进行融资？

四、补充资料

为充分利用本案例，建议读者通过如下资料了解本案例的过程及背景信息。

- 重点推荐读者阅读《精通私募股权》中的如下章节。
  - 第一章：私募股权基金的基本概念
  - 第四章：收购
  - 第九章：交易架构
  - 第十一章：公司治理
  - 第十二章：管理团队的维护
  - 第二十三章：风险管理
- 供教师使用的案例网站：http://cases.insead.edu/chips-on-the-side/
- Jan Vild 和 Claudia Zeisberger(2014), "Strategic Buyer versus Private Equity Buyers in an Investment Process." Retrieved from: http://centres.insead.edu/global-privateequity-initiative/research-publications/documents/PE-strategic-buyer-workingdoc.pdf

- 可以参考该网站获得更多资料：www.masteringprivateequity.com

五、案例简介

本案例由 INSEAD 全球私募基金投资研究小组常务理事迈克尔·普拉尔和 2011 年 7 月班的 MBA 学员斯瓦蒂·索吉亚尼（Swati Sawjiany）撰写。案例的编写过程是在 INSEAD "决策科学"及"创业与家族企业"助理教授维卡斯·阿格加瓦尔指导下完成的。本案例旨在为课堂讨论提供基础材料，无意对案例所涉及的处理方式是否有效做出判断。

本案例还要感谢张未，安高华科技剥离时任公司 CEO。有关 INSEAD 案例研究的更多材料（如视频材料、电子表格及相关链接等）可登录官网 cases.insead.edu 查询。

Copyright © 2012 INSEAD

身边的筹码（A）：对安华高科技的收购[①]

安捷伦是一家总部位于美国加利福尼亚州帕洛阿尔托的综合性技术企业。2005 年夏天，公司进行有限范围的拍卖，意图出售旗下的两家子公司——半导体产品集团（SPG）和自动测试集团（ATG）。截至 7 月份，安捷伦已选定了由科尔伯格·克拉维斯投资公司（KKR）和银湖资本（SLP）组成的财团，作为收购半导体产品集团的最终中标者，只待由潜在收购方开展确认性尽职调查。KKR 和 SLP（见补充材料 1 及附录 11.1 和附录 11.2）组建了有限合伙企业，评估投资机会，对被收购企业进行了初步的业务、财务及行业尽职调查。在接下来的几个星期内，两家公司的团队将对 SPG 在知识产权、会计、法律以及人力资源等方面开展尽职调查，目标是在八月初之前与安捷伦签署最终收购协议。

银湖投资集团董事总经理郝也康（Ken Hao）、KKR 合伙人亚当·克莱默（Adam Clammer）及 KKR 投后管理团队凯普斯通（Capstone）的合伙人威廉·考诺格（William

---

[①] 对于本部分的内容，不得以任何方式被视作为出售安华高或银湖投资的其他被投资公司股权或银湖基金（统称为"银湖"）以及 KKR 的其他被投资公司或 KKR 基金（统称为"KKR"）的股权，通过在法律、税务、投资、会计或其他方面提供的建议而做出报价或是寻求潜在卖方。安华高科技、银湖投资及 KKR 或其关联企业公司对本文所包含信息的准确性或完整性不做任何明示或暗示性地陈述或保证。

本案例发生时，这家企业的名称还是半导体产品集团（SPG）。在被收购之后，该公司被重新更名为安华高科技。内容尚未更新，因而尚不能反映自交易以来出现的相应发展或变化。

Cornog）正在参加电话会议，审议他们分别提交给各自投资委员会的演示稿，阐述在发出最终投标前还须提请关注的要点，并提出修改后的未来1周的工作计划。尽管他们对工作要点取得一致，但每个人都有自己率先考虑的事情。

威廉担心的是如何按时、按预算执行剥离，以及如何通过基本面分析确定成本削减的最终目标："我们可以肯定地说，剥离后的独立实体可以大幅降低由安捷伦分摊而来的日常管理费用，但我们必须从最底层开始，重新搭建新公司的成本结构，在取代原有成本结构的同时，建立交易后的经营路线图。"

郝也康最关心的，是他们即将要收购的被投资公司与自身业务无关，以及应如何通过改造实现增长："这并不是一项独立的业务，而是由若干拥有不相关产品的半导体业务构成的业务组合。"

亚当正忙于完善交易的融资方案，并根据需要的股权融资规模和已知风险寻求联合投资者进行跟投："我们曾承诺收购价格要高于以前针对半导体业务的交易价格，这需要大量的债务融资。与此同时，运营风险会迫使我们采取相对保守的债务结构。"

毕竟，团队花费大量时间去了解行业的周期性，揭示这个行业在经济衰退期间的状态及其对利润表和现金流的影响。

与很多剥离交易一样，被剥离业务与存续业务之间有千丝万缕的联系，未能完全摊销的独立成本及在市场上丧失安捷伦羽翼庇护给企业未来带来的不确定性，让他们的工作变得尤为复杂。

安捷伦科技股份公司（Agilent Technologies）

2005年，安捷伦科技已成为检测和测量市场上的领导者，其业务核心涉及通信、电子、生命科学及化学分析等领域的客户。安捷伦是从惠普（HP）公司中分拆出来的企业，包括与惠普的计算机、打印及成像等核心业务无直接关联的全部产品线。这家新独立出来的公司在1999年11月18日完成硅谷历史上规模最大的首次公开发行（IPO）。2000年，安捷伦开始全面业务转型，使公司更加高效，也更赚钱，到2004年，公司已基本完成这一转型。

截至2005年，安捷伦公司的业务主要包括4个板块，即检测和测量（销售收入为29亿美元，EBIT 2.77亿美元），半导体产品集团（销售额为20亿美元，EBIT为2.24亿美元），生命科学与化学分析（销售收入为13亿美元，EBIT为1.96亿美元）及自动检测（9亿美元的销售额，1 100万美元的EBIT）（详细情况见附录11.3～附录11.5）。

检测与测量（T&M）业务主要提供应用于通信行业的解决方案。2004年，该业务部门的收入增长率为 15%，总订单增长了 18%。"市场诸多方面条件的改善、强大的新产品、突出的费用控制及过去 3 年重组带来的优势，推动了检测与测量业务的强力反弹。"①

生命科学与化学分析（LSCA）业务主要为化学和生命科学领域提供一系列以应用程序为主的解决方案。该项业务在这一年势头强劲，订单和收入稳定增长，营业利润提高了 30%，第四季度的订单和收入均创下历史新高。

自动检测（ATG）业务主要提供用于制造半导体元器件、电子（主要是印刷电路板组件）和平板显示器制造的检测试用解决方案。虽然自动检测业务的收入较 2003 年增长了 22%，但订单收入却下降 2%，反映出市场对半导体及相关行业前景的预期已趋于平缓。2004 年，安捷克收购了 IBM 的面板测试业务，据信，此次收购将对现有的自动检测业务形成互补，并提供盈利性的成长机会。

半导体产品集团（SPG）已成为消费电子及商业电子用半导体元器件、模块及子系统等方面领先的供应商。自 2004 年上半年出现的高速增长之后，消费品行业的需求增长已出现大幅放缓，同时，半导体行业的库存及产能过剩将对该业务下半年的业绩构成不利影响。但半导体产品集团的全年订单增长了 20%，而收入更是大幅增长 27%。进入第四季度，在确认继续保留该部门相机模块业务将无法实现可接受的利润水平后，安捷伦宣布，计划将相机模块业务出售给伟创力（Flextronics）。

半导体行业

1947 年，贝尔实验室科学家发明了晶体管，这标志着微电子和半导体产业的诞生。2004 年，全球半导体产品的销售收入创下历史新高，达到 2 130 亿美元，预计年均增长率在 11%～17%。该行业的产品包括计算机内存、微处理器、商用集成电路及复杂的"芯片系统"等四大类。

半导体行业是过去 20 年中波动最大、周期性最明显的行业之一，整个行业的年均增长率上下振幅达到 40%，而且始终未出现连续下降的年份（见附录 11.7）。由于产品推向市场需要较长的先导期和巨大的固定投资，而且在技术加速进步的大背景下，消费终端市场（个人电脑、手机、汽车及其他电子设备）的需求周期高度不确定，由此导致该行业显示出明显的周期性。在行业内部，技术、应用以及终端用户行业的变化，又导致各个分行业形成各自不同的周期。

---

① 安捷伦科技公司 2004 年度报告。

通常，从规划设计、构建结构单元到最终投入运营使用，高端产品的开发可能需要几年的时间。因此，在有利的市场条件下，如果期望半导体的需求出现增长，那么，半导体制造商往往会发力构建新的生产单位，或是收购现有的制造企业。一旦进入商业运营之后，制造型企业就可以快速增加产量。这就导致半导体制造企业的大部分能力可同时投入使用。但是在需求增长不成比例的情况下，这种供给的增加往往会造成半导体制造产能过剩，进而促使价格大幅下滑和产能利用率不足（见附录 11.8）[①]。

为争夺市场份额，主要半导体企业之间必然会展开针锋相对竞争，这种竞争带来价格、生产及产能的周期性。由于行业能力是"成块"，也就是说，产能是不可分割的，涉及大量固定成本，企业可能会因为战略优先考虑增加产能，以达到先发优势。然而，每个公司在这个投资"游戏"中同时做出决定。缺乏协调，企业通常会同时增加容量，从而导致生产过剩或产能过剩。

技术变化是形成半导体行业周期的另一个重要因素。实际上，产品和工艺创新始终让行业因技术快速进步而闻名（这一点符合摩尔定律）。高速但不均衡的技术进步造成产品生命周期缩短，价格会快速下滑，而新用途和新市场的不断出现及市场的高度不确定性，又进一步强化了这个行业的周期性特征。总体而言，库存水平和订单出货比是比较有效的短期指标，但几乎不能反映时间窗口超过 12 个月的周期性。

从收购交易角度看，行业在周期中所处的阶段是一个重要因素，正如郝也康所言："我们已研究过以前完成的所有半导体收购项目，的确，所有在周期底部进行的交易都取得了良好效果，而在周期顶部完成的交易，投资收益率则显示从平均到较差的水平。遗憾的是，市场周期是我们不能控制的。我们唯一知道的就是市场刚刚走出大衰退，但愿下一轮衰退不会来得太快。"

此外，出售方也越来越深刻地体会到交易所处的周期阶段与收购价格间的关系，因而不再以衰退时期的历史数字为基础而低估资产的价值。因此，按亚当的话来说，这个财团必须为取得"买入复苏特权"而为半导体企业支付最高的价格（按估值倍数衡量）。

半导体集团

半导体集团的业绩通常趋同于整体半导体行业的走势，但由于同时涉足诸多终端市场，导致其周期性有所弱化。公司所处的经营环境是具有中高度竞争态势的市场，他们

[①] 虽然分拆主要是按业务部门进行的，但有些部门的资产却分属于两个部门，尤其是无线和光纤业务。

面对的都是重量级的竞争对手,如仙童半导体(Fairchild Semiconductor,收入为16亿美元)、威世科技(Vishay Intertechnology,收入为24亿美元)、美国国家半导体(National Semiconductor,收入为19亿美元)、飞思卡尔半导体(收入为57亿美元)及博通公司(Broadcom,收入为24亿美元)。

半导体集团由6个不同的业务部门组成,产品几乎覆盖全部半导体终端市场:ECBU或称核心光电业务(占集团收入的45%)、光纤(15%)、无线设备(13%)、图像解决方案(11%)、企业产品(11%)以及存储(5%)。虽然每个业务部门都有各自的具体内容,但如果从战略角度考虑,收购财团通常将它们划分为两个拥有基本共同特征的投资组合:前3个业务部门构成"核心业务组合",后3个部门构成"策略业务组合"(见附录11.8)。

"核心业务组合",尤其是光电业务部门,是一个对成本非常敏感的低资本开支型业务,采用较低的平均销售价格模式,该部门的大部分业务部署在马来西亚和新加坡。虽然ECBU的运营处于一个成熟领域,但它却一直能为公司带来超过5%的增长率(1998—2005年的预期复合增长率为6.6%),同期的EBIT利润率更是高达19%~34%。对于ECBU部门来说,最令人担心的问题是,尽管从长远来看,该部门一直与整个行业同步成长,但近几年由于较少涉足高增长业务,导致增长速度低于整体市场的增速。半导体产品集团董事凌震文(Tony Ling)认为,就总体而言,收购财团"完全能够接受ECUR的风险状况,因为它一直拥有强大而稳健的产品。一旦取得用于白色家电、汽车或工业等行业的设计方案,其使用寿命在保持稳定盈利的前提下大幅延长。通常,这类零部件的成本仅占最终完整产品总成本的很小一部分,但对最终产品的性能却至关重要"。

"策略业务组合"是一个设计导入型业务,它需要大量的研发投资,并以美国企业的成本结构为基础。虽然新产品在最初会带来较高的利润,但行业的竞争态势毕竟会迅速压缩利润空间。较短的产品周期难以创造出足够的投资回报率(ROIC)。总体来说,策略性组合预计在盈利能力方面有所突破,但是在2005年依旧要面对现金流为负数的局面。比尔·考诺格说:"在策略性业务组合中,数字产品的保存期限为18~24个月。因此,在不到3~4年的时间内,他们就会从产品组的领导者退化为落后者。为避免出现这种情况,公司必须维持有足够竞争力的研发,承担与之其相关的技术风险,只有这样,才能在激烈的竞争中形成稳定的设计导入流。"

安捷伦的管理模式

半导体产品集团的产品组合与安捷伦的其他业务并不存在较大的互补性。半导体产品集团处于具有高度波动和高度周期性的半导体行业，要参与竞争并实现盈利，就必须拥有持续创新的能力，严格的成本优化措施，但最重要的，则是要适应不断变化的市场趋势。至于安捷伦的其他业务，如检测和测量及生命科学与化学分析，则处于节奏较慢、变化较少的行业，因而面对的是完全不同的市场竞争态势。更稳定、更高的利润可以让他们承受更高的管理费用。因此，安捷伦的组织文化更像是测量公司的组织文化，完全不同于半导体制造商。

安捷伦的管理层并没有把半导体产品集团看作一个核心团队，因而仅投入了较少的高级管理人员、专业能力和人才。亚当·克莱默回忆说："我们对半导体产品集团进行了长期考察并与他们的管理团队进行了深入互动，在整个过程中，我们认为，业务层面的人员完全可以进行无缝对接，并且在更专业化的所有权人领导下，有可能会做出更好的业绩。相反，最需要强化的反倒是人事部门，因为他们以前是在一家大公司的一个部门中工作，对公司整体业绩承担的责任很有限。"

客户和分销方面需要考虑的问题

由于核心业务组合的产品分类比较清晰，因此，大多数产品可以通过分销商（比例达到55%）直抵零散、稳定的客户群，这就降低了客户流失偏离的收益风险。在这个领域，安捷伦拥有强大的品牌和客户黏性，这就是他们最重要的资产。另外，策略性业务组合则通过直销渠道直达集中性的客户群体。

此外，由于和飞利浦照明成立的 Lumileds 合资公司签署了竞业禁止协议，因此，ECBU 部门内部已不得从事 LED 业务，这就使集团难以寻求拥有更快增长潜力的业务。而将半导体产品集团剥离出去或是独立销售，不仅可以消除这个限制，而且可以为战略收购者提供更大的增长机遇。但是要最终实现这个目标，还需要对重要的知识产权与供应关系问题进行协商。

对特定的产品线而言，半导体产品集团的最大客户就是以前的母公司惠普（HP）。比如说，对于 ECBU 的移动控制产品线，来自惠普的收入达到全部营收的 50% 以上，其余大部分是通过分销渠道实现的。此外，半导体产品集团还出售 HP 打印机使用的光学编码器。最后一点，将公司的最大客户内部化，会造成严重的利益冲突和转移定价问题。

半导体产品集团的增长机会

对安捷伦来说，组织结构上的限制进一步加剧了 ECBU 的增长难度。安捷伦习惯于将这个部门看作公司的"现金牛"，因而很少为刺激该业务的增长而提供资源。例如，ECBU

只将销售收入的 5% 左右用于研发,这个比例远远低于其他所有业务部门或可比资产(见附录 11.11 和附录 11.12)。考虑到 ECBU 所属行业具有高速成长的特性,因此,投资不足会对整个市场份额造成严重后果。安捷伦的管理层并没有把半导体产品集团看作核心机构,而是拿走 ECBU 创造的现金流,并投资于其他业务。

以往,半导体产品集团的策略一直是用增长较慢部门创造的利润,资助增长更快、但往往不太赚钱的业务。此外,安捷伦的管理层也不鼓励 ECBU 管理层寻求能带来正营业利润但毛利润低于指定水平的收入,这就导致拥有正现金流和原本应带来投入资本收益率(ROIC)的业务难以实现投资和退出的最优化。尽管目前研发投入有限,但半导体产品集团管理层依旧引入新产品实现较快增长。从以往的情况看,新产品投资的收益率是非常有诱惑力的,对于平均寿命仅有 3 年的产品来说,研发投资的 IRR 通常可以得到 84%。

银湖投资董事总经理郝也康认为:"我们预计,ECBU 还将继续为策略业务组合的研发活动提供资金,但我们也意识到这样一个事实——ECBU 也需要为这笔交易承担融资负担。因此,有必要提高研发效率,并进一步集中到几个具有高性价比的产品上。"

半导体产品集团的成本结构

由于"核心业务组合"的职能是形成一项拥有较长周期的产品业务,因而可以为半导体产品集团提供可预测的稳定收入。其成本结构以亚洲为主,灵活性较高(超过 85% 的成本为可变成本),这就大大缓解了现金流的周期性特征。相比之下,半导体产品集团的"策略业务组合"主要分布在美国,因而具有较高的固定成本。加上营业收入波动较大,使利润和现金流均呈现出较大的波动性。

对于安捷伦现有的成本分配政策,其目的主要是迎合科研仪器及测量企业的成本结构。随着时间的推移,这种收益模式和费用结构给半导体产品集团的成本结构带来沉重负担,严重影响了它的竞争力。安捷伦的消费及管理费用(SGA)占销售收入的 25%~30%,而半导体产品集团竞争对手的这个比例则在 10%~15%。对于半导体产品集团,他们自己发生的直接消费及管理费用与竞争对手基本持平,但还要为安捷伦公司额外承担 7%~10% 的费用(见附录 11.11)。此外,其他需要分配的费用(如研发费)和专项资产使用费(安捷伦拥有 1 000 多个 IT 系统),则进一步削弱了半导体产品集团的盈利能力,这就为他们在财务和成本上实现优化创造机会。

从交易角度看,亚当·克拉默认为:"我们承接了一个盈利能力非常有限的企业(如果公司全部成本已分配完毕)。所以,我们花费大量时间去了解真正的成本基础是什么样子。"

不过,尽管公司的成本分配似乎无穷无尽,但安捷伦也确实为各个业务部门提供了大量服务。来自凯普斯通和银湖投资价值创造团队的比尔·考诺格需要业务独立提供大量的数据支持的方案，他指出："我们的任务就是将新公司的全部销售及管理费用整合到一起。通过对照行业基准指标，我们认为，在行业周期的底部阶段，半导体产品集团的销售及管理费用应为销售收入的 12%～13%，而顶部的这一比例应为 8%～9%。所以，我们认为，还有很大的机会去改善成本结构……唯一的问题就是有多大的改进空间。"

但不乏令人鼓舞的迹象，尽管要分担高昂的销售和管理费用，但半导体产品集团的管理层始终能够驾轻就熟地控制成本。例如，在 1998 年到 2004 年，管理层将核心层 ECBU 部门的平均毛利率提高 20%，EBIT 利润率提高 40%（见附录 11.10）。比尔还指出："此外，在进行自上而下的基准对标和自下而上的成本架构时，我们在 IT 和后台服务方面向 IBM 和 Wipro 等供应商进行了询价，以便更好地了解间接费用的真实成本。"

其他需要考虑的交易事项

从安捷伦中剥离出半导体产品集团，并将其设立为一家独立公司，是 KKR 和银湖投资对此次交易制订的基本原则。根据交易方案，要剥离 IT、不动产、人力资源和法律部门，还需要对很多问题和风险实施有效的管理和控制。比如说，必须在交割之前就详细的"过渡期服务协议"达成一致，约定业务的出售方和收购方在一段时间内向新买方提供某些服务（并收取费用）。

比尔说："我们必须尽快实现自给自足，但压力很大。每个模块到交割前都只有 3～12 个月的时间，如果不能按期交割，不仅要承担每天 10～15 万美元的高额罚款，还要承担以后的服务升级费。"但最有挑战性的项目，还是新 ERP 系统的实施及头一次设立的薪资和人力资源系统，全部需要在 1 年内准备就绪。

除了"过渡期服务协议"流程之外，半导体产品集团与安捷伦和惠普之间的多重关系也需要认真梳理。毕竟，半导体产品集团还需要继续依赖卖方提供的优惠，最典型例子就是复杂的知识产权专利。如果关键部分仍由卖方拥有，那么这些专利既有可能成为资产（通过对休眠专利的货币化），也有可能成为负债。此外，虽然半导体产品集团会继承惠普和安捷伦的主要知识产权，但有不少变更控制条款，这些限制条款是必须加以认真评估的；如有必要，还需重新展开谈判（有时需要在安捷伦的帮助下引入外部力量）。

正如银湖投资的郝也康所言："作为一个最招惹诉讼事件的行业，半导体行业知识产权的重要性体现在两个层面上：防御性，防止其他人在公司和客户之间插足；进攻性，加强产品线，尤其是抵御低成本竞争对手以维持利润率。"一个电信的例子就是存储业务部门，大量的知识产权组合实际上是为该部门制造了一把"看不见"的锁头。

另一个需要关注的领域，就是过渡期对管理层和员工的影响。在被收购后，文化和传统激励结构的变化可能导致关键性管理、技术、工程及销售人才的流失。"作为安捷伦的一个组成部分，半导体产品集团的北美员工加入了一些固定缴费的养老金计划，还享受几项额外的公司福利。管理层和关键人员的奖金相对有限，而且主要与安捷伦的公司整体业绩相关。"对于准备实施的调整，比尔指出，"我们计划将公司实行符合行业惯例的固定缴费的养老金计划，同时取消其他不属于行业通行做法的福利计划。虽然我们也计划大幅增加奖金，但这些奖金肯定和半导体产品集团的业绩挂钩，因为我们正在创建的是一个更小规模的新实体，因此，这获奖是一个更有风险的命题。"

除上述调整之外，半导体产品集团依赖亚洲主要运营机构实施的低成本制造战略，促使交易团队开始考虑将总部及大部分知识产权转移到新加坡。这会让新设立的独立公司享受更低的有效税率，但这也会让员工对未来公司发展方向产生更多的疑惑和顾虑。

此外，安捷伦以往曾多次就出售半导体产品集团的策略性业务组合接触潜在买家。这促使交易团队相信，他们一定能为某些非核心资产找到接手方。因此，最大的挑战就在于，如何评估半导体产品集团与潜在买家对这些资产上的战略匹配性。

郝也康介绍了交易团队所经历的过程："不断加深我们在这个行业的了解，也让我们对最有希望的买家有了更多认识。此外，我们还在整个过程中与各业务部门的管理者进行沟通，了解他们与半导体产品集团的相互适应性。最后，所有经理都希望能成为'成功者'，那么，问题就变成——你需要怎样赢得成功？半导体产品集团是否能为他们的成功提供基本前提，或是在别处能为他们的成功提供更好的平台。"打印机业务就是一个例子，作为影像部门的一个重要组成部分，半导体产品集团既不需要建立庞大的设计库，也无须获取最新的核心技术。

为维护已剥离非核心资产的期权价值，他们必须保证向潜在收购方转移全部知识产权，而且这些业务可以脱离安捷伦提供的服务平台，按"过渡期服务协议"继续运营，而且在出售事项发生中不会受到处罚。

至于对主营业务投资的退出，KKR和银湖投资对战略性出售或上市这两种策略进行了评估。交易团队最关注的当然是退出价值。可比公司的出售价格通常按收益的15～32倍。负责此次交易的投资银行认为，如果能在业务处于上行阶段进行IPO，那么就存在利用估值倍数进行套利的机会。在业内以往的私募股权交易中，交易后EBITDA倍数的增长率中位数接近150%（见附录11.13），这无疑是一笔相当可观的收益。然而，利用企业估值的周期性上涨及通过IPO去杠杆的能力，归根到底还需要有强劲的增长业绩做支撑，也就是说，需要让市场看到不低于5%，甚至是近10%的收入增长率。

此外，交易团队还必须在拟定的协议范围内，对规划中的资本结构可行性进行评估，并确定预期收益是否足以补偿相应的预期风险。但是在考虑这些财务问题之前，他们必须了解并接受公司的基础运营状况及相应的价值驱动因素和风险。

补充材料1

KKR和银湖投资公司合作伙伴的背景

KKR集团，全名为科尔伯格·克拉维斯投资集团（Kohlberg Kravis Roberts & Co. L.P.），是全球领先的另类资产管理公司，也是全球顶级的杠杆收购公司及历史最悠久、经验最为丰富的私募股权投资机构。KKR成立于1976年，创始人是亨利·克莱维斯（Henry Kravis）、他的表兄乔治·罗伯茨（George Roberts）及他们的导师杰罗姆·科尔博格（Jerome Kohlberg），公司名称源于这三人姓氏的首字母。这家公司曾创造出众多开创性的成就，包括在1983年完成全球首例超过10亿美元的杠杆收购（Wometco Enterprises），在1984年完成全球首例通过要约收购方式收购上市公司（Malone & Hyde）。截至2005年，公司旗下管理的私募股权资产已达197亿美元（见附录11.1）。KKR专门从事复杂的大型收购，致力成为收购领域的领军企业，并与被收购的公司管理层合作，引领被收购公司进入下一发展阶段。KKR旗下的凯普斯通（Capstone）成立于2000年，目前已成为KKR管理和强化其被投资公司经营绩效的全球型核心资源。KKR的凯普斯通团队致力于和公司的专业投资人士及被投资公司的管理团队密切合作，在定价、组织架构设计、改善销售部门效能和运营效率等方面提供专业化服务。

银湖投资公司创建于1999年，专门从事对技术创业及该领域成长型公司进行大规模投资。依托于第一只基金的强劲表现，银湖投资刚刚又（2004年）筹集了新的36亿美元基金，旗下管理的资产规模达到59亿美元。公司将投资目标定位于具有明显竞争优势、在业内处于领先地位的大盘股公司，把握收入和利润增长的机会。公司拥有强大的管理团队和专有技术，并建立完善的投资业务流程。银湖投资致力于和被投资公司的管理团队密切合作，共同提升被投资公司的价值。公司已建立起一个专业的价值创造团队，拥有深厚的运营经验，并着眼于发现和利用业务改进的机会，在银湖投资的行业专业能力的支持下，在战略和运营方面驱动企业的进一步增长。

补充材料2

案例中关键人物的简介

（见截至2011年8月的公司网站）

亚当·克莱默（Adam H. Clammer），于1995年加盟KKR，目前担任技术集团负责人。

他积极参与对多家公司的收购项目,包括爱瑞森特(Aricent,收购前为伟创力软件公司)、安华高科技(Avago Technologies,收购前为安捷伦半导体公司)、乳业巨头博登公司(Borden)、跨媒体通讯(Intermedia Communications)、爱尔兰爵士制药(Jazz Pharmaceuticals)、心脏病医院运营商 MedCath、美国 NuvOx 制药公司、荷兰恩智浦半导体(NXP,收购前为飞利浦半导体公司)、RELTEC 工程公司、SunGard 数据系统公司及分析科学公司(TASC)。克莱默目前担任爱瑞森特、安华高、柯达、恩智浦半导体及 TASC 等公司的董事会成员,以及 SunGard 公司运营委员会委员。在加入 KKR 之前,克莱默先生曾任职于摩根士丹利的香港及纽约办事处并购部。他在加州大学取得学士学位,并在哈佛商学院以优秀毕业生、"贝克尔奖学金"的资格取得 MBA 学位。

威廉·考诺格(William L. Cornog),2002 年加入 KKR 凯普斯通,目前担任 KKR 凯普斯通欧洲区负责人及 KKR 投资组合管理委员会委员。考诺格曾担任威廉斯通讯集团高级副总裁兼网络服务业务总经理,专门负责 WilTel 电信集团 12 亿美元的网络业务。在加入威廉斯通讯集团之前,考诺格是波士顿咨询集团的合伙人。此外,考诺格先生还曾在 Age Wave 通讯公司从事直销业务,在美国史克必成制药公司(SmithKline Beckman)从事营销及销售工作。在 KKR 凯普斯通,考诺格先生参与了 KKR 在北美洲、亚洲和欧洲地区被投资公司的事务。考诺格在斯坦福大学取得学士学位,并在哈佛商学院获得 MBA 学位。

银湖投资集团董事总经理兼亚洲投资主管郝也康

郝也康(Ken Hao)于 2000 年加入银湖投资公司,担任董事总经理及亚洲投资主管,银湖投资集团投资经营委员会委员。他曾担任过多家科技公司的顾问和投资人。在加入银湖投资之前,郝先生是 H&Q 公司的董事总经理。在 H&Q 任职的 10 年间,他曾为半导体、计算机系统及软件行业企业提供战略咨询和风险投资。从 1997 年到 1999 年,郝先生负责 H&Q 公司的系统及半导体投资银行业务。此外,他还主导 H&Q 在亚太地区的多个投资银行项目。郝先生目前担任好耶网络媒体控股公司、安华高科技有限公司、安捷伦科技半导体产品集团继任公司以及和世迈科技(WWH)等公司的董事会董事。郝先生在哈佛大学取得获得经济学文士学位。

凌震文(Tony Ling)2005 年加入银湖投资,任董事。在加入银湖之前,凌先生曾任职于贝恩资本,从事各领域的大型杠杆收购项目,并以技术和工业领域为主。此前,凌先生曾担任贝恩公司的管理咨询师,负责对私募股权客户的交易进行战略尽调,并为众多企业客户提供战略开发服务。他目前在 IPC 系统公司董事会任职。凌震文在哈佛大学取得经济学学士学位,并在哈佛商学院获得 MBA 学位。

附录11.1

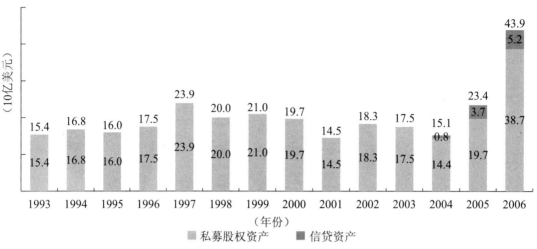

KKR 的资产管理规模（1993—2006 年）

附录11.2

银湖投资集团的已投资资金

标志为银湖投资在此期间的主要投资项目（1999—2005年）

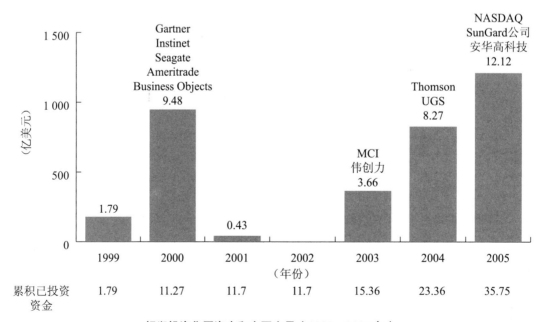

银湖投资集团资本和主要交易（1999—2005 年）

附录11.3
安捷伦科技——业务部门

（安捷伦科技 2004 年度公司报告，案例作者根据需要摘录）

业务部门	检测与测量	半导体产品	生命科学与化学分析	自动检测
2004年收入（亿美元）	29	20	13	9
员工人数（人）	11 200	6 800	3 900	2 200
描述	[...] 针对电子设备以及通信网络和服务设计、开发、制造、安装、配置和运行，提供标准化和定制化的解决方案	[...] 为消费电子和商业电子应用程序提供半导体元件、模块和子系统的全球顶级供应商	[...] 提供以应用为核心的解决方案，包括相应的仪器、软件、消耗品和服务，为客户提供识别、量化和分析物质和产品物理及生物属性的能力	[...] 为半导体元器件、电子产品（主要为印刷电路板组件）及平板显示器制造提供测试用解决方案
市场	[...] 市场领域涉及通信测试及通用性检测市场	[...] 服务于个人系统和网络市场	[...] 生命科学市场（占部门收入的40%）包括药物分析、基因表达以及蛋白质组学市场。化学分析市场（占部门收入的60%）包括国土安全、法医、石化、环境、生物农业及食品安全市场	[...] 产品用于半导体和电子制造业以及平板显示器市场
产品范围	通信检测产品包括光纤网络、传输网络、宽带及数据网络、无线通信及微波网络的解决方案；解决方案的安装和维护；以及支持系统的运营，包括监控和网络管理系统。通用性检测解决方案包括通用仪器、模块化仪器和测试软件、数码设计产品及高频电子设计工具	个人系统产品（用于移动电话、打印机、PC外设和消费电子产品）包括射频和微波通信设备、红外发射器、探测器和无线电收发模块产品、印刷专用集成电路（ASIC）、光学图像传感器和处理器、光学位置传感器；以及发光二极管（LED）和光耦合产品 [...]我们的网络产品包括光纤通道控制器产品、光纤产品和高速数字集成电路产品	我们的七大关键产品类别包括微阵列、微流体、气相色谱法、液相色谱、质谱、软件和信息产品；以及相关的耗材、试剂和服务	我们的自动检测业务包括设计、开发和制造半导体测试设备、电子制造测试设备（包括自动光学检测产品、X射线自动检测产品、自动电路测试产品和制造测试系统软件）以及薄膜晶体管阵列测试设备平板显示器

附录11.4
安捷伦科技——业务部门
(安捷伦科技,2004年,"10K"报表)①

	单位:100万美元	以10月31日为年终基准日			2004/03 变化率(%)	2003/02 变化率(%)
		2004	2003	2002		
检测与测量	订单收入	2 856	2 413	2 549	18	-5
	产品收入	2 498	2 135	2 219	17	-4
	服务收入	405	394	393	3	—
	收入总额	2 903	2 529	2 612	15	-3
	经营性收入(亏损)	219	-315	-710	170	56
	营业利润率(%)	8	-12	-27	20 ppts	15 ppts
	投资收益率(ROIC)(%)	8	-9	-17	17 ppts	8 ppts
半导体产品集团	订单收入	1 978	1 652	1 568	20	5
	总收入	2 021	1 586	1 559	27	0.02
	营业收入(亏损)	166	-59	-115	381	49
	营业利润率(%)	8	-4	-7	12 ppts	3 ppts
	投资收益率(ROIC)(%)	17	-2	-3	19 ppts	1 ppts
生命科学与化学分析	订单收入	1 332	1 174	1 151	13	2
	产品收入	1 034	915	884	13	0.04
	服务收入	299	271	249	10	0.09
	收入总额	1 333	1 186	1 133	12	0.05
	经营性收入(亏损)	192	148	140	30	6
	营业利润率(%)	14	0.12	0.12	2 ppts	—
	投资收益率(ROIC)(%)	22	0.21	0.21	1 ppts	—
自动检测	订单收入	831	845	745	-2	13
	产品收入	749	604	572	24	0.06
	服务收入	175	151	134	16	0.13
	收入总额	924	755	706	22	0.07
	经营性收入(亏损)	66	-34	-70	294	51
	营业利润率(%)	7	-5	-10	12 ppts	5 ppts
	投资收益率(ROIC)(%)	6	-3	-6	9 ppts	3 ppts

① 报告期各项业务的营业收入(亏损)不包括重组、资产减值和其他费用。

附录11.5

安捷伦科技——合并口径的经营状况表，2004年10月31日

合并经营报表已由作者调整，以反映在按GAAP进行调整前的营业收入（亏损）（摘自安捷伦2004年年度收入表），从而与附录11.4的数字保持一致。

合并口径的经营状况表

金额单位：100万美元	以10月31日为年终基准日	
	2004年	2003年
收入净额：		
产品收入	6 302	5 240
服务及其他收入	879	816
收入净额小计	7 181	6 056
成本和费用（扣除GAAP的调整额）：		
产品及服务成本	3 955	3 587
研究与开发成本	914	984
销售及管理费用	1 670	1 774
成本和费用小计	6 539	6 345
营业利润（亏损）（非按GAAP）	642	-289
按GAAP进行的调整（重组、资产减值及其他）	-256	-436
营业利润（亏损）（按GAAP）	386	-725
其他业务收入（支出）净额	54	35
持续经营创造的税前收入（亏损）	440	-690
预估税款（所得税）	91	1 100
持续经营收入（亏损）	349	-1 790
非持续业务清算收益（亏损）	—	—
未考虑会计变更累计影响的收益（亏损）	349	-1 790
采用SFAS"第142号"产生的累积效应	—	-268
净利润（亏损）	349	-2 058

注：GAAP，《一般公认会计原则》；SFAS"第142号"为《财务会计准则》的"商誉和无形资产"准则。

附录11.6

安捷伦科技——分部资产、资本支出和投资，2004年10月31日 100万美元

	检测与测量	自动检测	半导体产品	生命科学与化学分析	合计
截至2004年10月31日					
资产	2 148	718	1 434	725	5 025
资本支出	43	14	47	14	118
权益法投资和预付款	23	—	103	—	126
截至2003年10月31日					
资产	2 268	804	1 420	680	5 172

续表

	检测与测量	自动检测	半导体产品	生命科学与化学分析	合　　计
资本支出	85	23	70	27	205
对按权益法核算的被投资公司进行的投资及预付款	25	—	75	—	100

附录11.7

半导体行业的成长

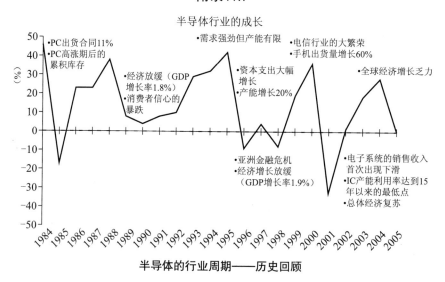

半导体的行业周期——历史回顾

附录11.8

半导体行业的周期——现状，2005年

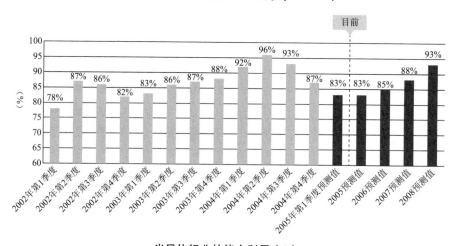

半导体行业的能力利用（1）

资料来源：半导体行业协会，《华尔街研究》。

第四部分　杠杆收购（LBO）

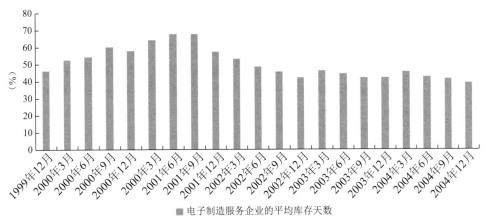

主要 OEM 厂商的库存水平（2）

资料来源：公司报告及雷曼兄弟的估计。

附录11.9

半导体产品集团的各业务部门

17亿美元	毛利润率（%）	产品类型	主要驱动因素	顾客集中度	描　述
存储	62	ASIC	设计导入	高	用于存储产品光纤通道互连协议的控制集成电路
企业产品	40	ASIC	设计导入	高	用于 Cisco 和 HP 网络及服务器产品的 I/O 输入/输出及网络集成电路
图像解决方案	28	ASIC/CMOS 传感器	设计导入	高	用于摄像手机和 ASIC 控制器的 CMOS 图像传感器
无线产品	27	PA 和过滤器 & 射频分立器	行业增长	高/低	针对多市场应用程序的手机及射频分立器无线芯片
光纤产品	32	消费及工业用光纤产品	设计导入/行业增长	高/低	光学收发器、接收器和发射器
ECBU	39	混合	设计导入/行业增长	低	LED、光电耦合器、光电鼠标、运动控制器及用于消费电子、工厂自动化及运输的红外产品

销售收入

（1）毛利润已考虑应分摊的全部集团费用（最接近真实毛利润）。

附表11.10
ECBU部门的业务改进（1998—2004年）

100万美元

	LED			隔离设备			红外设备			移动控制			平均变化率（%）
	1998	2004	变化率	1998	2004	变化率	1998	2004	变化率	1998	2004	变化率	
收入	149.00	256.10	107.10	92.00	197.10	105.10	29.00	75.40	46.40	96.00	106.40	10.40	
直接毛利	−1.0	79.2	80.2	44	124.2	80.2	−2.0	23	25	51	51.2	0.2	
直接毛利率（%）	−0.70	30.90	31.60	47.80	63.00	15.20	−6.90	30.50	37.40	53.10	48.10	−5.00	19.80
直接EBIT	(38.00)	71.30	109.3	30.00	118.20	88.2	(14.00)	19.50	33.5	35	42.60	7.6	
直接EBIT利润率（%）	−25.50	27.80	53.30	32.60	60.00	27.40	−48.30	25.90	74.10	36.50	40.00	3.60	39.60

附录11.11

半导体产品集团的业务部门——微观数据，2004年12个月（长期） %

金额单位（100万美元）	ECBU	光纤	无线	存储	企业ASIC	成像
总收入	757.0	247.2	203.9	108.9	169.0	148.1
主营业务成本的影响（1）						
材料及其他变动成本	47.60	42.50	29.10	22.60	46.50	64.90
制造费用（不含人工）	4.90	10.30	15.90	4.90	3.40	4.50
人工成本	2.60	7.70	22.80	1.90	2.10	1.70
集团费用的分摊	1.80	2.30	2.10	2.10	2.00	1.60
母公司费用的分摊	3.20	7.00	8.40	5.10	4.10	4.70
主营业务成本合计	60.10	69.80	78.40	36.50	58.10	77.50
固定成本的比例（2）	19.00	34.00	65.00	30.00	13.00	21.00
毛利率（1）	39.90	30.20	21.60	63.50	41.90	22.50
研发（1）						
直接成本与SPG费用小计	4.10	13.60	15.70	29.00	14.90	14.20
集团分摊	2.70	6.10	5.70	6.20	4.90	4.80
研发成本合计	6.80	19.80	21.40	35.20	19.80	19.00
研发成本中的固定成本比例（2）	75.00	85.00	80.00	88.00	65.00	75.00
营销与销售费用（1）						
直接成本与SPG费用小计	4.20	8.20	4.80	7.30	2.30	3.10
集团分摊	1.20	2.20	2.40	1.50	1.50	1.50
营销与销售费用合计（1）	5.30	10.50	7.10	8.80	3.80	4.50
一般性管理费用（1）						
直接成本与SPG费用小计	1.20	2.70	2.80	3.40	1.90	1.50
集团分摊	5.00	7.10	6.90	7.40	6.80	6.10
一般性管理费用合计（1）	6.20	9.80	9.70	10.90	8.70	7.70
销售及管理费用中的固定成本比例（2）	80.00	80.00	80.00	80.00	80.00	80.00
EBIT（1）	21.60	-9.90	-16.60	8.60	9.60	-8.70
EBIT/企业储蓄（1，3）	27.00	0.20	-6.10	17.70	17.40	-1.00
资本支出（4，5）	0.70	1.90	8.30	11.10	4.30	

附录11.12
半导体产品集团及可比公司的运营统计数据

	2004财年的经营指标（%）								
	半导体产品集团 ECBU的业务部	可比公司						可比公司的均值	安捷伦
		AMI	Cypress	Fairchild	IRF	Microsemi	On Semi		
主营业务成本	57	53	52	72	59	65	68	61	57
研发	6	15	27	5	9	8	8	12	13
销售及管理费用	10	14	16	11	15	15	12	14	25
总成本	72	81	94	88	82	88	87	87	95
息税前利润	28	19	6	12	18	12	13	13	5

附录 11.13

可比公司的估值（以交易时点为基准日）

目标	进入日期	IPO 日期	进入时的估值倍数				退出时的估值倍数				P/E 的扩张率（%）
			2014年过去12个月的收入（倍）	2014年过去12个月EBITDA（倍）	2014年过去12个月的收入（倍）	2014年过去12个月EBITDA（倍）	2015年及以后12个月的收入（倍）	2015年及以后12个月的EBITDA（倍）	2015年及以后12个月的收入（倍）	2015年及以后12个月的EBITDA（倍）	
On Semiconductor	1999年5月11日	2000年4月27日	1.01	6.1	2.03	9.8	1.76	7.9	28.9		60.10
Fairchild	1997年4月27日	1999年8月3日	0.80	不适用	2.05	9.8	1.69	8.5	20.7		不适用
Integrated Circuit Systems	1999年1月20日	2000年5月22日	1.44	6.4	5.90	20.6	4.79	13.4	19.1		221.80
Intersil	1999年6月3日	2003年2月24日	1.47	9.0	3.93	20.3	3.38	14.0	58.8		126.80
AMI Semiconductor	2000年12月5日	2003年9月23日	1.37	4.4	3.80	17.4	3.27	11.4	32.7		292.90
Ultra Clean Holdings	2002年11月15日	2004年3月24日	0.34	NM	1.34	20.0	0.53	4.9	9.9		不适用
NPTest Communications	2003年6月24日	2003年12月10日	0.95	12.5	1.75	33.2	1.62	29.9	不适用		165.50
MEM	2001年11月14日	2003年5月15日	不适用	不适用	2.81(2)	15.2(2)	2.53(2)	11.5(2)	18.1(2)		不适用
ChipPac	1999年8月15日	2000年8月8日	1.64	6.4	2.90	13.4	1.93	6.8	24.5		111.00
Legerity	2000年5月2日	不适用	2.02	不适用	不适用	不适用	不适用	不适用	不适用		不适用
Zilog (3)	1997年8月21日	不适用	1.86	6.5	2.95	不适用	不适用	不适用	不适用		不适用
均值			1.29	7.3	2.39	17.7	2.39	12.0	26.6		163.00
中位数			1.41	6.4	2.81	17.4	1.93	11.4	22.6		146.10

案例 12 身边的筹码（B）：对安华高科技的收购

一、概述

2005年夏天，一个由私募股权公司（KKR和银湖投资集团）组成的财团已进入收购安捷伦半导体部门的过程。为准备签署收购协议及随后的股权转让事宜，交易团队已开始从投资的优势和弊端等方面重新审视他们的投资原则。案例十一侧重于交易的运营方面，而案例十二则强调的是如何采取适当的融资结构和股权结构。

二、案例研究的目标

本案件讨论了私募股权的风险–收益关系及财务和运营风险在交易架构设计过程中的相互影响，从而帮助读者从更高的层面上了解杠杆收购的运作机制。本案例以投资委员会的决策过程为主线，力图在较高运营风险的剥离背景下，全面认识不同债务工具和融资结构的相互关系。

案例B基于AVAGO（A），并打算在收购交易中显示运营和财务考虑之间的相互作用。

案例B以关于安华高科技收购的案例A为基础，基本可以划分为两个部分：对收益和风险的讨论及债务架构设计的实务操作。

三、本案例需要解决的主要问题

1. 你认为交易的潜在收益（根据基准情况计算）是否能充分弥补运营和财务方面的风险？
2. 潜在收益的主要驱动因素是什么？
3. 考虑到你对此笔交易风险收益的看法，应如何为这笔收购进行融资？解释一下你的理由。

四、补充资料

为充分利用本案例，建议读者通过如下资料了解本案例的过程及背景信息。

- 重点推荐读者阅读《精通私募股权》中的如下章节。
  - 第一章：私募股权基金的基本概念
  - 第四章：收购
  - 第八章：交易的定价机制
  - 第九章：交易架构
  - 第十一章：公司治理
  - 第十二章：管理团队的维护
- 供教师使用的案例网站：http://cases.insead.edu/chips-on-the-side/
- 可以参考该网站获得更多资料：www.masteringprivateequity.com
- Werner Ballhaus, Dr Alessandro Pagella and Constantin Vogel (2009), "A Change of Pace for the Semiconductor Industry?" Retrieved from：http://www.pwc.com/en_GX/gx/technology/pdf/change-of-pace-in-the-semiconductor-industry.pdf
- Mimi James and Zane Williams (2012), "Not Enough Comps for Valuation? Try Statistical Modelling." Retrieved from: http://www.mckinsey.com/insights/corporate_finance/not_enough_comps_for_valuation_try_statistical_modeling
- J. Eric Wise (2006), "A Beginner's Guide to Thinking about Covenants." Retrieved from: http://www.kramerlevin.com/media/PublicationDetail.aspx?publication=730

五、案例简介

本案例由 INSEAD 全球私募基金投资研究小组常务理事迈克尔·普拉尔撰写。案例的编写过程是在 INSEAD 全球私募基金投资研究小组（GPEI）执行董事、"决策科学"及"创业与家族企业"课程资深特邀教授克劳迪娅·纪斯伯格及 INSEAD "决策科学"和"创业与家族企业"助理教授维卡斯·阿格加瓦尔指导下完成的。本案例旨在为课堂讨论提供基础材料，无意对案例所涉及的处理方式是否有效做出判断。

本案例的完成还要感谢张未，安高华科技剥离时任公司 CEO。

有关 INSEAD 案例研究的更多材料（如视频材料、电子表格及相关链接等）可登录官网 cases.insead.edu 查询。

Copyright © 2012 INSEAD

身边的筹码（B）：对安华高科技的收购[①]

在重新确定业务经营案例（见案例 A）的同时，收购财团花费大量时间来讨论并确认新公司应采取的融资结构。虽然融资以保持足够的稳健性，吸收经营风险，但也只有具备足够大的规模才能实现股权收益的最大化。KKR 合伙人亚当·克拉默回忆起当时的情形时说："这是当时半导体行业最大的私募股权交易。为实现收益，我们必须为这笔交易加杠杆。对于这种类型的交易来说，超过 EBITDA5 倍的债务融资绝对是前所未有的。"

总体设置

在上一轮投标中，拍卖过程的竞争机制就已经导致收购财团给出 27.59 亿美元的报价，在此基础上，他们在下一轮中取得排他性选择权，并在夏季结束之前完成交割方案。收购价格大约相当于过去 12 个月（截至 2005 年 7 月）EBITDA 的 9.6 倍左右（见附录 12.1）。通过进一步分析，收购团队确信，当期财政年度（截至 10 月）的业绩将有更强劲的表现，

[①] 对于本部分的内容，不得以任何方式被视作为出售安高华或银湖投资的其他被投资公司股权或银湖基金（统称为"银湖"）以及 KKR 的其他被投资公司或 KKR 基金（统称为"KKR"）的股权，通过在法律、税务、投资、会计或其他方面提供的建议而做出报价或是寻求潜在卖方。安华高科技、银湖投资及 KKR 或其关联企业公司对本文所包含信息的准确性或完整性不做任何明示或暗示性地陈述或保证。

本案例发生时，这家企业的名称还是半导体产品集团（SPG）。在被收购之后，该公司被重新更名为安华高科技。内容尚未更新，因而尚不能反映自交易以来出现的相应发展或变化。

从而导致 2005 年全年的 EBITDA 达到 3.096 亿美元。

购买价格是在"无现金/无债务"基础上计算得到的，也就是说，收购财团必须为正在持续经营的业务运营提供部分融资（包括过渡费用）。公司新的现金流水平被设定为 8 120 万美元。此外，还要考虑到融资和交易费带来的交易成本 1.3 亿美元。为此，投资银行已明确表示，债务融资的规模将达到 1.725 亿美元。

收购团队提出一个相对保守的初步基础案例（见附录 12.2），并以此作为与银行开展讨论的出发点。为优化投资组合，收购财团已先期处置了两个业务部门（存储和图像业务的大部分），这将为资产负债表提供 4.5 亿美元的现金（税后）。这些业务预计可实现 3.084 亿美元的收入，并带来 3 210 万美元的年终收益。在模型中，这将立刻减少 4.15 亿美元的债务（其余部分将用于其他公司活动，并在经营模式中予以考虑）。

在低增长的保守基础案例中，倍数的选择对估值带来巨大影响。已上市公司（其中的很多公司比安华高的专业化程度更高）交易的倍数分布非常分散（见附录 12.3）。在业内以往的私募股权交易中，交易后 EBITDA 倍数的增长率中位数接近 150%（见附录 12.4），给收购方带来了一笔丰厚的回报。因此，在退出时（最有可能通过公开市场），收购财团计划将突出光电及模拟这一核心业务中的模拟半导体业务：它拥有适度的增长率，但波动性较低，而且也有极强的盈利能力，并在亚洲建立低成本、完全无半导体制造、仅从事设计任务[①]的经营模式。

融资结构

在交割之后迅速返还大部分收购负债会明显降低企业的财务风险。但无论是确切的还款时间安排和还款金额，还是潜在的后续剥离，都是未知的。交易团队必须考虑采用什么样的融资工具最有利于提供所需要的过桥融资。

银行担心的是，如果预期的剥离或是财务业绩未能兑现，那么，最终将导致公司资产负债表上的杠杆率过高。

为此，KKR 的合伙人亚当·克莱默指出：

"我们在备考数字的基础上设计出融资结构。这意味着，我们需要通过大量的分

---

① 全球半导体联盟："完全无制造"（fabless）是指将半导体硅片制造完全外包的业务方式，它已成为半导体行业首选的商业模式。"完全无制造"型公司只从事产品的设计、研发和营销，并与半导体硅晶片的制造商或代工厂结成联盟。

析来获得强有力的支持数据。我们从一开始就引入投行,以便让他们能更好地了解补加回来的资产及其可销售性。"

此外,融资团队还必须适应基础业务在经营上的波动性。贷款通常都是附带条件的(债务契约),即要求借款人必须遵守某些限制性的条款(见附录12.5)。债务契约可能会严格限制公司的活动——甚至会迫使债务公司出售资产,或是要求私募股权所有者注入新的股权资金(这会对收益产生负面影响),以保证杠杆符合债务契约的要求。"我们正在寻找一种限制性更低的融资方式,这会给我们带来足够的活动空间(只有超越这个空间才会触发违约)",克莱默解释说,"此外,我们还提供了其他形式的缓冲,并着手控制风险。"

这种方法的好处是,有可能实现远优于预期的结果或是进一步实施更多的剥离。融资方案通常会严重限制公司向股东支付股利的能力(比如说,因出售业务部门),除非公司能取得非常低的杠杆水平。尽管公司可能希望减少债务和利息支付,但债务投资者更喜欢收到公司的汇款及相应的回报,并针对很多债务工具的提前还款制订限制性或处罚性约定。

所有这些因素都需要考虑到融资方案的设计中。可供选择的债务工具是多种多样的(各种债务融资工具的介绍见附录12.6),每一种债务工具的成本、结构和条款都各不相同。债务工具通常按其风险程度进行排序,其风险程度体现为他们在受偿顺序(优先性)中的位置,以及是否有相应的资产(抵押品)提供担保。在破产的情况下,债务工具的优先性将决定谁拥有对破产资产的第一受偿权。但是,取得担保的债权人对抵押品拥有第一受偿权。在债务公司想偿还一部分债务的时候,融资工具的优先性同样确定了谁将首先获得还款。按照风险度,不同级次的债务支付不同的利率,风险程度越低(如周转信贷额度和银行定期贷款),其支付的利率水平也越低。

由于筹划中的交易规模较大,因而需要一个由不同类型债务构成的大规模债务包。总的来说,在债务市场上,尽管一切条款都是可自由谈判的,但只要充分考虑偿债能力和考虑"市场标准",才能成功地利用债务工具筹集资金。具体而言,银行贷款往往习惯采用更严格的融资结构,因为银行通常会预期贷款取得担保,而将债务分配给更广泛的投资者群体,显然不是收购团队可以接受的。高收益债务工具虽然更灵活,但融资成本也更高。

在与投行合作的前提下,收购团队提出了两种融资结构作为下一步完善的出发点:结构1,强调采用有担保的优先级和次级高收益债券,并以较短期(银行)贷款B作为补充;

结构 2，以较大的 A 级和 B 级银行贷款包为基础，同时采用大额的次级高收益票据。虽然这两种融资结构能提供相同的债务融资规模（因此需要取得相同的股权），但它们在成本和灵活性之间却截然不同。

附录12.1

收购价格的基本情况

收购价格的基本构成（单位：100万美元）	
企业价值	2 578.8
过去 12 个月的 EBITDA（截至 2005 年 7 月 31 日）	267.7
收购倍数（倍）	9.6

附录12.2

基础案例的概要

	截至 10 月 31 日的财政年度						
	2005 全年预测数据	2005 截止 10 月 31 日的实际数据	2006 预测数据	2007 预测数据	2008 预测数据	2009 预测数据	2010 预测数据	2011 数据预测
收入	1 743.40	1 435.00	1 497.00	1 590.60	1 665.00	1 715.30	1 782.30	1 843.60
EBITDA	306.9	274.7	238	246.1	259.2	266.9	275.7	282.8
基础案例	81.2	81.2	81.2	81.2	81.2	81.2	81.2	81.2
债务总额	1 725.00	1 310.00	1 301.00	1 200.40	1 103.90	975.8	838.1	677.7

附录12.3

ECBU 的可比公司估值

金额单位（100万美元）	公司价值					过去 12 个月的 EBITDA	过去 12 个月的 EBITDA-资本支出
	公司价值	收入		EPS			
		2005 预测数据	2006 预测数据	2005 预测数据	2006 预测数据		
针对标准可比公司进行的模拟							
Epcos（EPC）	1 151	0.8	0.7	NM	23.0	5.6	66.5
Fairchild Semi（FCS）	2 079	1.4	1.3	45.0	22.5	6.1	12.8
International Rectifier（INR）	3 029	2.6	2.3	20.9	17.3	10.0	17.8

续表

金额单位（100万美元）	公司价值	公司价值					
		收　入		EPS		过去12个月的EBITDA	过去12个月的EBITDA-资本支出
		2005预测数据	2006预测数据	2005预测数据	2006预测数据		
On Semiconductor（ONNN）	2 361	1.9	1.8	21.4	15.0	8.8	11.4
IXYS（SYXI）	498	1.8	1.6	20.8	16.8	13.7	16.4
Vishay Intertechnology（VSH）	2 277	1.0	0.9	27.8	16.4	6.9	14.6
中位数		1.6	1.5	21.4	17.1	7.9	15.5
平均		1.6	1.4	27.2	18.5	8.5	23.3
针对优势可比公司进行的模拟							
Intersil（ISIL）	2 280	4.1	3.7	32.6	25.6	19.2	38.3
Linear Technologies（LLTC）	10 176	9.4	8.5	26.2	24.3	16.1	17.9
Micrel（MCRL）	951	3.7	3.2	35.0	26.3	13.1	23.2
Maxim（MXIM）	12 336	7.5	6.4	25.3	21.3	14.4	18.2
Power Integrations（POWI）	550	3.8	3.3	33.8	26.7	17.5	22.8
Semtech（SMTC）	1 017	4.3	3.8	27.0	21.7	13.8	18.0
Supertex（SUPX）	153	2.6	2.0	34.7	20.0	14.0	16.6
中位数		4.1	3.7	32.6	24.3	14.4	18.2
平均		5.1	4.4	30.7	23.7	15.4	22.1
低		0.8	0.7	20.8	15.0	5.6	11.4
中位数		2.6	2.3	27.4	21.7	13.7	17.9
平均		3.5	3.0	29.2	21.3	12.2	22.7
高		9.4	8.5	45.0	26.7	19.2	66.5

附录12.4

可比公司的估值（以交易时点为基准日）

目标	进入日期	IPO日期	进入时的估值倍数		退出时的估值倍数				P/E的扩张率（%）
			过去12个月收入	过去12个月的EBITDA	过去12个月收入	过去12个月的EBITDA	未来12个月的收入	未来12个月的EBITDA	
On Semiconductor	1999年5月11日	2000年4月27日	1.01	6.1	2.03	9.8倍	1.76	7.9	60.10
Fairchild	1997年4月27日	1999年8月3日	0.80	不适用	2.05	9.8倍	1.69	8.5	不适用
Integrated Circuit Systems	1999年1月20日	2000年5月22日	1.44	6.4	5.90	20.6倍	4.79	13.4	221.80
Intersil	1999年6月3日	2003年2月24日	1.47	9.0	3.93	20.3倍	3.38	14.0	126.80
AMI Semiconductor	2000年12月5日	2003年9月23日	1.37	4.4	3.80	17.4倍	3.27	11.4	292.90
Ultra Clean Holdings	2002年11月15日	2004年3月24日	0.34	NM	1.34	20.0倍	0.53	4.9	不适用
NPTest Communications	2003年6月24日	2003年12月10日	0.95	12.5	1.75	33.2倍	1.62	29.9	165.50
MEM	2001年11月14日	2003年5月15日	不适用	不适用	2.81[2]	15.2倍[2]	2.53[2]	11.5[2]	不适用
ChipPac	1999年8月15日	2000年8月8日	1.64	6.4	2.90	13.4倍	1.93	6.8	111.00
Legerity	2000年5月2日	不适用	2.02	不适用	不适用	不适用	不适用	不适用	不适用
Zilog[3]	1997年8月21日	不适用	1.86	6.5	不适用	不适用	不适用	不适用	不适用
均值			1.29	7.3	2.95	17.7	2.39	12.0	163.00
中位数			1.41	6.4	2.81	17.4	1.93	11.4	146.10

附录12.5
金融契约概述

契约有很多种类型，每一种契约都试图降低与特定债权人相关的不同风险。针对融资结构最相关的契约类型则是金融契约。

金融契约大致可划分为两类：维持性条款（maintenance covenant）和引致性契约（incurrence covenant）。通常情况下，两种契约均表示为潜在现金流/EBITDA与债务或利息之间的比率，它们不仅包含比率本身，还规定了该比率的计算方法，以最大程度减少借款人进行会计操纵的余地。对于维护性契约，可以在契约中约定必须定期予以满足（如季度）的标准。而对于引致性契约，则必须在预先约定的事件发生时满足特定的标准，譬如，公司发生额外的负债或是向股东支付股息。

在大多数收购中，信贷协议都会包含一些维护性契约，而高收益融资工具通常只包含引致性契约。虽然到底适用于哪一种契约存在特定的市场标准（这些标准也是随时间而变的），但个别契约和违约条件是可以，而且也应该是通过单独谈判确定的。过去10年中的一种趋势，就是无抵押担保贷款的出现，它代表了贷款市场与债券市场的趋同。这种趋势的最大诱惑力就是不存在维护性协议，以及引发额外的负债能力（在业绩持续改善的情况下）。

经常使用的维护性契约是总杠杆率、利息保障倍数及偿债率。杠杆契约限制企业可以筹集的债务总额，通常体现为负债与EBITDA之比。利息保障倍数和偿债率则反映公司支付利息或偿还全部债务的能力，通常表示为EBITDA除以利息支付的现金成本或现金利息与强制性还款的总和。

虽然违反债务契约通常可允许贷款人要求债务人立即还款，但借款人在这个时点往往没有用于偿还债务的资金。因此，借款人首先会就重新设置或修订契约进行，以便于给自己创造更大的呼吸空间（在不引发违约情况下的活动空间），最常见的手段就是向贷款人支付更高的利息或是一次性费用。如果针对契约条款的谈判以失败而告终，那么，贷款人就可以控制公司，导致借款人丧失全部或部分股权。

附录12.6
杠杆收购的债务融资方式

	债务类型 循环贷款	短期贷款A	短期贷款B	优先级票据	次级票据	夹层融资
利率	最低	较低	较高	较高	较高	最高
浮动率还是固定利率？	浮动			固定		
是否现金支付？	现金支付					现金支付/ 实物支付

续表

债务类型	循环贷款	短期贷款A	短期贷款B	优先级票据	次级票据	夹层融资
债务期限：	3～5年	4～6年	4～8年	7～10年	8～10年	8～12年
摊销方式：	不摊销	直线法摊销	最低摊销	一次性还本		
是否可提前还款？	是	否				
投资者类型：	保守型银行			高净值个人、商业银行和夹层基金		
优先级别：	优先级，有担保			优先级，无担保	优先级附属债务	股权
是否有担保：	有			有时	无	
是否有贷款赎回保证条款？	否	有时		有		
契约类型：	维护性			引致性		

资料来源：http://breakingintowallstreet.com

附录12.7

拟采取的债务融资结构

债务结构的摘要					
结构1——混合债务结构					
	利率	金额	到期时间	关键契约	是否可随时偿还
新增循环信用贷款	L+250	—	2011		是
新增短期贷款	L+250	475.0	2012		是
延期提取的短期贷款	L+250	250.0	2012		是
银行债务合计		725.0		担保债务/EBITDA为4：1时可偿还（维护性）	
优先级票据	10.125%	500.0	2012-1-13	12月9日之后可偿还	
优先级浮动利率债务	L+550	250.0	2006-1-13	12月08日之后可偿还	
优先级债务合计		1475.00			
优先级附属债务	11.875%	250.0	2012-1-15	12月10日之后可偿还	
债务总额		1725.00		债务总额/EBITDA为4.75：1时可偿还（引致性） 利息覆盖率为2：1时可偿还（引致性）	
结构2——银行贷款结构					
	利率	金额	到期时间	关键契约	是否可随时偿还
新增循环信用贷款	L+250		2011		是
新增短期贷款A	L+250	150.0	2011		可选择使用处置收入偿还贷款A或贷款B
新增短期贷款B	L+250	800.0	2012		
延期提取的短期贷款	L+250	250.0	2012		是
银行债务合计		1200.0		担保债务/EBITDA为4：1时可偿还（维护性） 总债务/EBITDA为6：1时可偿还（维护性） 利息覆盖率2：1时可偿还（维护性）	
优先级附属债务	10.50%	525.0	2015-12-1	12月9日之后可偿还	
债务总额		1725.0		债务总额/EBITDA为4.75：1时可偿还（引致性） 利息覆盖率为2：1时可偿还（引致性）	

附录12.8 基础案例情境下的两种债务结构

	基础案例——混合债务结构 截至10月31日的财务年度						基础案例——银行贷款结构 截至10月31日的财务年度					
	2006预测	2007预测	2008预测	2009预测	2010预测	2011预测	2006预测	2007预测	2008预测	2009预测	2010预测	2011预测
收入	1 497.00	1 590.60	1 665.00	1 715.30	1 782.30	1 843.60	1 497.00	1 590.60	1 665.00	1 715.30	1 782.30	1 843.60
收入增长率（%）	4.30	6.30	4.70	3.00	3.90	3.40	4.30	6.30	4.70	3.00	3.90	3.40
EBITDA	238.0	246.1	259.2	266.9	275.7	282.8	238.0	246.1	259.2	266.9	275.7	282.8
占收入的比例（%）	15.90	15.50	15.60	15.60	15.50	15.30	15.90	15.50	15.60	15.60	15.50	15.30
利息支出净额	−135.7	−119.5	−113.5	−105.6	−94.4	−79.4	−122.6	−103.6	−96.7	−87	−75.9	−63.6
一次性费用	−100.0	—	—	—	—	—	−100.0	—	—	—	—	—
资产处置收入，税后	450.0	—	—	—	—	—	450.0	—	—	—	—	—
现金流的其他变动*	−28.3	−26.0	−49.2	−32.9	−36.6	−38.9	−28.3	−26.3	−50.9	−34.8	−38.5	−40.5
融资前的现金流	424.0	100.6	96.5	128.3	144.7	164.5	437.1	116.2	111.6	145	161.3	178.7
强制性偿债务金额	−7.3	−7.3	−2.5	−2.5	0.0	—	−18.0	−25.5	−40.5	−10.5	−10.5	−2.5
期初现金余额	81.2	81.2	81.2	81.2	81.2	81.2	81.2	81.2	81.2	81.2	81.2	81.2
最低现金余额	−81.2	−81.2	−81.2	−81.2	−81.2	−81.2	−81.2	−81.2	−81.2	−81.2	−81.2	−81.2
可用于还款的现金	416.7	93.4	94	125.8	144.7	164.5	419.1	90.7	71.1	134.5	150.8	176.2
循环信用贷款（还款）/提取	—	—	—	—	—	—	—	−90.7	−6.8	—	—	—
新增短期贷款 A 的还款	−416.7	−48.8	—	—	—	—	−419.1	—	−64.3	−134.5	−142.1	—
新增短期贷款 B 的还款	—	44.6	94.6	101.4	—	—	—	−44.6	—	—	8.7	176.2
延期提取短期贷款的还款	—	—	—	—	−144.7	−164.5	—	—	—	—	—	—
优先级债务是还款	—	—	—	—	—	—	—	—	—	—	—	—

续表

	基础案例——混合债务结构 截至10月31日的财务年度						基础案例——银行贷款结构 截至10月31日的财务年度						
	2006预测	2007预测	2008预测	2009预测	2010预测	2011预测		2006预测	2007预测	2008预测	2009预测	2010预测	2011预测
优先级浮动利率债务的还款	—	—	—	−24.4	—	—		—	—	—	—	—	—
优先级附属债务的还款	—	—	—	—	—	—		—	—	—	—	—	—
银行债务小计	301.0	200.4	103.9	0.0	—	—		762.9	646.7	535.1	390.1	228.8	50.1
债务合计	1 301.0	1 200.4	1 103.9	975.8	838.1	677.7		1 287.9	1 171.7	1 060.1	915.1	753.8	575.1
银行债务/EBITDA	1.3	0.8	0.4	0.0	—	—		3.2	2.6	2.1	1.5	0.8	0.2
债务总额/EBITDA	5.5	4.9	4.3	3.7	3.0	2.4		5.4	4.8	4.1	3.4	2.7	2.0
EBITDA/总利息支出	1.7	2.0	2.2	2.5	2.8	3.5		2.1	2.5	2.6	3.0	3.5	4.3
(EBITDA-资本支出)/总利息支出	1.6x	1.9	1.9	2.2	2.6	3.1		1.9	2.3	2.2	2.7	3.2	3.9
过去12个月的EBITDA倍数	2006E	2007E	2008E	2009E	2010E	2011E		2006E	2007E	2008E	2009E	2010E	2011E
企业价值(100万美元)				9.6	9.6	9.6					9.6	9.6	9.6
	2005E			2562	2647	2715		2005E			2562	2647	2715
总资金倍数				1.57	1.77	1.99					1.62	1.85	2.09
总内部收益率(%)				11.9	12.1	12.1					12.9	13.1	13.0

* 如税款、资本支出和营运资金的变化等。

附录12.9

悲观案例情境下的两种债务结构

	悲观案例—混合债务结构 截至10月31日的财务年度						悲观案例—银行贷款结构 截至10月31日的财务年度					
收入	1 497.0	1 347.3	1 279.9	1 407.9	1 548.7	1 672.6	1 497.0	1 347.3	1 279.9	1 407.9	1 548.7	1 672.6
收入增长率（%）	4.30	-10.00	-5.00	10.00	10.00	8.00	4.30	-10.00	-5.00	10.00	10.00	8.00
EBITDA	238	134.3	129.8	161	191.1	221.1	238.0	134.3	129.8	161.0	191.1	221.1
占收入的比例（%）	10.00	10.10	11.40	12.30	13.20	13.22	10.00	10.10	11.40%	12.30	13.20	13.22
利息支出净额	-135.7	-122.8	-124.4	-125.4	-125.4	-122.7	-122.6	-106.8	-107.6	-107.2	-106.2	-102.1
一次性费用	-100.0	—	—	—	—	—	-100.0	—	—	—	—	—
资产处置收入，税后*	450	—	—	—	—	—	450.0	—	—	—	—	—
现金流的其他变动	-28.3	-12.3	-38.2	-34.4	-36.6	-36.9	-28.3	-12.3	-38.2	-34.4	-36.6	-36.9
融资前的现金流	424	-0.7	-32.9	1.2	29.1	61.6	437.1	15.3	-16.0	19.4	48.4	82.1
强制性偿还债务金额	-7.3	-7.3	-7.3	-7.3	-7.3	-7.3	-18.0	-25.5	-40.5	-55.5	-40.5	-33.0
期初现金余额	81.2	81.2	81.2	81.2	81.2	81.2	81.2	81.2	81.2	81.2	81.2	81.2
最低现金余额	-81.2	-81.2	-81.2	-81.2	-81.2	-81.2	-81.2	-81.2	-81.2	-81.2	-81.2	-81.2
可用于还款的现金	416.7	-8.0	-40.1	-6.0	21.9	54.3	419.1	-10.2	-56.5	-36.1	7.9	49.1
循环信用贷款（还款）/提取	—	8	40.1	6	-21.9	-32.3	—	10.2	56.5	36.1	-7.9	-49.1
新增短期贷款A的还款	—	—	—	—	—	—	—	—	—	—	—	—
新增短期贷款B的还款	-416.7	—	—	—	—	22.0	419.1	—	—	—	—	—
延期提取短期贷款的还款	—	—	—	—	—	—	—	—	—	—	—	—
优先级债务足额款	—	—	—	—	—	—	—	—	—	—	—	—
优先级浮动利率债务的还款	—	—	—	—	—	—	—	—	—	—	—	—

续表

	悲观案例—混合债务结构 截至 10 月 31 日的财务年度							悲观案例—银行贷款结构 截至 10 月 31 日的财务年度						
	2005E	2006E	2007E	2008E	2009E	2010E	2011E	2005E	2006E	2007E	2008E	2009E	2010E	2011E
优先级附属债务的还款	—	301.0	293.8	286.5	279.3	272	242.7							
银行债务总额	1 301.0	1 301.7	1 334.6	1 333.4	1 304.3	1 242.7		762.9	737.4	696.9	641.4	600.9	567.9	
总债务	1.3	2.2	2.2	1.7	1.4	1.1		1 287.9	1 272.6	1 288.6	1 269.2	1 220.9	1 138.8	
银行债务/EBITDA	5.5	9.7	10.3	8.3	6.8	5.6		3.2	5.5	5.4	4.0	3.1	2.6	
总债务/EBITDA	1.7	1.1	1.0	1.3	1.5	1.8		5.4	9.5	9.9	7.9	6.4	5.2	
EBITDA/总利息支出	1.6	0.9	0.7	1.1	1.3	1.5		2.1	1.3	1.3	1.5	1.8	2.1	
(EBITDA－资本支出)/总利息支出								1.9	1.1	0.9	1.3	1.6	1.9	
LTM EBITDA 倍数								2005E	2006E	2007E	2008E	2009E	2010E	2011E
企业价值				9.6	9.6	9.7	9.8			9.7	9.9	9.9	9.6	9.6
总资金倍数				1545	1835	2123					1545	1835	2123	
总 IRR				0.28	0.57	0.90					0.34	0.65	1.00	
				−27.6%	−10.5%	−1.7%					−23.9%	−8.2%	0.0%	

* 如税款、资本支出和营运资金的变化等。

案例 13 "钱"途无量：对 Amadeus 全球旅行分销网络的收购

一、概述

BC 投资公司（BC Partners）是一家专门从事在欧洲和美国开展收购业务的私募股权公司。2004 年，他们正在考虑对全球航空旅游业最大的 IT 运营商 Amadeus 进行投资。在竞争异常激烈的拍卖中，BC 投资需要从风险收益特征及其对融资结构的影响两个角度出发，对两种不同的经营策略做出评估。

二、案例研究的目标

本案件要求读者对目标公司进行投资的不同战略方案进行评估，并考虑这些方案会对投标结构及此后的投资收益产生什么影响。它为读者设置了一种现实的场景，讨论私募股权公司应如何置身于竞争性的并购过程，并确保收购的成功。

三、本案例需要解决的主要问题

在两天之后就要召开投资委员会会议的情况下，投资团队必须针对以下问题做出值得信赖的回答：

1. 哪些特征让这家公司成为有诱惑力的杠杆收购对象？
2. 这两种策略的具体风险和优势分布是什么？

3. 他们最终应提议哪个策略，为什么？
4. BC 投资公司如何让自己区别于其他投标者？
5. 拍卖机制：他们应如何让自己取得最终赢得交易的优势？

四、补充资料

为充分利用本案例，建议读者通过如下资料了解本案例的过程及背景信息。
- 重点推荐读者阅读《精通私募股权》中的如下章节。
  - 第一章：私募股权基金的基本概念
  - 第六章：交易搜索与尽职调查
  - 第八章：交易的定价机制
  - 第九章：交易架构
  - 第十章：交易文件
- 可以参考该网站获得更多资料：www.masteringprivateequity.com

五、案例简介

本案例由尼克希尔·马利克（Nikhil Malik，BC Partners 参与 Amadeus 交易团队的成员）和 INSEAD 全球私募基金投资研究小组常务理事迈克尔·普拉尔撰写。本案例旨在为课堂讨论提供基础材料，无意对案例所涉及的处理方式是否有效做出判断。

案例中的资料均来自公开渠道。

本案例的原型来自 Bahar Obdan、Amrita Priya、Abhishek Shankar Ram、Alexander Tomines Sarmiento 及 David Schultheis 的课堂讨论项目（2014 年 12 月的 MBA 课程），指导教师为"决策科学"及"创业与家族企业"课程资深特邀教授克劳迪娅·纪斯伯格。

有关 INSEAD 案例研究的更多材料（如视频材料、电子表格及相关链接等）可登录官网 cases.insead.edu 查询。

Copyright © 2015 INSEAD

2004 年 10 月，来自欧洲私募股权基金的 BC 投资公司正在考虑竞买 Amadeus 全球旅游分销公司，后者是全球航空及旅游行业最重要的信息技术供应商。Amadeus 目前主要从事 3 项业务：

1. 全球分销系统（GDS）：这是一个计算机系统，可让航空公司和其他旅游服务提供商向指定的旅行社及售票处发放航班座位，并提供行程安排、空余座位及票价等方面的信息；

2. 航空 IT 解决方案：主要在预订和销售管理（147 家航空公司在 2004 年将此功能外包给 Amadeus）、库存管理及离场控制系统等方面提供补充性服务；

3. 电子商务：为在线商务网站提供预订引擎，允许它们链接到"全球分销系统"。

Amadeus 还在大量的在线旅行平台中拥有少数股权。2004 年 6 月，这家公司取得欧洲最大在线旅行平台 Opodo 的控制性股权（持股比例达到 55%）。

Amadeus 总部位于西班牙的马德里，公司已在巴黎和法兰克福证券交易所上市，它是全球业内最大的 4 家公司之一，并凭借其强大的技术和庞大的航空公司旅行社数据库而被视为业内领导者之一。

然而，公司的股价似乎并没有反映出其稳固的市场地位或良好的财务状况。1999 年 10 月，Amadeus 凭借 4 家正处创业时的航空公司在马德里证券交易所上市，当时的每股交易价格始终在 6 欧元徘徊，2000 年年初，股价达到最高点的 16 欧元，但随后便步民欧洲交易所和 IT 行业的后尘，一路下跌，并最终稳定在 5～5.5 欧元。

在财务投资者有兴趣收购公司的消息被披露的前一天（2004 年 8 月 13 日），公司股票的交易价格为 4.92 欧元。而在上市公司退市的传闻进入市场后，交易价格便迅速涨到 6.38 欧元。无论对这家公司的最终报价是多少，都很有可能要支付超过现行价格的溢价（有关最新报价的风险溢价，见附表 13.1）。

考虑到这一估值，BC 投资认为这是一个值得关注的投资机会，尤其是考虑到 Amadeus 令人垂涎的增长迹象、强大的管理团队、近乎零的债务及持续性的现金流创造能力——其经营性现金流预计将在 2004 年超过 4 亿欧元。在很多方面，Amadeus 似乎都是杠杆收购（LBO）的理想目标。

目标：Amadeus

这家全球旅行分销企业由法国航空公司、西班牙国家航空公司、北欧航空公司及汉莎航空公司共同创建于 1987 年。得益于全球航空旅行业的持续增长，从公司成立之日起，它的财务绩效就令人刮目相看。而业界分析师预计，行业的增长态势还将持续。在过去 4 年

（2000—2004年），公司的平均增长率为6.7%，同期的EBITDA增长率上升了2.7%。

在此前的几年时间中，一系列事件让全球旅游业陷入低谷，包括美国在伊拉克和阿富汗发动的战争，"9·11事件"以及遍及全球的2003年禽流感疫情，它们使航空业一落千丈。但唯独这家公司却设法实现了令人瞠目结舌的增长。此外，它们在市场上的领先还要得益于居高不下的进入门槛（主要是复制技术的高难度及网络效应）。

2004年，Amadeus在全球GDS市场中的占有率达到29%，处于领先地位。而在西欧的市场份额更是超过50%（在西班牙为94%，在法国和斯堪的那维亚半岛为80%，在德国的市场占有率为75%），唯有在北美地区比三大竞争对手略低了10%。

公司在GDS和航空IT解决方案行业的领先地位归功于如下要素。

- 自1988年以来，公司持续投资于新技术，让他们在技术架构和IT系统效率方面处于领先地位。与竞争对手相比，Amadeus更善于整合更强大、更灵活的开源操作系统（与封闭式的"传统"IT系统相对应）。
- 与主要航空公司就航空IT解决方案签署外包协议，例如，在2004年10月，澳大利亚航空公司将最关键的航空公司系统、库存管理系统进行了迁移，这一举措得到了业界的高度赞赏。尽管如此，他们的航空IT解决方案业务还处于起步阶段。在2004年，公司才与大多数客户建立联系，业务目前还处于试点阶段。
- Amadeus商业模式的最大优点就是可扩展性。公司的成本和资本基础相对固定，这就意味着，订单的增加会带来更多的利润，更快地创造现金流。
- 公司的创始人兼首席执行官何塞·安东尼奥·塔松（Jose Antonio Tazon）和执行委员会成员被公认为行业的先驱者。他们中的大多数人见证了Amadeus的诞生（平均任期为15年）。

收购之前的挑战

BC投资公司的交易团队认为，他们将在如下几个方面面对挑战。

- 考虑到业务的复杂性，最重要就是要落实高层管理人的继任计划，并确保成功的管理人员留在公司中。
- 同样重要地，是保持4家航空公司所有权人能"并肩合作"，因为他们有可能继续作为少数股权投资者，享有在公司策略上保护自己的权利，例如，对公司有可能落在竞争对手之手的决议提出否决。
- 公司的商业模式必须适应新的趋势；在向航空公司、酒店及其他旅行机构出售更广泛的IT解决方案的基础上，必须建立新的收入来源。管理团队已对这一领域进行了大量投资，因为他们深信这个领域所隐含的增长机会。

- 力图绕过GDS（创建自己的在线预订引擎）的低成本运营商已经出现，他们正在破坏这个市场，抢走冲击运营商的业务并直接向旅行者出售机票（不通过旅行社）。互联网预订网站正在侵蚀传统实体售票机构和航空公司柜台的销售量，而这恰恰是Amadeus获取信息的主要渠道。脱媒的威胁带来了高度的不确定性，尤其是在价格方面。传统航空公司启动的在线售票平台同样令人担忧，因为他们也会绕过GDS，从而降低了他们的利润（消除了旅行社的佣金）。

- 欧洲GDS行业管制的即将放开，同样对维护现有网络的能力提出了挑战，尤其是供应商（如航空公司）和客户（如旅行社和订票机构）之间的相互歧视。此外，这也让美国的GDS有机会进入欧洲市场。美国航空业市场曾经历过管制放松，从而为放松管制带来的影响提供线索。

追求者：BC投资公司

作为一家遍布欧洲的收购型投资者，BC投资公司由4位欧洲人创建于1986年，前身是巴林资本投资公司。自公司的第一只基金开始投资以来，公司始终保持着相同的投资策略和投资方法，他们的收购对象是在欧洲及选定地区具有防御性增长特征的大型企业。

公司的上一只基金在2001年筹集到43亿欧元，目前，BC投资公司正在筹集超过50亿欧元的下一只基金。在这种情况下，声誉和公众对其投资的看法显得比以往更加重要。现在，他们准备将Amadeus纳入原本已经令人羡慕的投资组合中——其中包括意大利奶酪制造商Galbani、法国冷冻食品零售商Picard及英国护理机构供应商General Healthcare Group。

过程

几个月前，Amadeus的创始人、所有权人法国航空公司就已开始联系BC投资（见附录13.1），告知公司他们将拍卖3家大股东持有的股权。

据传闻，安佰深投资、璞米资本、凯雷、盛峰投资、PAI、CVC（花旗风险投资）/Worldspan、CVC欧洲、黑石和一些小规模机构都在考虑参加拍卖。考虑到招标过程必将出现激烈的竞争，因此，BC投资必须做到高人一筹。

考虑到交易的影响力和规模，BC投资将此次收购视为重中之重，为此，他们采取了非常谨慎的策略——迄今为止，他们的全部精力都放在与作为股东的3家航空公司营造关系。此外，BC投资还聘请了一些外部顾问，包括Amadeus的前高管，他们为BC投资深入了解当前管理层的战略观点和业务主张提供了深刻的洞见。他们认为，这些航空公司和公司管理层需要的不只是财务资金支持者，更需要一个可以并肩作战的合作伙伴——积极支持他们为Amadeus制订的战略，并允许他们保留对公司的治理权。

BC投资的初步调查表明，Amadeus商业模式的优势毋庸置疑，在这种情况下，尽管新的公司所有者不可避免地要面对各种挑战，但他们还是认为，收购Amadeus的诱惑力是难以抗拒的。现在，这家私募股权公司不得不权衡各种方案。在追逐Amadeus的时候，应采取怎样的策略来释放这家公司的价值宝藏呢？

针对Amadeus的战略方案

基于初步的分析，如下两种方案似乎都是可行的，都有可能引发可观的价值创造过程。

1. BC投资可以继续提高Amadeus作为顶级旅游分销公司的地位，并通过推广GDS服务扩大在不同地区的销售。

2. BC投资也可以尝试将Amadeus重新定位为IT解决方案公司，调整这家公司的基础商业模式。

方案A：以实现地域性扩张为基本目标的旅行分销公司

根据这一策略，公司将专注于预订平台业务，并在地域上不断向新的市场扩展。此外，公司还需要强化针对旅行社客户的电子商务平台业务。

2005年，Amadeus在欧洲几乎已处于垄断地位，他们在西欧的市场份额已超过50%，在某些国家甚至高达80%。但是在北美洲，由于来自Sabre、Worldspan和Galileo等机票代理企业的激烈竞争，公司在这里的市场占有率仅为10%。

凭借其卓越的技术和高水平的服务质量，Amadeus完全有可能进一步开拓在北美地区的市场份额。但是，在这个当今全球规模最大、竞争最激烈的市场上，要和根深蒂固的老牌对手一比高下，显然需要面对巨大的挑战。而在亚洲，Amadeus的业务范围更是非常有限，而随着该地区航空旅行业的迅速增长，其发展潜力难以估量。根据国际航空运输协会（IATA）的预测，亚太市场的中期增长率将达到8%，中东市场将增长7.5%。只需增加与当地航空公司的联系（见附录13.2），Amadeus即可用有限的投入去利用这些成长型市场的优势。

这种战略的另一侧重点就是电子商务业务，这是一个高速成长的业务板块。Amadeus 已在这个领域进行了收购，并与在整个欧洲拥有业务网络的在线旅行机构 Opodo 进行合作，旨在成为欧洲三大在线旅行社之一。2005 年上半年，航空公司的网络机票务预订量增长 67%，尽管有如此之大的增长速度，但 Opodo 及其他类似的收购项目在 2004 年大多亏损。因此，这其中最大的风险在于，在线机票代理机构和航空公司可以利用互联网绕过 Amadeus，从而给他们带来定价上的压力。

收购团队估计，如采取这种策略（不包括在线旅游业务的增长计划），该业务只能继续增长 1 个百分点左右，远低于历史平均水平，而未来 3 年的利润率增长幅度更是只有 0.2% 左右，并此后的四五年保持平稳。但这一策略可以减少未来对业务持续投入的资金，即次年的投资可在目前 1.51 亿欧元（2004 年）的基础上减少 90%，并在此后与收入保持稳定的比例关系。而且投资退出时的估值倍数可能类似于进入时的倍数。

方案 B：开发 IT 解决方案部门，并将 Amadeus 重新定位于为旅游服务机构提供全方位 IT 服务的供应商

虽然 Amadeus 目前被公认为是一家拥有信息技术优势的旅游企业，但 Amadeus 则认为，他们是"信息技术方面的领导者，满足全球运输和旅游业对营销、销售及分销的需求"。公司的 IT 解决方案部门提供销售和注册登记服务、票务库存管理、路线规划管理和客户管理系统及航班离场控制解决方案（登记流程）。客户管理系统在设计上充分考虑了低成本航空公司的需求，因而，与独立的低成本运营系统相比，Amadeus 预期将取得明显的竞争优势。作为公司从事 IT 解决方案的业务部门，Altéa Plan 已经取得少数航空公司的使用，其中包括英国航空公司、中美洲航空集团、罗马尼亚航空公司及澳洲航空公司。

着眼未来，BC 投资可以考虑利用 Amadeus 的软件及 IT 功能，将 Amadeus 重新定位为提供全方位服务的 IT 服务提供商。向航空公司推广 IT 解决方案组合将给公司带来新的顾客，并增加现有客户的收入。此外，这一战略还将对航空公司客户形成一个锁定效应，降低他们离开系统的风险，使得 Amadeus 几乎完全控制这些客户的 IT 系统。此外，市场也认为 IT 型企业更有吸引力，因为这类公司的利润率很高，商业周期相对较短，属于非人力密集型行业，而且具有高度可扩展性的商业模式。

收购团队估计，这种情况需要在最初几年投入更多的资金（第一年和第二年的资本支出增长率要达到 33%，之后与收入形成稳定的比例关系），但是在第二年到第五年既有可能带来较高的增长率——即这 4 年期间的增长率将在历史平均增长率的基础上至少增加 2%、3%、4% 和 5%。随着信息技术业务盈利能力的提高，在第二年到第五年，每年

EBITDA 占销售额的比例应增长 0.6%。参考其他可比 IT 公司的经验（见附录 13.7），对退出估值倍数做出适度增长的假设是合理的。

然而，业务模式的转型可能会带来重大风险。客户会对商业模式的变化做出怎样的反应呢？汉莎航空公司、西班牙国家航空公司及法国航空公司这三大股东是否会支持战略重心转型呢？是否会让竞争对手借机进入新的市场，或是让他们得以加强现有的市场地位呢？被收购公司的管理层是否会支持并执行这种策略呢？如果 Amadeus 出现技术问题，并扰乱主要航空公司的正常业务，应如何应对呢？

随着 Amadeus 即将成为欧洲有史以来最大收购案的主角，拍卖过程成为全球金融界的焦点，诸多投行已开始跃跃欲试。尽管此次收购的债务融资规模可比肩近期的大型收购交易（见附录 13.8），但最终的债务结构还要取决于公司所采取的经营规划。即使只采用再融资和杠杆融资，也有可能会创造出极其可观的价值。

附录 13.1

收购溢价（收购报价超过报价前 1 个月的股票价格）

	1998—2004 年（%）	2002—2004 年，金额超过 1 亿欧元的收购交易（%）
法国	12.3	21
德国	9.9	16.3
英国	19.5	13.3
意大利	14.6	15.4
西班牙	7.5	18.2
北欧	17	16.6
比利时、荷兰及卢森堡	20.9	7.7
欧洲地区，总计	16.6	16.1

资料来源：Mergermarket.com。

附录 13.2

Amadeus 在进行杠杆收购之前的股权结构和 Amadeus 的股权结构

	持有 A 股的数量	持有 A 股的百分比（%）	在全部拥有表决权股票中拥有的比例（%）
法国航空公司	137 847 654	23.36	43.21
西班牙国家航空公司	107 826 173	18.28	33.80
汉莎商业控股有限公司	29 826 173	5.05	9.34
其他股东	314 500 000	53.31	13.65
合计	590 000 000	100	100

附录 13.3

Amadeus 销售收入的地区分布情况（2004 年）

	销售收入（100 万欧元）	占 2004 年销售收入总额的比例（%）
欧洲	1371.9	66.71
美国	169.7	8.25
世界其他地区	514.9	25.03
合计	2056.6	100.00

附录 13.4

Amadeus 的合并口径损益表（截至 2005 年 7 月 31 日的财年）

合并口径的损益表	2005 年 7 月 31 日	2004 年 12 月 31 日
销售收入	1 406 285	2 056 680
销售成本	1 104 382	1 620 379
利润总额	301 903	436 301
销售及管理费用	59 349	92 887
营业利润	242，554	343 414
其他收入（费用）		
利息支出净额	−3 354	−6 045
汇兑损益（亏损）净额	1 901	−4 109
其他收入（支出）净额	1 691	397
税前利润	242 792	333 657
所得税	90 317	129 018
税后净利润	152 475	204 639
来自关联公司的股权投资收益（亏损）	12 562	−8279
少数股东权益	7359	11 672
净利润	172 396	208 032
A 股的每股基本收益（欧元）	0.30	0.36
B 股的每股基本收益（欧元）	0.00	0.00
摊薄后的 A 股每股收益（欧元）	0.30	0.36
摊薄后的 B 股每股收益（欧元）	0.00	0.00

附录 13.5

Amadeus 的合并口径资产负债表（截至 2005 年 7 月 31 日的财年）

资　　产	2005 年 7 月 31 日	2004 年 12 月 31 日
流动资产		
现金及现金等价物	192 467	104 669

续表

资　产	2005年7月31日	2004年12月31日
应收账款净额	300 567	245 228
应收账款—关联企业，净额	73 341	58，921
应收贷款及预付款—关联公司		-1 190
应收税款	57 489	41 611
预付款项和其他流动资产——非关联公司	73 957	77 456
流动资产小计	697 821	529 075
有形资产		
土地和建筑物	129 451	130 142
用于数据处理的硬件和软件	508 518	465 097
其他有形资产	145 527	138 616
有形资产原值合计	783 496	733 855
减：累计折旧	472 080	446 321
有形资产净额	311 416	287 534
无形资产		
专利、商标和特许经营权	101 422	79 903
外购的专用技术	83 459	72 282
软件开发项目	415 923	371 859
外购的合同	325 153	274 748
商誉	450 413	453 383
其他无形资产	2476	9137
无形资产原值合计	1 378 846	1 261 312
减：累计无形资产摊销	513 283	604 103
无形资产净值	865 563	657 209
递延所得税	107 410	108 779
应收贷款——关联公司	1955	1015
对关联公司的投资	17 726	27 588
其他长期投资，净额	58 171	63839
其他非流动资产合计	185 262	201 221
非流动资产合计	1 362 241	1 145 964
资产合计	2 060 062	1 675 039

附录13.5

Amadeus的合并口径资产负债表（截至2005年7月31日的财年）

负债和所有者权益	2005年7月31日	2004年12月31日
流动负债		
应付账款——非关联公司，净额	427 877	316 768

第四部分 杠杆收购（LBO）

续表

负债和所有者权益	2005年7月31日	2004年12月31日
应付账款——关联公司，净额	43 121	27 032
应付股利	43	34
1年内到期的长期债务	13 483	8 562
1年内到期的长期债务	13 483	8 562
融资租赁的当期应付款	24 196	9 996
所得税	38 752	32 651
其他流动负债	134 996	127 863
流动负债合计	682 468	522 906
长期负债		
融资租赁的当期应付款	101 840	96 003
递延所得税	87 464	74 528
其他长期负债	46 359	37 303
长期负债合计	237 967	210 372
所有者权益		
股本	23 044	23 044
资本公积	380 358	365 219
库藏股和其他类似的权益工具	-107 923	-109 499
留存收益和其他储备金	846 905	681 517
累计汇兑调整	-20 518	-28 557
所有者权益小计	1 121 866	931 724
少数股东权益	17 761	10 037
所有者权益合计	1 139 627	941 761
负债及所有者权益合计	2 060 062	1 675 039

附录13.6

Amadeus的合并口径现金流量表（截至2005年7月31日的财年）

合并口径的现金流量表	2005年7月31日	2004年12月31日
经营活动产生的现金流量		
经营活动收到的现金	242 554	343 414
调整项目：		
折旧和摊销	130 542	205 991
员工股权薪酬计划的费用	13 575	—
不考虑营运资金变动之前经营活动现金流，扣除已收到现金后	386 671	549 405
应收账款	-34 032	4 334
应收税款	-23 906	-5810

合并口径的现金流量表	2005年7月31日	2004年12月31日
其他流动资产	7 883	8 053
应付账款	73 840	-24 855
其他流动负债	-2 052	-10 397
其他长期负债	2 368	-5 127
经营活动产生的现金	410 772	515 603
缴纳税款	-69 838	-105 621
产生的现金流量净额	340 934	409 982
投资活动产生的现金流量		
有形资产增加	-50 403	-77 011
无形资产增加	-54 586	-73 830
对子公司及联营公司的投资，扣除已收到的现金	-146 106	-55 884
出售对关联公司投资取得的收入	2 506	—
收到的利息	3 022	4 631
其他投资和存款	-4 315	-4 257
对第三方的贷款	-795	-4 367
对关联公司的贷款	—	-585
收到（支付）的现金收益——衍生协议	-7 703	3 889
处置其他投资的收入	9 048	3 663
收到的股息	2 838	7 828
处置固定资产取得的收入	2 722	3 598
投资活动产生的现金流量净额	-243 772	-192 325
合并口径的现金流量表	2005年7月31日	2004年12月31日
筹资活动产生的现金流量		
取得借款收到的现金	60 647	32 864
偿还借款支付的现金	-56 204	-106 076
偿付利息支付的现金	-6 674	-12 533
赎回B类股份	—	-485
收购库藏股	-29	-63 086
处置库藏股	1 604	39 215
分配股利支付的现金	—	-35 000
偿还融资租赁负债支付的现金	-9 651	-10 419
筹资活动产生的现金流量净额	-10 307	-155 520
汇率变动对现金及现金等价物的影响	943	431
现金及现金等价物的净增加额（净减少额）	87 798	62 568
期初现金及现金等价物余额	104 669	42 101
期末现金及现金等价物余额	192 467	104 669

附录13.7
可比上市公司

机票代理及其他可比上市公司

公司名称	2004年12月预测数据	2005年12月预测数据	2006年12月预测数据	2004年12月预测数据	2005年12月预测数据	2006年12月预测数据	2004年12月预测数据	2005年12月预测数据	2006年12月预测数据	2004年12月预测数据	2005年12月预测数据
在线旅行											
E Brokers	1.1	1.0	1.0	11.1	6.8	5.9	无数据	无数据	无数据	不适用	1.1
携程	16.7	12.5	10.1	38.2	27.0	20.9	40.6	28.2	21.6	47.5	35.2	27.8	1.4	1.1
LASTMINUTE	1.1	0.9	不适用	10.1	5.9	4.0	18.6	8.3	5.2	22.2	9.8	7.5	1.3	0.6
PRICELINE	0.9	0.8	0.8	19.7	15.4	13.1	25.7	19.2	15.9	23.3	17.7	15.9	1.6	1.2
ORBITZ	1.9	1.7	不适用	13.6	8.3	不适用	20.4	10.5	不适用	27.9	18.8	不适用	1.4	0.9
平均值	4.3	3.4	4.0	18.5	12.7	11.0	26.3	16.6	14.2	30.2	20.4	17.1	1.4	1.0
中位数	1.1	1.0	1.0	13.6	8.3	9.5	23.1	14.9	15.9	25.6	18.3	15.9	1.4	1.0
多元化经营及旅游类可比上市公司											
CENDANT	1.2	1.1	1.0	7.0	6.4	5.8	不适用	不适用	不适用	11.7	10.7	不适用	0.8	0.8
IAC/INTERACTIVE	1.8	1.5	不适用	8.9	7.1	不适用	10.3	8.1	不适用	10.5	10.9	13.9	不适用	不适用
平均值	1.5	1.3	1.0	8.0	6.8	5.8	5.8	10.3	8.1	11.1	10.8	13.9	0.8	0.8
中位数	1.5	1.3	1.0	8.0	6.8		5.8	10.3	8.1	11.1	10.8	13.9	0.8	0.8
互联网软件和服务											
亚马逊	2.2	1.8	1.5	24.7	19.6	15.5	28.3	23.4	20.1	34.9	25.4	24.4	1.1	0.8
Ebay	18.9	14.2	11.1	45.9	33.9	25.2	54.6	39.3	29.1	79.9	59.9	46.1	2.2	1.6
雅虎	15.8	12.1	9.9	40.4	29.2	22.6	60.1	39.2	31.3	105.9	74.4	59.3	3.2	2.3
平均值	12.3	9.4	7.5	37.0	27.6	21.1	47.7	34.0	26.8	73.6	53.2	43.3	2.2	1.6
中位数	15.8	12.1	9.9	40.4	29.2	22.6	54.6	39.2	29.1	79.6	59.9	46.1	2.2	1.6

续表

IT服务			交易统计数据			企业价值/销售额			企业价值/EBITDA			企业价值/EBITA			调整项后的市盈率		
公司名称	股权价值(100万欧元)	企业价值(100万欧元)	2004年12月预测数据	2005年12月预测数据	2006年12月预测数据	2004年12月预测数据	2005年12月预测数据	2006年12月预测数据	2004年12月预测数据	2005年12月预测数据	2006年12月预测数据	2004年12月预测数据	2005年12月预测数据	2006年12月预测数据	2004年12月预测数据	2005年12月预测数据	2006年12月预测数据
北美市场																	
埃森哲	19 609.0	18 147.0	1.8	1.6	1.4	11.8	10.5	10.0	13.7	12.0	10.8	21.3	19.4	17.8
EDS	8656.0	8806.0	0.6	0.6	0.6	5.5	5.0	4.6	11.0	8.5	7.6	16.2	12.1	10.1
CSC	7857.0	9229.0	0.9	0.8	0.7	6.7	6.0	5.4	13.8	12.1	11.2	20.0	17.9	16.1
ACS	5947.0	6171.0	1.8	1.6	不适用	9.2	7.9	不适用	12.3	10.6	不适用	19.4	16.5	不适用
Amdocs	4238.0	3668.0	3.1	2.7	2.5	13.4	11.3	10.4	17.3	14.4	13.1	18.3	15.5	14.4
CGI	2206.0	2391.0	1.2	1.0	0.9	7.6	6.1	5.6	11.3	9.4	8.4	16.5	14.0	12.4
Bearing Point	1285.0	1464.0	0.6	0.5	0.5	9.9	6.9	5.1	15.9	9.7	6.5	32.5	17.1	10.5
平均值			1.4	1.2	1.1	9.2	7.7	6.9	13.6	11.0	9.6	20.6	16.1	13.6
中位数			1.2	1.0	0.8	9.2	6.9	5.5	13.7	10.6	9.6	19.4	16.5	13.4
欧洲市场																	
Atos Origin	3396.0	4122.0	0.8	0.8	0.8	8.5	7.4	7.1	11.4	10.4	10.2	16.8	14.1	13.1
Capgemini	3317.0	3221.0	0.5	0.5	0.5	15.7	8.3	6.5	无数据	14.7	10.1	无数据	24.2	15.9
LogicaCMG	2053.0	2334.0	1.0	1.0	0.9	12.9	9.6	8.2	17.3	12.1	10.1	16.7	13.7	13.7
Tietoenator	1973.0	2031.0	1.3	1.3	1.2	8.5	8.0	7.4	12.0	11.0	10.1	15.9	14.7	13.5
Indra	1812.0	1988.0	2.0	1.9	1.7	15.6	14.3	12.8	18.2	16.3	14.6	19.8	20.3	18.4
平均值			1.1	1.1	1.0	12.2	9.5	8.4	14.7	12.9	11.0	17.3	17.4	14.9
中位数			1.0	1.0	0.9	12.9	8.3	7.4	14.7	12.1	10.1	16.8	14.7	13.7
平均值合计			1.3	1.2	1.0	10.3	8.3	7.3	14.0	11.6	10.1	19.5	166.0	14.1
中位数合计			1.1	1.0	0.9	9.6	8.0	7.1	13.7	11.5	10.1	18.3	16.0	13.7

注:
1. 截至2004年12月02日的市场数据
2. 不包括商誉的摊销及特别项目

第四部分　杠杆收购（LBO）

附录13.8

近期杠杆倍数大于6倍的部分欧洲杠杆收购项目

金额单位：100万欧元	Yellow Brick Road	Seat Pagine	Elis	Grohe	Picard Surgeles
销售额	370	1522	770	896	712
EBITDA	150	623	161	186	107
毛利率	40.50%	40.90%	20.90%	20.80%	15.00%
资本支出	6.8	42	51	45	22
EBITDA——资本开支	143.2	581	110	141	85
（EBITDA——资本开支）/收入	38.70%	38.20%	14.30%	15.70%	11.90%
历史上的销售额增长率	5.7%（01-03）	3.4%（01-03）	10.1%（00-02）	7.1%（92-03）	8.8%（02-04）
预计销售额增长率	4.7%（03-08）	5.4%（03-07）	6.2%（02-07）	2.8%（03-08）	8.2%（04-07）
历史上的EBITDA利润率增长	880（01-03）	580（01-03）	0（00-02）	200（00-03）	30（02-04）
预计的EBITDA利润率增长	40（03-08）	450（03-07）	230（02-07）	70（03-08）	30（04-07）
优先级债务	7 254.8	28 504.6	7 684.5	8 004.3	5 695.3
次级债务	2 751.8	11 501.8	2 901.7	3 351.8	850.8
债务合计	10 006.7	40 006.4	10 586.2	11 356.1	6 546.1
EBITDA/现金收益（第一年）	2.47	2.09	2.10	2.30	无数据

第五部分
重组及不良资产投资

重组还是增长,让员工关注这一目标,仍然是领导者的职责。
——安妮·马尔卡西(Anne M. Mulcahy),前施乐公司董事长兼首席执行官

案例 14 Mill 的危机：
印度纺织业的一次重生[①]

一、概述

新兴市场不仅充满挑战，而且需要专业化的能力；尤其是印度，即使是在最好的时期，对于最有经验的管理者，这里的商业环境也令人难以捉摸。本案例的主人公是来自奥迈企业顾问公司（Alvarez & Marsal）负责印度业务的两名高管桑卡尔和尼基。在处理一家美国私募股权客户蓝宝石基金（Sapphire Capital）的紧急要求时，他们就遇到了麻烦。

当时的情形万分紧急，一名前雇员指控高管层在公司遭遇财务危机时采取了不正当手段。这家受到指控的公司是国内最大的羊毛纺织品制造及出口企业，主要在印度北部开展业务。奥迈顾问的团队必须迅速采取行动，但他们仍需密切跟踪事态发展并开展独立调查，以避免这些指控是无中生有。

二、案例研究的目标

在黑白分明时，（几乎）每个人都能做到火眼金睛；但是要分辨善恶，区分好坏就不那么简单了。在本案例中，将为管理者和专业人士提供体验极端情况的机会——企业正处于严峻的重整形势下，在深陷财务危机的同时，又遭到欺诈指控。再把这个案例置于印度的市场环境下，或许我们可以期待一场名副其实的完美风暴。

尽管本案例为读者理解现金流管理和业务驱动要素创造了一种极富挑战性的背景，但落脚点则是企业的短期需求。而新兴市场的特殊环境和不当行为指控则进一步增加了问题

[①] 本案例为 2015 年欧洲管理发展基金会案例创作比赛"印度管理事务与机会"类获奖案例。

的复杂性和紧迫性。

三、本案例需要解决的主要问题

读者可以置身于奥迈顾问驻印度办事处高管桑卡尔和尼基的处境，以财务和运营临时负责人的身份制订企业行动计划。

1. 哪些方面存在改善公司绩效的机会？
2. 你将如何处理前高管人员受行为不当指控这一敏感事件？
3. 成功实现企业重整的关键因素是什么？

使用案件中提供的现金流模板回答以下问题：

4. 公司经营是否有足够的现金支持？通过对 2010 年 11 月到 2011 年 3 月前的现金流进行建模来回答这一问题。
5. 如何做到未雨绸缪，提前（2010 年 11 月）采取措施改善这一局面？分析当时的形势并提出解决方案。读者应充分关注当时的形势并提出最恰当的解决方案，而无须追求完美无瑕的终极答案。

四、补充资料

为充分利用本案例，建议读者通过如下资料了解本案例的过程及背景信息。

- 重点推荐读者阅读《精通私募股权》中的如下章节。
  - 第一章：私募股权基金的基本概念
  - 第五章：另类投资策略
  - 第九章：交易架构
- 教师使用的案例网站：http://cases.insead.edu/alvarez-marsal/
- 可以参考该网站获得更多资料：www.masteringprivateequity.com

第五部分 重组及不良资产投资

五、案例简介

> 本案例由来自奥迈企业顾问公司印度办事处的两名高管桑卡尔·克里什南（Sankar Krishnan）及尼基·沙阿（Nikhil Shah）撰写。案例的编写过程是在 INSEAD 全球私募基金投资研究小组（GPEI）的助理研究员安妮-玛丽·卡里克和"创业与家族企业"课程资深特邀教授克劳迪娅·纪斯伯格指导下完成的。本案例旨在为课堂讨论提供基础材料，无意对案例所涉及的处理方式是否有效做出判断。
>
> 关于 INSEAD 案例研究的附加材料（例如视频，电子表格，链接）可以在 cases.insead.edu 访问。
>
> Copyright © 2015 INSEAD

未经允许不得复制。未经版权所有者授权，不得以任何形式或媒体复制、储存、传播或分发本出版物的任何部分。

磨坊危机：编织印度周转

阿尔瓦雷斯和马尔斯得主

* 本案例为 2015 年欧洲管理发展基金会案例创作比赛"印度管理事务与机会"类获奖案例）。

通话内容，2010 年 11 月：

接听方：桑卡尔·克里什南，奥迈企业顾问公司全球专业服务业务董事总经理

打出方：史蒂夫·科恩（Steve Cohen），奥迈企业顾问公司北美商业重组业务执行董事

史蒂夫·科恩：桑卡尔，我刚刚听说蓝宝石基金出事了。你知道这家公司吗？它是我们美国最大的私募股权重整基金客户之一。我们曾为这家公司的几个项目提供过咨询服务。其中在印度的一家被投资公司出现了严重问题。据说，这家公司的最高管理层可能涉嫌违法事务，而且公司也正处于危机之中。我目前也只得到这些信息，但他们似乎已经非常紧张了。

桑卡尔·克里什南：是的，我知道蓝宝石基金。听说事态很严重。我们需要和这个基金组织一次电话会议，还要和尼基·沙阿讨论下一步应采取哪些措施。尼基和家人还在度假，但是根据目前的形势判断，我们已不能坐等了。明天上午 8 点半开会。如果你能召集到蓝宝石基金的相关人员参会，我就打电话给尼基，怎么样？

遭到指控

第二天，当奥迈企业顾问公司的高级总监桑卡尔·克里什南和尼基·沙阿打电话给史蒂夫·科恩时，他们注意到，蓝宝石基金的整个领导团队，包括董事长、投资委员会委员、

总顾问以及财务总监悉数参会。他们指出，形势确实非常严峻。奥迈顾问的团队迅速汇报了事件的最新进展。

这家被投资公司的名字是 WoolEx Mills，是印度最大的羊毛纺织品制造商及出口商，其业务分布在印度北部。多年以来，这家公司持续成长，尽管营业收入已达到80亿印度卢比，却始终未能摆脱亏损的局面。不过，他们在经营层面还是赚钱的。公司产品不仅在印度销售，而且还通过分销渠道合作以及零售商店等途径销往世界各地。

直到几周之前，公司的一名前雇员联络到蓝宝石基金，才引起他们对事态的关注。他对这家基金透露，他在公司就职期间曾目睹公司采取的不当举措，并声称这些行为的始作俑者是公司的最高管理层。但随后，公司就以业绩不佳为由开除了这名员工。这意味着，即使事实证明这些指控是毫无根据的，基金也必须密切跟踪此事，并展开独立调查。这就让基金陷入了尴尬境地，因为他们几乎持有被投资公司的全部股权，如果指控成立，蓝宝石基金的信誉以及投资管理能力将遭到质疑。他们已经没有时间可浪费了。

蓝宝石基金采取的第一项措施，就是聘请一家企业调查公司对这些指控进行初步核查。在向蓝宝石基金提交最终报告之前，调查人员和举报此事的员工、客户及供应商进行了秘密会谈。他们最终得出的结论是，这些指控确属事实，但是要取得确凿证据，还需直抵公司的实际经营。为此，蓝宝石基金请求奥迈企业顾问公司给予援助。

基础工作

桑卡尔带领调查团队迅速评估了应对危机的各种方案。据报道，WoolEx Mills 高级管理团队的前5位成员均参与了导致股东受损的违法活动。奥迈顾问的团队必须谨小慎微，因为他们根本无从知晓在 WoolEx Mills 谁是值得信赖的人员。在这种情况下，必须保守秘密，一旦此次调查的消息引起风吹草动，其后果将是不可设想的——对他们必须进行的法律调查至关重要的关键性证据有可能遭到破坏。因此，奥迈团队的工作几乎完全是暗中进行的，因为他们甚至没有得到调查人员的报告。他们唯一知道的，就是可能存在需要进一步核查的违规事件。

在接下来的1周里，由桑卡尔领导的团队每天都要与蓝宝石基金的投资委员会及总顾问进行3个小时的谈话。他们为奥迈团队采取的干预措施以及对公司运营的最终接管制订了行动计划。在执行计划的每一个步骤时，都需要进行深入全面的讨论，以确保计划尽可能地得到顺利执行。为此，桑卡尔组建了两个团队：一个是负责接管公司管理层的临时管理团队；另一个是负责调查不当行为的法律调查小组，由来自奥迈纽约和芝加哥办事处的成员组成。

采取行动

仅仅在 7 天之后，WoolEx Mills 的首席执行官兼首席财务官就被邀请到蓝宝石基金的孟买办事处，当时，他们还认为这只是一次常规性的例行董事会会议。但最重要的是，在这次会议上，他们没有对基金提出的问题产生任何怀疑。此外，基金还要求生产、采购和销售部门的负责人以视频会议的方式参会——实际上，基金当时已怀疑采购和销售部门负责人涉嫌与公司的首席执行官和财务总监相互勾结。按照计划，他们将到位于 Reliance Web World 的办公室参会，该办公室位于阿姆利则市，是公司总部及制造工厂所在地，可提供视频会议服务设施。这些高管人员对桑卡尔、尼基以及其他奥迈团队成员的到来还一无所知，而他们就坐在隔壁房间里观看视频会议的现场。

视频会议按计划开始。董事长从会议室的椅子上站起来，宣布暂时对 CEO 和 CFO 停职。突如其来的决定让这两名高管目瞪口呆——他们根本就没有预料到会出现这样的变卦。

我们再回到阿姆利则：奥迈团队离开隔壁房间，鱼贯进入会议室，向高级管理人员通报了对他们受到的指控，向他们出示了董事会下达的暂停停职指令，并告知他们，最终决定将在进一步调查之后做出。所有被停职的高管人均被要求交出手机和笔记本电脑。对于参加会议的 3 名公司高管，分别接受奥迈团队的指定成员问询——桑卡尔，尼基和阿尔·卡哈尼，其中，卡哈尼对司法调查小组全面负责。他们被告知，在得到进一步通知之前，董事会决定禁止他们进入办公室。接下来，他们有机会自述对整个事件的经历。其中的一位高管差点流泪。他们全部否认对自己的指控。

接管

在发生了这些戏剧性事件之后，奥迈团队前往总部及制造工厂所在的 WoolEx Mills 工业园。董事会主席已将更换高层管理团队的消息告知公司的人力资源及行政事务负责人，并要求他们配备安保人员全力配合奥迈团队的调查。尽管已采取了相应的防范措施，但经验丰富的奥迈团队还是配备了自己的安保人员，以防万一。

抵达公司之后，奥迈团队迅速控制了全部个人电脑、服务器及其他电子设备，这些物品是对违规行为调查取证的关键目标。他们将这些物品全部上锁封存，并由 3 名安保人员看护。随后，董事长向全公司发布消息，对管理层变更情况做出了解释，并介绍新的管理团队，要求全体人员在调查期间予以配合。

新管理团队由桑卡尔担任首 CEO，尼基担任 CFO，奥迈顾问 GG 公司的另一位高级主管尼基·汉纳担任制造和采购业务主管，基金派出的尼尔·阿加瓦尔负责销售部门。

新的一天，新的团队

第二天，新的管理团队召集了公司级别最高的 25 名员工开会，董事长通过电话参会。桑卡尔向他们通报了管理层的变化，并表示将和他们并肩合作，以确保公司业务的平稳进行。但他也明确表示，公司目前实行"开诚布公"的政策，所有员工都可以走出来，向新管理层揭露有助于"清理"公司的信息。他向这些高级雇员保证，任何人提供的信息都是保密的。

与此同时，法律团队开展工作。他们从分析电子数据开始，访谈关键人物，对公司会计账务进行了法律及财务审查。过渡管理团队也着手研究公司的业务重组事宜。在明确了尽快扭转公司现状这一目标的前提下，他们重新考虑了各部门关键人员面临的具体问题，以及他们需要承担的不同职权和责任。

未来的挑战

过渡管理团队面临的挑战是艰巨的。公司当时拥有员工 2 200 多人，原材料成本大幅上涨，承担生产制造任务的全部是陈旧设备，其制造效率已下降到最优水平的 50%，应收账款和库存水平持续上升，品牌缺乏市场号召力，采购流程还不确立，更重要的是，以前管理层的违规行为会为公司带来怎样的影响还不得而知。因此，对于这个团队来说，当务之急，就是要在解决这些问题的过程中维持客户的信心。

新任 CEO 必须确保所有利益相关者（"好"员工、客户、供应商、贷款人和所有权人）对公司重整达成一致，而任何有悖道德准则的员工都将被撤换——所有这一切，都必须在不中断业务的情况下按部就班地进行。

纺织公司

生产流程

WoolEx Mills 主要从澳大利亚和南非进口原材料（称为"羊毛条"）。羊毛条产自优质羊毛，经过精梳除草后，剔除全部杂质和不符合规定的成分，然后送到染色室进行处理，在这里获得所需的颜色和色度，并进行干燥。之后，染色后的羊毛条被送到纺纱车间纺编成纱线。成品织物所需要的细度取决于纺纱装置的精密度和质量。纺纱是整个工艺流程中最重要的一环，因为它决定了织物的韧性和弹性。

然后，这些纱线被转移到编织车间，在这里，很多台织布机按照预先输入的设计方案将纱线编织成织物。织物离开编织车间进入后处理工艺，在这个阶段，生产出来的织物经过覆膜或表面处理后，获得需要的表面成色及纹理。离开这个最终环节的纺织品还要经过数次质量检查后，才能进入成品仓库。

优质羊毛粗纺毛织物在每个阶段都需要经过的质量控制。生产高品质的羊毛织品的前提条件，就是拥有最先进的机械设备，设备的各项指标均保持在最高标准上，对整个生产流程进行严格控制，并对每个环节进行监督控制。与印度的很多价格敏感性消费者不同，这家公司的直接客户是大型经销商及零售商，他们都要对进货进行严格的质量检查。而作为出口对象的海外客户，当然要执行更严格的质量标准。

纺织服装业的通行规律是，由设计部门提前为即将到来的季节完成新的设计方案，而每年的生产则集中在两个季度中完成。在制作出产品样品后，需要首先发送给所有主要分销商，然后由后者向生产厂家提供订单。一旦订单确认，相应的生产任务就被纳入生产计划，而生产计划则是在预先确定的生产周期中生成的。

原材料

羊毛是这家公司最主要的原材料之一。印度号称是世界上饲养绵羊数量排名第三的国家。但印度绵羊的单只生产羊毛量却只有 0.9 千克，相比之下，全球单只绵羊生产的羊毛重量则是 2.4 千克。从单只绵羊的产毛量指标看，85% 的印度羊毛属于质地比较粗糙的羊毛，因而无法用于成规模的纺织品制造业（有关羊毛纺织行业的概况，见附录 14.1）。印度自产的优质羊毛产量根本就无法满足大规模羊毛纺织行业的需求，导致其原材料主要依赖于进口。在印度，适用于纺织级别的羊毛大多来自于澳大利亚、新西兰和南非。

染料是纺织业的另一种关键原材料。奥迈的生产团队认为，如果改变供应商，这家公司可以节约 5%～10% 的成本。而原管理层遭到揭发的一个事由就是他们向供应商收取回扣，因此，更换这些供应商就是摆脱"不好"的供应商。

他们在染色实验室进行了大量试验，目的就是将新的染料供应纳入到制度化轨道上。而现有采购业务的不规则性显然加大了引入新系统或新供应商的难度和复杂性。

销售

尽管公司的品牌在整个印度是众所周知的，但 WoolEx Mills 并没有因此而收取溢价。坊间普遍认为，他们的产品在质量上远远逊色于竞争对手。公司在印度的主要客户是大型的综合品牌经销商，他们的产品也是出售给从事多种品牌的大型综合零售商。因此，公司只需要几个展厅即可。出口占其公司收入总额的 20% 左右，海外客户主要来自美国、欧洲和日本的一些知名时尚品牌。

运营

桑卡尔和尼基发现，公司还存在一些亟待解决的严重质量问题。2011 年 3 月 1 日凌晨，销售总监收到一家重要的日本出口客户的电子邮件，对最近收到货物的质量提出投诉。这家日本客户已威胁按发票金额折价40%。在对质量问题进行调查之后，桑卡尔和尼基意识到，这种情况并不罕见。以前，公司也经常因为其他出口客户因质量不合格而折价付款的情形，但直接扣减发票金额的 40% 还是闻所未闻的事情。因此，质量问题成为奥迈顾问团队另一个需要优先处理的问题。

公司的质量问题可以归咎于如下两个主要方面：首先，WoolEx Mills 在生产技术进步方面处于落后水平，而且使用的是过时的陈旧设备；其次，公司的工艺流程也不是针对行业当前需求的高品质面料而设计的。

公司的财务状况

新任 CFO 尼基·沙阿在检查公司财务状况中也发现了很多问题。应收账款持续处于高位，而且没有按月更新。客户支付发票价款的平均延迟天数达到了 130 天，给公司造成了严重的现金流问题。此外，销售的部分折扣也没有通过公司的财务处理得到反映，也没有拿到任何折扣证明。预算的编制过程非常粗糙，缺乏应有的细节。成本核算过程漏洞百出，管理信息系统（MIS）甚至还依靠手工运行。

自 2010 年 9 月至 2011 年 3 月，澳大利亚和南非进口的优质细羊毛的价格上涨了 65%以上。这严重限制了这家公司的盈利能力和现金流水平。原材料采购通常采用预付款的方式，成本占据了销售价格的50%。其他主要采购项目还包括染料、化学品和易耗品等，合计占销售额的10%左右。

尼基很快意识到，这家公司根本就没有遵循任何科学有效的库存管理或订单流程。最明显的一个例子是，公司居然提前6个月为一台蒸汽锅炉订购煤炭，毫无意义地增加了煤炭储存数量和时间，占用了大量的流动资金。此外，公司还须要明确关键采购商品的订购程序。大量国内客户为居高不下的价格埋单，公司对某些客户采取了不正当的销售策略，导致应收账款余额大量累积而无法收回。种种弊端与不规则的应付账款管理相互叠加，严重影响了公司的资金流动性。

综上所述，通过现金流预测降低营运资金的水平，不仅是CFO的首要任务，也是强化财务职能部门内部核查与控制机制的重点。

资本支出计划

公司使用的是陈旧的过时设备。大约2/3的织布机经常出现故障。维护不良也是造成生产效率低下和质量问题层出不穷的主要原因。尽管迫切需要以先进技术升级改造这些织布机，但相应的资本支出却难以到位。

此外，质检实验室也缺少关键性检测设备。设计部门还在使用老旧的织布机为新设计方案制造样品面料。资本支出计划甚至遗漏了染整和后处理工艺中某些最直接的要求。尽管公司以安装了ERP程序，但它并没有充分发挥潜力。工厂的厂房也亟待维修——基础设施的状况更是令人堪忧，进入季风季节，只要经历一天的大雨，全部厂房就会被大水淹没。

为重整做准备

形势非常严峻，而且问题是多方面的，公司当下最紧迫的任务就是改善业绩。在运营团队完成了初步调查后，提出了3个急需整顿的重点领域：改进营运资金和流动性状况；提高生产效率；减少消耗率。这3个方面均指向同一个目标：提高生产效率和产品质量，并降低总成本。

附录14.1

行 业 背 景

与印度的棉花、人造纤维纺织品及服装业相比，它的毛纺织品行业的规模相对较小。据估计，印度毛纺织品行业的总价值约为100亿卢比。这个行业的主导力量是大批"无组织"

的参与者,包括各种小型编织企业、动力纺织企业、地毯生产商以及染色企业。其余厂商则属于所谓"有组织"的部门,即,大规模的综合型纺织厂、精梳及纺纱厂家。

印度只有少数几家大型的综合毛纺织企业。这些工厂主要生产供应给国内及出口市场的成品面料。有些工厂也生产成品服装。个别印度毛纺织品制造商的产品质量也得到了市场的认可,其产品已出口到世界各地。印度的毛纺织行业由一家控制了65%以上市场份额的大型企业主宰。在过去两年里,整个市场实现了9%的增长率,这一增长率预计将在未来维持下去。

在印度有组织的毛纺行业内厂商数量有限,以及制造羊毛面料所需设备具有较高程度的专业性,因此,该行业严重依赖进口机械设备。大多数毛纺织机和其他设备均从欧洲、美国以及日本等国家进口。

补充材料1

损 益 表   100万印度卢比

	2009财年—2009年3月	2010财年—2010年3月	2010年11月当月	2010年4月—11月
收入				
产品销售和劳务收入	1 597.30	1 598.80	99	1 222.70
其他收入	16.4	35.1	10.9	26.8
收入合计	1 613.60	1 633.90	109.9	1 249.50
成本费用				
销货成本	-596.3	-625.2	-21.2	-504.1
人工成本	-249.6	-236.2	-22.2	-173.8
其他费用	-540.9	-527.9	-52.4	-386.5
成本费用合计	-1 386.90	-1 389.30	-95.8	-1 064.40
EBITDA	226.8	244.7	14.1	185.1
占收入的百分比(%)	14.10	15.00	12.80	14.80
折旧费用	-131.5	-135.8	-11.3	-91.6
财务费用	-60.4	-50.4	-3.7	-31.6
税前利润	34.8	58.4	-0.9	61.8
税收费用	-6.6	-10.2	—	-11.1
税后利润	28.2	48.2	-0.9	50.7
占收入的百分比(%)	1.70	3.00	-0.90	4.10

补充材料2

资产负债表　　　　　　　　　　　　100万印度卢比

	2009财年—截至2009年3月	2010财年—截至2010年3月	2010年截至11月
负债			
股东出资			
股本	1 356.70	1 356.70	1 356.70
资本公积和盈余公积金	560.7	609	670.8
贷款资金			
担保贷款	395.7	272.3	223.6
负债合计	2 313.20	2 237.90	2 251.10
资产			
固定资产			
固定资产原值	2 120.00	2 168.70	2 172.10
减：累积折旧	648.7	784.5	875.8
固定资产净值	1 471.30	1 384.20	1 296.20
资本型在建工程	8.1	6.4	63.7
固定资产合计	1 479.50	1 390.60	1 359.90
投资	0	0	0
流动资产			
存货	513	478.6	666
应收账款	579.9	651.4	663.8
现金和银行存款余额	55.4	52.4	53.2
贷款和预付账款	31.6	46.3	77.7
其他流动资产	0.3	1.8	—
流动资产合计	1 180.20	1 230.60	1 460.70
减：流动负债和减值准备			
流动负债	318.8	366.1	544.8
减值准备	27.7	17.1	24.7
流动负债和减值准备合计	346.6	383.2	569.5
流动资产净额	833.7	847.3	891.2
资产合计	2 313.20	2 237.90	2 251.10

补充材料3

现金流量表

100 万印度卢比

	2009 财年—2009 年 3 月	2010 财年—2010 年 3 月	2010 年 11 月 当月	2010 年 4 月—11 月
A. 经营活动产生的现金流量				
净收益（亏损）	34.8	58.4	-0.9	61.8
调整项目				
固定资产折旧及摊销	131.5	135.8	11.3	91.4
固定资产处置损失（收益）	0.2	0.0	—	—
利息支出	55.7	47.4		
利息收入	-5.5	-15.2		
支付的直接税及额外福利税	-6.3	-19		
应收账款净额	-100.5	-73.9	124	-12.4
存货	-154.7	34.5	-84.4	-187.4
预付账款及存款	—	—	4.7	-26.5
流动负债与资产减值准备	16.3	34.2	2.4	186.3
调整项目合计	-63.6	143.8	57.9	51.4
经营活动产生的现金流量净额	-28.8	202.2	57	113.2
B. 投资活动产生的现金流量				
投资支出的现金	-103.1	-46.9	-2.6	-64.0
出售固定资产收回的现金净额	0.3	0	0	0.2
利息收入	5.7	13.7	—	—
投资活动产生的现金流量净额	-97.1	-33.2	-2.6	-63.8
C. 融资活动产生的现金流量				
取得（偿还）定期贷款/收到（支出）的现金	133.8	-10.2	-9.0	-39.7
取得（偿还）营运资金贷款/收到（支出）的现金	46.4	-112.4	-47.5	-9.0
取得（偿还）短期贷款/收到（支出）的现金	1	-0.9	—	—
偿付利息支付的现金	-52.8	-48.6	—	—
未抵押存款的净变动额	—	—		
融资活动产生的现金流量净额	128.3	-172.0	-56.5	-48.6
现金及现金等价物净增加额	2.4	-3.0	-2.0	0.8
年初现金及现金等价物余额	53	55.4	55.3	52.4
期末现金及现金等价物余额	55.4	52.4	53.2	53.2

补充材料4

应收账款账龄统计表，截至 2010 年 11 月 30 日　　　　100 万印度卢比

	应收账款余额总计	不超过 60 天	61～90 天	91～120 天	>120 天
A. 国内客户:					
所在地区					
旁遮普邦/恰蒂斯加尔邦/哈里亚纳邦/喜马偕尔邦/查谟和克什米尔邦	79	34.7	21.3	7.4	15.6
德里	28.9	14.2	3.4	4.9	6.4
北方邦—西部地区	30.6	6.5	6.5	3.3	14.4
拉贾斯坦邦	10.7	6.1	2.5	0.9	1.2
马哈拉施特拉邦	33.2	14.8	8.9	6.7	2.6
古吉拉特邦	25	3.7	2.2	2.6	16.5
安得拉邦	79.6	8.4	16.3	33.4	21.5
中央邦	11.5	6.8	1.3	2.3	1.1
泰米尔纳德邦	5.4	1.1	1.5	0.5	2.3
卡纳塔克邦	15.5	7.3	4.4	2.1	1.8
北方邦—安拉阿巴德	2.4	1.9	0.1	0.1	0.3
北方邦—东部地区	19	39.1	7.4	1.5	1.3
东北地区	13.1	2.8	2.5	2.4	5.4
比哈尔邦	27.4	12.8	8.4	2.8	3.4
奥里萨邦	5.6	2.1	1.1	0.8	1.5
西孟加拉邦	7	3.9	1.7	0.4	1
尼泊尔	58.4	36	11.4	0.4	10.7
北方邦—中央区	48.5	26	9.9	7.4	5.2
转换器等	8.1	1.2	2.2	0.2	4.5
国内小计	509.4	199.4	113	80.3	116.6
B. 政府及政府机构	96.2	48.5	22	14.2	11.5
C. 出口	46	30.9	14.1	0.4	0.5
D. 劳务	6.5	6.4	0.1	0	0
E. 服装	5.8	3.5	—	—	2.2
合　计	663.8	288.8	149.1	95	130.9

补充材料5

库存计划，截至2010年11月30日　　　　　　　　　　100万印度卢比

序号	物品名称	单位	数量	金额
1	原料	千克		
	羊毛	千克	248 382	135 689
	涤纶	千克	216 433	32 482
	外购纱线	千克	36 043	11 012
	废弃物	千克	31 701	918
	染料与化学品	千克		6 573
	合计			186 673
2	在产品			
	染色车间	千克	19 525	9 595
	纺纱车间	千克	102 314	41 007
	纱线车间	千克	104 861	43 200
	编织车间	千克	65 159	41 585
	后处理车间	米	126 585	30 568
	合计			165 955
3	产成品			
	布料	米	933 511	243 844
	毛毯	套	7 010	3 850
	服装	套	8 476	10 999
	合计			258 692
4	存货及备料			54 661
	合计			665 982

补充材料6

资本支出计划

金额单位：100万印度卢比	资本支出规划（预算）	截至2010年11月已预付给供应商	资本支出				
			截至2010年11月的累积资本支出	2010年11月当月	小计	相对2010年11月资本支出计划的增加额	合计
备件	28 162.10	1 766.30	7 024.40	15	8 805.70	121	8 926.70
新购置机器	67 224.40	4 808.10	3 337.70	25	8 170.80	36 621.50	44 792.30
其他							
建筑物与道路维修	23 025.60	2 098.40	10 454.50	1 483.50	14 036.40	617.1	14 653.50
其他项目	3 075.00	1 633.40	—	—	1 633.40	—	1 633.40
应急项目	6 432.90	688.8	3 252.50	907.6	4 848.90	—	4 848.90
合计	127 920.00	10 995.00	24 069.10	2 431.10	37 495.20	37 359.70	74 854.80

补充材料7
销售信用及付款条款

针对所有销售业务的信用付款条款:

类　　别	信 用 条 件
面料销售 　国内客户 　政府机构 　出口	自销售之日起3个月内付款 自销售之日起3个月内付款 自销售之日起3个月内付款
其他 　劳务收入 　清算收入 　其他收入	在销售时全额付款 所有现金销售 无其他主要收入来源

针对所有采购业务的信用付款条款:

类　　别	信 用 条 件	备　　注
原材料 　进口羊毛条 　进口聚酯 　其他国内采购 　信用证的财务费用	-信用证；一般从购买之日起2个月内付款给银行 -信用证；一般从购买之日起2个月内付款给银行 -信用证；一般从购买之日起2个月内付款给银行 -按每月625万印度卢比支付	所有原材料均可视为进口
备品和染料	**购买之日起2个月内付款**	**所有备品和染料均为本地采购**
电力和燃料 　电力 　煤炭 　炉油	-从变电所购买的电力按日结算 -月底结算从政府电网购买的电力 -自购买之日起1周内付款 -自购买之日起1周内付款	-电力占总电力和燃料62% -煤炭和燃料分别占24%和14% -在本月的第一天提交订单，并在本月的第二周交付煤炭 -在本月的第一天提交订单，并在本月的第二周交付煤炭
营销 　营销活动代理机构 　物流/货运	-自消费之日起1个月内付款 -自支出之日起1个月内付款	-媒体支出占总营销费用总额的40% -销售佣金约占营销费用总额的50% -运费占营销费用总额的10%左右
其他全部费用 　开发支出及其他间接费用	-自从支出之日起1个月内付款	
其他 　所有全部日常杂项费用	-每日结算	

案例 15 荷兰文德克司 KBB 控股集团（Vendex KBB）：

危机的前 100 天

一、概述

该案例描述了荷兰文德克司 KBB 控股集团（Vendex KBB）在 2004 年年底时面临的困境。当年早些时候，一个由私募股权投资者组成的财团已收购这家荷兰的综合型控股公司。然而，文德克司集团却始终一蹶不振，尤其是他们的主打业务：V&D 百货公司已彻底陷入危机。因此，PE 团队需聘请一名新的 CEO 帮助这家公司扭转乾坤。他们劝说了零售业的顶级人物托尼·德努齐奥（Tony DeNunzio）接手这家危在旦夕的企业，而且目标非常明确，就是帮助公司实现逆转，为所有利益相关者创造价值，而不仅是为 PE 投资者。显然，摆在他面前的是一项非常棘手的任务；不仅要拯救这家在荷兰具有象征性意义的知名品牌，还要一改 PE 公司近年来取得的坏名声——门口的野蛮人以及蝗虫等。而本案例的结尾则是托尼走上第一个百天之旅的起点。

二、案例研究的目标

本案例表明，在危机时刻，良好的领导力以及明确的重整计划完全可以让病入膏肓的公司起死回生。案例突出了新 CEO 上任后第一个 100 天的重要性。他必须做出艰难的决策，即使不能带来立竿见影的回报，但至少要确保公司拥有一个值得期待的未来。与所有利益相关者沟通这一点非常关键。我们从本案例中可以体会到，和公开上市公司相比，对一家

第五部分　重组及不良资产投资

高度强调财务业绩的私人公司进行重整要容易得多；此外，本案例也表明，PE 接管者也可能不会只关注为了自身利益而过度"挤奶"，相反的，他们也会考虑如何为所有利益相关者创造价值。

三、本案例需要解决的主要问题

应要求读者拟定一项为期 100 天的计划，并设身处地站在托尼·德努齐奥的立场上思考问题。

1. 此前几年的形势如何？到底出了哪些问题？
2. 确定主要利益相关者以及托尼应如何与他们开展沟通。
3. 在走进办公室的第一天里，托尼向下属传递的第一条信息应是什么？
4. 他应如何确定自己的首要任务？
5. 制订上任后的首个百天计划。

四、补充资料

为充分利用本案例，建议读者通过如下资料了解本案例的过程及背景信息。

- 重点推荐读者阅读《精通私募股权》中的如下章节。
  - 第一章：私募股权基金的基本概念
  - 第五章：另类投资策略
  - 第十二章：管理团队的维护
  - 第十三章：营运价值创造
- 教师使用的案例网站：http://cases.insead.edu/alvarez-marsal/
- 可以参考该网站获得更多资料：www.masteringprivateequity.com

五、案例简介

本案例由"创业与家族企业"课程朱思特·德哈斯（Joost de Haas）教授及 INSEAD 全球私募基金投资研究小组（GPEI）的助理研究员安妮-玛丽·卡里克（Anne-Marie Carrick）编写。本案例旨在为课堂讨论提供基础材料，无意对案例所涉及的处理方式是否有效做出判断。此外，我们还感谢 Maxeda 集团前任及现任管理层为编写本案例提供的帮助和素材，以及相应的教学笔记和视频资料。我们非常感谢由 INSEAD 校友蒂莫西·博瓦德（Timothy Bovard）和安迪·菲利普斯（Andy Phillipps）创建的创业教学创新基金对本案例的支持。

有关 INSEAD 案例研究的更多材料（如视频材料、电子表格及相关链接等）可登录官网 cases.insead.edu 查询。

Copyright © 2014 INSEAD

> "首先，这不是真的，这完全是不真实的。最后，不管多么血腥的事情对你都无所谓！"
>
> ——文德克司国际公司首席执行官安东·德里斯曼（Anton Dreesmann）

2005 年 6 月 1 日

这是托尼·德努齐奥来到荷兰大型企业集团、文德克司控股集团的第一天。在他接任首席执行官职位之前，托尼对这家公司知之甚少。经过一批私募股权投资者的反复劝说，托尼终于同意接受具有挑战性的角色。此时，他唯一可以确定的就是他的任期是 3 年，而且在度过前 18 个月后，他的角色将变为兼职管理者。毕竟，他的家人都在英国，而且他根本就没有永久搬到荷兰的想法。

为这个历史悠久、处境艰难的荷兰控股企业寻求合适的掌门人，这些 PE 投资者经历了漫长的煎熬。在 2004 年 6 月，这些费尽千辛万苦才找到托尼的私募股权投资公司收购了在泥潭中挣扎的荷兰巨人。这是一家名为文德克司控股公司的大型综合性企业集团，旗下经营着很多种不同的业务。虽然文德克司集团不乏宝石，但作为主导业务的 V&D 百货连锁店则经营惨淡，2005 年度的经营亏损达到 5 800 万欧元。文德克司集团只是在用其他企业勉强维持着 V&D 苟延残喘。仅 V&D 百货的在职人员就超过了 14 000 人。但随着 EBITDA 持续下行，销售额不断下降，投资者开始感到难以招架，因为他们看到的是集团的股权价值在不断缩水。

当私募股权投资公司 KKR 和 AlpInvest 收购了文德克司零售集团时,他们认为,从消费者的信心角度来看,他们是在经济周期的最低点收购的这家公司。然而,尽管在收购日出现了短暂的复苏迹象,但之后的消费者信心和销售额却再次滑向更深的谷底。

这次有争议的收购对文德克司集团产生了极大的负面影响。因为这是荷兰有史以来的第一笔大型上市公司退市交易,媒体充斥了对野蛮人接管国家资产的谩骂和斥责。V&D、de Bijenkorf 和 HEMA 在荷兰已成为家喻户晓的名字。

但文德克司对这种被他们称为"集邮"式的经营模式感到迷惑不解。行业的潜力是显而易见的,因为荷兰零售业中的竞争还很有限,而且有些企业还在沿用老式的经营模式,在管理上存在明显的缺陷。在接管后的第一天,私募基金组成的财团就做出了快速反应,他们任命了经验丰富的财务专家罗纳德·范德马克担任公司的财务总监。

对于私募财团对公司的接管,雇员难免少不了担心,开始疯传"在退出前挤干奶牛身上最后一滴奶"。因此,托尼不得不说服他们,他们的目标是发展企业,而且要在出售公司任何一项业务之前创造。他必须当机立断,采取行动:每个人都在期待变化,而且变化得越早,就越容易得到他们的接受。

绚烂多彩的企业发展史

文德克司控股集团是两家荷兰零售公司文德克司(Vendex)和皇家蜂巢百货集团(Koninklijke Bijenkorf Beheer,KBB)于 1999 年合并之后创建的。

Vendex 国际集团

文德克国际集团的起源可以追溯到 1887 年,它是在两家家族性企业合并之后诞生的——从德国移民来到荷兰的德里斯曼(Dreesmanns)家族以及荷兰的弗卢姆(Vroom)家族。两家公司最初都曾在阿姆斯特丹经营着小型服装店。新成立公司的名字是"Vroom&德里斯曼",多年之后,也逐渐被人们简称为 V&D。这同样是一家代代相传的家族企业,并在 1971 年发展成为全国性的百货连锁企业。公司中的各个店面均独立运行,并没有结合成一个一体化的企业。

1971 年,在兄长因车祸去世后,安东·德里斯曼成为公司的新掌门人,也由此带领这家公司进入了新时代。他着手开启了被业内称为"并购狂潮"的举措——公司的财务业绩蒸蒸日上,而他也将公司的愿景定位于成为一家大型企业集团。于是,他开始对公司进行大规模改造,引入标准化经营流程,并将业务范围扩展到食品零售、时装、银行业、五金零售、珠宝首饰、邮购服务以及就业服务等诸多新领域。这些收购大部分是通过债务融资完成的。

20 世纪 70 年代后期，荷兰政府开始调整公司税收结构，导致 V&D 这样的大型公司承担的税收负担明显增加。对此，德里斯曼将他的消费狂转到了另一个方向，而这一次的目标是他的祖国之外。他在美国、巴西、法国、比利时和沙特阿拉伯等国收购多家公司。进入 20 世纪 80 年代，他将公司业务重新划分为独立运营的部门，并从 1985 年开始，将这些独立业务的管理权统一收归于一家控股公司——文德克司国际集团。最初的百货公司业务仍保留 V&D 的名称，但仅占总营业额的 15%。[①] 由于德里斯曼家族持有公司的大部分股权，因此，德里斯曼仍然是集团的一号掌门人。在 20 世纪 80 年代末之前，集团的收入和盈利能力持续增长。

但是在 80 年代末，公司却遭遇了严峻的财务挑战。由于公司过度强调国际性扩张，而未能很好地适应国内市场的变化。荷兰整体经济趋于放缓，导致公司的销售收入持续下滑。沉重的债务负担和高利率也给某些业务造成重大损失。除此之外，德里斯曼还遭受了一连串的打击，迫使他别无选择，唯有让出手里的控制权。尽管德里斯曼任命阿里·范德赞代替自己，但后者的任期非常短暂。范德赞做出包括大规模裁员等决定之后，让德里斯曼彻底愤怒了，他从病床上爬起来将范德赞扫地出门。尽管身体不佳，但德里斯曼还是决定重返公司。

两年后，前麦肯锡咨询师简·迈克尔·海塞思（Jan Michiel Hessels）取代了德里斯曼，并秉承前任董事长的志愿——通过"剥离不盈利的非核心业务来振兴公司；集中力量提升盈利性业务和国内并购，重组百货商店的零售业务；大幅削减公司的债务"。[②] 随后，海塞思开始着手重整计划，公司的净利润也在随后的 5 年内几乎增长了 1 倍。1995 年，文德克司国际集团在阿姆斯特丹证券交易所上市。此时，V&D 百货公司在荷兰零售市场的份额已达到 40%。

皇家蜂巢百货公司（KBB）

皇家蜂巢百货公司（KBB）由西蒙·飞利浦·古德施密特（Simon Philip Goudsmit）创建于 1870 年，是一家位于阿姆斯特丹的男装商店。成立之后，公司销售的商品范围也逐渐增长。古德施密特在 1889 年去世后，他的遗孀在一位表弟帮助下，进一步扩大了这家企业，并最终将这份家业传给了儿子亚瑟·艾萨克（Alth Isaac）。经过了扩张期之后，公司在 1909 年购买了相邻的一些房产，建造了新的店面。

[①] 零售贸易部门包括食品店、百货公司、专业时装、五金商品和家居用品。商业服务部门则由维修服务、就业代理及其他杂项服务构成。

[②] 资料来源：www.fundinguniverse.com。

1926年，创始人家族开设了第一家名为"阿姆斯特丹荷兰统一价格会社"（HEMA）[①]的商店。新商店的目标就是将顾客定位于"每个人"，而且所有商品均以10元、25元和50元的固定价格出售。商店也由此成为简单和质量的代名词。这家被人们称为"杂货店"而非百货公司的商品大获成功。1927年，他们开设了阿姆斯特丹以外的第一家HEMA分店。

从1958年开始，开设新分店的步伐开始加快，并陆续扩大到其他欧洲国家，包括比利时、德国和卢森堡。HEMA推出了荷兰最早的特许经营模式。和公司原有的百货公司一起，HEMA成为KBB最成功的业务之一。

第二次世界大战后，蜂巢百货发展成为一家遍布荷兰的全国性连锁企业。但杂货店和百货公司业务仍是这家公司的唯一业务，这种情况持续到20世纪80年代中期，在此之后，他们进入多样化经营时期，开始涉足服装和自制零售等业务。为此，公司开始有意识地尝试下放业务管理权。但是到了90年代，尽管公司还在继续实施收购，但停滞不前的销售迫使他们不断关闭经营网点，企业利润也随之下降。

文德克司的出现

1997年，文德克司开始和尚未上市的KBB进行谈判，商讨两家荷兰零售巨头之间进行合并的可能性。然而，这个过程异常复杂，因为合并过程不仅要接受来自荷兰竞争管理机构的审查，还有KBB股东们对文德克司收购价格太低的抱怨。随着非上市的WE国际集团提出还价，充满敌意的对抗由此拉开大幕。作为回应，文德克司于1998年10月提高了对KBB的报价，并在1999年完成交易。

合并后的企业被重新命名为文德克司KBB集团，成为荷兰最大的非食品零售企业，旗下业务涉及百货公司、电子商品、时装、DIY、运动商品、玩具、眼镜及珠宝等（附录15.1）。公司在荷兰市场的占有率仅为11%，且还有进一步的扩张空间。[②]

考虑到在IT、物业管理和服务等方面购买力的加强以及成本上的节约，此次合并被认为是两方的双赢之举。新组建的公司通过收购进一步扩大了业务范围，包括在2000年收购了一家电子产品零售企业，在2002年收购了DIY零售商Brico，其中，后一笔交易的金额达到4.408亿美元。为突出核心业务，文德克司KBB于2002年卖掉了举步维艰的AFO

---

① 直译为"独一无二的定价"——意思是统一型定价，即所有商品均采用相同的价格或是在非常有限的价格区间内变动。
② 如果合并后企业实体的市场占有率超过20%，就有可能导致荷兰竞争管理机构认定，合并将形成唯一的市场垄断者。但公司通过自我经营后实现20%以上的市场份额则是允许的。

Schwarz 玩具店。①

不协调的组合！

"总部和分店完全是脱节的。总部不知道分店在发生什么，而且就是在'盲飞'。本来只有一般表现的分店会误以为他们拥有顶级的业绩（HEMA），因为他们进行基准对照的标准仅限于小范围内。于是，总部失去了业务部门的尊重，准确地说，是根本没有被业务部门当回事。"

——罗纳德·范德马克（Ronald van der Mark），Maxeda 公司财务总监

虽然文德克司似乎在非食品零售业的竞争中处于优势，但是在进入新千年后，诸多挑战开始浮出水面。市场形势急转直下，消费者信心大幅下挫，直抵 1983 年以来的最低点。随着消费开支趋于平缓，价格战随之而来。由于来自专业零售商的竞争不断升级，文德克司旗下的主要百货公司业务（V&D 和 de Bijenkorf）开始为了保持盈利而煎熬。正如范德马克所言：

"在我看来，百货公司是零售业中最复杂、资本密集度最高的经营商业模式之一。在当时那个时候，消费者正在转向专业零售商，以寻求提供更优惠的价格和更优质的服务。"

到 2003 年，公司股东要求采取行动，并建议管理层让文德克司控股退市或是进行业务分拆。长期以来，公司的股价一直处于低位，这导致一家美国的激进股东 K Capital 提出，管理层必须解决"严重贬值"的问题，并出售公司②。此时的文德克司控股已无力通过过桥融资取得资金，而且财务亏损情况极为严重。尽管集团拥有一些强大的品牌，但其现金流创造能力已几近干涸（附录 15.2 和附录 15.3）。

在合并之前，这两家公司一直是竞争对手，他们在企业文化上差异也很大，因此，即使在合并之后，他们之间的关系也更多地表现为竞争，而不是合作。集团内的各业务部门之间缺乏沟通，曾经设想的协同效应更是无从谈起。控股公司内部的各部门独立运营，根

---

① http://www.referenceforbusiness.com/history2/85/Koninklijke-Vendex-KBB-N-V-Royal-Vendex-KBB-N-V.html.
② http://www.prnewswire.com/news-releases/k-capital-sends-letter-to-koninklijke-vendex-kbb-nv-holdingsvndx-na-70894892.html or just Google "Vendex KBB K Capital".

本就不存在信息或是最佳做法上的共享——这显然是一种失灵的业务组合。

V&D——荷兰资产的一部分

"在2004年的一次零售会议上，一个小组在研讨会上居然对V&D到底会在收购后的1年内还是1年之后关闭的问题展开讨论——而不是V&D是否会被关闭的问题。似乎关闭已成为定局。"

——罗纳德·范德马克，Maxeda公司财务总监

文德克司控股集团面对的最大难题，竟然是昔日欣欣向荣的V&D百货公司。作为弗鲁姆和德里斯曼家族的旗舰业务和他们的骄傲，公司眼下正遭遇严重的财务困境。到2004年，公司每年的亏损已接近6 000万欧元。2006年实物支付债券（PIK）发行备忘录中指出：

"我们的V&D业务部门正在遭受严重的危机，而且有可能无法恢复盈利。作为集团从事百货公司业务的部门，V&D截至2003财年的经营亏损已达到4 500万欧元（重组前亏损为8 000万欧元，包括600万欧元的拨备）。进入2003财年，V&D的分阶段重组计划已开始实施。2004财年，V&D公司的经营亏损为4 400万欧元（其中包括1 000万欧元的一次性折旧费用）。2005财年，V&D公布的经营亏损为5 800万欧元（其中包括安装SAP系统后对库存重新估值形成的额外800万欧元费用及重组费用）。

重组计划的第一阶段已带来每年成本的节约额超过5 000万欧元。虽然与重组计划相关的很大一部分现金流出出现在2003财年到2005财年之间，但我们预计，作为持续实施V&D重组计划的部分措施，未来几年会再度出现新的现金流出，而且已对此做出了规定。此外，我们也无法保证V&D的营业利润会因此而得到改善，也未必能重现以前所达到的盈利水平。如果V&D业务的盈利能力不能改善，那么，我们的财务状况和经营成果可能会受到重大的不利影响。"

此外，连锁店一直被列为最不适合操作的业务，它们从未摆脱自德里斯曼家族时期就已存在的层级制度。比如说，在V&D的地区性店面中，总经理仍有自己的浴室。在整个公司，这种思维定式依旧盛行，在公司总部，还保留着专供高管人员使用的电梯和用餐区。

公司已采取措施对连锁店业绩进行改造。尽管公司曾聘请一位著名荷兰设计师改变商店的外观，但这并没有带来看得见的成果。投资不足意味着很多老式店面仍需大量的维护工作。

店面空间利用率低，橱窗展示密度低

店面商品的码放方式严重缺乏想象力

缺货

造成 V&D 陷入困境的因素，还有以促销为基础的采购策略和陈旧过时的供应链管理系统。由于出售的产品乏善可陈，再加上同一产品的各种类以及不同产品类别之间的定位不一致，导致百货公司业务的处境进一步恶化。多年来，商店出售的商品基本维持原样，很少有新鲜血液的注入。艾德·海明翰在担任 V&D 首席执行官期间取得了一些进展，引入自有品牌，但顶级品牌不愿入驻 V&D 的商场，他们认为低迷的店面状况会对他们的产品造成负面影响。尽管公司也曾尝试重振 V&D，但他们始终未能找到问题的核心症结。对此，公司的前人力资源总监罗杰·里激加认为：

"在 V&D 工作的人都为公司的悠久历史和这个知名品牌而感到自豪，然而，多年来，这种情怀却逐渐地演化为保守主义。在为重组店面业务而进行的尝试遭遇失败后，招来了过多的怀疑。因此，任何新的尝试都会带来消极抵触。"

La Place 餐厅

"在 2004 年之前，V&D 还是一家非常棒的兼营杂物销售业务的商品零售店。而对于商店的非食物销售区，只是人们去到人满为患的 La Place 餐厅的必经之路。"
——雪莉·波特尔（Cheryl Potter），璞米投资（Permira）的投资者

V&D 当下的"救赎者"则是位于商场内部的 La Place 餐厅。凭借采用新鲜食材制成的高品质菜品，这家餐厅取得了丰厚的利润，凭借居高不下的客流量"拯救"了 V&D。这是一家具有现代风格、环境优雅的餐厅，这里不仅有现场烤的面包，简单、新鲜的食物也满足了现代人对健康生活的追求。La Place 餐厅于 1987 年 9 月开业，到 2004 年，已成为麦当劳之后荷兰的第二大快餐店。

文德克司 KBB 的其他业务

尽管存在诸多问题，但 Vendex KBB 在 2004 年依旧是荷兰最大的非食品类零售商，并将业务拓展到其他 6 个国家：比利时、卢森堡、丹麦、德国、法国和西班牙。在 2003 年到 2004 财年，控股集团的营业收入净额达到 45 亿欧元左右，员工人数超过 4.3 万人，并拥有近 1 800 家店面。集团旗下的零售连锁店面根据所处的市场板块划分为 6 个业务部门。HEMA、V&D 及 de Bijenkorf 均为自负盈亏的独立经营实体。其他业务分属于定制服装、时装消费类以及电子业务等部门（见附录 15.4a 和附录 15.4b）。

出售时机

"Vendex 定义了荷兰当时的非食品零售业。"

——托德·费舍尔（Todd Fisher），KKR

文德克司 KBB 的首席执行官艾德·哈明（Ed Hamming）意识到事态的严重性，他在 2003 年 9 月《金融时报》的一篇报道中称："如果我们不能迅速解决内部问题，让公司恢复正常秩序，我们的声誉就会遭受损失。"到 2003 年年底，由于公司收益持续低迷，坊间已开始传闻文德克司 KBB 要被收购的消息，这迫使文德克司 KBB 必须在短时间内出售部分业务，创造现金流。2002 年，公司已经向 CVC 投资公司出售了 6 项业务：Hans Anders、Perry Sport、Prenatal、Kijkshop、Siebel 和 Scapino。

2003 年，时任文德克司 KBB 首席财务官马赛尔·斯密特（Marcel Smits）启动邀标拍卖。来自 KKR 的投资者托德·费舍尔解释说，私募股权公司 KKR 已对这家公司进行了很长时间的研究，他说：

"2001 年 9 月，我在阿姆斯特丹遇见了马塞尔，这是一次让他毫无准备的见面。实际上，文德克司早已成为潜在的收购标的——原因就在于公司已经上市，且交易价格很低。而且马塞尔已经在准备谋取变化，因此，我们之间进行了一番开诚布公的对话——虽然这个阶段的对话几乎不掺杂任何官方色彩。"

通过公共资源以及实地考察荷兰的多家商店，托德和来自 KKR 的团队在随后两年里对文德克司公司进行了更为详细的研究，从而对这家公司的运营情况获得清晰认识。

第五部分　重组及不良资产投资

"我也想弄清楚，V&D 是否真是所有人所称的毒药。我终于在 2002 年见到了公司的首席执行官艾德·哈明，并以收购事由与文德克司 KBB 开始正式接触。但这显然不是合适的时间。"

但故事到此并没有结束。到了 2003 年年底，弗洛伦斯·马尔杰斯（Floris Maljers）接任董事长，托德·费舍尔认为，这意味着形势已发生了变化（附录 15.5）：

"他是一个精明老练的生意人。马尔杰斯也认识到收购的可能性，而且更愿意为此承担风险。而在 KKR，我们认为时机已经成熟——于是，我带着亨利·克拉维斯和我拜访了马尔杰斯，随后，我们提出正式收购报价。"

由于文德克司 KBB 是上市公司，因此，斯密特还向另外两家公司发出了招标邀请，但 KKR 显然处于更有利的位置，因为他们已经比其他投标人领先一步。KKR 最终在当时这笔欧洲第二大零售业的收购中成为胜利者。收购股权支付的最终对价为 13.76 亿欧元，企业价值为 25.17 亿欧元（附录 15.6）。对于 KKR 来说，这也是它们自 1989 年收购纳比斯科以来开出的最大支票。① 然而，由于一家股权合伙机构（Change Capital）在最后时刻退出交易，在 2004 年 8 月 5 日，KKR 和另一个合伙人 AlpInvest 将股权中不可分割的部分转让给盛峰投资和璞米资本（附录 15.7 和 15.8）。对 KKR 来说，这绝对是一次经典的收购交易。对此，托德解释说：

1. 有良好的基本面"骨架"——文德克司 KBB 拥有成为世界级企业的潜质。商店位置优越，且具有独有的知名度（附录 15.9）。
2. 温和的市场氛围——荷兰的市场竞争激烈程度远低于英国或美国。假如把 V&D 放在英国，Todd 相信它是坚持不下去的。但是在荷兰，它绝对是一个强大无比的超级品牌，而且 KKR 也相信，它们有能力给公司带来积极的变化。
3. 处于经济周期中的正确阶段——经过了几年的大幅衰退之后，经济形势似乎已开始企稳向好（附录 15.10）。
4. 问题的根源在于管理不善——这显然是从运营角度实施改进的最好机会。
5. 只要妥善管理，V&D 就有可能焕发活力——这显然不符合市场将连锁店视为黑

---

① 作为 KKR 操作的最著名的收购案，就是在 1989 年以 306 亿美元的价格收购了 RJR 纳比斯科公司。截至 2006 年，此次收购始终是史上规模最大的杠杆收购案例。著名畅销书《门口的野蛮人》描述的正是这一次惊天收购。

洞的观点,"评论家们认为我们在V&D上犯了错误"。

第一个100天

私募股权财团在2004年7月5日正式接管文德克司KBB,当天,罗纳德·范德马克便走马上任,成为公司的新任财务总监。对此,托德·费舍尔解释说,斯密特曾表示过,一旦收购完成,他便立即辞职:

"当马赛尔·斯密特宣布辞职时,我感到震惊,因为我们一直保持着非常好的关系。这也意味着,我们现在又要面对新的压力——必须为公司寻找优秀的财务总监和首席执行官。很幸运,我们找到了罗纳德·范德马克。我们的另一位投资者埃里克·蒂森恰好认识范德马克,并将他推荐给我。他显然是再理想不过的人选。"

从一开始,财团就已经明确表示他们将对公司进行重组,为公司各项业务创造价值,但意图最终还是要退出投资。前任人力资源总监罗杰·里吉加认为,尽管有投资者的保证,但这些部门还是担心新的投资者会破坏他们的业务。里吉加说:"他们根本没有意识到,投资者会帮助他们成长,创造新的价值,而后才会卖掉这些部门。"对此,来自璞米资本的投资者谢里尔·波特认为:"这个集团仅仅是被当作投资而经营的,投资者并没有实施积极的管理。将不同业务拼凑到一起是不合理的;分拆是显而易见的选择。"KKR内部的凯普斯通团队(负责KKR对被投资公司进行投资后运营的部门)已进驻进入公司,并立即开展业务梳理工作,所有管理人员都在讨论,他们如何才能推动企业创造价值。费舍尔介绍说,私募股权财团已召集了25名高级经理,并向他们介绍了未来的治理模式、经营战略和公司愿景:

"我们希望能趁热打铁,只要掌握主动权便立即启动业务调整,因为在这个时点,所有人都期待变化,而且愿意接受变化。"

管理变革

"作为新的所有权人,我们的首要任务就是找到一位新的领军者。在荷兰很难找到合适的人选,因此,我们将搜索的方位扩大到英国。"

——埃里克·蒂森(Erik Thyssen),AlpInvest的投资人

第五部分　重组及不良资产投资

在收购的时候，文德克司 KBB 的一把手还是 V&D 连锁店的前任负责人艾德·哈明。虽然哈明曾凭借超过小盘股市场指数的表现获得 2003 年"最佳业绩奖"，但是到了 2004 年，却被一家代表中小企业的荷兰企业 MKB Nederland 评选为"年度最差 CEO"。显然，公司的高层管理人员存在问题。在收购之后，通过亿康先达国际咨询公司（Egon Zehnder）对前 50 位经理的评估进一步验证了这一观点——评估结果很糟糕，在整个团队中，称得上业绩优秀的管理人员寥寥无几。而第一次董事会会议更是确认了 PE 财团的猜疑。会议从上午 8 点 30 分开始，一直延续至午夜时分，由于所业务部门的报告模板相去甚远，只好在次日继续进行。对于问题，罗纳德·范德马克做出了以下评价：

"在我第一天进驻公司的时候，看到的是一个不能为各业务部门创造价值的总部，更不用说和业务部门并肩合作……在最初的几天里，甚至连说服员工都是一件很困难的事情。在过去几年中，他们经历了太多失败的策略，以至于他们已经习惯于在无助中等待下一次失败。控制的严重缺位，意味着要了解公司的真实财务状况都已经成为一种挑战。因此，在我们真正实施每一项变革措施之前，第一件事就是引入准确、可用的报告体系，改进对营运资金的控制，明确关键绩效指标（KPI），只有这样，才能取得控制权。"[1]

在几个月的时间里，范德马克完成了对所有报告制度的调整，至少让董事会会议不至于如此的漫长而令人煎熬。但还有一个问题尚待解决——公司还需要一个合适的 CEO 去领导不可或缺的诸多变革。很明显，哈明并不适合担当这个角色。

改变现状——从托尼·德努齐奥开始

经过相当长时间的考察，PE 财团找到了托尼·德努齐奥。在零售业拥有丰富经验的托尼显然是这个职位的完美人选（见附录 15.11）。但说服托尼显然需要费一番气力。终于，托尼接受了对方开出的条件：首先担任 3 年的 CEO，再以兼职身份工作 18 个月。对此，雪莉·波特尔承认：

"尽管这不是我们想要得到的最理想的结果，但我们都认为，他是唯一有能力带领企业走出困境的人。我们需要一个能管理好同时经营多种产品的大型企业集团的人。"

---

[1] Maxeda Mag, The Story 2004—2011.

第一天

2005年6月1日，托尼正式上任。他很清楚，摆在他面前的第一个挑战，就是应对不同的利益相关方。在荷兰，工会拥有非常大的势力，所以就必须以透明的方式处理工会问题。在接受这项工作之前，托尼就已经考察过公司，尽管财务指标下滑，但他也看到了公司拥有的强大品牌和良好的市场定位。公司愿景和战略导向的失误似乎已成为公司发展的羁绊。因为这最终会导致员工丧失自豪感，缺乏团队合作的意义，因而不存在所谓的协同效应。正如托尼所感受的一样，尽管困难重重，但依旧有很大的潜力可挖掘。现在，托尼·德努齐奥必须决定，他应如何安排好上任的第一天和第一个100天。

附录15.1

文德克司KBB创建时拥有的业务部门（2000年）

业务名称	业务范围
V&D	满足中等价位的市场需求，消费群体为30～60岁的女性及其家庭，是荷兰最大的百货公司
De Bijenkorf	De Bijenkorf在荷兰拥有12家百货公司，并在阿姆斯特丹、鹿特丹和海牙设立3家旗舰店
HEMA	是一家拥有知名品牌和独特风格的百货商店，具有明显的荷兰特色。以自有品牌销售各种生活用品（服装、五金和食品），产品一应俱全，而且价格极具吸引力
Dixons	出售PC、手机以及各种便携式电子产品
Dixtone	出售电话及通信设备
Dynabyte	出售PC、手机以及各种便携式电子产品
It's	出售家用电器、音响、视频装置、电视和计算机
Van Boxtel	销售音频设备，旗下拥有20家店面
Modern Electronics	出售家用电器、音响、视频装置、电视和计算机
Kijkshop	展示商店，出售各种日常生活用品
Hans Anders	荷兰最著名的眼镜和助听器销售企业
Het Huis Opticiens	全国性的眼镜连锁店，在荷兰拥有110家门店
Perry	荷兰最大的运动服装品牌专卖店
Scapino	拥有200多家门店，是荷兰销售运动鞋、时装、运动休闲服饰的最大供应商
Siebel 珠宝店	销售手表、珠宝和婚礼戒指和订婚戒指的专卖店，包括从经典到现代风格的各种镶钻黄金首饰以及搭配最新时尚色彩的时装银饰
Schaap en Citroen	2010年，它仍是荷兰最著名的珠宝商之一，出售国内顶级的现代时尚首饰、手表和豪华配饰
Lucardi Juweliers	全国性连锁店，在荷兰拥有91家分店，属于KIN Netherlands BV.的下属企业

续表

业务名称	业务范围
Juwel 二手交易店	在鹿特丹开设店面，顾客可以在商店出售自己的二手珠宝
Het Huis 珠宝店	在中心城市以外开设的珠宝商专卖店，在荷兰拥有 8 家店面
M&SMode	国际性连锁店，为 35 岁以上的女性提供休闲服装，款式轻松、典雅而又时尚。38 号至 54 号尺寸范围内的休闲装均采用相同的销售价格
Hunkemöler	创建于 1886 年，是荷兰的知名品牌，也是欧洲最大的内衣专业生产厂家之一，同时也是比利时、荷兰和卢森堡三国的市场领导者
Prenetal	是荷兰最大的婴儿用品连锁店。除孕妇、婴儿及幼儿的衣服以外，还出售女性在怀孕期间和产后第一年使用的各种生活用品
ClaudiaSträer	出售高端时装和休闲服装
America Today	以跟踪流行品牌和当代时尚的年轻人为对象的时装杂志
Praxis	各类 DIY 模式的家居装修用品及花园设施，在荷兰 DIY 市场中排名第二
Formido	DIY 模式的特许经营机构——覆盖各类家居装修产品和花园设施
FAO Schwartz	近 150 年来，他们凭借无与伦比的玩具和其他精美的儿童产品，让儿童和成年消费者为之倾倒

资料来源：公司提供的数据。

附录15.2

股票价格

附录15.3

文德克司 KBB 旗下拥有的业务部门

1995 年	2000 年	截至 2006 年
合计 33 家	合计 27 家	合计 10 家
V&D	V&D	V&D
Edah	de Bijenkorf	de Bijenkorf
Konmar	HEMA	HEMA
Basismarkt	Dixons	Praxis
Dagmarkt	Dixtone	Formido
Battard	Dynabyte	Brico
Echo	It's	ClaudiaSträer
Eda	Van Boxtel	Hunkermöler
Pet's Place	Modern Electronics	M&S Mode
America Today	Kijkshop	Schaap en Citroen
ClaudiaSträerHans	Anders	
Hunkermöler	Het Huis Opticiens	
Kien	Perry	
Kreymborg	Scapino	
Perry Sport	Siebel Juweliers	
Schaap en Citroen	Schaap en Citroen	
Luigi Lucardi	Lucardi Juweliers	
Siebel	Het Huis Juweliers	
Royal Gold	Juwel Exchange	
Rovato	M&S Mode	
Kijkshop	Hunkermöler	
Best-sellers	Prénatal	
Dixons	ClaudiaSträer	
Electro-Jacobs	America Today	
Guco	Praxis	
Heijmans	Formido	
Valkenberg	FAO Schwarz	
Klick		
Vedior		
Abilis		
Bakker		
Bakker Continental		
Markgraaf		
F.A.A.		

资料来源：Maxeda。

附录15.4a

合并财务报表

请注意,这些报表可在单独的 Excel 电子表格中查看,具体可参阅如下网址:https://cases.insead.edu/vendexkbb-maxeda/

附录15.4b

文德克司 KBB:按业务部分划分的销售额及 EBITA

(除另有说明之外,表中的金额单位为 100 万欧元)

	2002—2003 年实际数据	2003—2004 年实际数据
销售收入		
HEMA	911	918
V&D	855	812
Bijenkorf	389	398
百货商店	2 155	2 129
DIY 业务	1 063	1 220
时尚产品	456	457
消费电子产品	815	803
专卖店	2 134	2 280
其他业务/投资	38	42
已停产业务	350	0
合计	4 887	4 451
EBIT(A)		
HEMA	37	39
V&D	−11	−39
Bijenkorf	2	2
百货商店	28	2
DIY 业务	78	82
时尚产品	46	35
消费电子产品	25	17
专卖店	149	134
其他业务/投资	−31	−19
已停产业务	162	−3

续表

	2002—2003 年实际数据	2003—2004 年实际数据
内部租金形成的收入	40	36
销售收入合计	348	150
商誉摊销	7	14
处置财产带来的收入	11	5
非正常业务收入	-48	-80
EBIT	304	xx
零售业务的 EBITA – 毛利润（%）		
HEMA	4.10	4.20
V&D	-1.30	-4.80
Bijenkorf	0.50	0.50
百货商店	1.30	0.10
DIY 业务	7.30	6.70
时尚产品	10.10	7.70
消费电子产品	4.10	2.80
专卖店	7.00	5.90

资料来源：公司资料——瑞士信贷第一波士顿。

附录15.5
弗洛伦斯·马尔杰斯（Floris Maljers）的履历

弗洛伦斯·马尔杰斯先生担任联合利华荷兰公司董事长兼首席执行官及管理委员会主席。此外，Maljers 先生还曾担任如下职务：Roompot and Recreatie 集团董事长；阿姆斯特丹 Concertgebouw 公司监事会主席；伊拉斯姆斯大学鹿特丹管理学院监事会主席；自 2003 年起担任皇家文德克司 KBB 集团监事会主席；自 2000 年起担任荷兰皇家航空公司董事长；自 2003 年起担任 Maxeda BV 监事会主席；担任 Koninklijke Vendex KBB 的董事；兰德欧洲机构的董事；文德克司控股集团监事会成员；自 1998 年 12 月起担任 BP 石油的非执行董事；自 2004 年起担任法航—荷兰皇家航空公司子公司法航公司董事；自 1994 年起担任阿莫科石油公司董事；自 1997 年起任皇家 Vendex KBB NV 监事会成员，并兼任 Koninklijke–飞利浦电子公司监事会成员；自 1999 年起担任荷兰皇家航空公司监事会成员；自 2005 年 5 月 25 日起担任 SHV 控股公司监事会成员；自 2004 年 6 月 24 日起担任法航—荷兰航空公司独立董事；曾任 Maxeda BV 监事会成员，兼任 DSM 优先股委员会成员。马杰斯先生在阿姆斯特丹大学获得经济学硕士学位。

附录15.6

对文德克司 KBB 公司的第三方估值

	DIY业务	HEMA	服装	Bijenkorf	V&D	消费电子	公司本部	合计	不动产	文德克司控股集团
公司价值（100 万欧元）										
荷兰 SNS 证券	802	401	417	131	0	153	−142	1762	629	2 391
瑞士信贷第一波士顿	616	295	279	107	−88	145	−77	1277	693	1 970
德意志银行	779	418	642	128	73	230	−160	2110	620	2 730
富通银行	754	396	450	204	176	137	0	2117	770	2 887
比利时 Petercam 银行	824	513	656	109	0	165	−180	2087	615	2 702
荷兰农业合作银行	690	482	414	190	342	97	35	2250	0	2 250
平均	755	405	489	136	32	166	−112	1871	665	2 536
公司价值 / EBITDA，2004 年财年										
荷兰 SNS 证券	7.6	6.1	7.7	7.1	—	6.6	—	6.4	—	7.1
瑞士信贷第一波士顿	5.9	4.5	5.2	5.8	—	6.3	—	4.6	—	5.8
德意志银行	7.4	6.3	11.9	6.9	3.5	10	—	7.6	—	8.1
富通银行	7.2	6	8.3	11	8.5	5.9	—	7.6	—	8.5
比利时 Petercam 银行	7.8	7.8	12.1	5.9	—	7.1	—	7.5	—	8
荷兰农业合作银行	6.6	7.3	7.7	10.3	16.4	4.2	—	8.1	—	6.6
平均	7.2	6.1	9.1	7.3	1.5	7.2	—	6.8	—	7.5

注：估值基础为 2004 财年的 2.77 亿欧元 EBITDA。

（1）荷兰农业合作银行（Rabo Bank）对不动产的估值嵌入 HEMA、Bijenkorf 和 V&D 的估值，因而不包括在平均值的计算范围之内。

（2）戴德梁行（Cushman & Wakefield）已将不动产资产估价为 8.03 亿欧元。

附录15.7

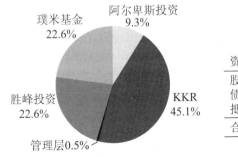

资产构架	金额单位：100万欧元
股权	970
债券	945
抵押贷款	600
合计	2 515

交易架构

附录15.8
投资者简介

KKR：成立于1976年，由亨利·克拉维斯（Henry Kravis）和乔治·罗伯斯（George Roberts）创建。KKR是全球顶级的另类资产管理公司，2011年管理的资产规模约为600亿欧元。

胜峰投资（Cinven）：一家成立于1977年的欧洲公司。自创建以来，这家欧洲私募股权公司已完成了价值超过600亿欧元的交易。胜峰投资专门投资于股权融资需求超过1亿欧元的欧洲地区企业。

璞米基金（Permira Funds）：自1985年创建以来，已完成了超过190笔私募股权投资，并在过去十年中向投资者合计返还了160亿欧元收益。

阿尔卑斯投资（AlpInvest）：成立于1999年的私募基金管理公司，旗下管理的资产规模超过323亿美元，是全球领先的私募股权投资管理机构之一。2011年1月，凯雷投资集团与AlpInvest的管理层合作，共同从APG和PGGM两家荷兰最大的养老基金手中接管了该公司。

资料来源：Maxeda Mag, The Story 2004—2011。

附录15.9
文德克司KBB集团旗下的各项业务部门，2004年6月

ClaudiaSträer

V&D

第五部分　重组及不良资产投资

De Bijenkorf

HEMA

M&S Mode

Hunkemöler

La Place

BRICO

Formido

Praxis

Schaap en Citroen

Plan-It

Dynabyte

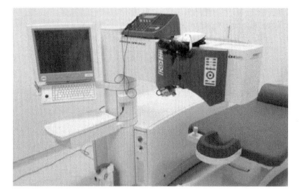
Vision Clinics

Dixons

第五部分　重组及不良资产投资

附录15.10

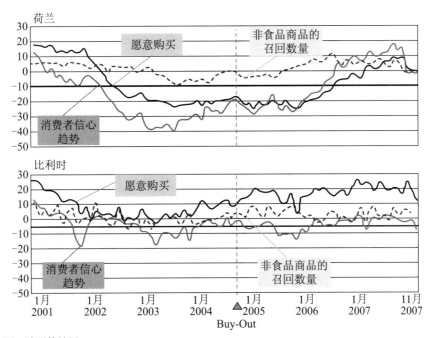

资料来源：欧盟统计局。

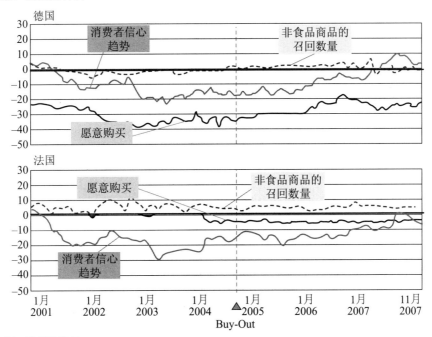

资料来源：欧盟统计局。

消费者信心趋势

附录15.11
托尼·德努齐奥（Tony DeNunzio）的履历

托尼·德努齐奥先生曾担任阿斯达连锁公司（Asda Stores）总裁兼首席执行官；自2002年至2005年，任ASDA集团有限公司总裁兼首席执行官，德努齐奥先生此前曾担任集团的财务总监。阿斯达是沃尔玛在英国的子公司，年营业额达15亿英镑，在英国拥有300家门店和12万名员工。在此之前，托尼·德努齐奥先生曾任欧莱雅（英国）集团财务总监，20世纪90年代初，曾担任百事可乐中欧地区业务规划总监。托尼·德努齐奥先生的职业生涯起步于联合利华，负责财务工作。

德努齐奥先生的其他职务包括：自2010年3月起任Pets at Home有限公司非执行主席；英国联合博姿有限公司（Alliance Boots）非执行董事；从2000年9月至2007年3月6日，任MFI家具集团有限公司高级独立董事及非执行董事；从2005年2月至2007年3月6日，任Howden Joinery集团有限公司副董事长；曼彻斯特商学院顾问委员会主席。2004年，他获得"IGD杰出商业成就"奖，并因在零售业的杰出表现而进入2005年"女王新年光荣榜"。德努齐奥先生是特许管理会计师。

补充材料

按时间顺序

1887年	第一家V&D零售店在阿姆斯特丹市中心开业
1973年	由若干区域性商店联合组建V&D集团
1978年	公司由于企业所得税结构发生变化而开启国际扩张历程
1985年	公司更名为Vendex International NV
1998年	文德克司剥离食品和临时就业中介业务
1999年	公司与Koninklijke Bijenkorf Beheer（KBB）合并，形成Vendex KBB N.V.
2004年	Vendex KBB退市，KKR和AlpInvest通过投标成为最终的收购者，随后联合Cinven和Permira完成了对公司的收购

案例 16 让印度大象变成非洲猎豹 ①
印度铁路公司的起死回生

一、概述

本案例的主角是印度铁路公司（IR），这家公司是世界上最大的雇主，拥有超过140万名雇员，案例讲述了公司从濒临破产到实现合理盈利的生死蜕变。我们将跟随印度铁道部特别事务专员苏迪尔·库马尔（Sudhir Kumar）了解整个案例的来龙去脉。在这个过程中，库马尔需要处理各权利方和利益攸关者为成功扭转这个政府经营企业而提出的要求，毕竟，对于这个称之为"国家生命线"的企业来说，扭转乾坤、恢复可持续发展的意义非同小可。

尽管印度国内对交通运输的需求不断增长，但是在货物运输市场上，印度铁路公司的占有率却在不断萎缩；再加上以政治为导向而非经济目标为基础的定价系统，正在将印度铁路公司一步步地拖向破产边缘。虽然多年来也曾提出过各种政策建议，但实际上，几乎没有任何一项提议的改革措施被付诸实施，直到拉鲁·普拉萨德·亚达夫（Lalu Prasad Yadav）2004年接任印度铁道部部长。为了能在2009年再次连任，普拉萨德决心成为让印度铁路公司起死回生的英雄。为此，他选择了在政府管理部门拥有强大背景的苏迪尔·库马尔，期待着能帮助他实现这一夙愿。

二、案例研究的目标

本案例突出在转型过程中管理好各利益相关者的重要性，尤其是在权利分布极为分散

---

① 2009年2月13日，在向议会提交临时铁路预算时，印度铁道部部长拉鲁·普拉萨德说："我已经把大象变成了非洲猎豹。"

的组织中。要在高度政治化的环境中取得预期效果，不仅需要有灵活智慧的谈判策略，还要有始终如一、清晰明确的沟通策略。

三、本案例需要解决的主要问题

1. 由国际专家组提出的典型的自上而下式解决方案，到了印度铁路公司内部却无法成为可行的方案？这个方案忽略了哪些要素？
2. 列举本案例涉及的利益相关者，并解释他们在这个过程中的动机。
3. 苏迪尔·库马尔来自印度并熟悉公司的历史和当地的风土人情，这一点对解决问题的重要性有多大？
4. 与指定的伙伴就调整轴重的计划进行谈判。

四、补充资料

为充分利用本案例，建议读者通过如下资料了解本案例的过程及背景信息。

- 重点推荐读者阅读《精通私募股权》中的如下章节。
  - 第一章：私募股权基金的基本概念
  - 第五章：另类投资策略
  - 第十三章：营运价值创造
- 可以参考该网站获得更多资料：www.masteringprivateequity.com

五、案例简介

本案例由助理研究员克劳迪亚·格伦（Claudia Gehlen）撰写，案例的编写得到了 INSEAD 全球私募基金投资研究小组（GPEI）执行董事、"决策科学"及"创业与家族企业"课程资深特邀教授克劳迪娅·纪斯伯格和"决策科学"助理教授霍莱西奥（Horacio Falcao）的指导。本案例旨在为课堂讨论提供基础材料，无意对案例所涉及的处理方式是否有效做出判断。

案例作者对印度铁道部特别事务专员苏迪尔·库马尔的协助表示感谢。

Copyright © 2009 INSEAD

苏迪尔·库马尔坐在自己简陋的办公室里，他的对面就是部长办公室。此时，库马尔正在潜心研究客运、货运和列车准时到达率等方面的统计数据。作为铁道部部长的特别事务助理，库马尔刚刚接受一项新的任务，让印度铁路公司这个病入膏肓的"巨人"起死回生。新任铁道部部长拉鲁·普拉萨德决定带上库马尔和自己共赴战场，毕竟，拉鲁在比哈尔邦工作的时候，库马尔就曾以销售税务专员的身份为他做了大量工作。然而，尽管以前有着不错的成绩单，但他显然还没有准备好接受这项艰巨而巨大的任务，实际上，他并不愿意承担这份苦差事。

对铁路行业来说，库马尔完全是一个新手，这个拥有150年历史的部门不仅繁杂琐碎，而且眼下还面临着诸多挑战，这让库马尔感到无所适从。而他的任务就是拯救这个世界上最大的国有企业，给它带来惊天逆转。毕竟，印度铁路的命运和表现与国民经济有着密不可分的联系。尽管他能深切地感觉到，所有管理层面对变革的抵制情绪是根深蒂固的，但他依旧决心要从思想上引领一场深刻的变革。但更重要的是，他必须敢于铤而走险，在商业利益和社会目标之间求得平衡，并将各方的既得利益统一到总体目标之下。

印度铁路公司

作为整个国家的生命线，印度铁路公司（Indian Railways）曾一直是让印度人引以为豪的源泉，甚至在英国殖民统治期间，这种自豪感就已萌生。纵观印度铁路的整个发展历史，铁路系统确实刺激了印度的整个国家和地区性发展，将偏远地区和印度的主要交通枢纽联系起来，甚至成为一种统一各方力量的纽带。1853年，印度的第一条铁路线路正式开通，最初的大部分铁路建设是由私营企业完成的，如东印度公司。在印度于1947年实现独立之后，42家私人铁路公司及其独立的铁路系统合并成为一家国有企业。由此造就了世界上最大的铁路网络之一，线路总长度达到63 000千米。

铁路运送的不只有通勤者和游客，还有寻找就业机会的移民劳工和前往到各种避难所的朝圣者。旅客列车是大多数印度游客唯一可承受得起的出行交通工具（见附录16.1）。货运列车则负责将煤炭、铜材、水泥、粮食和肥料等重要物资运往分布在全国各地的工厂、商店和农场。每天，印度铁路公司在 7 000 个左右的火车站之间来往发送约 13 000 列火车，并运送约 1 700 万名旅客和 200 万吨的货物。在大选期间，印度铁路公司负责运输投票机、政客、政府官员、保卫人员和选民等，毫无疑问，铁路系统在维护这个世界最大国家的运转过程中发挥着关键性作用。印度铁路公司也是印度就业量最大的企业，拥有 140 万员工和 110 万养老金领取者。此外，他们还为 700 多万人提供了间接的就业机会。

考虑到在国民经济中发挥的枢纽性作用，印度铁路公司一直由政府经营。印度铁道部受铁路联盟领导，设两名铁道部部长。铁道部的日常管理由铁路委员会负责，铁路委员会设 1 名主席和 6 名分别负责各职能部门的成员组成（见附录 16.2）。委员会主席对铁道部部长报告，委员会负责监督由总经理负责的众多理事会和地区性公司。经过体制内的职务升迁后，他们通常在退休前才能进入铁路委员会，任职 1～2 年。他们将自己丰富的经验和深刻的洞察力带入委员会的决策过程。

印度铁路公司拥有 20 万辆货车车体、4 万辆客车车体以及 8 000 辆机车，运行线路不仅包括遍布全国各地的长途路线，也有大城市郊区的短途网络。公司采取了单一的伞形组织架构，在这个架构内，公司出资、兴建、拥有并管理了大部分资产。由于采用了相关技术产品的进口替代品，印度铁路公司可通过其全资子公司制造了大部分机车车辆和重型工程部件。铁路工厂部门负责对路线上的桥梁进行定期保养、升级和更新，这些桥梁的建设时代最早可以追溯到殖民时代，因而有着百年的历史。此外，印度铁路公司还拥有大量的土地、酒店、学校、医院和职工自住房。

尽管铁路运输的事故数量持续下降，但印度铁路公司仍旧认为，考虑到运营规模，追求无事故记录是不切实际的。长期以来，大量通信、安全和信号设备陈旧过时是造成人为失误并引发事故的重要原因，因此，印度铁路公司始终致力于最大限度降低此类事故的发生率。在 2001 年到 2004 年期间，火车相撞、脱轨、火灾和路口道岔等交通事故造成 1 038 人死亡，2 282 人受伤（见附录 16.3）。印度的铁路不仅会频繁经受洪水、飓风和山体滑坡等自然灾害的影响，大量易于接近和无人看护的资产也经常会成为破坏分子、恐怖袭击和炸弹爆炸的目标。

印度还有一个传统：铁路是抗议者最喜欢的发泄对象，他们会通过焚烧车站、搬开铁轨以及能让铁路服务陷入瘫痪等方式来吸引外界注意。对此，库马尔解释说："铁路是一个软目标，它会让你马上成为公众关注的对象。"从 2001 年到 2004 年，这些破坏行为合计造成了 42 次火车事故，这不仅对铁路财产造成了严重破坏，而且经常导致车次被取消，给公司带来巨额的财务损失。比如说，在古贾族部落与拉贾斯坦邦的警方发生冲突期间，铁路交通曾被迫中断 17 天，超过 1 000 列火车被迫调整线路或时间，甚至被取消或临时终止。由于客运和货运列车通常共用相同的线路和基础设施,从而导致货运服务遭到严重破坏。考虑到这些因素,库马尔希望能推出专门的货运走廊计划,以防止因个别事件而导致整个系统陷入瘫痪。

2001年的危机升级

随着公路运输在20世纪80年代初进入繁荣时期,印度铁路货运部门的市场份额开始不断下滑。进入20世纪90年代,印度经济的自由化以及GDP增长率的提高加快了对运输业的需求。为应对持续加大的市场需求,印度铁路公司大力提升运输能力,对资产进行现代化升级改造。但即便如此,铁路运输依旧无法跟上国民经济的增长速度(见附录16.4)。与此同时,面对公路运输在货运方面的竞争,航空公司、豪华客车和私家车辆在客运方面的竞争,印度铁路公司在运输市场中的份额继续下滑。

尽管客运列车的运行里程约占列车总里程的70%,但其收入在铁路总收入的比重却不到35%,而运行里程仅占总里程30%的货运列车,却贡献了总收入的65%(见附录16.5)。维持大多数人都可承受的廉价二等座票价,对印度而言蕴含着很重要的政治意义,为此,印度铁路公司只能通过提高货运价格弥补运营成本的提高。这种定价政策的结果,就是铁路公司对货运和一等座乘客进行过度收费,从而在二等座客票和大宗商品运输之间形成交叉补贴(见附录16.6a和附录16.6b)。因此,高端客户开始越来越多地转向廉价航空公司,而铁路在货运市场上的份额也在持续下滑。

在整个20世纪90年代,铁路货运量增长缓慢,而通货膨胀带来的一个直接后果,就是人工成本和燃料成本的上涨速度超过劳动生产率(见附录16.7)。中央政府无法向铁道部提供额外的预算支持。更糟糕的是,可以使用的稀缺资源往往被用于铁路官员的政治野心,而且大多投资于不可行的项目——比如强调政治影响而忽略经济效益的路线。因此,印度铁路公司不仅没有足够资金去更换陈旧老化的资产,而且无法得到合理维护的轨道也带来了越来越多的安全隐患。

到2001年,铁路公司已无力向印度政府上缴利润,而且破产的迹象愈加明显(见附录16.8)。运营比率(运营成本/销售净额)严重恶化,已达到98%,现金余额降低到史上最低水平。到2002年,印度铁路公司每100名员工就要供养73名退休人员,员工薪金和养老金占到总运营成本的40%(见附录16.9)。相比之下,中国铁路在剥离非主营业务之外,人工成本仅占总成本的15%左右。尽管在随后的几年里有所改善,但印度铁路公司的财务状况依旧岌岌可危,运量增长始终低于GDP的增长率。

专家组的建议

总之,印度铁路公司折射出大型官僚机构的所有缺点——低效甚至是无效运营,缺乏对客户的关注度和责任心,员工生产效率低下,社会负担沉重。1999年,公司召集一批经验丰富的决策者和私人企业人士组成专家组,为制止业绩不断恶化出谋划策。专家组由拉凯什·莫汉(Rakesh Mohan)博士牵头,他曾担任印度政府的经济顾问和印度储备银行前副行长,并担任多家银行的董事。考虑到印度铁路公司当时的困境源于政治目标和商业目标的内在冲突,因此,专家组提出了一个激进的改革方案(见附录16.10)。

在一揽子改革方案中,最主要的政策建议就是强调印度铁路公司在5年内将现有的150万员工减员25%;在未来5年内,每年将二等座的票价提高8%~10%,很明显,此举的目的在于消除隐性补贴。此外,印度铁路公司还将实行公司化运营,并剥离医疗、教育、机车车辆的生产及维修等非核心服务。划分社会义务和商业义务,并为避免纠纷而尽早引入工会。除呼吁单设监管机构之外,专家组提交的研究还建议将公司的最高管理层改组为执行董事会,从而解决管理者、决策者和监管者三位合一带来的权利冲突。

增加机车车辆并引进信息技术,可以提高货运和客运运输量的增长率。采用新技术是缩小印度铁路与国际先进水平近20年差距的关键。在改革最初的7年内,政府融资将大幅增加,而由此带来的收益能力则会在15年之后初显成效。最终的结果,将建成一个完全现代化的铁路运输体系,并且在速度和服务质量上实现了飞跃。

报告引起了强烈反响。工会举行示威游行,员工士气低落,对高层管理层实施改革引发了普遍的不安。

根据这些建议,董事会发表了一份白皮书,内容涵盖对非核心业务进行私有化改造的建议,通过自然减员缩小员工规模、票价合理化以及考虑多种贷款渠道等建议。但该报告没有提到对整体管理结构进行按类分拆。不过,在拉鲁·普拉萨德于2004年接任铁道部长之前,铁路系统在实施改革方面进展甚微。

拉鲁·普拉萨德

普拉萨德出生于贫困家庭,他的姓氏亚达夫就属于印度地位比较低下的种姓。他的家乡比哈尔邦也是印度最贫穷、最无法无天的一个邦。拉鲁的第一份工作是放牛,在巴特纳大学毕业后,他开始进入政坛,并由此开始了长达40年的政坛生涯。在走上权力巅峰的过程中,他始终保持着农民的形象,这让他在民众当中产生了巨大的政治影响力。在1980年至 1989 年期间，他曾担任比哈尔邦议院的议员，并在 1990 年至 1997 年任比哈尔邦的最高长官。

尽管自己出身卑微，但他却没有致力于改善人民的贫困生活。在他执政时期，比哈尔邦变得愈加贫困。他的很多做法令人难以接受，而令人发指的腐败丑闻更是让他臭名昭著。在收到贪污指控被迫辞职后，拉鲁竟然一手操纵其妻子接替自己的职位。事实上，在印度，政界人士现身于轰动性刑事案件的例子不胜枚举：

"印度人习惯了政客卷入犯罪行为的新闻。最新一项研究表明，在印度，近 1/4 的议员曾接受过从谋杀到勒索甚至强奸之类的刑事指控。"[①]

尽管在比哈尔邦留下了流氓政客的形象，但这些不良印记却在拉鲁提名竞选铁道部长时被洗得一干二净。作为一个奉行民粹主义和个性多变的领导者，拉鲁坚决反对专家组提出的大部分建议。他在公开发言中毫不掩饰地阐述自己的观点，承诺减少所有坐席客车车票的价格，为贫困人群创造就业机会。他反对进行私有化改造，并计划在比哈尔邦的选区内建造 3 座生产内燃机、机车轮对和客车车体的工厂。他经常挂在嘴边的口头禅就是"进行有尊严的改革"，但媒体却对此提出公开质疑，并对他的主张表示蔑视。

作为铁道部长，他喜欢将自己的亲民背景挂在嘴边，用貌似接地气的农民形象挑战自己的员工。他会问手下的经理，他为什么只凭借几头牛就可以创造出别人用 500 头牛才能实现的利润，而拥有无数机车车辆的印度铁路公司却还在赔钱。而他自己总会给出这样的答案："如果你没有把奶牛的奶挤干净，奶牛就会生病。"拉鲁的想法就是让铁路公司回归正轨来证明反对者是错误的。在提出准备再度参加 2009 年的比哈尔邦竞选时，他的政治野心已经是司马昭之心路人皆知，而印度铁路只是他为自己拉选票的一个理想选区。不过，他最明智的举动就是提名苏迪尔·库马尔做自己的顾问。

苏迪尔·库马尔

苏迪尔·库马尔来自哈里亚纳邦，拥有坚实的商业背景。对于自己的家族，他经常喜欢这样说："只要是有钱的地方，我们就能闻得到。"他的父亲是一个服装批发商，兄弟姐妹们都凭借这个生意赚到了大钱。库马尔毕业于德里经济学院，拥有商业管理学位。不过，

---

① "Watershed year for Indian law", BBC, 5 January 2007.

他还是为选择从政而放弃自由企业的崇高奖赏而感到自豪。他父亲曾告诫他要为民众服务，他认为这是一个远比谋取私利更为高贵的事业。

在数以千计的志愿者中，库马尔脱颖而出，成为为数不多进入印度行政服务局的人选，这是一个公务员的精英集团。行政专员被派往印度各地，解决当地最棘手的问题，并从一个岗位被派往下一个岗位。

库马尔担任的一个重要职务就是销售税专员，当时是2000年，比哈尔邦被划分为两个较小的邦。由于比哈尔邦要把原来一半以上的销售税收入转移给新成立的邦，因此，库马尔的任务是在5～7年内将财政收入恢复到分立前的水平。但库马尔并没有花费原计划的5～7年时间，仅仅用了30个月的时间，苏迪尔·库马尔就完成了任务。他巧妙地利用税法上的漏洞，通过税务欺诈手段，将当地的征税强度提高到了前所未有的水平。

2004年，库马尔进入了印度铁道部时，他的第一项任务就是通读手头掌握的全部档案，以便于加深对印度铁路行业的了解。他以最大的谦虚态度接手这项无比艰巨而宏大的任务，而且后来的事实也证明，库马尔的热情也激发出巨大的感染力和激情。而他的商业头脑，显然有助于将部长的务实理念在实践中扎根落地。

扭转乾坤的复杂性

库马尔深知，教科书式的方案注定不会奏效。他将强调裁员、私有化和提高关税之类的传统政策称为"世界银行模式"。在他看来，这些政策并没有考虑到政治取向。摆在他面前的最大挑战就是保持印度铁路公司作为公用事业和商业组织的双重属性。而政治使命和标准的商业化模式是相互排斥的，因为拉鲁排斥任何有可能加重乘客或铁路员工负担的措施。处置业绩不佳的资产、裁员或增加票价都不是最好的选择。库马尔挖苦地指出："我要为国家做好煎蛋，但又不能打破任何鸡蛋。"

库马尔决定分析和审查这个机构每个可能实现改进的方面。然后，他从两个角度出发筛选出最有可能的措施：一方面是在商业上的可行性；另一方面则是在政治上是否可接受。他凭借直觉意识到，在政治标准上可以略有放宽，并进一步强调商业层面的重要性。

对铁路公司而言，处于决定地位的是固定成本，而可变成本的影响则相对较低。尽管他不能裁减人员或是剥离不良资产，进而减少对运营费用的控制，但至少可以将这些影响在更广的范围内进行分摊。与中国和美国的铁路系统相比，印度铁路的资产似乎远未得到充分利用。中国铁路同属于大型国有企业，而且拥有相近的客运公里数，但运量却超过印度铁路系统的4倍。

只有让印度的火车跑得更快，装得更多，走的路程更长，才能降低单位运输成本，提高资产的生产效率，因为这不需要增加人员、内燃机或轨道的数量。因此，可以采取综合性措施，比如说，增加轴重（装得更多）、增加单列火车的货车数量（走的路程更长）或是减少货车运转时间（跑得更快），达到提高货运服务收益的目标。此外，提高装卸设施的作业效率，在主要列车站段实行 24 小时不间断作业，可大大减少两次装卸之间的时间间隔。如果装卸作业的时间达到甚至超过一整天，那么，机车就会失去往返通勤的宝贵时间。如果货物运输运营投资于车站，机车可以更快地腾空货车车辆。此外，一般需要 16 个小时的列车检修时间也会大为缩短，并降低检修频率。

这些创收措施听起来似乎很简单、很直接，但迄今为止却尚未得到落实。一度铁路公司的组织结构和办事流程极为复杂，以至于每一项举措都需要和诸多机构、地区和部门进行高强度的谈判。铁路员工仍有自居于垄断企业的心态，虽然印度铁路公司已丧失了对国内运输业的自然垄断。相反，公路、航空运输、石油管道甚至沿海航运等运输企业正在形成强有力的竞争。到 2004 年，公路运输部门已在公路与铁路运输量的总额中占有了 70% 的份额。而且这还是在道路状况相对恶劣及卡车运输还面临诸多行政限制情况下的局面，否则，印度铁路公司的市场份额必将承受更大压力。与铁路不同，公路运输需要在跨越印度 28 个州和 7 个联盟的边界时结清关税，缴纳税款。

库马尔认为，必须打破传统观念。在印度，对货运和包裹征收的关税不是由市场条件和需求弹性决定的，非价格因素也没有被考虑。货运政策的基本原则就是对低成本商品（如铁矿石和其他矿产品）的收费低于对产成品的收费。对于绝大多数货运客户（63%），印度铁路公司对这些原材料进行门到门的运输，从矿井直接送到工厂。在这些业务中，提供门到门的服务显然会带来更大的竞争优势，提高定价能力。此外，全球的原材料需求正在快速增长，进而导致价格持续上涨。

相比之下，对钢铁和水泥等高价值产成品征收的税款要高得多，尽管印度铁路只能保证提供车站到车站的运输。此外，在这个领域，铁路部门同样要面对来自公路运输部门的激烈竞争。由于印度铁路公司不断提高对钢铁和水泥收取的运费，因此，高价格正逐渐将它们挤出市场。例如，在 20 世纪 90 年代，钢铁生产企业就已经采用卡车运输，而印度铁路公司的业务占有率也从 1991 年的 67% 下降到 2004 年的 36%。

在提高门到门货物运输收费标准的同时，必须降低车站到车站的运费水平，而这就意味着必须全面修订货运关税，而当时采用的标准还依赖于 1958 年制定的税收规范。该税法居然用 500 页的笔墨对 4 000 种商品进行了区分，但 8 种商品的货运量就相当于总货运量的 85%。此外，由于税收结构缺乏透明度，就让货运员有了相当大的自由裁量权，导致逃税和客户投诉现象层出不穷。

库马尔建议推行动态的差异化定价模式。比如，对于印度中部高原地区开采的铁矿石，由于道路状况恶劣以及商品运量巨大，使得公路运输难以满足要求。因此，在这个领域，印度铁路公司拥有提高运价的主动权。在旺季，可以向顾客征收季节性的附加费，并在拥挤路线上收取拥堵费，而在空载方向和淡季期间，可以实行折扣定价。在7月至10月期间的季风季节，运输需求会因轨道和矿井被淹没而骤降。施工进度缓慢减少了钢铁和水泥的需求量，而水力发电厂的建成则减少煤炭的运输量。

主要问题

最后，按照低成本、短周期和快收益的标准，库马尔确定了3项需要优先落实的措施。更重要的是，他认为这些措施从根本上具有低风险和高收益的特点。

轴重和安全性

在任职的前几个月里，部长就收到了列车超载的投诉。为此，他决定亲自到比哈尔邦的一处火车站进行现场考察。在发现超载现象后，拉鲁要求每一列火车都必须到国内统一设置的电子秤上进行称重。他愤怒地发现，运输铁矿石和煤炭的货车普遍存在超载现象。长期以来，铁路员工的腐败以及对顾客的纵容导致这种欺诈行为已成为风气，但印度铁路公司并没有因为超重而获得任何额外的运费收入。

这次现场视察将轴重问题升级为议事日程的首要问题。拉鲁要求，所有始发站都必须安装电子秤。他的目标就是以正规渠道增加运量和费用收入，减少非法超载现象。但是，只要运量超过轴重就会引发安全警报，而且对印度铁路公司来说，安全问题始终是"政治上的烫手山芋"。因此，必须对风险及其缓解措施进行全面评估。

工会和包裹服务

印度铁路公司对包裹采取了站到站的运输方式包裹，但由于客运列车经常出现临时停车且多为短途运输，导致包裹运输的需求非常有限。因此，铁路公司在包裹服务方面损失严重，而且正在将市场份额拱手让给公路运输。由于印度铁路公司没有为包裹运输提供价格折扣，因此，库马尔对收益低下的原因以及如何挖掘限制运能的方式进行了调研。

他自作主张，决定通过竞标方式将包裹服务交给批发租赁机构，以减少包裹运输业务的亏损。尽管包裹业务触及敏感的就业问题，但库马尔并不认为自己的举措会招致强烈的抵制，因而没有事先征求工会意见。虽然小型工会似乎接受对包裹业务进行外包的做法，但大型工会却另有考虑，他们在主要车站举行了破坏性示威。

客户侧轨

自 20 世纪 60 年代以来，主要铁路干线均已升级为电力机车牵引，而作为主干线的起点和终点的支线尚未开通的电气化铁路。因此，印度铁路就出现了一种"特殊"的家常便饭：一列火车先由柴油内燃机牵引出站，而后进入电气化路段，抑或相反。在被库马尔称为"火车堆场"的牵引机车转换作业点，列车换下柴油内燃机车，然后用电力机车取而代之。

在机车转换作业点，组织机车、司机、乘务员及其他作业往往需要耗用 10～15 小时的时间。这足足相当于损失了一天的收入。库马尔认为，这些机车转换作业是减少周转时间最大的绊脚石。以前，印度铁路公司曾试图迫使所有拥有接通支线的客户迁移到电气化线路上。如果客户愿意做这笔投资，印度铁路公司则负责完成电气化线路到工厂设施的连接。但由于看不到这样做到底能带来什么好处，因此，客户拒绝承担将工厂从支线转移到电气化线路上的成本，毕竟，他们还可以选择采用其他运输方式。

库马尔必须让自己的措施立竿见影。他应如何让这 3 项措施成为重中之重？每一种情况下最主要的利益相关者到底是谁？库马尔应如何应对他们的诉求？

参考书目

Bankruptcy to Billions: How the Indian Railways Were Transformed by Sudhir Kumar and Shagun Mehrotra, Oxford University Press, 2009.

附录16.1

印度的铁路——国家的生命线

资料来源:钦奈电视台。

第五部分　重组及不良资产投资

附录16.2

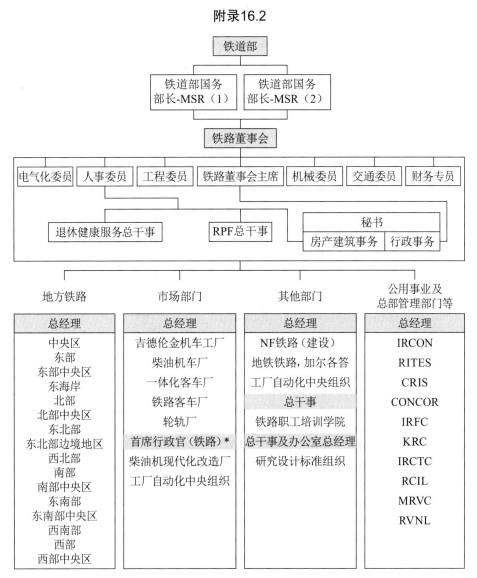

印度铁路公司的组织结构

资料来源：印度铁道部，2006-b。

附录16.3

印度火车事故造成的伤亡情况

年　度	死　亡				受　伤			
	乘客	退休人员	其他	总计	乘客	退休人员	其他	总计
2001—2002	144	14	168	326	595	38	175	808

续表

年度	死亡				受伤			
2002—2003	157	29	232	418	658	41	283	982
2003—2004	135	4	155	294	302	31	159	492

资料来源：印度铁道部，安全绩效。

附录16.4

印度经济的GDP真实年增长率，按生产要素计算

截至3月的财政年度	GDP的年增长率（%）
1996	7.3
1997	7.8
1998	4.8
1999	6.5
2000	6.1
2001	4.4
2002	5.2
2003	3.8
2004	8.5

资料来源：《2006—2007年印度政府及财政部经济调查》，"2007年预算部分"。

附录16.5

印度铁路公司的客运及货运收入　　　　　1000万印度卢比

截至3月的财政年度	货运收入			客运收入		
	实际收入	收入增加额	增幅（%）	实际收入	收入增加额	增幅（%）
1996	15 290	1 620	11.85	6 113	654	11.98
1997	16 668	1 378	9.01	6 616	503	8.23
1998	19 866	3 198	19.19	7 554	938	14.18
1999	19 960	94	0.47	8 527	973	12.88
2000	22 341	2 381	11.93	9 556	1 029	12.07
2001	23 305	964	4.31	10 483	927	9.7
2002	24 845	1 540	6.61	11 196	713	6.8
2003	26 505	1 660	6.68	12 575	1379	12.32
2004	27 618	1 113	4.2	13 298	723	5.75

资料来源：《2008年6月澳大利亚南亚研究中心工作报告》，"印度铁路公司的财务重整"。

附录16.6a

货运收益的分析

截至3月的财政年度	净吨千米数：100万*	收益：1000万印度卢比	相比上年度的年均增长率		净吨千米的费率：paise
			收益	数量	
1996	270 489	15 290	8.38	13.9	55.35
1997	277 567	16 668	2.62	9.0	55.89
1998	284 249	19 866	2.41	19.18	68.93
1999	281 513	19 960	-0.01	0.005	69.89
2000	305 201	22 341	8.41	11.92	71.27
2001	312 371	23 305	2.34	4.31	74.60
2002	333 228	24 845	6.68	6.61	74.56
2003	353 194	26 505	5.99	6.68	75.04
2004	381 241	27 618	7.94	4.2	72.44

资料来源：印度铁路公司统计摘要。

注：* 净吨千米：列车装载货物的净重量（不包括货车车体自身的重量）与行驶公里数的乘积。

** paise：印度的货币单位，相当于1美分。

附录16.6b

客运收益的分析

截至3月的财政年度	客运收入：1000万印度卢比	运载旅客的人数：100万	旅客的人千米数：1000万	人公里的平均费率：paise **
1996	6 113	4 018	341 999	17.87
1997	6 616	4 153	357 013	18.53
1998	7 554	4 398	379 897	19.88
1999	8 527	4 411	403 666	21.11
2000	9 556	4 585	430 666	22.19
2001	10 483	4 833	457 022	22.94
2002	11 196	5 246	494 914	22.62
2003	12 575	5 126	516 500	24.35
2004	13 298	5 293	542 896	24.5

资料来源：印度铁路公司统计摘要。

注：** paise：印度的货币单位，相当于1美分。

附录16.7
印度铁路公司的综合业绩，1988—2004年

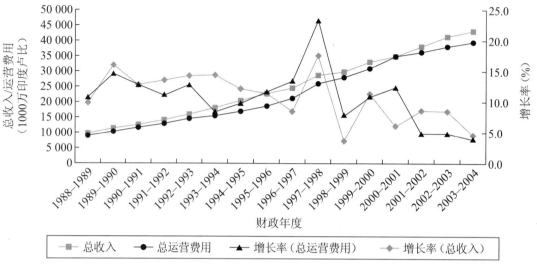

资料来源：铁路预算（2006年）。

附录16.8
印度铁路公司的财务业绩指标（截至3月底）

	1996	1997	1998	1999	2000	2001	2002	2003	2004
盈余/亏损（1000万卢比）	2 870	2 117	1 535	1 399	846	763	1 000	1 115	1 091
运营比例	82.45	86.22	90.92	93.34	93.31	98.3	96.02	92.3	92.1
净收入—资本（%）	14.92	11.73	8.94	5.81	6.88	2.5	4.96	7.5	8
支付的股息总额（1000万卢比）	1 264	1 507	1 489	1 742	1 890	308	1 337	2 715	3 087
员工人数（1000人）	1 587	1 584	1 579	1 578	1 577	1 545	1 511	1 472	1 442
路网系统的总里程（千米）	62 915	62 725	62 495	62 809	62 759	63 028	63 140	63 122	63 122
货运收入（1000万卢比）	15 290	16 668	19 866	19 960	22 341	23 305	24 845	26 505	27 618
货运量（100万吨）	391	409	429	421	456	474	493	519	557
客运收入（1000万卢比）	6 113	6 616	7 554	8 527	9 556	10 483	11 196	12 575	13 298
乘客量（100万人）	4 018	4 153	4 398	4 411	4 585	4 833	5 246	5 126	5 293
总收入（1000万卢比）	22 813	24 801	29 134	30 234	33 856	36 011	39 358	41 856	43 961
工资总额（1000万卢比）	9 363	10 514	14 141	15 611	16 289	18 841	19 214	19 915	20 929

资料来源：《2008年6月澳大利亚南亚研究中心工作报告》，"印度铁路公司的财务重整"。

附录16.9

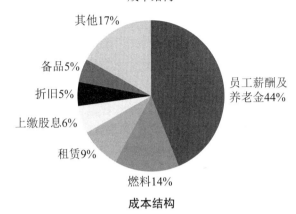

成本结构

资料来源：印度铁道部，德意志银行。

附录16.10

世界银行和专家组的主要政策建议

印度交通运输部门：未来的挑战，世界银行，2002年	印度铁路公司专家组，2001年
政策制定、监管和业务职能相互分离	将铁路公司的角色分割为政策制定、监管和管理职能
对印度铁路公司进行企业化改造，转化为商业实体并采用商业标准运营	对印度铁路公司实行公司化改造
对非核心活动进行单独管理，并以实现剥离为最终目标	非核心业务应剥离——印度铁路公司只从事与铁路货运及客运相关的核心性活动
	印度铁路公司应考虑将货运站点及铁路货物储运场外包给外部机构
让企业职能成为企业的基本业务规则	将铁路公司重组为以业务为导向的客户驱动性机构，主要内容包括货运、客运、郊区通勤、基础设施的建设及共享。各业务部门完全按商业规则运行
采用商业会计模式	将印度铁路公司的财务处理转换为公司制公司制度
对立法进行适当修订，为变革创造条件	
明确区分社会义务和商业目标	区分社会责任和企业绩效的要求：由政府为社会性提供补贴并补偿相应的亏损
充分利用设备租赁带来的好处。	印度铁路公司应吸引私人投资于机车车辆的融资和租赁
	减少员工人数

资料来源：亚洲开发银行。

第六部分
新兴市场的私募股权

成长型市场中的私募股权模式与其他（地方）有着很大的不同。在欧美国家，私募股权的内涵在于财务杠杆，在于提高运营效率。但是在我们的世界里，私募股权投资的内涵则是成长型长资本，是如何帮助企业进行自我改造；在以前没有机会的世界里创造机会。

——阿里夫·纳维（Arif Naqvi），阿布拉吉集团（The Abraaj Group）首席执行官兼创始人

案例 17 以非洲的粮食解救非洲：
坦桑尼亚的水稻农场和农业投资养老金

一、概述

一家专业的农业投资者正在评估针对坦桑尼亚水稻种植及加工企业的股权投资。达克斯顿资产管理公司（Duxton Asset Management）的经营策略就是投资和经营农业企业，而且很多企业分布在发展中国家甚至是前沿市场。本案例揭示了投资非典型多元化资产的复杂性，帮助读者深入了解方兴未艾、快速增长的影响力投资。

本案例涉及另类私募股权（PE）投资策略的如下几个相关层面。

- 长期以来，农业产业一直存在投资不足的问题。这个领域目前还不为主流投资者所认知，但是世界人口日益增长、资源约束持续加紧的大背景下，这一问题正在变得越来越重要。此外，对耕田的直接投资还需要专业性的知识和能力。
- 对农田的投资越来越多地与环境、社会及公司治理（ESG）问题联系到一起，SRI（社会责任投资）标准的引入以及达克斯顿在ESG方面采取的方法凸显这一问题的重要性。达克斯顿的优势之一，就在于对ESG的风险进行了负责任的积极管理。
- 本案例讨论的对象位于坦桑尼亚，这显然是私募股权投资的前沿市场。尽管当地的发展态势大有希望，而且回报相当可观，但也存在诸多挑战和障碍。鲜有投资者有能力在世界的这个角落里找到并管理经营性资产。虽然这里也会让外国投资者魂牵梦绕，但他们显然无法判断潜在收益能否弥补为此而承担的巨大风险。

二、案例研究的目标

本案例探讨了对非典型性多维度资产类别进行的投资——在前沿市场投资于农业企业

及农业耕田,而这个特殊的投资类别就带来了责任投资问题。通过这个案例,读者将有机会了解农业投资的潜在风险与收益,以及 ESG 对新兴市场的影响和潜力。PE 投资者必须决定他们的下一步行动,因为他们面对的是一种在融资方面变化无常的环境。在做出决定之前,投资者必须研究各种方案,并对这些方案对业务和运营策略的影响做出评估。

三、本案例需要解决的主要问题

1. 描述达克斯顿在 PE 背景下的投资策略。这种投资是否可以定义为影响力投资呢?
2. 在这笔交易中,影响力最大的价值创造要素和最大的风险是什么?在你看来,这笔交易的潜在收益是否足以弥补风险?
3. 在出资合伙人意外退出这个项目的情况下,达克斯顿现在应该怎么做呢?
4. 评估达克斯顿的新策略,以及如何根据面临的决策和以前的策略进行比较。

四、补充资料

尽管本案例并不需要读者掌握 PE 方面的知识,但读者还是会发现,对涉及资产管理和 PE 的资产类别、估值概念和商业模式的基本背景有所了解,还是有益的。为充分利用本案例,建议读者通过如下资料了解本案例的过程及背景信息。

- 重点推荐读者阅读《精通私募股权》中的如下章节。
    - 第一章:私募股权基金的基本概念
    - 第五章:另类投资策略
    - 第十四章:责任投资
- 可以参考如下网站获得更多资料:www.masteringprivateequity.com

以非洲的粮食解救非洲:

坦桑尼亚的水稻农场和农业投资养老金

未经允许不得复制。未经版权所有者授权,不得以任何形式或媒体复制、储存、传播或分发本出版物的任何部分。

五、案例简介

本案例由安宁蒂塔·沙尔马（Anindita Sharma）撰写。案例的编写得到了 GPEI 常务理事迈克尔·普拉尔（Michael Prahl）和"决策科学"及"创业与家族企业"课程资深特邀教授克劳迪娅·纪斯伯格的指导。本案例旨在为课堂讨论提供基础材料，无意对案例所涉及的处理方式是否有效做出判断。

本案例的研究资金由 INSEAD 全球私募基金投资研究小组提供。

有关 INSEAD 案例研究的更多材料（如视频材料、电子表格及相关链接等）可登录官网 cases.insead.edu 查询。

Copyright © 2013 INSEAD

> "我们拥有肥沃的土地、种植水稻的良好传统和充足的水资源，但目前非洲水资源的利用率却只有 3%。"
> ——艾利欧·迪亚哥（Aliou Diagne）博士，非洲水稻中心（Africa Rice）经济学家

达克斯顿资产管理公司的联合创始人兼首席信息官戴斯蒙德·希伊（Desmond Sheehy）坐下来，思考着刚刚与一位主要投资者的通话。事态的发展出现了倒退。针对即将对坦桑尼亚可持续水稻农场进行的投资，双方的讨论突然之间出现了意想不到的逆转。一位关键投资者将放弃原定的 1 246 万美元投资，也就是说，占已约定投资总额 1 284 万美元中的 97%。

达克斯顿资产管理公司位于新加坡达克斯顿山附近一座精心改造的写字楼里，这里和位于坦桑尼亚西南部姆贝亚鲁阿哈河谷的农田相距数千英里。此时是 2012 年 5 月，距离交易启动已经过去了 1 年多时间。

戴斯蒙德想到了他的投资团队为此历经的种种磨难，那一年，约翰·辛普森和亚历克斯·莱普里从新加坡飞到 5 000 多千米以外的坦桑尼亚，在这个遥远的国度，他们经历了无数次的讨论、备忘录、尽职调查和研究工作。达克斯顿严格尽职调查的标准也让这个过程变得异常艰辛。而出售方也在这个过程中投入了大量的时间、精力和资金。对于将农场纳入达克斯顿的投资组合中这件事，一直让戴斯蒙德感到无比兴奋。这个项目拥有良好的财务收益潜力，而且投资团队也对管理好这笔投资的特殊风险充满信心。但是现在，他们必须当机立断。

达克斯顿资产管理公司的背景和历史

戴斯蒙德·希伊毕业于爱尔兰科克大学学院,他曾在欧洲和亚洲的大型基础设施项目上工作了9年,之后,希伊在INSEAD获得工商管理硕士学位,并加入了国际金融公司(IFC)。作为高级投资专员,他负责整个亚洲投资项目的发起、执行和监督。

戴斯蒙德在国际金融公司工作了6年多,当时,他在新加坡遇到了来自德意志银行的艾德。艾德负责德意志银行的亚太、中东和北非地区资产管理业务。他要求戴斯蒙德建立一个包括农田及其他农业投资的非流动资产组合。于是,在2005年,戴斯蒙德开始着手这项工作。到2009年,他成为银行资产管理部门下属"复合资产投资"业务的执行董事。

2009年,机会终于出现了,戴斯蒙德、艾德及其负责的团队,包括斯蒂芬·杜尔登(CFO)和宗光耀(投资负责人)等(附录17.1)将其管理的投资组合剥离为一项独立业务,并共同创建了达克斯顿资产管理公司,公司总部设在新加坡,并经新加坡金融管理局注册为资产管理公司[①]。德意志银行继续持有该公司19.9%的股份。

德意志银行指定达克斯顿为授权基金管理人,管理德意志资产管理公司(DWS)旗下的越南基金和GALOF基金及一只资产规模为4 000万美元的葡萄酒投资基金[②]。在随后的几年中,达克斯顿的管理规模不断扩大了,并增加了新的基金。

- 2010年,达克斯顿发起DALT(达克斯顿农业土地信托基金),这是一只每年两次赎回的混合开放型共同基金。
- 同一年,达克斯顿从欧洲一家大型养老基金取得1.5亿欧元的隔离型管理授权。达克斯顿的任务是通过投资农产品相关资产对这笔资金进行授权管理。
- 2011年,达克斯顿发起两个新的基金:DALF(达克斯顿农业土地基金)和DACE(达克斯顿农产品及股票基金)。DALF是在开曼注册的封闭式基金,投资于全球农业农田组合,DACE属于日常流动性基金,投资于全球农业产业相关证券。2012年,德意志银行决定对其资产管理业务进行重组,并将对达克斯顿持有的少数股权出售给公司的管理团队。

---

① 新加坡金融管理局根据《证券及期货条例》实施监管的基金管理人或资产管理人。
② "DWS越南基金"于2006年开始投放,是一只投资于越南证券和非上市越南资产的封闭式基金。DWS GALOF基金(DWS全球农业土地和机会基金)于2007年启动,是一只投资非上市农业资产的封闭式基金。

达克斯顿的投资理念

到 2011 年,达克斯顿的投资理念已发生了巨大变化。公司的核心投资原则是在杠杆最小化的基础上,建立多样化的私募股权投资组合。为此,公司采用了两种最宽泛的投资风格。

- 内部管理层收购及向外部管理层出售:达克斯顿需要建立一支优秀的管理团队,并帮助其收购行之有效的资产或其他资产。达克斯顿需要对被投资公司拥有控股权,以便于提供资本,并通过联合及股权参与计划为管理层提供激励。
- 许可投资:达克斯顿需确定和合作伙伴共同执行的项目,由合作伙伴提供大部分资金,而达克斯顿则同时提供企业成长所需要的资金和专业能力。在这种投资结构中,达克斯顿将成为可对企业施加重大影响的少数股权投资者。

到 2012 年,达克斯顿的投资范围已覆盖四大洲的农业农田,涉及包括谷物、乳制品以及肉类在内的各种农产品。公司的投资团队认为,合理多样化的投资组合具有较低的贬值风险,而且能有效抵御农业生产的不确定性。

随着他们的投资对象已遍及各大洲,达克斯顿开始归集整理针对发达国家和前沿市场的不同投资实践,并深刻地认识到最合理的农业投资方法应该能反映不同市场的基本动态,而不能盲目地在各个地区之间照搬照抄:

- 针对发达国家的市场投资可以得益于业务整合和规模效应,而在秉承小农经济传统①的发展中国家,农业企业显然不易于实现整合。因此,在发展中国家,只有通过覆盖初级生产到深加工的整个价值链进行垂直整合,投资才会显示出经济效益。
- 发达国家的农业企业具有资本密集型特征,由于农业人口稀少,因而个人持股比例较大。而发展中国家的市场则具有劳动密集型特征。因此他们需要着眼长远,在信任基础上与相邻社区建立联系并在实践中开展合作。
- 最后一点,尽管直接农业投资在两个市场上都具有较好的环境、社会和治理风险,但是在发展中地区,这些问题在政治和社会角度往往更为敏感。相反,在发达国家,产生积极影响的能力相对较高。

总而言之,尽管前沿市场和发展中地区市场的交易规模可能较小,但可以预见的是,这些市场的潜在收益也更高。正是出于这个原因,达克斯顿才积极地将投资组合的覆盖范围推向前沿市场。

---

① 指拥有或种植面积不到 2 公顷耕地的农户。

农田投资的好处和风险

农田投资[①]具有高度的专业性，相对于其他投资，其特征更为独特。从1926年到2009年，农业耕地的年均收益率高达10.3%，仅次于小盘股。此外，农田投资收益率的标准差也偏低，只有8.3%，其波动幅度远低于股票，甚至低于长期公司债券和政府债券。

低波动率的观点似乎有违直觉，因为农产品市场的周期性和波动性已尽人皆知。但是在现实中，农田收益的稳定性源于土地赚得的租金，它是土地所有者最常见的收益来源，也是对冲农产品市场周期性的最大保障。

此外，农田投资还可以给投资对象带来多样化的好处。在1997年至2011年间，农田投资与大多数主要资产类别的相关性均较低，甚至与美国债券指数呈负相关。而且农田投资还拥有套期保值收益，其收益提成与通胀率保持同步。

另外，随着世界食品安全性的担忧日益发酵，农田投资预计可带来更有吸引力的财务收益，土地也因需求强劲而变得日渐稀缺，愈加宝贵。因此，投资这一板块的资本将有助于在全球范围内传播最佳农业实践，增加全球粮食安全，最终达到提高效率的目的（见附录17.2）。

但农业企业，尤其是农田投资，也面临着流动性风险、宏观经济风险、货币风险、业务和运营风险以及ESG风险等诸多不确定性因素。

农田投资不具有流动性。交易需要很长的前期筹备时间。因此，这种投资仅适用于着眼于长期视角的投资组合。

- 农田投资存在巨大的宏观风险，譬如政治动荡风险、价格管制和贸易限制等。对于前沿地区的农田投资，随着农田价值与一国的政治稳定性直接相关，因此，这种风险会表现得更为突出。
- 由于大多数农产品以美元计价，因此，大部分农田投资在本质上都倾向于长期投资，这就为货币贬值的国家提供了套期保值的机会，而在货币升值的环境下，则会带来利润压力。
- 所有农田投资都要承受运营企业的其他所有风险，如，不利的市场条件，农场或是财务上的管理不善。农产品的产量可能会因天气、资产管理的质量及运营效率等原

[①] 投资者可以通过购买上市股票或农田等软商品投资农业。最常见的农业投资方法就是借助于大宗商品期货和场外交易（OTC）等衍生工具，其次是收购上市公司的股份，通常是农产品加工、物流和化肥企业等。而达克斯顿则直接投资农业企业。

因而出现显著差异。例如，在2011年到2012年的种植季节，在坦桑尼亚的Kapunga水稻种植区，最低产量为2.6吨/公顷，而最高则是8.2吨/公顷。考虑到这种巨大的业绩反差以及固有的经营杠杆作用，因此，达克斯顿更倾向于对农田资产采取较低的财务杠杆。

- 最后，农田投资涉及环境、社会及公司治理（ESG）等方面的一系列问题。常见问题包括抢夺小农户的土地、对外国人拥有的土地或出口粮食作物采取敌视行动等。因农田运营引起的社区解体或人员流散，也会招致当地居民的敌意，因为在他们看来，农场使用的资源超过了其应使用的公允份额。此外，农田还会引发环境方面的关注，包括水资源的使用和管理、侵占国家公园用地、农业活动造成的环境以及自然资源的位移等。

据估计，农田投资在大型机构投资者资产管理规模中的比例约在 0.5%～3%[①]。由联合国经合组织[②]委托进行的一项独立研究表明，在股权投资基金的投资中，农田投资比例最高的是澳大利亚和新西兰，随后依次是南美洲、北美洲、欧洲和非洲。

达克斯顿和社会责任投资（SRI）

自20世纪90年代以来，随着社会公众的全球意识逐渐增强，社会责任投资也始终保持着增长态势。截至2010年，在美国，超过3万亿美元由专业机构管理的资产采取了SRI投资策略。在欧洲，此类资产的规模从2007年的2.7万亿美元增长到2009年的5万亿欧元，增长幅度达到87%。到2012年，SRI几乎已成为所有机构投资者的一个重要方面。

在早期，基金主要通过使用"剔除"筛选法实施SRI策略，投资者通过这种筛选法剔除掉与酒精或烟草相关的资产，以及因环境问题遭到起诉或已经被定罪的公司。随着时间的推移，基金开始逐渐增加了"纳入"筛选法，以增加对拥有较好ESG表现的公司的投资。今天，剔除和纳入筛选依旧是管理责任投资最常用的方法。

无论是剔除还是纳入，筛选法终归是SRI投资的被动形式。更主动的SRI投资则是采取积极股东主义的行为以及社区投资或社会投资——即在获得经济收益或没有经济收益的前提下取得社会效应。由此，我们可对一种特殊的细分投资类型、影响力投资（impact

---

① 2012年6月的估计结果来自 Grain.org/Publications。
② HighQuest Partners, United States (2010), "Private Financial Sector Investment in Farmland and Agricultural Infrastructure", OECD Food, Agriculture and Fisheries Papers, No. 33, OECD Publishing http://dx.doi.org/10.1787/5km7nzpjlr8v-en。

investing）做出定义①——以明晰、可衡量的方式对投资的积极影响做出评价，且影响的效果不止局限于取得财务收益。影响力投资可能非常易于操作，因为它在效果上非常类似于传统的风险投资，也就是说，它通常会对投资者产生相当大的影响力。

尽管达克斯顿对ESG问题采取了极为严肃的态度，但他们从未自诩为影响力投资者。与影响力投资者不同，他们并没有制定明确的非财务绩效指标。相反，达克斯顿选择采取负责人的方式应对这些问题，开诚布公地面对这些问题，而不是回避问题或是对问题的重要性视而不见。因此，达克斯顿应该被视为"负责任的投资者"。

> 我们的经验表明，在具有定价透明度较高的发达国家，我们可以识别出优质的生产型资产。但是在新兴市场，这可能会变得相当困难。因此，我们已着手开始对某些既能创造价值又能在当地社区发挥积极作用的资产进行评估。这可以帮助我们充分利用小农生产的特点，降低政治风险，并带来可观的投资收益。
>
> ——戴斯蒙德·希伊

作为投资目的地的非洲

历史上，非洲取得的大部分资金都与发展话题有关。和亚洲成功吸引外资形成鲜明对比的是，外国投资者认为，非洲绝对是一个"难伺候"的地方，而绝非是金融投资的天堂。

在20世纪90年代，随着很多非洲国家摆脱了战争和冲突，尼日利亚等国家开始了私有化进程。与此同时，新兴经济体的成长以及由此带来的全球性资源需求爆炸，让非洲成为世界的新宠儿。非洲大陆资源丰富，这里不仅有极为可观的石油储量，还有全世界40%的黄金和80%～90%的铬和铂金储量。②

另外，非洲的贸易模式也深深地受益于新兴的南南贸易。从1990年到2008年，欧洲在对非洲贸易中的份额从51%下降到28%，而非洲国家间的贸易比例则由14%上升到28%。此外，通过与中国、印度、巴西和中东国家签署的双边协定，非洲国家与亚洲及拉丁美洲建立起新型的合作伙伴关系。

---

① 近年来，还逐渐衍生出其他形式的影响力投资。社会投资或影响力债券（impact bond）出现于2010年左右，这些有价证券承诺在满足基础投资社会目标的前提下，为投资者创造经济收益。之后，投资者开始以非资金形式为被投资公司提供担保，以帮助他们获得银行贷款。最近，众筹正在逐渐成为人们投资于公益性创业企业的常见投资方式。

② McKinsey Quarterly, June 2010, "What is Driving Africa's Growth?"

反过来，这些转变又带动了社会经济的发展，体现为城市化的普及、劳动力规模的增加及中产阶级的扩大。

- 居住在城区范围内的非洲居民比例从1990年的28%上升到2008年的40%，预计2030年将达到50%。城市化是提高生产率的重要推力，通过加大市场总体需求和增加劳动力供给推动了经济的不断扩张。
- 非洲拥有更年轻的总体人口结构，5亿劳动力适龄人口将成为非洲发展的主力军。到2050年，非洲预计将拥有12亿劳动适龄人口；也就是说，在全世界每4名劳动力中，就有1名来自非洲，而来自中国的比例也只有1/8。
- 全球资源的极大丰富和贸易活动的繁荣，已在非洲造就了一个庞大的中产阶级群体。2000年，每年还只有5 900万非洲家庭的年收入超过5000美元[1]。而到了2012年，年收入达到这个水平的非洲家庭数量估计已达到1.28亿。

因此，投资者对非洲产生了浓厚的兴趣。非洲的外国直接投资（FDI）已从2000年的90亿美元大幅增长到2008年的620亿美元，到2015年，这个数字将达到1 500亿美元。2011年针对私募股权投资者进行的一项调查[2]显示，在投资撒哈拉以南非洲地区的私募股权投资者中，57%预计可实现不低于16%的年收益率。

此外，非洲在农业和粮食安全方面也有着与众不同之处。非洲拥有全世界近60%未耕种的荒地。仍然不可理解的是，尽管"绿色革命"[3]已大大改善了世界其他地区的农业生产力，但由于基础设施薄弱，导致其在非洲远未取得应有的效果。这意味着，在非洲，粮食生产力的提高仍有很大空间可挖掘，因为非洲还远未普及有效的农业生产技术。

达克斯顿在2009年首次投资于非洲。到2012年，他已成为一个经验老到的投资者，管理着刚果民主共和国、坦桑尼亚和赞比亚地区最大的基金结构型农业产业投资组合，直接投资规模达到3 010万美元。达克斯顿不仅拥有管理非洲大陆资产的实战经验，也深谙这些资产的上升潜力。

Kapunga水稻项目有限公司（KRPL）

Kapunga水稻农场这项资产之所以能吸引达克斯顿的注意力，是通过认识公司所有权

---

[1] 一旦拥有5 000美元或更多的收入，就意味着这个家庭在支付衣食住行等基本生活需求品的基础上，还有一部分可用于自由支配的收入。
[2] 《新兴市场私募股权协会（EMPEA）——2011年调查》。
[3] 在20世纪40年代到60年代，一系列的研发技术被转让到世界各地，大大推动了农业产量的增加。

人的一名团队成员。KRPL是坦桑尼亚仅有的3家大型水稻农场之一。这块耕地最初在20世纪80年代被划定，计划使用非洲发展基金和尼日利亚信托基金提供的资金建设大型商业化水稻种植农场[①]。项目完工后便移交给政府，但项目很快就陷入停滞。2006年，目前的所有者从政府手中买下了这项资产。在当时看来，这笔资产在经济效益上显然是不可行的，可用于销售的产量很少甚至没有。但他们还是实现了逆转，目前，这片农场已进入拐点时期，亟须外界帮助他们进一步扩大生产（关于KRPL的地理位置和主要特征，参见附录17.4）。

目前的所有权人（"发起人"）是非洲和中东地区最大的软性大宗商品贸易商之一，近40年的贸易经验为他们在这个领域赢得了声誉。此外，他们还是非洲最大的化肥、种子和谷物进口商之一，也是联合国、世界粮食计划署和红十字会粮食援助非洲物资活动中不可或缺的合作伙伴。但他们的专长在于开发农业生产项目和贸易型商品，而不是经营农场。值得注意的是，他们已成功退出了在赞比亚的农业生产项目，并被世界银行赞誉为使生产资产私有化更成功的案例之一：在该项目中，通过初始投资者完成了对生产资产的私有化，而后再转手出售给擅长对成熟项目实施后续管理的二级市场投资者。

农场管理由Verus农业集团协调，该集团的负责人是贾斯汀·沃马克（Justin Vermaak），他被誉为非洲精细农业的先驱者，并在最近开始推行商业性生物种植和环境可持续农业。贾斯汀和他的团队被认为是非洲最善于农业企业项目的实施者。贾斯汀也是该资产的共同所有人之一，并在农场与达克斯顿的谈判中承担牵头人角色。

达克斯顿对KRPL的初步（自上而下式）评估

达克斯顿对所有投资（包括KRPL）均采用自上而下式和自下而上式的双重分析，KRPL也不例外。自上而下的方法主要用于识别和预先筛选出有吸引力的投资机会，只有通过这一分析的项目，才有必要进行更严格的自下而上式分析。

作为分析的第一步，达克斯顿通常会关注资产主要产品的市场需求模式，要么应该具有强劲的国际需求（比如KRPL就属于这种情况），要么拥有超强的本地需求。在坦桑尼亚，供应优质大米这个商业案例乍看上去似乎极具说服力：

- 坦桑尼亚的实际GDP在2003年到2012年的年均增长率达到7%。[②]由此带来的收入增

[①] 向坦桑尼亚政府提供的贷款。
[②] 联合国经合组织2012年。

长，极大地推动了国内商品和服务的消费需求。在文化上，玉米始终是坦桑尼亚的第一主食，但随着收入水平的上升，人们开始希望消费更多的大米。
- 不同于亚洲——在那里，饮食中蛋白质含量的增加，导致主食的消费增长率逐渐下降，在撒哈拉以南的非洲地区，经济还处于增长曲线的初期阶段，相应的主食消耗量也处于增长阶段。到2020年，随着城市化的普及及收入水平和人口数量的增加，当地的水稻需求量预计增加1倍。
- 和其他东非国家一样，政府对外国大米征收75%的进口关税。如此高的关税是为了管理国家外汇储备，鼓励国内大米的生产。即便如此，在坦桑尼亚，2010年的国内供应量也只能满足国内需求的90%，剩下的10%缺口只能通过进口大米得到满足。此外，该地区每年存在超过45万吨的总体缺口。

第二，达克斯顿认为，当一个地区生产某种大宗商品的时间超过50年时，很有可能存在如下条件：
- 地理位置适宜（能适应当地气候的变化）
- 存在支持这一产业的某些基础设施
- 可利用本地现有的能力

KRPL满足上述的全部3个条件。首先，姆贝亚地区是坦桑尼亚的第三大水稻生产区，水稻产量占国内总产量的12%。大米是该地区拥有第二大产量的农作物，产量最大的农作物是玉米，超过10万吨。姆贝亚的大米也是坦桑尼亚最受欢迎的品种。其次，姆贝亚地区的现有基础设施已达到一定水平，足以支撑该地区发展水稻产业的野心。事实上，坦桑尼亚政府已将姆贝亚和当地大米确定为"国家稻米发展战略"中的重点地区及重点作物，并制定了到2018年实现水稻产量翻番的目标。[①] 最后，当地居民拥有水稻种植方面的技能，而且可以提供相应的劳动力和耕地发起者。

KRPL项目的亮点和计划

在向投资委员会提交审批并开展正式尽职调查之前，达克斯顿对KRPL进行了深入的评估。

KRPL拥有的总占地面积为7 980公顷，其中的4 400公顷可用于种植水稻。全部土地均可使用来自卢阿哈河的引水渠进行灌溉。除去可种植水稻后的其余土地，可用于种植其

---

① 盖茨基金会，2012年7月，"Developing the Rice Industry in Africa – Tanzania Assessment"。

他农作物,如大豆、大麦和竹子等。在达克斯顿最早关注这家农场时,他们的灌溉面积已达到3 500公顷,其中,已耕种面积为3 200公顷(被划分为530个地块,每个地块的面积为约6公顷)。在2011年到2012年的种植季,水稻的平均产量为5.23吨/公顷,高于2009年到2010年的2.5吨/公顷。

KRPL的产品主要在农场门口和当地市场进行销售。农场已获得出口许可证,许可证规定,农场每年可向赞比亚和刚果民主共和国出口3000吨大米。不过,尽管进口大米的价格远超过当地售价,但由于当地的需求量巨大,导致本地大米供不应求,因此,农场当时尚未使用出口许可证。

农场已建成了相当完善的基础设施,仓库容量、功能齐全的车间、行政办公大楼、碾米厂、干燥和包装车间已全部完成了升级改造。农场的大米年产量达到21 000吨,拥有10 000吨的仓储能力。达克斯顿对农场的加工处理工艺尤为感兴趣,因为这些增值活动对农业投资收益的改善能力明显高于纯粮食生产。

耕地承租计划[①]:Kapunga已成功实施了一项耕地租赁计划,按照该计划,由75~78名租户承租1 227公顷的稻田。由农场向耕地承租者提供种子和肥料,承租者负责播种和种植,Kapunga地方政府负责收割和加工。承租方和Kapunga政府需对租金达成一致(通常为150美元/公顷)。根据规定,每公顷收获的第一个3.4吨水稻归Kapunga地区,以弥补稻田的相关成本,超过的部分由承租人占有。承租人通常都拥有专业背景,包括地方政府的专员、当地的医生和外科医生等。这项计划的最大优势之一,就是利用承租人的政治资本和社会关系以及租金收益,为项目提供了强大的损失规避机制。此外,它还提供了一种限制年经营成本和操作风险的对冲机制。如果农场自身的经营成本太高甚至无效,那么,就可以将整个农场租赁出去,因为在发展中国家,大规模商业经营的农场往往是不可行的。

管理层的5年经营规划

为提高生产效率和产量,管理层制订了如下规划。
- 将目前3 200公顷的种植面积增加到4 400公顷。
- 通过流程增效和聘请水稻农业专家来提高耕地的平均产量。他们希望能在2014—2015年种植季实现6吨/公顷的产量,并在长期实现8吨/公顷的产量。

---

① 租户是实施农场长期战略的一部分内容。当农场的产量低于6吨/公顷时,将土地出租给承租人在财务上就是可行的,因为两种情况下的利润率大致是相同的。在水稻产量超过6吨/公顷时,由农场自己生产要比租赁经营更赚钱。此时,管理层可以把待开发的耕地出租给承租者,以充分利用出租方式的低成本优势。

- 使用720公顷土地在非水稻种植季节种植大麦和豆类。
- 为实施这项计划，农场将需采取如下措施：
- 平整耕地——通过采用精细平整技术，农场可以灌溉和排水的最优化，从而实现可利用水资源的最大化。
- 投资设备，让农场进一步扩大生产规模。

实现飞机播种和喷洒农药，在提高种子播撒效率的同时，降低地面播散或业务执行不力带来的损失。实施少数规划的费用预计为 758 万美元，在随后 5 年内按如下方式分摊。

美元

新的资本支出	2011/12	2012/13	2013/14	2014/15	2015/16
新购置的机械					
重型拖拉机（机动车辆）	275 000				
中型拖拉机（机动车辆）		200 000	200 000	200 000	
收割机（机器设备）	300 000	300 000	300 000		
收割机支架（机器设备）					275 000
叉车（机器设备）	102 000				
农田喷雾机（机器设备）	185 000				
农具（机器设备）	195 000			150 000	
平地机（机器设备）	350 000				
加工和存储					
碾米机（机器设备）	96 000				
色彩分拣机（机器设备）	120 000				
仓库（建筑物）		660 000			
烘干机改造（机器设备）			300 000		
压块机（机器设备）		120 000			
土地工程					
挖掘和装填（基本农田区）	270 000	270 000	270 000	270 000	0
改造（扩建区）	0	0	840 000	840 000	0
应急支出	133 536	109 340	134 735	102 991	19 399
资本支出合计（包括应急费用）	2 026 536	1 659 340	2 044 735	1 562 991	294 399

交易的主要风险

坦桑尼亚水稻种植行业的薄弱环节：该部门面对的结构和运营约束可能会威胁到其增长目标。当地对种子改良方面的知识了解甚少，而且政府也没有采取措施向农民普及改良型种子的品种。通过与国际水稻研究所合作，鼓励对农场开展研究，并采购其他地区的水稻品种，Kapunga 有效地缓解了这一风险。

- 小农和社区的关系：Kapunga已成功实施了承租人租赁模式，但这种模式仅限于少数精英群体，并没有针对社区小农的租赁模式。历史上，农场和当地社区之间一直关系紧张。但农场的租户却和农场管理层保持着融洽关系，并在当地社区和小农户中间有着非常不错的口碑。因此，达克斯顿可以以此为基础，因为他们曾在其他项目上成功地采取了小农计划，而且正考虑在Kapunga实施类似计划。

- 采购：在非洲，原材料、机械设备和备品备件的采购也是一个大问题。无法及时采购或更换的部件会延误种植或收割作业（如空中播种设备或收割机的备件）。为此，Kapunga通过若干种策略来减轻这种风险。他们建立了一个标准化车队，且采购对象仅限于对东部和南部非洲拥有成熟供给渠道的制造商。此外，他们聘请了一位采购专家，专门负责对撒哈拉以南非洲地区的采购和进口。对于农场经常使用的重要零件和物资，管理层囤积了大量库存，以备应急之用。

- 争取劳动力：Kapunga使用的部分机械设备需要技术熟练的人员进行操作，但这类劳动力在坦桑尼亚并不多见。采矿业的繁荣及投资活动的增加，加剧了对技术型劳动力的竞争。Kapunga很清楚这种风险的存在，为此，农场管理层采取各种措施，包括提供住宿及有竞争力的工资和福利（包括教育和医疗保健），为熟练技术员工提供有效的激励。Kapunga管理层还计划通过增加自动化设备的规模，并将作业从地面转移到空中，减少对技术型操作人员的过度依赖。

- 水资源的供给和使用：尽管水稻需要大量用水，但由于该农场所处的地势及其洪水冲积平原的地形，使得当地非常适合于种植水稻。农场的水资源管理至关重要，必须能够应对4~5年的干旱气候。农场管理层认为，只要合理利用水资源，原来3 500公顷土地的灌溉不应成为问题。但如果将农场面积扩大到4 400公顷，灌溉问题就会给水资源的管理带来挑战。

- ESG问题：尚存在敏感问题的土地并没有投入使用。公司计划用于扩大种植水稻的土地已由农场的租户使用。此外，在最初对农场进行的环境影响评估中，曾有人建议，在农场内划出450公顷作为鸟类及哺乳动物保护区（见附录17.5，关于KRPL的SRI行动）。

- 发起方与关联方交易：根据农场与发起方签订的承诺合同，发起方承诺按约定的最低收购价格购买农场的全部水稻，作为回报，他们可以得到每吨1~2美元的担保费。通过这种担保，可以保证农场能得到最低水平的出售价格，因而有助于农场从银行取得低成本贷款，解决了采购资金的问题。如果市场价格高于这个最低水平，农场可以选择不向发起方出售。事实上，该农场目前还并没有通过发起方出售过大米，因为在农场门口出售的价格就已经达到每吨80～90美元。坦桑尼亚还规定，所有大米出口商都必须通过发起方进行出口。而向发起方采购材料则需经过现有的招标程序。发起方和农场之间的所有合同都必须遵守公平原则，避免任何转移定价风险或是让农场被发起方"绑架"的风险。为进一步降低风险，达克斯顿还通过谈判，获得对所有关联交易享有一票否决权的权利。

- 退出：虽然说Kapunga是理想的投资目标，但资产的流动性和投资者的退出依旧存在风险。不过，发起方已展现出让农场扭亏为盈的能力，而且他们已通过谈判，将邻国赞比亚的一家类似农场出售给当地企业，从而实现了退出。因此，只要能形成规模，这家农场同样可以为农业企业扩大规模和寻求增长提供有吸引力的价值链。非洲的农业企业前景乐观，投资者需求预期将进一步增长。在这种情况下，将农业企业出售给其他投资者并不难想象。此外，这种企业还存在稀缺价值，因为在津巴布韦的商业化农业产业崩盘之后，东非国家的农场开始变得越来越受追捧。

交易结构的设计方案

达克斯顿已通过谈判确定了1 900万美元的进入价格①，与采用可比交易确定的指数价格、DCF估值以及此前独立估值确定的价格相比，这一价格存在大幅折扣。

因此，预计的总投资规模将是1 284万美元，其中包括：

- 认购金额最高可达758万美元，用于支持管理层制订的5年业务发展规划。
- 520万美元用于收购物业方面的二级市场股份。这部分的设计架构是：在300万美元已作为初始投资之后，剩余资金可用于购买二级市场股份。

通过这笔投资，投资者将取得这家控股公司不超过48.3%的股权。

按照达克斯顿设定的基准案例，在7年持有期内的内部收益率为26.8%。此外，他们还对几种有可能出现的乐观情境和悲观情境进行了分析。单因素的乐观情境和悲观情境如下所述。

- 水稻产量的增长率高于基准增长率（乐观情境）——如果可以聘请水稻农艺师协助挖掘农场潜力，在这种情况下，Kaponga的水稻产量可能会超过基准假设。按照这一假设，达克斯顿计算得到的IRR为29.7%（而基准案例中的IRR为26.8%）。该模型对产量和即将实现的产量增长率非常敏感。

---

① 对于好的做法，投资团队可要求对不超过2 100万美元的投资进行内部审批。

- 暂时取消大米关税（悲观情境）——可能存在政府暂时取消进口税的风险。对此，达克斯顿认为，政府不太可能采取这样的措施，即使取消关税，也只会是暂时性措施。一旦出现这种情况，KRPL可以通过自己储存大米来避免损失，等待价格恢复到正常水平，或是将大米出口到邻国。按照达克斯顿进行的模拟分析，如果政府取消大米关税，并在短期内恢复关税，当地大米价格的保守下降可达34%。这种情况下，内部收益率将下降到21.7%（基准情况下为26.8%）。

最终的评估和审批

在经历了为期1年多的研究和尽职调查之后，达克斯顿的投资委员会最终批准了1 284万美元的投资，其中，97%的资金来自有限合伙人，其余3%由达克斯顿的两个项目分摊。

农场发起方也对这一决定表示欢迎。贾斯汀·沃马克及其他合伙人在整个尽职调查期间给予了大力支持，并在谈判过程中表现出高度的专业性，可以说，最终的结果让各方皆大欢喜。在取得投资委员会批准之后，投资团队指派坦桑尼亚的律师起草最终法律文本，为最后的交割及项目注入做准备。

意外的变卦

戴斯蒙德·希伊坐在座位上，静静地思考着这位关键投资者打来的电话，在交易已进入倒计时的最后时刻，这位有限合伙人提出退出交易。原因是多方面的，但显然都和资产本身没有关系。这位投资者最近开始关注发达国家的农场项目，而且他们的ESG标准也发生了变化，对排除性因素的关注，让这笔农田投资变成了烫手山芋（管理风险是这一资产类别的关键）。

鉴于提供97%资金的融资合作伙伴有可能退出投资的情况，投资团队不得不考虑其他方案。约翰建议：

> 我们必须尝试其他方案，而且亟须寻找其他能接手部分或全部资金缺口的投资者，但是要找到这个合作者并让他们接受这笔投资，显然还需要一段时间。而且新投资者履行其内部投资流程还需要额外的时间。现在看来，在理想的情况下，我们应锁定对农场已经完成的尽职调查和评估，否则，在6～12个月之后，我们的尽调结果将会失效，到那时，我们也就没有做下去的动力了。

而亚力克斯·莱普利的观点则恰恰相反，他建议：

  另一种方案就是先放下这项投资，以后有机会再回过头来看看，或许前景会变得更好。但这样做的话，我们就有可能错过这个现在让我们激动不已的机会，未来的形势或许不会像现在这么有利。此外，重提前缘也可能会让对方怀疑我们的诚信。

但戴斯蒙德认为还有第三种选择：

  如果我们可以肯定，这确实是一个千载难逢的好机会，那么，我们就可以考虑使用我们有权支配的自有资金。尽管我们的自有资金还无力填补这1 284万美元的缺口，但至少可以解决一部分问题。这个方案至少可以让我们参与到这个项目中。当然，我们必须充分了解这么做可能带来的风险。此外，这种方案还有一个好处——给潜在投资者一种安慰，让他们知道，我们完全接受了这笔投资的条件和经营风险。不过，这样做也会给我们带来另一种风险，我们投入的资金不会给发起方及农场经营带来实质性影响。

  当时，达克斯顿只能拿出200万美元用于投资，而且这只能让他们成为第二大股东，持有的股份比例不超过10%。但他们非常自信——他们完全有能力向投资者筹集另外300万美元，但这需要几个月的时间。此外，投资团队还要考虑其他很多问题：
- 这种规模的投资将为KRPL的增长和投资计划带来多大的影响？
- 这对达克斯顿管理和影响KRPL的能力有什么影响？
- 这与达克斯顿的基本投资和经营战略的匹配性如何？
- 与取得控制性股权相比，少数股权投资会带来什么样的特殊风险？

伊斯坦布尔机场的会面

  当达克斯顿对未来策略进行内部讨论的同时，KRPL的发起方则在焦急地等待答案。他们相信达克斯顿有能力帮助他们扩大农场业务，真切地希望与对方进行合作。但这个意外确实让发起方感到沮丧。贾斯汀·沃马克一直在和达克斯顿保持电话联系，密切关注下一步动向。

  于是，戴斯蒙德和约翰安排与贾斯汀进行面对面的沟通。他们将从新加坡飞往伊斯坦布尔，而贾斯汀则从坦桑尼亚飞往伊斯坦布尔，他们将在机场休息室见面。毫无疑问，安排一次面对面的会议是解决问题最快捷的方法。

在戴斯蒙德和约翰飞往伊斯坦布尔的时候，他们还没有为关键性问题找到答案：他们该对贾斯汀怎么说？

附录17.1
主要人物介绍

达克斯顿资产管理——负责人

Ed Peter（Ed Peter）是达克斯顿资产管理公司的创始人之一，目前是公司的首席执行官。在加入达克斯顿之前，艾德曾担任德意志资产管理公司亚太及中东地区执行董事，并兼任德意志资产管理公司全球运营委员会委员。艾德于1999年加入德意志银行，并先后担任亚洲及澳大利亚地区股权业务负责人、全球新兴市场股权业务负责人、德意志银行瑞士股票市场和瑞士分行经理。在此之前，艾德曾在瑞银华宝及瑞士信贷日内瓦办事处工作了13年。

戴斯蒙德·希伊（Desmond Sheehy），达克斯顿资产管理公司的创始人之一，也是公司的董事总经理兼首席信息官。在加入达克斯顿之前，戴斯蒙德曾在2005—2009年就职于DeAM资产管理公司亚洲分公司，担任复合资产投资部门负责人。除负责基金监管和日常运营管理之外，德斯蒙德的职责还包括项目搜索，新挑战机会的评估、规划、架构设计、融资以及开展尽职调查等。此前，戴斯蒙德曾就职于国际金融公司（IFC），担任华盛顿特区和中国香港地区业务的高级投资专员，负责全亚洲地区投资项目的发起、执行和监督。在加入国际金融公司之前的9年时间里，戴斯蒙德一直就职于欧洲及亚洲各地的大型基础设施项目。戴斯蒙德于1998年在INSEAD获得MBA学位，于1988年在爱尔兰科克大学（UCC）获得工程学士学位。

斯蒂芬·杜尔登（Stephen Duerden），达克斯顿资产管理公司的财务总监及首席运营官，他在投资管理行业拥有20年的工作经验。在加入达克斯顿之前，斯蒂芬曾在DeAM任职15年以上，职务涉及金融产品和服务。斯蒂芬是达克斯顿投资委员会的成员，负责投资及剥离机会的评估以及对投资项目进行监督。在此之前，斯蒂芬曾任职于DeAM，先后担任新加坡业务首席运营官及公司复合资产投资团队首席运营官。作为公司复合资产投资的COO，斯蒂芬负责全部复合资产业务的业务，并以复合资产业务理事的身份监管开曼基金。斯蒂芬是新南威尔士大学（UNSW）财务会计和系统专业的优秀毕业生并获得商学学士学位，并在澳新金融服务业协会（FINSIA）取得应用金融和投资学在职研究生学历。史蒂芬是澳新金融服务业协会会员、注册会计师。

宗光耀（Kuan-Yew Chong），2009年5月加入达克斯顿资产管理公司，目前担任公司董事，宗光耀拥有16年以上的财务金融工作经验。在加入达克斯顿之前，宗光耀任职于DeAM亚洲公司复合资产投资团队，负责管理德意志资产管理"DWS越南"基金的非上市股权，参与诸多私募股权投资项目的发起、谈判、结构化、尽职调查和交割，并负责监督"DWS越南"基金的全部已投资项目。此外，宗光耀还负责"DWS GALOF"基金在赞比亚和坦桑尼亚投资的农田农业项目。在进入德意志银行之前，他曾就职于马来西亚美国国际集团（AIG）投资部的直投团队，担任副董事，参与过包括对自然资源和农业综合产业等众多领域的股权投资项目。在此之前，他还是国民西敏寺银行集团（NatWest）市场部及里昂证券亚洲公司的股票分析师。他在澳大利亚墨尔本大学获得会计与定量方法专业的商学学士学位。

达克斯顿资产管理公司——Kapunga水稻项目的交易团队

约翰·辛普森（John Y Simpson）于2010年加入达克斯顿资产管理公司，任公司副总裁及非洲项目负责人，目前隶属于私募股权投资团队。他的工作职责包括对非洲市场投资项目的发起和评估，重点是对社会和环境有重大影响的项目，项目往往以小农种植方案和经营环境恶劣为特征。约翰目前还在赞比亚、刚果民主共和国和坦桑尼亚的投资局任职。此外，约翰还负责协调达克斯顿的ESG/SRI战略和管理流程。约翰在新兴市场业务方面拥有丰富的实战经验，曾以顾问身份参与坦桑尼亚、印度、塞尔维亚以及阿富汗等国的联合国阿富汗援助团（UNAMA），为孟买最高管理层就经济发展问题提供咨询。约翰曾在塞尔维亚战争与和平报告研究所工作，为该组织撰写经济和商业分析等方面的新闻发布稿，并就地区经济发展情况定期撰写报告。约翰在伦敦经济学院获得人口与经济发展学的硕士学位以及经济与商业学的学士学位。

亚历克斯·莱普利（Alex Lepori），达克斯顿资产管理公司副总裁，在新兴市场的主基金及第三方基金投资方面拥有10年的工作经验，业务范围涉及诸多板块。在加入达克斯顿之前，亚历克斯并不在伦敦工作，他曾任职于德意志银行旗下的房地产基金管理机构RREEF，参与过多只资产规模超过100亿美元的不动产私募股权基金。在RREEF期间，亚历克斯参与了大批交易的投资和交割过程，板块对西欧地区现有商业房地产投资组合的收购，以及和中东欧地区的合伙人已合资形式开发新的零售及住宅不动产。在2005年加入RREEF之前，亚历克斯曾在位于华盛顿特区的国际金融公司工作5年，主要负责为发展中国家私人移动电信网络提供的绿地项目和扩容项目提供融资。在国际金融公司任职期间，亚历克斯还曾参与在赞比亚、喀麦隆、也门、哥伦比亚、洪都拉斯、萨尔瓦多、多米尼加共和国以及罗马尼亚的投资交易，协助完成了超过2亿美元的结构性贷款和股权融资项目。亚历克斯在宾夕法尼亚大学获得电气工程学士学位及金融学士学位（一级荣誉学士学位），并获得沃顿商学院金融学的 MBA 学位。

Kapunga 水稻项目及出售方的代表人物

贾斯汀·沃马克（Justin Vermaak），Verus 农场的首席执行官及 Kapunga 水稻项目有限公司股东之一，他曾参加过南非特种部队，随同第一侦察团驻扎在德班。在此期间，他积累了多方面的军事技能，包括专业排雷、特种武器、通信、秘密作战以及跳伞等。在国内政治转型期间，他正在非洲服役，并因服役期间的良好表现而获得多枚勋章，其中包括南非最高级别的"勇士勋章"。在这段时间里，他对非洲、非洲人民以及非洲内陆地区的经济增长有了深刻认识，这为他日后在非洲农业领域开展的事业做好了铺垫。在从军队退伍之后，他创办了一家企业，而他的愿望就是成为一名农民企业家。

Verus 农场成立于 1990 年，最初只是饲养了几只鸡、几头猪，成立了一个小型的乳制品厂。由于鸡肉价格暴跌，再加上家禽疾病现象难以控制，导致农场前 6 个月的经营状况极其惨淡，即便如此，凭借良好的军事素养和严谨的做事风格，沃马克还是以详细的规划和预算将损失控制在实际成本的 1% 以内。这让贾斯汀很快意识到，农场要成功，不仅需要资金以及对家禽家畜的妥善管理，对销售价格和成本进行有效控制同样至关重要。到 1993 年，贾斯汀已形成一套基本完整的体系：一方面，按预先设定的价格出售猪和鸡；另一方面，并通过与供应商签订价格协议，按严格的成本预算控制饲养过程，而且价格和成本的计算均采用了一种被称为个人计算机的新型设备。实际上，这种理念就已经构成了低成本农业模式的雏形，这让他的产品在供应国内市场之外，还销往南非的邻国。当南非政府的价格控制委员会于 1994 年被取消时，Verus 成为唯一一家能提供稳定供应链产品的企业。这让贾斯汀看到了新的机会，于是，他开始签署了更大的订单，按固定价格为其他公司供应玉米和大豆。在 3 年的时间内，他的计划取得了巨大成功，他的产品开始扩张到全国范围，涉及所有大型农业企业，与此同时，种植的农作物范围也扩大到玉米、大豆、小麦以及向日葵等。为贾斯汀工作的农民也实现了飞跃式的进步，通过引进精细农业技术，生产成本大幅降低，为他们走上全球农业平台参与竞争创造了条件。

随着运行机制的完善，Verus 设立了统一的采购部门，通过与农民进行集中谈判，又进一步降低了成本，而随着 Verus 成为南非期货交易所的创始成员，集合营销则带来了收入的增加。有了期货交易所，农民也可以对价格波动和风险进行套期保值。Verus 交易的谷物占全国谷物交易量的 6%，并成为南非第五大农业企业。2003 年，Verus 在纳米比亚、博茨瓦纳、赞比亚、巴西、巴拿马和罗马尼亚推出了类似项目。

贾斯汀始终胸怀将生意做到整个非洲的愿望，这促使他投资于赞比亚的谷物和坦桑尼亚的大米，旗下管理的庞大资产覆盖了遍布整个非洲的糖、谷物及生物燃料作物。

附录17.2
全球性的粮食安全问题

所有商品、大宗货物或服务的价格都是市场供需力量博弈带来的综合结果。食品需求的增长源于全球人口的快速增长，伴随着新兴经济体收入水平的提高，人口结构也在动态地改变着消费模式。尽管目前全球仍有10亿人口长期处于吃不饱的状况，还有10亿人口存在营养不良问题，但是就平均水平而言，随着发展中国家居民收入水平的逐渐改善，他们的饮食结构也正在由低蛋白质食物向高蛋白食物转化。而在美国和英国等发达经济体中，消费者浪费的卡路里仍有1/3，也就是说，在他们每购买3卡路里的食品中，就会有1卡路里的食品被浪费掉。

到2012年3月，世界人口已超过70亿，达到地球有史以来可供养人口总数的5%。但是仅在过去的10年中，世界人口的增长量就达到了前所未有的10亿人，预计到2050年，世界人口将达到92亿。

对于这种情况，人们最关心的问题就是，要养活爆炸式增长的人口，就必须不断加大食品供应。但增加食品供给的第一个、同时也是最大的约束条件，就是可耕种土地是有限的。在人类的历史上，第一次出现了人口的几何式增长，而可用于支撑食品需求的土地只能以线性方式增加。

问题的第二个层面体现在新增土地在边际生产力上的基本经济规律。粮食作物生产效率最高的土地已投入使用，尚可使用的土地则是粮食作物生产率较低的土地，而让问题变得更加严重的是，可使用的水资源持续萎缩，并最终导致粮食作物单位面积的产量低于目前正在使用的土地，也就是说，全部土地的粮食作物平均单位产量将会逐渐下降。

更糟糕的是，石油和石油化工市场的变化形成了对生物燃料的需求，而且这种需求预期会持续加大，这意味着，未来的粮食作物必须和生物燃料争夺有限的空间及其他资源。

气候变化模式作为新变量的引入、自然灾害前所未有的增加以及产量的巨大变化，导致气候变化从另一个方面加剧了食物问题。并且，可用水的供给数量正在持续枯竭。国际粮食政策研究所（IFPRI）预测，在保持现状的情况下，到2050年，水资源压力的增加将导致48亿人（世界人口的一半以上）和约一半左右的全球粮食生产将面对危机。

2008年，全球食品供应量仅相当于全球食品需求量的18%，或者说，只能让这个星球维持68天的生存，这或许是对未来的一种警示。这些根本性变化必将促使我们考虑全球粮食价格持续高涨的可能性，而且要维持可持续发展的世界，在支持增长的同时维持地球生物的多样性特征，那么，就必须增加全球粮食的产量。

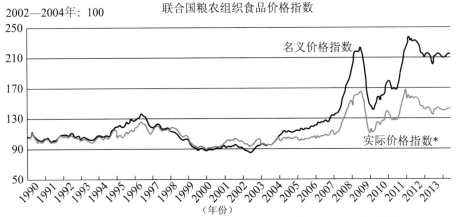

*实际价格指数是由对名义价格指数按世界银行制造业单位价值指数（MUV）调整后得到。

联合国粮农组织食品价格指数（FAO Food Price Index）是衡量一篮子食品大宗商品每月价格变化的指标。它是按五大类食品大宗商品价格指数（代表55个报价）以2002—2004年各大类平均出口份额为权重的加权平均值。

附录17.3
社会责任投资（SRI）和影响力投资

影响力和收益期望

- 在预期收益的基础上区分SRI、ESG和非营利投资时，我们会发现，传统的援助模式是采用没有预期收益的赠款。
- 影响力投资的目的在于兼顾财务收益和非财务收益，但是考虑到项目的社会效益，投资者往往会放宽对财务收益的最低要求。
- 责任投资在传统的市场投资模式中纳入ESG要素。因此，市场收益既是这些投资的要求，也是投资者的期望。

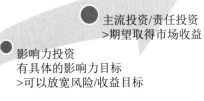

主流投资/责任投资
>期望取得市场收益

影响力投资
有具体的影响力目标
>可以放宽风险/收益目标

捐款
传统的非盈利模式
>不期望取得财务收益

社会责任投资的影响以及所需要的资源水平

- 消极性SRI政策所需要投入的资源最小，因此，其影响力小于积极参与被投资单位事务造成的影响。

- 积极性投资——如影响力投资或责任投资,可以通过为被投资企业提供业务指导和支持而产生更大的影响力,这种影响力最终体现为企业实现的成果。

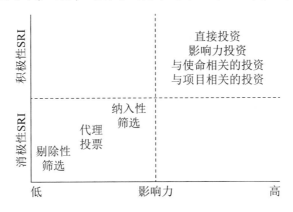

附录17.4

Kapunga 水稻项目有限公司：地图及投资亮点

主要地理特征

- Kapunga农场的总面积为7 890公顷。目前的耕地面积划分为530个地块,每个地块的面积为6公顷,总计约3 200公顷,由长12千米的引水渠进行灌溉。
- 仓库、加工厂和行政大楼均有电力和水供应。电力供应通过专用输电线路接入国家电网使用，输电线路与引水渠相距12千米。
- 农场内的道路一年四季皆可通行。
- 通过无线通信网络提供了低成本的通信手段。
- 物业开发已形成非常完善的基础设施完善，粮食仓储容量可达1万吨，已建成全功能的车间、行政大楼、碾米厂、烘干和包装厂，全部设施设备已在最近继续的改造中得到升级。
- 物业还包括可容纳超过56个家庭的住房部分，此外，农场还设有社区服务中心、学校和诊所。

附录17.5
KRPL的社会责任投资信条

开展社会责任投资行动的概况

外部发展项目[①]	农场层面的项目	与当地社区开展的外联项目
由外部启动的私营部门投资计划	为向租户农民提供服务	道路平整
来自世界粮食计划署的供应方	健康和教育	针对小农的沟渠维护
黑鸦鹃研究项目	直接就业和间接就业	
可持续农业发展方面的专业能力	高效用水	
国际水稻研究所的种子项目	圈出450公顷作为野生动植物保护区	
	环境保护规则	

- 与荷兰外交部的合作：2010年，荷兰外交部选择Kapunga参加该国的私营部门投资计划（PSI）。作为计划的一部分，Kapunga已获得赠款，用于为小规模农户农业加工方面的培训。
- 来自世界粮食计划署的供应商：作为世界粮食计划署（WFP）在撒哈拉以南非洲地区的主要供应商之一，农场发起方已通过投资建立起相应的系统，在紧急情况下可向世界粮食计划署的仓库快速运送粮食。这也让发起方成为世界粮食计划署的首选合作伙伴。
- 可持续型的农业专业能力：贾斯汀·沃马克是非洲环保农业技术领域最受人尊敬的专家之一，他牵头开发了一些针对生物燃料作物的研究项目，包括适用于干旱地区的高产麻风树种子。此外，Verus集团也在可持续农业体系的设计和项目实施方面

---

① 2012年7月，盖茨基金会农业项目负责人理查德·罗杰斯（Richard Rogers）曾访问这家农场。Kapunga已被选定为盖茨基金会在东非的基地，负责将向该地区的农民推广改良栽培和种植技术。

在南非赢得多项奖项。该公司目前正在参与南非农场的商业风力发电模块的开发和融资。在农场层面，Verus已采取了严格的环境影响限制措施，包括不使用矿物油，将资源浪费减少到最小化，大力鼓励废物回收，取缔对废物进行燃烧处理的方式。此外，管理层还将农场中的450公顷土地划为野生动植物保护区，为当地鸟类的繁殖生息提供场所。

- 与国际水稻研究所（IRRI）研究项目的合作：国际水稻研究所在Kapunga建立了一个种子基地和种子苗圃，并在当地驻扎了一批研究人员。国际水稻研究所利用这些基地对当地的种子品种开展研究，并对种子的受精、提纯、提高产量和抗病性进行实验。
- 黑鸦鹃研究项目——德国马克斯·普朗克研究所：Kapunga农场周围的鸟类生物类型丰富多样，聚集了大量在科研上有重要研究价值的物种。自2001年以来，德国马克斯·普朗克鸟类研究所开始派遣一个研究小组长期驻扎在Kapunga，对黑色的库卡尔杜鹃开展研究。马克斯·普朗克的团队已在农场建立了一个全天候基地，包括一个永久性实验室和研究人员宿舍。
- 农场层面的开发行动：农场已建成医疗和学校设施，为农场劳动力及当地管理人员的子女及周边社区的子女提供医疗和教育服务。

附录17.6
估值与内部收益率（IRR）

基准案例

基准情境：假设第一次投资取得的股权比例为25%，持股期间逐渐增持，退出时的持股比例达到45%，出资全部用于资本支出								
持有年份	0	1	2	3	4	5	6	7
财务年度	2010/11	2011/12	2012/13	2013/14	2014/15	2015/16	2016/17	2017/18
郁金香公司持有的股权比例（%）	44.90	44.90	44.90	44.90	44.90	44.90	44.90	44.90
郁金香公司的股权价值变动								
收购的股权价值	-5 250 000							
新增加的股权价值	-7 588 000							

续表

交割成本	0							
股权自由现金流（FCFE，股息）		1 948 322	1 617 881	2 839 881	4 084 547	5 056 871	4 791 837	5 156 076
净资本收益率								19 232 441
郁金香公司的股权价值变动合计	−12 838 000	1 948 322	1 617 881	2 839 881	4 084 547	5 056 871	4 791 837	24 388 517
IRR=26.80%								
退出时的投资回收倍数 = 3.48 倍								

乐观情境：实现更高的产量增长率

基准情境：假设第一次投资取得的股权比例为25%，持股期间逐渐增持，退出时的持股比例达到45%，出资全部用于资本支出								
持有年份	0	1	2	3	4	5	6	7
财务年度	2010/11	2011/12	2012/13	2013/14	2014/15	2015/16	2016/17	2017/18
郁金香公司持有的股权比例（%）	44.90	44.90	44.90	44.90	44.90	44.90	44.90	44.90
郁金香公司的股权价值变动								
收购的股权价值	−5 250 000							
新增加的股权价值	−7 588 000							
交割成本	0							
股权自由现金流（FCFE，股息）		2 362 192	2 260 934	3 568 634	4 979 771	4 699 721	4 900 691	5 159 464
退出价值								19 232 441
郁金香公司的股权价值变动合计	−12 838 000	2 362 192	2 260 934	3 568 634	4 979 771	4 699 721	4 900 691	24 391 905
IRR= 26.66%								
退出时的投资回收倍数 = 3.67								

悲观情境：临时取消对大米征收的关税

基准情境：假设第一次投资取得的股权比例为25%，持股期间逐渐增持，退出时的持股比例达到45%，出资全部用于资本支出								
持有年份	0	1	2	3	4	5	6	7
财务年度	2010/11	2011/12	2012/13	2013/14	2014/15	2015/16	2016/17	2017/18
郁金香公司持有的股权比例（%）	44.90	44.90	44.90	44.90	44.90	44.90	44.90	44.90
郁金香公司的股权价值变动								
收购的股权价值	5 250 000							
新增加的股权价值	7 588 000							
交割成本	0							
股权自由现金流（FCFE，股息）		1 948 322	240 395	885 543	3 201 404	4 620 807	4 773 800	4 180 574
退出价值								19 232 441
郁金香公司的股权价值变动合计	-12 838 000	2 362 192	2 260 934	3 568 634	4 979 771	4 699 721	4 900 691	24 391 905
IRR= 21.69%								
退出时的投资回收倍数 = 3.04								

进入及退出时的估值

进入时的估值

	持股比例(%)	进入时的估值	进入估值变化率(%)	44.90	45.30	45.70	46.10	46.50	46.90	47.40	
				21 000 000	20 475 000	19 950 000	19 425 000	18 900 000	18 375 000	17 850 000	
				0.00	2.50	−5.0	−7.5	−10.0	−12.5	−15.0	
3.3倍	36 403 215		15.00	25.60	26.10	26.60	27.20	27.70	28.30	28.80	
3.5倍	38 544 580		10.0	26.00	26.50	27.00	27.60	28.10	28.70	29.20	
3.7倍	40 685 946		−5.0	26.40	26.90	27.40	27.90	28.50	29.00	29.60	
3.9倍	42 827 311		0.00	26.80	27.30	27.80	28.30	28.90	29.40	30.00	
4.1倍	44 968 677		5.00	27.20	27.70	28.20	28.70	29.20	29.80	30.40	
4.3倍	47 110 043		10.00	27.50	28.00	28.50	29.10	29.60	30.20	30.70	
4.5倍	49 251 408		15.00	27.90	28.40	28.90	29.40	30.00	30.50	31.10	
推算的退出市盈率		退出时的估值变化率(%)									
方法											1

进入及退出时的估值

	持股比例(%)	进入时的估值	进入估值变化率(%)	44.90	45.30	45.70	46.10	46.50	46.90	47.40	
				21 000 000	20 475 000	19 950 000	19 425 000	18 900 000	18 375 000	17 850 000	
				0.00	2.50	−5.0	−7.5	−10.0	−12.5	−15.0	
4.4倍	47 783 677		15.00	27.70	28.20	28.70	29.20	29.70	30.30	30.80	
4.6倍	50 594 481		10.0	28.10	28.60	29.10	29.60	30.20	30.70	31.30	
4.9倍	53 405 286		−5.0	28.60	29.10	29.60	30.10	30.60	31.20	31.80	
5.1倍	56 216 090		0.00	29.00	29.50	30.00	30.50	31.10	31.60	32.20	
5.4倍	59 026 895		5.00	29.50	30.00	30.50	31.00	31.50	32.10	32.60	
5.7倍	61 837 689		10.00	29.90	30.40	30.90	31.40	31.90	32.50	33.10	
5.9倍	64 648 504		15.00	30.30	30.80	31.30	31.80	32.40	32.90	33.50	
推算的退出市盈率		退出时的估值变化率(%)									
方法											2

续表

进入及退出时的估值

推算的退出市盈率	进入时的估值	持股比例(%)	进入及退出时的估值						
		进入时的估值	44.90	45.30	45.70	46.10	46.50	46.90	47.40
			21 000 000	20 475 000	19 950 000	19 425 000	18 900 000	18 375 000	17 850 000
		进入估值变化率(%)	0.00	2.50	-5.0	-7.5	-10.0	-12.5	-15.0
8.5倍	92 854 502	15.00	34.00	34.50	35.00	35.50	36.10	36.60	37.20
9.0倍	98 316 531	10.0	34.60	35.10	35.60	36.20	36.70	37.20	37.80
9.5倍	103 778 561	-5.0	35.30	35.80	36.30	36.80	37.30	37.90	38.40
10.0倍	109 240 590	0.00	35.90	36.40	36.90	37.40	37.90	38.50	39.00
10.5倍	114 702 620	5.00	36.50	36.90	37.50	38.00	38.50	39.10	39.60
11.0倍	120 164 649	10.00	37.00	37.50	38.00	38.50	39.10	39.60	40.20
11.5倍	125 626 679	15.00	37.60	38.10	38.60	39.10	39.60	40.20	40.70
退出估值变化率(%)									
方法	3								

产出的价格和产量

单位: %

	产量								
产出价格	-10.0	-7.5	-5.0	-2.5	0.00	2.50	5.00	7.50	10.00
-10.0	21.50	22.10	22.70	23.30	24.40	25.00	25.60	26.10	23.90
-7.5	22.20	22.80	23.40	24.00	25.20	25.80	26.40	26.90	24.60
-5.0	22.90	23.50	24.10	24.70	25.90	26.50	27.10	27.70	25.30
-2.5	23.60	24.20	24.80	25.50	26.70	27.30	27.90	28.50	26.10
0.00	24.30	24.90	25.50	26.20	27.40	28.10	28.70	29.30	26.80
2.50	24.90	25.60	26.20	26.90	28.20	28.80	29.50	30.10	27.50
5.00	25.60	26.30	26.90	27.60	28.90	29.60	30.20	30.90	28.30
7.50	26.20	26.90	27.60	28.30	29.60	30.30	31.00	31.60	29.00
10.00	26.90	27.60	28.30	29.00	29.70	30.40	31.10	31.70	32.40

续表

产出的价格和产量　　　　　　单位：%

产出价格	产量								
	−10.0	−7.5	−5.0	−2.5	0.00	2.50	5.00	7.50	10.00
−10.0	22.40	23.20	23.90	24.70	25.40	26.10	26.90	27.60	28.30
−7.5	22.80	23.50	24.30	25.00	25.80	26.50	27.20	27.90	28.70
−5.0	23.10	23.90	24.60	25.40	26.10	26.80	27.60	28.30	29.00
−2.5	23.50	24.30	25.00	25.70	26.50	27.20	27.90	28.60	29.30
0.00	23.90	24.60	25.30	26.10	26.80	27.50	28.30	29.00	29.70
2.50	24.20	25.00	25.70	26.40	27.10	27.90	28.60	29.30	30.00
5.00	24.60	25.30	26.00	26.80	27.50	28.20	28.90	29.70	30.40
7.50	24.90	25.70	26.40	27.10	27.80	28.60	29.30	30.00	30.70
10.00	25.30	26.00	26.70	27.50	28.20	28.90	29.60	30.40	31.10

资本支出与退出年份　　　　　　单位：%

退出年份	资本支出								
	15.00	12.50	10.00	7.50	0.00	−2.5	−5.0	−7.5	−10.0
5	24.90	25.00	25.10	25.20	25.50	25.60	25.70	25.80	25.90
6	25.70	25.80	25.90	26.00	26.20	26.30	26.40	26.50	26.60
7	26.30	26.40	26.40	26.50	26.80	26.90	27.00	27.10	27.20
8	26.70	26.80	26.90	27.00	27.20	27.30	27.40	27.50	27.60
9	27.00	27.10	27.20	27.30	27.50	27.60	27.70	27.80	27.80
10	27.30	27.40	27.40	27.50	27.80	27.90	27.90	28.00	28.10

附录17.7
对 KRPL 投资的基本情况

交易与估值：	收益：
投资前的估值：1 900 万美元	内部收益率：26.8%（持仓 7 年）
投资规模：12.84 亿美元	现金倍数：3.5 倍
—收购发起方持有股份 25%，价值为 525 万美元	IRR 敏感度：
—收购新发行的股份 79.5 亿美元，全部由资本支出	清除水稻关税：21.7%
投资前的股权结构：发起方持有 100% 股权	更快产量发展：29.7%
投资后的股权结构：发起方持有 51.7%，达克斯顿投资者持有 48.3%	
农场：	粮食加工厂：
总面积：7 890 公顷	全面翻新—Buhler（德国进口）
目前耕种（灌溉）的面积：3 200 公顷	产能：25 000 吨（投入资本支出后达到 35 000 吨）
扩建后的耕种（灌溉）面积：4 400 公顷	目前产量：15 000 吨
淡季种植大麦/豆类的面积：720 公顷	电能要求：175 千瓦时功率—政府电网 + 自有发电机
租赁期限：自 1995 年起，为期 99 年	
到期时间：2094 年，为期 82 年	加工产出率：
道路：超过 70 千米（等级公路）	大米：64% → 67%
灌溉渠：27 千米主渠，80 千米辅渠	麸皮：4.8% → 4.5%
政府电网及自有发电机电源接入，农场遍布 Wi-Fi	稻壳：30.8% → 28.5%
用水使用权：4.8 立方米/秒—每 4 年更新 1 次	
大米市场：	产量：
坦桑尼亚的消费量：100 吨/年	平均产量（2012 年）：523 吨/公顷
坦桑尼亚的产量：90 吨/年	排在前 10% 农场的产量：760 吨/公顷
坦桑尼亚的进口量：10 吨/年	排在后 10% 农场的产量：260 吨/公顷
全球平均价格：500 美元/吨	最高产量：816 吨/公顷
坦桑尼亚的价格：1 200 美元/吨（征收 75% 的关税）	水稻品种：
刚果民主共和国的价格：1 600 美元/吨	Saro 5，Kapunga Star，Faye Dumi——香米和非香米的杂交
坦桑尼亚的平均产量：150 万吨/公顷	
融资：	关键比率：
负债：无长期债务	总盈利能力：
用于生产和流动资金的短期融资：	毛利率：55% → 67%
300 万美元，700 万美元，由渣打银行提供的贷款	EBITDA：30% → 58%
销售与市场营销：	净盈利能力：
在农场门口批量出售：每袋 50 千克	资产收益率：2% → 10%
保费支付为大量可用性	净资产收益率：2% → 15%
客户包括军队、医院和贸易商	成长性：
零售可采用更小包装	销售净额：18%
口号："非洲人吃的非洲大米"	净收益：42%

续表

外部种植计划： 75户个体租户（当地居民），承租面积为1 227公顷 可以让农场在短时间内快速扩大产量 加强在本地的社会关系和政治资本 由农场为投入和服务出资，条件是取得最低的有保证的大米产量	管理层及股东： 管理：Verus——由南非投资者和当地人共同担任，均拥有实践经验 股东：大型农业商品贸易公司
SRI/ESG方面的特色： 盖茨基金会——外部种植户取得良好效果的试点 荷兰外交部——外部种植项目 世界粮食计划署——选择股东作为其主要供应商 国际水稻研究所——成为水稻品种研究的试点农场 黑鸦鹃研究项目/保护区——划出450公顷作为野生动物保护区 等级道路——免费供社区使用 供员工及外部种植人员使用的学校和医院	已完成的尽职调查项目： 财务 √ 法律 √ 农艺 √ 外部种植户计划 √ 供水/灌溉 √ 税务/公司架构咨询 √ 发起人的背景调查 √ 农场的安全措施 √ 农药/化肥的安全性 √

案例 18 前沿市场的私募股权：在格鲁吉亚创建基金

一、概述

2013年，乔治·巴卡什维利（George Bachiashvili）受时任格鲁吉亚总理指派创建投资基金，目的是引导私人资金投资于国内产业，带动外商投资，刺激国家经济实现长期性增长。由于格鲁吉亚在这方面没有先例，因此，乔治必须确定新基金的一系列关键参数——从基金的使命到投资策略，再到架构及其所需要的资源。

二、案例研究的目标

在本案例中，读者将会看到，在没有经验可供借鉴的基础上，要建立一个由机构投资者为主导的私募股权公司，注定要面对一系列的挑战。为此，读者必须在综合考虑各方面机遇和约束的前提下，为基金制订一个合理架构。因此，他们需要探索如下两个基本主题：①新兴市场，尤其是前沿市场的私募股权；②建立国家的第一只基金。

三、本案例需要解决的主要问题

1. 你建议为这只基金制订怎样的使命？应如何定义投资战略与财务目标之间的关系？
2. 你认为这只基金应定位于什么类型的投资者？（可以考虑一下全球或区域性基金、养老基金、基金中基金、主权财富基金、高净值个人、家族理财办公室以及开发性金融机构等）。
3. 你建议该基金应采取怎样的投资策略？考虑到现有的资源，乔治应如何组建他的基金团队？
4. 哪种私募股权基金结构最有可能帮助乔治完成基金的战略和财务目标，满足有限合伙人群体的需求并执行其投资策略？

四、补充资料

为充分利用本案例，我们建议读者通过如下资料了解本案例的过程及背景信息。
- 重点推荐读者阅读《精通私募股权》中的如下章节。
  - 第十六章：创建基金
  - 第十七章：基金的筹集
  - 第二十一章：LP的直接投资
- 可以参考如下网站获得更多资料：www.masteringprivateequity.com

五、案例简介

该案例由欧洲工商管理学院 MBA 学员贝尔纳多·布鲁·阿尔维斯（Bernardo Bluhm Alves），案例的编写得到了 INSEAD 全球私募基金投资研究小组（GPEI）副主任鲍文·怀特、名誉会员迈克尔·普拉尔及助理研究员安妮-玛丽·卡里克研究的指导。2015 年 7 月。在 INSEAD 工作。本案例旨在作为课堂讨论的基础，而不是说明处理行政情况的有效或无效。

本案件的研究得到了格鲁吉亚联合投资基金的资金支持。

在此，笔者对格鲁吉亚联合投资基金的如下人员表示感谢：基金创始人兼 CEO 乔治·巴卡什维利，投资及风险分析师西娅·乔克哈兹（Thea Jokhadze），负责财务、风险和投资者关系的董事总经理伊利亚·科克里德兹（Ilia Kekelidze），高级风险分析师索菲·赫拉什维利（Sopho Khelashvili），以及高级投资分析师尼克拉斯·卡提亚什维利（Nikoloz Khatiashvili）。

有关 INSEAD 案例研究的更多材料（如视频材料、电子表格及相关链接等）可登录官网 cases.insead。

edu 查询。

Copyright © 2016 INSEAD

2013年2月

面对刚刚接到的任命,格鲁吉亚伙伴基金(Partnership Fund)① 代理 CEO 乔治·巴卡什维利既感到兴奋,又有一丝不安。格鲁吉亚总理、这个国家最有钱的富人比济纳·伊万尼什维利(Bidzina Ivanishvili)授权乔治创建一家完全由私人资本资助的投资机构,作为对格鲁吉亚进行投资的载体。投资基金的目标是鼓励外国投资和刺激长期经济增长。在格鲁吉亚,还从未有过这样的投资机构,因此,他首先需要找到最适合的方法,并动用其他方面资源落实他的设想。

虽然现在的格鲁吉亚急需资本,但这个国家显然还没有成为大多数国际投资者的投资目的地。不过,由于伊万尼什维利总理承诺的 10 亿美元牵头出资没有附加任何条件,使这只基金有了重要的筹码。即便如此,"前沿市场"依旧是筹集私募基金最艰难的环境,因为资金配置往往受制于政治形势不稳定、制度薄弱和腐败现象。尽管在 1991 年脱离苏联之后,市场改革已经取得了很大的发展,但是在 2012 年之前,格鲁吉亚仍严重缺乏海外流入的资本和投资。

回到办公室,乔治开始思考眼前面临的任务(乔治·巴卡什维利的个人介绍见附录 18.1)。他将负责一家全新的投资机构,如果成功,他或将改变格鲁吉亚的经济状况。

背景

社会和政治环境

格鲁吉亚位于黑海以东,南部与土耳其和亚美尼亚接壤,东南部与阿塞拜疆接壤,北部与俄罗斯相邻。它位于欧洲大陆—高加索山脉—亚洲交通走廊(TRACECA),是连接中亚与欧洲最短的路线。2013 年,格鲁吉亚的人口总数为 370 万②。其官方语言是格鲁吉亚语,但俄语仍广泛使用;而且大多数格鲁吉亚人也更愿意用俄语进行商务会谈。在格鲁吉亚,英语已成为一种默认的国际商业语言,这一点与其他苏联国家有所不同。

---

① 这是一只由政府出资的基金,旨在促进海外对格鲁吉亚经济进行投资。
② 格鲁吉亚国家统计局。

1991年4月，格鲁吉亚在苏联即将分裂之前宣布独立于苏联。在经历了严重的政治风波之后，曾在20世纪70年代和20世纪80年代初在苏维埃政权中担任格鲁吉亚权利代表的爱德华·谢瓦尔德纳泽（Eduard Shevardnadze）主持了这个国家的经济改革。然而，在他的领导下，格鲁吉亚政府几乎成为低效、腐败、裙带关系和官僚主义的代名词，国家经济陷入崩溃。

在经历了2003年11月的"玫瑰革命"之后，格鲁吉亚开始奉行亲西方的外交政策。由于涉嫌非法操纵大选，谢瓦尔德纳泽在随后的非武力政变中被迫放弃国家权力。2004年1月，格鲁吉亚组建了临时政府，米哈伊尔·萨卡什维利（Mikheil Saakashvili）当选为总统，他获得96%民众的选票。在谢瓦尔德纳泽执政期间[①]，萨卡什维利曾担任司法部部长。当选后，为强化总统的权力，萨卡什维利通过议会匆匆通过了宪法修正案，并在随后解散议会，建立了新的总理府。

新总统面临诸多问题，国内尚有超过23万人流离失所，他们给整个国家的经济造成了巨大压力。由俄罗斯和联合国维和部队控制的阿布哈兹共和国以及南奥塞梯等分裂地区，和平形势依旧不容乐观，整个国家处于战争的边缘。在萨卡什维利提出由第比利斯政府对阿扎尔享有主权的要求时，遭到了分裂主义色彩的前阿扎尔自治共和国总统阿斯兰·阿巴希泽（Aslan Abashidze）的断然拒绝，这导致双边关系进一步恶化。双方甚至调动军队，战争一触即发。萨卡什维利发出的最后通牒再加上民众走上街头游行示威，最终迫使阿巴希泽辞职并逃亡。

一方面是兑现改革承诺的压力；另一方面则是失业率居高不下、腐败继续肆虐横行以及在阿巴希泽问题上无法调和的分歧，萨卡什维利身上的光环开始逐渐褪去。2007年，格鲁吉亚爆发的反政府抗议活动最终促成政府修改劳动法，下调社保及所得税税率（从2008年的32%降至25%，到2009年进一步下调至20%）。营业执照和经营许可的发放登记也趋于放松。2008年1月，萨卡什维利提议召开议会选举并进行总统大选。在此期间，俄罗斯一直对阿布哈兹和南奥塞梯等政府在政治、经济和军事上给予支持，这意味着，国内的僵局依旧难以破冰。2008年8月，南奥塞梯的危机最终酿成了战争。[②]

2012年10月，经过议会选举，格鲁吉亚首次实现了国家政权的和平移交，代表"格

---

① 《欧洲稳定计划》（*European Stability Initiative*）。摘自 http://www.esiweb.org/index.php?lang=en，2016年4月21日。

② 1996年，俄罗斯宣布不再维持独立体国家对阿布哈兹的经济制裁，并与阿布哈兹和南奥塞梯的分离主义当局建立直接关系，一场国际外交危机就此爆发。这场危机也成为格鲁吉亚加入北约的铺垫，并间接促成科索沃单方面宣布的独立。

第六部分　新兴市场的私募股权

鲁吉亚梦想"的反对派联盟领导人比济纳·伊万尼什维利在选举中取得胜利,但萨卡什维利却拒绝承担竞选失败。

商业环境

在1991年从苏联独立出来之后,格鲁吉亚的经济实现了"开放"。从1990年到1994年,由于新政权始终未能摆脱内部政治不稳定的困扰,与苏联其他加盟国的双边贸易持续下降,再加上阿布哈兹和南奥塞梯地区的内乱,格鲁吉亚的经济规模减少了72%[1]。在此期间,物价和政府收入遭受沉重打击:同期的消费品价格疯狂暴涨,涨幅超过89 000倍,税收收入也从1994年独立后第一年占GDP的22.1%,下降到1994年的3%。[2] 随后,国家经济开始触底反弹,在1995年至1998年期间,格鲁吉亚经历了一个扩张阶段,增长率达到30%。但由于俄罗斯金融危机的爆发,经济在1998年再度偏离增长轨道。面对基础制度薄弱和政策误导的双重打压,格鲁吉亚急需破冰前行,将国家经济推上新高度。而税负过高、腐败问题严重和监管制度不健全,则极大地压制了格鲁吉亚的投资环境。

到2003年,在"玫瑰革命"之后,在政府财政支出的推动下,格鲁吉亚经济逐渐走上了渐进增长的道路[3]。萨卡什维利的目标就是创造一个放松管制、低税收的商业环境,并建立精简高效的政府和自由市场政策。政府推出了一系列改革措施,以减少行政审批环节,打击腐败现象。此外,政府初步采取措施减少苏联政体的影响,放开劳动力市场;通过《经济自由法案》(*Economic Liberty Act*),以财政约束[4]强化经济稳定,简化税收制度以发挥企业的创造力[5]。

到2013年,这些改革措施已取得明显效果。从1999年到2013年,国内生产总值增长了4倍,达到160亿美元左右,与此同时,通货膨胀率则低于10%。[6] 在2006年和2008年,世界银行两次将格鲁吉亚评选为全球经济绩效最好的国家。2010年,世界银行的"营商便

---

[1] 资料来源:《世界银行在格鲁吉亚,1993—2007》(*The World Bank in Georgia* 1993—2007),世界银行福利独立评估组(Independent Evaluation Group)。
[2] 通货膨胀数据的资料来源:《世界银行在格鲁吉亚,1993-2007》(2009)。世界银行独立评估组,华盛顿特区。税收数据的资料来源:Wang, J.(1999),《格鲁吉亚的恶性通货膨胀与经济稳定》(*The Georgian Hyperinflation and Stabilization*),国际货币基金组织(IMF)。
[3] 这一经济增长的主要动力来自于对巴库—第比利斯—杰伊汗石油管道的一次性大规模投资。
[4] 这项法令禁止政府摆脱保守性政策。按照法令的规定,预算赤字不得超过国内生产总值的3%,支付债务总额必须低于国内生产总值的60%,预算支出必须低于国内生产总值的30%。此外,该法令还规定,在未经全国公民投票之前,政府不得执行新的国家税收,也不得提高现有税种的税率(除了极少数例外情况)。
[5] 比如说,由于现有许可证规模的取消,开办新企业所需要的时间从2003年的25天减少到2013年的2天左右。
[6] 世界银行,按当地货币单位计算。

利指数"(Ease of Doing Business)将格鲁吉亚评选为世界上最友好的投资目的地之一,在该指数中的排名为第11位。① 同年,透明国际组织(Transparency International)将格鲁吉亚评价为腐败水平降幅最大的国家。这些荣誉得到了当地实践的证实——新增企业数量从2004年的约3 200家增加到2012年的近15 000家②。相比从苏联分离出来的其他国家,格鲁吉亚更适合于商业活动,这一点已成为共识(附录18.2)。

投资环境

增长将得益于区域性的市场扩大,包括更多地进入欧洲、俄罗斯和其他相邻国家的市场,这将吸引大量投资。格鲁吉亚的地理位置和有利的投资环境应有利于该国经济实现战略转型,从单纯的过境贸易转化为更广泛的地区性物流平台。当然,这需要进一步改善交通运输的基础设施,加大对物流设施及相关行业的投资,为经过格鲁吉亚的过境商品创造新的价值。

资料来源:《2013年格鲁吉亚战略》(Strategy for Georgia 2013),欧洲复兴开发银行。

尽管结构性改革和经济发展取得了长足进步,但格鲁吉亚的投资环境还远未得到改善。2008年,南奥塞梯与俄罗斯之间爆发的军事冲突,导致当地对投资者的吸引力大打折扣。而在全球金融危机期间,全球投资者的风险偏好普遍下降,格鲁吉亚经济同样遭受重创。外国直接投资(FDI)大幅减少,从2008年的15.64亿美元下降到2009年的6.58亿美元。到2013年,格鲁吉亚的外国直接投资才部分恢复到9.42亿美元(见附录18.3、附录18.4、附录18.5和附录18.6)。

通货紧缩、失业率提高以及史上最低水平的外汇储备,同样是格鲁吉亚需要面对的挑战。虽然格鲁吉亚国家银行(NBG)采取了5%的目标通胀率,但2012年的国内物价水平还是下降了1%,并在2013年继续处于下行通道。截至2009年,格鲁吉亚的失业率达到15%~17%。根据格鲁吉亚国家银行提供的数据,2013年10月的官方外汇储备为31亿美元。

最能体现这些挑战的莫过于格鲁吉亚的本币拉里(lari),并因本币而变得更加复杂。虽然拉里属于完全可兑换的货币,交易量占本国GDP的比例与该地区其他国家基本相当,

---

① 根据世界银行提供的资料,格鲁吉亚的政府债务水平目前仍处于可持续状态。由于不断加大财政约束,公共部门的债务总额占GDP的比例已由2010年的38.7%下降到2013年的32.2%。在2013年,约有80%的公共债务是对外负债,而且主要以双边债务和多边债务为主。此外,格鲁吉亚财政和货币政策的重点是维持低水平的财政赤字、低通货膨胀率和自由浮动的汇率制度。
② 世界银行。

但拉里在市场上的绝对流动量很小,这对大型交易而言显然是一个问题。拉里对美元和拉里对欧元的市场交易量在 2012 年分别为 271 亿美元和 99 亿欧元。大规模交易很容易影响到汇率。[①] 此外,格鲁吉亚没有流动期货也没有期货工具用来对冲拉里的汇率风险。

在格鲁吉亚,大部分企业的规模都很小——这一点不难理解,毕竟,格鲁吉亚直到最近才完成了向市场经济的转型(1991 年),整个国家只有 20 家公司的 EBITDA 超过 4 000 万美元,而且这些公司大多是通过苏联时期国有企业进行私有化改造的产物[②]。到 2013 年,服务业占格鲁吉亚国内生产总值的比例为 57%。农业企业是格鲁吉亚使用劳动力最大的产业,就业人数为 200 万人,占国内劳动力总人口的 53%(见附录 18.7)。

格鲁吉亚证券交易所(GSE)成立于 1999 年,为少数需要融资的国内公司提供有限的流动性。仅 133 家公司发行的股票可以在格鲁吉亚证券交易所进行交易,这意味着,只有少数上市公司的股票能在市场上流动和交易。到 2013 年年底,格鲁吉亚证券交易所的市值总额还不到 10 亿美元,约占 2012 年 GDP 的 6%,在证券交易所交易的股票中,只有极少数的日均成交额超过 1 000 美元[③]。不过,格鲁吉亚最大的银行已在伦敦证券交易所的高级市场上市,截至 2013 年年底,这家银行的市值为 4.981 亿欧元。[④]

创建新的投资载体

乔治·巴卡什维利着手开始筹建新的私募股权基金,整个过程分为 3 个阶段。首先,他需要确定合适的有限合伙人(LP)群体;接下来,选择对这些 LP 最具吸引力的基金结构;最后,他需要一个引人注目的投资策略。虽然伊万尼什维利的牵头投资没有附加任何条件,但这也提出了一个问题:投资者会对总理的参与做出怎样的反应。伊万尼什维利已承诺不干预基金的具体运营方式;可以理解,他的参与意在帮助为格鲁吉亚国内的投资活动提供一种政治保障。既能让潜在投资者接受一定程度的参与,又要确保基金的管理不会有任何"干预"。但他们是否只是对纯粹的经济利益感兴趣,抑或是想和总理取得更密切的联系还不得而知。

---

① 不包括格鲁吉亚国家银行直接进行的活动(资料来源:格鲁吉亚国家银行)。格鲁吉亚拉里的汇率在过去 3 年中一直保持稳定;拉里兑美元的汇率始终徘徊在 1.69~1.65,部分原因在于外汇市场的流动性不足(资料来源:世界银行的数据库)。
② 针对案例进行的访谈。
③ (2014 年)"格鲁吉亚:私营部门融资和风险金融工具的作用",2013 年 11 月。欧洲投资银行。
④ 格鲁吉亚银行于 2006 年 11 月 24 日在伦敦证券交易所上市。

潜在 LP 的来源——来自当地还是全球

格鲁吉亚的资本性投资来自结构各异的多种来源（附录 18.8）。有可能参与 PE 筹集的潜在来源已明显增加。伊万尼什维利的锚定投资让乔治有了良好的开端，这显然有利于基金能吸引其他 LP 的关注。现在，他必须把精力集中在质地最优良的投资者身上——从养老基金到高净值个人以及投资银行。那么，他应该把注意力集中到本地投资者，还是面对全球的投资者？凭借 10 亿美元的承诺出资，他的基金完全有能力吸引全球范围内对 PE 资产感兴趣的大型投资者。一旦成功，这将会让格鲁吉亚成为全球投资者关注的焦点，并刺激资本进一步流入格鲁吉亚。但他也深知，北美和西欧地区的大型 LP 或许不会相信格鲁吉亚会成为一个让人放心的成长宝地，相反，这是更有可能成为一个危机四伏的雷区。

吸引区域投资者同样是一个挑战。尽管东欧和高加索地区的投资者已习惯于将资金投入格鲁吉亚等国家，但他们很少会成为私募股权基金的积极参与者。此外，在本地区，真正有资本势力兑现出资承诺的投资者也寥寥无几。

到底应选择哪种类型的 LP？

除了需要考虑 LP 是来自本地区还是全球范围这个问题以外，乔治还要决定，他到底应该关注哪种类型的 LP。

机构投资者：这部分投资者的投资占私募股权资产规模总额的 2/3 以上[①]。机构投资者主要包括养老金和退休金基金、主权财富基金、保险公司和银行。然而，机构投资者的 PE 项目通常仅占其资产管理规模（AUM）的 8% 不到。他们经常会采用高度结构化的方式将资本配置给私募股权，且基金更强调创造一个由知名基金管理机构人管理的多样化投资组合。他们会根据已经确定的未来债务制定明确的目标收益和现金流要求。机构投资者的尽职调查范围非常广泛，需要基金筹集机构为解答标准化尽职调查问卷而投入大量工作。考虑到机构型受益人通常具有政府背景，因此，LP 可能需要针对基金的投资提供某些敏感信息，否则，他们在某些领域的投资就有可能受到限制。

捐赠基金及基金会：这些机构代表非营利组织进行投资，因而没有像机构投资者那么严格的投资规则。截至 2013 年，这部分机构在私募股权所管理资产规模中的比重大约为 20%。尽管在流程上与机构投资者类型的 LP 类似，但较少受已确定未来负债、投资限制及监管的约束。捐赠基金对此类资产类别的参与更为积极，截至 2013 年，它们持有的 PE 资产约占资产总额的 12%。

---

① Preqin，《2013 年私募股权与风险投资报告》（2013 *Private Equity & Venture Capital Report*）。

家族理财办公室：此类机构占 PE 行业资产管理规模总额的 5%。就平均水平而言，家族理财办公室将 20%～30% 的资产配置给 PE。此外，他们对私人交易的直接投资也达到了较高水平，而且通常投资于家族企业所在的行业。和机构投资者相比，他们为评估对 PE 基金进行资金配置而进行的尽职调查流程缺乏结构性差异。投资决策往往取决于某个家庭成员的个人偏好。

企业型投资者：截至 2013 年，这类投资者占全球私募股权资产管理规模的 2%，而且对新兴市场的投资比例更大。他们对 PE 基金进行的资产分配不同于机构投资者及其他金融板块的 LP：除了财务收益之外，他们还希望通过投资 PE 进入新的市场，在未来的并购领域获得更多进行联合投资的机会。

开发性金融机构（Development Finance Institutions）：开发性金融机构感兴趣的可能是格鲁吉亚或高加索地区的总体发展。某些私募投资者可能希望首次或再次投资于本地值得信赖的合作伙伴。这将会让他们在做出更大出资承诺之前获得更多在当地投资的经验。而其他开发金融机构的投资目的可能完全处于财务收益，即通过建立多样化的全球组合追求更大的财务收益。

基金中基金：私募股权基金中的基金已成为传统 LP 和 PE 管理人之间的媒介。他们募集资金，投资于 PE 基金管理的投资组合，反过来，再将资金配置给该投资组合中的基金管理人。由于这种模式具有多样化优势，因此，它们往往将资金配置给风险较高的基金。此外，基金中基金还会针对特定地理区域或策略创建订制性组合。

设计基金架构的方案

在确定了应以哪种类型的 LP 为主之后，乔治·巴卡什维利还要针对投资机会选择适当的基金结构。在"前沿市场"上，既没有成型的最佳实践可借鉴，又缺乏针对 PE 投资的有效监管政策，而且流程和架构（如针对有限合伙人的有限责任合伙结构）以及税收的透明度也有待加强，因此，最简单的方法就是在境外寻找一个成熟的司法管辖区设立该基金。这样，乔治就可以利用现有的双边税收及双边投资协定筹集和获得资金，从而将获得资金配置给基金的投资机会。然而，这依旧存在需要选择哪种基金结构的问题，毕竟，这是对资金进行投资以及为日常活动筹集资金的关键——建立投资团队，支付人员薪酬以及为未来筹资打造建立关系，都需要资金。乔治很清楚，基金的具体条款还需要与每个 LP 进行谈判之后才能最终敲定，于是，他将方案的范围缩小到 5 种已经成型的基金模式上。

封闭式基金

有限合伙企业模式可以实现封闭式的基金结构,这也是当期的主流 PE 基金模式。按照有限合伙制模式,投资者需要在 8～12 年的时间内将资金投入到一个他们无法掌握的资金池,未来投资项目的决策权完全归属于普通合伙人(GP),而有些合伙人则对投资可能一无所知。这种资金池通常称为"盲池"(blind pool),因为有些合伙人对基金的具体投资决策及操作可能没有发言权[①]。封闭式基金没有预先确定的投资期,平均投资期通常为 5 年。在此期间,GP 向 LP 催缴其承诺的出资,为投资项目提供资金。在预定的投资期内,GP 从已认缴的承诺出资以及基金剩余期间内的已投资资本中提取管理费,用于支付基金的日常运营费用。在基金退出投资项目并对已投资资本和资本增值进行分配时,投资者实现投资收益。GP 获得的提成收益(或称附带收益)是按一定比例从投资创造的超额收益提取的。

常青基金(evergreen fund)或永久性资本私募股权工具

这些工具没有确定的存续期,允许随时注入新资金或进行收益分配。基金可以在任何时候向新投资者发行股份,或是由现有投资者按已有承诺重复出资,为新的投资项目筹集资金。而收益分配的资金则来自股息或退出投资形成的收入,也可以是新投资者注入的资金。这种结构可以消除基金管理者改善投资组合运营的人为时间限制,并将节约下来的筹资时间用于筹集新的资金。然而,由于这些工具具有开放式基金的性质,而且不具备封闭式基金模式针对退出投资设置的退出原则,而且会带来中间估值的问题,也就是说,附带收益和管理费的计算需要在现有投资者和新投资者之间进行划分。此外,这种模式也意味着投资者的资本需要被锁定更长的时间。

质押基金(Pledge Fund)

质押基金是投资者对基金已承诺出资的总额做出的"软"承诺,投资者可以选择在个别交易项目的基础上参与投资。也就是说,在每一笔投资或某个投资组合基础上单独创建一个载体,以满足不同投资者的特殊需求。基金管理者需要承担日常活动的费用,而不是在已承诺出资的基础上提取管理费,因此,他们通常是按已投资资本提取管理费和附带收益。附带收益按每个交易单独计算。然而,按照这种模式,由于决策过程相对冗长,可能会阻碍管理者快速解决兑现投资机会的能力。这种模式需要针对不同投资项目管理不同的投资

[①] 在这种结构中,尽管个别 LP 可以通过协议约定基金不得投资某些特定行业,但 LP 通常会参与基金的几乎所有的投资项目,而且会因不能按时认缴出资而面临严厉处罚。

者，这显然会增加管理的复杂性。

联合投资基金（co-investment fund）

联合投资基金（也称跟投）的重点是和牵头的PE投资者（领投）直接投资于公司，而且适用于完全相同的投资条款。联合投资权通常属于封闭式基金中的LP，可以为他们提供其他更有吸引力的投资机会。此外，联合投资也可以让PE基金直接从LP中获得更多资本，用于执行大额交易。现有的LP和PE基金管理人通常会确定一个双方认可的联合投资合伙人清单。GP可以根据创造增值的能力邀请值得信赖的投资者和他们进行联合投资，在强化双方合作关系的同时，为自有投资能力与交易规模之间的缺口提供资金。通常，LP参与联合投资的机会是一次性的，也就是说，他们是否参与联合投资完全取决于对投资机会的判断，此外，在参与联合投资时，LP无须支付管理费和附带收益，或是只需支付相对较少的管理费和附带收益。但是在联合投资基金结构中，LP必须支付管理费和附带收益，只是通常支付的水平相对较低。

搜索基金（search fund）

搜索基金主要用于收购将由基金管理机构进行经营的单一公司。在第一个阶段里，首先，由基金管理人募集资金，用于支付寻找收购对象的费用。这个过程可能需要两年左右的时间，这个阶段的风险就是没有找到合适的待收购企业。如果确定了合适的收购标的，基金管理人就会向投资者催缴出资，为收购企业提供额外的出资，在收购完成后，由基金管理人担任被收购公司的CEO或其他重要的战略管理职位。由于只有一家目标公司，因此，搜索资金通常只需少数投资者出资即可。搜索基金所需的资本金可能不大，具体取决于目标公司的规模。如果基金管理人没有找到和收购到合适的公司，那么，已发生的费用就可以视为沉没成本。

投资策略

对于乔治来说，最后一个就是确定投资策略。根据资本提供者的目标以及格鲁吉亚现有的投资机会，他必须为基金确立最基本的投资原则。他到底能参与什么样的投资交易呢？在现有人力资源和投资机会的基础上，他可以采取怎样的增长策略呢？通过出资，伊万尼什维利总理希望刺激外国私人资本增加对格鲁吉亚的投资，这对于基金的成功显然是有好处的，但如何兑现这种愿望，还需要以相应的投资策略予以引导。

考虑到基金规模巨大，乔治最担心的是，基金可能会对其他部门的资金形成挤出效应，进而导致格鲁吉亚的中小企业因缺乏资金而陷入破产境地。此外，如果基金投资于受到严格管制的行业，他就有可能受到利用政治裙带关系牟利的指责。因此，如果涉及政府扮演重要角色的行业（如政府招标和承包项目）或是有很多中小企业参与的行业（附录18.9），他必须谨小慎微。

此外，乔治还要确定交易的平均规模、投资项目的目标数量以及基金是否需要强调取得控股权，抑或可以接受少数股权投资。① 因为这些问题将确定基金的目标规模。而投资项目的数量将是确定团队规模的关键。

要投资于前沿市场，投资者就必须信任团队拥有创造交易流并影响被投资企业经营状况的能力。乔治迫切需要找到一种能降低投资风险的方法。因此，他必须要了解基金本身需要什么样的专业能力，比如说，具有某些特定领域专长的合作伙伴。很多私募股权公司会聘请拥有财务背景的专业人士。尽管格鲁吉亚并不缺少金融领域的人才，譬如，乔治本身就是这样的人才，他们中的很多人拥有海外学习和工作的背景，但深谙业务管理、引领企业成长的管理型和技术型专业人士却严重匮乏。而对于绿色投资项目而言，这类专业人才恰恰又是最迫切需要的。

挑战

留给他的时间已经屈指可数了，在向伊万尼什维利提交方案之前，还有很多艰难的决定和选择需要乔治去面对。这项任务确实令人望而生畏，因为需要考虑的机会和选项太多了。哪种方案最有可能为本国乃至本地区带来长期利益呢？一旦战略不当或是执行不力，就有可能给高加索地区的投资蒙上阴影，导致潜在投资者在可预见的未来对这里心存顾忌。再过几天，乔治就要和他的锚定投资者进行面对面地汇报了。

附录18.1
人物介绍：乔治·巴卡什维利（George Bachiashvili）

乔治·巴卡什维利出生于莫斯科一个格鲁吉亚医生家庭，在7岁时，乔治和家人搬到格鲁吉亚。2005年，乔治·巴卡什维利毕业于高加索大学，随后进入格鲁吉亚银行工作。在这里，乔治受雇进入阿布扎比集团，他的职责是协调格鲁吉亚的并购交易，其中包括筹建韩国银行格鲁吉亚分行（KOR Bank Georgia）、收购标准银行格鲁吉亚分行（Standard Bank Georgia，合并后的银行称为韩国标准银行）以及新千年品牌酒店的开发项目（项目

---

① 小公司可能需要更多的建议，并且可能需要耗费更多的时间，因为他们的管理层往往不够专业，而且很多企业尚未执行最佳治理方案。

将于 2016 年 6 月投产）。2009 年，乔治辞去格鲁吉亚银行的工作，来到 INSEAD 攻读工商管理硕士学位。一年后，也就是在毕业之后，乔治进入莫斯科博斯咨询公司（Booz & Company）。不久之后，他就成为尤尼克管理公司（Unicor Management Company）的财务总监，这家公司在俄罗斯拥有并经营着大型制药、房地产、银行及农业企业。尤尼克公司的所有者是格鲁吉亚的亿万富翁比济纳·伊万尼什维利。2011 年年底，伊万尼什维利宣布他将竞选格鲁吉亚总理一职，并决定出售他在俄罗斯拥有的全部资产。而乔治就是负责这项任务的团队成员之一。2012 年 10 月，在成功地剥离全部资产后，乔治接受伊万尼什维利邀请，担任格鲁吉亚伙伴基金副总裁一职，并在这里任职到 2013 年 9 月。

附录18.2

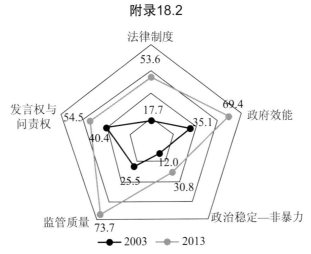

全球治理指标（Worldwide Governance Indicators，WGI）

本研究的百分位排名包括 214 个国家。分位数的范围为从 0（最低）～ 100（最高）。

资料来源：世界银行。

附录18.3
格鲁吉亚的投资环境

2003 年，国际货币基金组织克林顿·希尔斯（Clinton R. Shiell）在一份工作论文中总结了格鲁吉亚的投资环境：

> 投资环境取决于各种因素，包括沉重的税收负担、普遍存在的腐败和治理不善以及法律和监管制度的不健全（包括对产权的侵犯），而且在很多情况下，还伴随着政府对经济的过度干预；当然，格鲁吉亚还需要继续遵循体制改革计划（对某些方面可能是需要启动新的改革方案）。在这种相对弱化的投资环境下，必须建立与市场经济

相适应的制度。

2014 年，美国国务院在一份声明中对格鲁吉亚的财富增长情况进行了总结：

"在过去的几年里，格鲁吉亚企业经常出现因缺乏司法独立性、缺乏知识产权保护、缺乏有效的反垄断政策、对经济法规的选择性执行以及解决产权纠纷的困难等问题。政府提出的'格鲁吉亚梦想'已承诺解决这些问题。尽管存在诸多挑战，但格鲁吉亚还是在很多方面远远领先于其他从苏联分离出来的国家，因而是开展投资的好去处。"

附录18.4

东欧及高加索地区的外国直接投资（FDI）

国家/地区	外国直接投资，2013年净流入额（100万美元）	外国直接投资，2013年净流入额占GDP的比例（%）
阿尔巴尼亚	1 254	9.7
亚美尼亚	370	3.5
阿塞拜疆	2 619	3.6
白俄罗斯	2 246	3.1
波斯尼亚和黑塞哥维那	315	1.8
保加利亚	1 888	3.5
格鲁吉亚	942	5.9
匈牙利	−4 112	−3.1
哈萨克斯坦	9 739	4.2
科索沃	343	4.9
吉尔吉斯斯坦	758	10.3
马其顿（供参考）	413	3.8
摩尔多瓦	249	3.1
黑山	446	10.1
罗马尼亚	4 108	2.2
俄罗斯	69 219	3.3
塞尔维亚	1 974	4.3
塔吉克斯坦	−54	−0.6
土耳其	12 457	1.5
土库曼斯坦	3 061	7.5
乌克兰	4 509	2.5
乌兹别克斯坦	1 077	1.9

资料来源：世界银行。

附录18.5

格鲁吉亚的直接投资，金额单位：100万美元

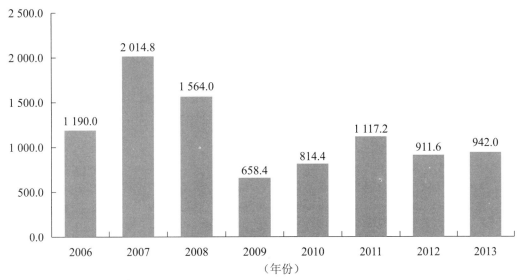

资料来源：格鲁吉亚国家统计局（GEOSTAT）。

附录18.6

格鲁吉亚的主要海外投资者（2013年）　　　　　　　100万美元

年　份	2006	2007	2008	2009	2010	2011	2012	2013
合计	1 190	2 015	1 564	658	814	1 117	912	942
其中：								
荷兰	19	299	136	33	73	242	35	153
卢森堡	0	9	6	9	7	43	42	143
中国	5	7	−2	−2	−8	10	36	90
阿塞拜疆	78	41	24	30	58	138	59	82
阿拉伯联合酋长国	0	131	307	163	56	−52	24	62
英国	187	145	149	72	59	55	94	55
国际组织	9	14	24	31	45	95	63	55
美国	183	84	168	−10	136	28	20	45
捷克	15	28	35	46	24	47	8	44
马耳他	—	—	—	—	17	6	32	43
其他国家	695	1 055	719	287	348	506	497	171

资料来源：格鲁吉亚国家统计局（GEOSTAT）。

附录18.7

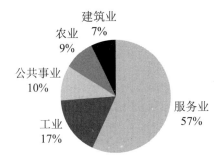

格鲁吉亚的 GDP 结构

资料来源：世界银行。

附录18.8
格鲁吉亚现有的投资类型

外商直接投资[①]

自苏联解体以来，外国直接投资（FDI）一直是投资资本的主要来源。然而，尽管投资环境趋于自由化，资本管制已降至史上最低点，针对国内外投资者的税收负担和腐败程度也相对较低，但是在2008年爆发南奥塞梯战争之后，格鲁吉亚的外国直接投资还是下降了30%。2008年和2009年两年的外国直接投资总额已减少到220万美元，而战争之前的2006年和2007年总额则是320万美元。

格鲁吉亚经济部指出，吸引外国直接投资是最紧要的任务：

> "外国直接投资已成为格鲁吉亚当前最优先的工作之一。自由的投资环境以及对本地和外国投资者一视同仁的待遇，格鲁吉亚这个国家成为对外商直接投资最有吸引力的目的地之一。稳定的经济增长，以自由市场为导向的经济政策 [...] 税率的降低 [...] 大大简化的行政管理程序，优惠的对外贸易制度，优越的地理位置，完善的综合性交通基础设施，接受过高等教育、技术娴熟且具有竞争力的劳动力队伍，为格鲁吉亚企业的成功奠定了坚实的基础。"

开发性金融机构

2013年，格鲁吉亚国内活跃着4家开发性金融机构（DFI）。自1998年开始，欧洲复

---

① 格鲁吉亚国家统计局。

兴开发银行就已开始在格鲁吉亚进行投资。① 该银行投资了约 110 个项目，投资总额达 8.31 亿美元，其中，19% 的资金投资于能源，投资金融服务业的比例为 49%，工业、商业及农业各占 21%，剩余的 11% 投资于不包括能源在内的基础设施项目。

来自德国的开发性金融机构、复兴信贷银行（KfW）自 1993 年以来一直在格鲁吉亚开展业务，他们最初只投资于能源部门②。随后，这家银行开始陆续投资于清洁饮用水、污水处理和废物清除以及金融部门，并创建了格鲁吉亚的第一家小额信贷银行。

作为投资者和贸易的促进者，国际金融公司（International Finance Corporation，IFC）也是格鲁吉亚经济的一个重要参与者。③ 自 1995 年以来，国际金融公司合计为格鲁吉亚提供了约 10 亿美元的长期项目融资，为金融、农业、制造业、服务业以及能源行业的约 50 个项目提供资金。此外，国际金融公司还通过贸易融资项目为价值超过 2.5 亿美元的进出口贸易流动提供融资，并实施了大量以推进私营部门发展为核心的咨询项目。根据国际金融公司的统计，格鲁吉亚的经济发展战略就是"改善中小企业的融资渠道，通过增加贸易和企业竞争力，推进以私人部门可持续发展为动力的经济增长，挖掘格鲁吉亚的可再生能源潜力，支持提高农业加工产业的生产率，改善食品安全性，并促进公私合作关系的发展"。

自 2007 年以来，亚洲开发银行（ADB）就一直在为格鲁吉亚提供支持，主要是协助开发公共基础设施和服务。④ 亚开行对格鲁吉亚的政府援助贷款总额已超过 10 亿美元。

其他没有在本地开展业务的开发性金融机构也经常投资于格鲁吉亚，譬如，荷兰国家开发银行（FMO）、德国投资与开发有限公司（DEG）、欧洲投资银行（European Investment Bank）、法国发展银行（Proparco）以及黑海贸易和开发银行（Black Sea Trade and Development Bank）等，他们的大部分投资针对农业、金融服务和基础设施产业。

由格鲁吉亚政府支持的基金

为了扩大国内企业的融资渠道，2011 年，格鲁吉亚政府成立了伙伴基金联合股份公司（JSC Partnership Fund）。伙伴基金由格鲁吉亚最大的国有企业出资⑤，用于投资的资金来

---

① 欧洲复兴开发银行网站。
② 德国复兴信贷银行（KfW）网站。
③ "国际金融公司在格鲁吉亚"，网址是 www.ifc.org。
④ 亚洲开发银行网站。
⑤ 伙伴基金旗下管理的国有企业主要分布于运输、能源和基础设施行业这些国有企业在 2012 年的营业收入超过 7.5 亿美元。在伙伴基金投资的国有企业中，主要包括：格鲁吉亚铁路（Georgian Railway，基金持有 100% 股权）、格鲁吉亚石油天然气公司（Georgian Oil and Gas Corporation，基金持有 100% 股权）、格鲁吉亚国家电力系统公司（Georgian State Electrosystem，基金持有 100% 股权）、电力系统商业经营公司（Electricity System Commercial Operator，基金持有 100% 股权）和第比利斯输电公司（Telasi，基金持有 24.5% 股权）。

自这些国有企业的股利收益、经常性预算拨款的专项资金以及伙伴基金退出以前投资的收益。伙伴基金的管理团队受监事会监督，监事会主席由格鲁吉亚总理亲自担任。

伙伴基金的投资活动包括对涉及诸多行业的已参与项目和计划参与项目进行监督，管理的资产价值总额超过10亿美元。该基金只能在格鲁吉亚境内进行投资，其目的是为处于发展初期的可行项目提供股权及准股权融资，且只从事少数股权投资。伙伴基金投资的目标行业包括农业产业、能源、基础设施、物流、制造、房地产和酒店业等。

该基金的主要目标是通过吸引外国直接投资来促进对格鲁吉亚国内的投资。股权投资者可以直接投资于由伙伴基金发起的项目，为项目提供部分或全部资金。此外，伙伴基金还可以根据预先确定的条件，参与中长期项目，从而为投资企业及合作伙伴在管理和财务上提供稳定性支持，降低外国投资者的投资风险。

战略型投资者

截至2013年，已经有几家战略投资者进入格鲁吉亚，他们的投资重点是工业、房地产、酒店和建筑业。其中最大的投资机构包括：阿扎尔酒店集团（Adjara Group），该集团也是格鲁吉亚国内经营规模最大的酒店集团之一；GMT集团，这家私募投资者在格鲁吉亚的投资组合包括3家房地产公司和一家乳品加工厂；丝绸之路集团（Silk Road Group），格鲁吉亚最大的酒店、电信运营商、石油和汽油运输和贸易运营企业之一；捷克能源集团格鲁吉亚公司（Energo-Pro Georgia），这家捷克企业集团自2007年以来就一直在格鲁吉亚开展业务，也是格鲁吉亚最大的独立能源企业之一；格鲁吉亚工业集团（Georgian Industrial Group）是格鲁吉亚最大的工业企业，其业务范围涵盖煤矿、能源发电（水电、天然气发电和煤电）、天然气、零售业及房地产；格鲁吉亚美国合金集团（Georgian American Alloys），这家总部位于美国的公司，是从事铁合金、硅锰和硅铁业务的全球制造商和经销商；格鲁吉亚黄金铜业集团（RMG Gold and RMG Copper），是格鲁吉亚最大的矿业企业；还有从事综合性医疗和保险服务的格鲁吉亚医疗集团（Georgian Healthcare Group）；格鲁吉亚最大的3家电信服务提供商Magticom、Geocell和Beeline；两家已在英国证券交易所上市的大型银行，格鲁吉亚银行（Bank of Georgia）和TBC银行。

金融投资者

2013年，只有少数金融投资者在格鲁吉亚成功地进行了资本投资。2006年，采取封闭式结构的格鲁吉亚地区发展基金（Georgian Regional Development Fund，GRDF）开始在格鲁吉亚国内开展业务，基金的注册资本为3 000万美元，完全由新千年挑战公司（Millennium

Challenge Corporation）出资①，并由美国的小企业援助基金（SEAF）②负责管理。基金的战略是为农业及旅游业的中小企业提供长期风险资本和资金援助，以促进格鲁吉亚的经济增长。格鲁吉亚地区发展基金的存续期为10年，全部存续期在投资期和退出期间之间平均分配，基金将通过优惠贷款和股权投资工具对单一项目进行最高可达300万美元的投资。该基金已成功地投资于混凝土生产、凤尾鱼养殖、地区性酒店、榛子的生产加工、家禽饲养，以及电信基础设施等领域的公司。③截至2013年，该基金仍维持着对几家公司的投资。

自由消费者公司（Liberty Consumer）于2006年创立，主要由格鲁吉亚银行及其长期投资者出资，以及通过在格鲁吉亚证券交易所首次公开发行（IPO）筹集到的散户融资。到2013年，该公司的股票交易价格仅为IPO价格的65%，且投资者已不太可能收回投资。投资者认为，公司失败的部分原因在于执行大量投资小企业而较少投资于大公司的策略。考虑到格鲁吉亚还是一个小国，因此，对专业管理方面的投入太小是一个严重问题。

高加索能源基础设施公司（Caucasus Energy & Infrastructure，CEI）成立，这是一家按格鲁吉亚法律设立并采取股份制公司组织形式的能源基金④，该公司于2008年在格鲁吉亚证券交易所上市，并募集了5 000万美元⑤。大约90%的募集资金来自外国投资基金。公司的经营策略是投资于从事天然气和电力生产、传输及配送的外高加索公司⑥。公司的资本主要投向水电站项目和房地产企业。在整个2013年，该公司的股票交易价格在IPO价格40%～70%浮动。⑦

最后，格鲁吉亚的金融投资者还有美国的小企业援助基金创建的高加索成长基金（SEAF Caucasus Growth Fund），主要由国际金融公司出资，并由美国的小企业援助基金（SEAF）进行管理。这只拥有4 000万美元资金的私募股权基金，主要投资于格鲁吉亚、阿塞拜疆和亚美尼亚从事消费及商业服务、农业企业、配送、能源和零售业的小企业。基金于2012

---

① 新千年挑战公司（Millenium Challenge Corporation）是一个由格鲁吉亚政府创办的实体，主要为实施美国通过"新千年挑战账户"（MCA）提供的2.95亿美元资金援助项目。资料来源：（2007）MCG Launches Investment Fund to Foster Tourism, Agribusiness。摘自：http://www.civil.ge/eng/article.php?id=14535。
② 小企业援助基金（SEAF）是一家全球性投资管理公司，公司总部位于美国华盛顿特区，主要为新兴市场国家的中小企业提供风险资本。自1989年以来，他们在东欧、拉美和亚洲地区开展了大批项目。
③ "格鲁吉亚区域开发基金"。摘自：http://seaf.com/what-we-do/our-locations-investmentvehicles/central-eastern-europe/georgia-regional-development-fund/。
④ 摘自：http://www.cei.ge/en/media/press_center/728/（2010）。
⑤ 在上市的一个月之后，CEI开始运营全球存托凭证计划，并指定纽约梅隆银行（Bank of New York Mellon）为托管银行。
⑥ （2014年）"格鲁吉亚法律对证券市场法的监管影响评估"（最终报告），美国国际开发署（USAID）。
⑦ 摘自：http://www.cei.ge/en/investors/share_price。

年 3 月开始运行，其总体目标是改善私人企业的透明度并促进其发展，推动国内经济增长以及经济的独立和稳定性。

附录18.9
潜在的投资机会

能源

格鲁吉亚的能源市场存在很多投资机会。下图为格鲁吉亚在 2008 年到 2020 年期间每年的实际及预计能源存量。

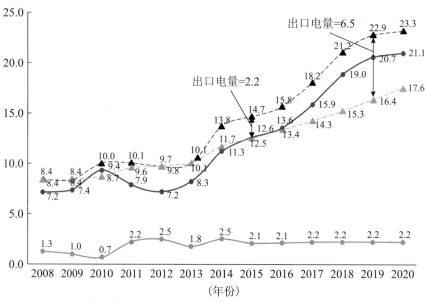

格鲁吉亚的年度能源存量
2020年为预测值（10亿千瓦时）

资料来源：《2013 年度格鲁吉亚国家电力系统报告》。

水力发电

格鲁吉亚是世界上人均拥有未开发水电资源最大的国家之一，每年尚未利用的水力发电（HPP）潜能达 330 太千瓦时，相当于目前发电量的 3 倍多。[①] 从 2008 年起，格鲁吉亚开始放松对能源市场的管制，并对可再生能源项目采取 BOO 模式。

自 2005 年以来，格鲁吉亚的发电量增长了 1.5 倍，2013 年达到 10.1 兆瓦时，其中，

---

① 格鲁吉亚投资局。

水力发电量约占 78%。格鲁吉亚致力于发展区域性电力市场，并成为本地区电力枢纽以及清洁水电资源的季节性出口国。

此外，格鲁吉亚的周边均为发电成本相对较高的国家，如亚美尼亚、保加利亚、罗马尼亚和白俄罗斯。

热力发电[①]

火电的成本高于水电，其主要作用是补充水电发电量在冬季用电高峰期的供应缺口。为此，政府需要为火电企业支付储备资金，以维持热电厂在非发电季节的基本开支。在收到政府通知后，热电厂必须在 24 小时内开始发电。

2013 年，格鲁吉亚还只有天然气火力发电厂运营，天然气由阿塞拜疆进口。格鲁吉亚还拥有使用地下热水或本地煤炭进行发电的潜力。根据最新的水文地质调查结果，格鲁吉亚的地下热水资源量每年可达 2.5 亿立方米。2013 年，格鲁吉亚拥有的天然及人造地下热水水源有 250 多个，平均气温为 30℃～110℃，日均供应链可达 16 万立方米。

生物发电

格鲁吉亚的气候有利于发展林业和农业，因而拥有巨大的生物发电潜力。但截至 2013 年，格鲁吉亚尚未在这方面进行开发。格鲁吉亚的森林覆盖面积占国土总面积的 40%。

太阳能发电

格鲁吉亚的太阳辐射水平相对较高，每年在 1 250～1 800 千瓦时/平方米，大多数地区每年有 250～280 个晴天。格鲁吉亚的太阳能发电潜力估计为 108 兆瓦。截至 2013 年，格鲁吉亚尚无太阳能发电项目。

风力发电[②]

据估计，格鲁吉亚拥有的风力发电能力可达 4 太千瓦时。截至 2013 年，格鲁吉亚尚无风能发电项目。

农业[③]

2013 年，格鲁吉亚的农业产业仍以自给性小规模农户（平均耕种面积为 1.55 公顷）为主。由于长期以来的土地分散和投资不足问题，农民的生产率仅相当于世界平均水平的 1/3。[④]

---

① 格鲁吉亚国家投资局——《投资格鲁吉亚》。
② 同上。
③ 同上。
④ 格鲁吉亚银行，联合国粮食与农业组织统计署。

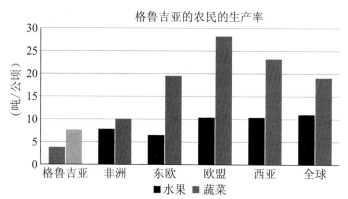

依靠政府提供的低息长期贷款,耕地面积增加了 20%。① 到 2017 年,格鲁吉亚政府计划在最多可达 27.8 万公顷的耕地上建立灌溉系统,比 2013 年增加了 11 倍。年产及多年生作物的产量将继续增长,与此同时,随着牲畜数量的增加,肉蛋奶的产量也会持续增加。

2013 年,农业产量占格鲁吉亚 GDP 的 9% 左右,在外国直接投资中占据的比例为 1.5%,对贸易总额的贡献率为 17.5%。格鲁吉亚贸易是农产品和食品的净进口国,2013 年的赤字为 4.06 亿美元的(见下图)。如果提高生产率,欧盟市场有可能从格鲁吉亚大量进口水果和蔬菜,进而成为格鲁吉亚的出口市场。

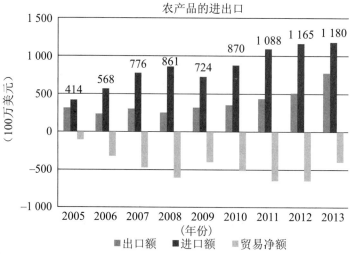

资料来源:格鲁吉亚国家投资局。

葡萄酒 ②

如果通过更新现有的葡萄园并采用现代农业技术提高产量,那么,格鲁吉亚未来的葡

---

① 国家农业基金—6 亿美元的补贴贷款;这笔资金涵盖了灌溉系统、基础设施及物流 75% 的成本。
② 资料来源:《格鲁吉亚银行酒业报告》(*Bank of Georgia Wine Report*)。

萄酒产量有可能达到2013年产量的10倍（5亿升）。目前，格鲁吉亚的葡萄产量仅相当于全球平均水平的1/3左右。2013年，格鲁吉亚的葡萄酒出口额已增加了一倍，达到1.41亿美元。国外游客及当地居民消费量的增加推动了瓶装葡萄酒的需求，2013年[①]的国内消费量同比翻了一番，从2012年的2 200万美元增加到4 600万美元。

旅游接待与房地产行业

旅游接待

在过去的10年间，格鲁吉亚每年接待的游客数量增长率为30%，2013年达到了550万人。根据格鲁吉亚国家旅游局的统计，海外游客最多的国家是土耳其，占35%；亚美尼亚占21%；阿塞拜疆占21%；俄罗斯占11%。格鲁吉亚全国有12 000多处历史文化古迹和8个国家公园，并凭借其不同的气候特点，一年四季可以为旅游者提供海滩太阳浴、冬季冰雪运动、休闲疗养和赌博等形式的旅游。

2013年，格鲁吉亚约有16 000套酒店客房，但大部分处于低端水平。但由于格鲁吉亚东部靠近第比利斯地区的日均房价和入住率的改善，对高质量中档酒店的需求已明显增加。一些国际品牌已入驻格鲁吉亚，合计提供1 250套客房；还有国际知名酒店也计划在未来5年内进入格鲁吉亚市场，预计将新增超过2 500套中高档客房。还有一些酒店已进入预算筹划阶段。

格鲁吉亚政府正在大力投资建设基础设施，以促进重点旅游地区的旅游业发展。目前，格鲁吉亚已建成滑雪度假村，拥有76千米的滑雪道和22条索道；另有一个滑雪度假村正在建设当中。

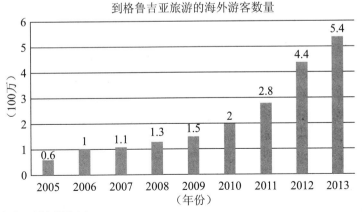

资料来源：格鲁吉亚国家投资局。

[①] 根据格鲁吉亚银行的保守预计，与2013年的11万相比，到2019年，每年有27万游客到达格鲁吉亚。

写字楼[1]

格鲁吉亚主要城市的写字楼总面积达100万平方米,其中的85%位于首都。考虑到整个格鲁吉亚仅有第比利斯这个唯一的商业中心,因此,商业房地产还处于不发达阶段。第比利斯的高档写字楼租金约为21欧元/平方米,这与大多数中欧和东欧国家的首都相当。但第比利斯高档写字楼的收益率(12%)要明显高于中东欧国家的平均水平。

零售业[2]

格鲁吉亚的大部分零售行业(80%)集中在第比利斯,总经营面积约为89万平方米。在这当中,街头零售点占28%,购物中心占29%,其余则属于集市及开放市场。街边零售点的最高租金水平约为每平方米60美元,而处于非繁华区的平均租金约为35～40美元/平方米。在首都第比利斯,大型购物中心拥有的零售区面积为151 000平方米。现代化购物中心的租金价格从24～38美元/平方米不等。还有一个大型购物中心(约70 000平方米)正在建设当中,于2015年年初开业。

制造业

格鲁吉亚具有极富竞争力的劳动力成本和能源成本[3],并且在亚欧商品贸易中拥有得天独厚的区位优势。目前,格鲁吉亚已签署多个优惠或自由贸易协定,并加入了两个自由贸易区,享有免除个人所得税以外所有税收的优惠。

中国已经在西部地区的制造业和基础设施领域投资约500亿美元,而格鲁吉亚在连接该地区与欧洲的通道上发挥着重要作用。格鲁吉亚目前拥有3座国际机场、两个沿岸港口、两个石油码头和一个深海港口,并有2 100千米长的铁路线和1 500千米的公路;对过境货物不征收关税[4]。

2013年,格鲁吉亚的制造业、采矿业及采石业占国内GDP的11.5%。[5]该部分的主产品包括金属(铁合金、铜矿、棒材及其他金属材料)、非金属矿产(氯化物、氰化物和复合氰化物、水泥以及玻璃器皿等)和化学品(化肥、制药、美容品、香水以及化妆品等)。格鲁吉亚还拥有丰富的锰矿和铜矿资源。格鲁吉亚开采的铁合金主要用于出口(约合2.3亿美元)。[6] 在这个领域,开采和出口黄金和铜矿(RMG铜业,以前的Madneuli)、铁合

---

[1] 《高力国际——2014年格鲁吉亚写字楼市场报告》。
[2] 同上。
[3] 格鲁吉亚国家投资局表示,在制造业领域,目前的月薪水平约为400美元。
[4] 格鲁吉亚国家投资局。
[5] 同上。
[6] 同上。

金(格鲁吉亚锰业)和硝酸铵肥料(Rustavi Azot)的企业占整个行业的 50% 左右。①

服装业是制造业中增长最快的板块,目前,格鲁吉亚有 200 多家服装制造企业(包括格鲁吉亚本土和外国投资企业),但其中的 93% 属于小微企业。在由外国投资企业生产的服装中,约 95% 出口到土耳其及欧盟市场。② 最近,一些格鲁吉亚企业也已经开始出口服装。

近 10 年来,建筑业的增长推动了建材行业的发展。房地产和基础设施已成为格鲁吉亚增长最快的行业之一。此外,还有几个正在开发的大型水电项目。

资料来源:格鲁吉亚国家投资局。

金融服务业③

格鲁吉亚的金融业主要由 20 家商业银行控制,其他企业的资产份额仅占整个行业的 5%。与经合组织其他成员国相比,格鲁吉亚的金融媒介水平仍然较低,银行资产总额不足 GDP 的 60%。银行业存在严重的集中发展趋势,2013 年,两家最大金融企业拥有的银行资产占行业资产总额的 59.5%。④ 小额信贷和信用合作社服务于小众客户。租赁业还因资金匮乏而受到较大的抑制。在格鲁吉亚,目前几乎还不存在风险投资企业。

格鲁吉亚的金融机构(按职能划分的公司数量)

类 型	2013 年	2012 年	2011 年	2010 年	2009 年
银行	21	19	19	19	19
小额信贷机构	67	62	62	49	38
非银行存款机构	17	18	18	18	18
外汇兑换所	1 089	1 029	1 500	1 624	1 352
保险公司	14	15	15	16	14
养老基金	5	6	7	6	6
证券交易所	1	1	1	1	1

资料来源:格鲁吉亚国家银行和欧洲开发银行。

---

① 格鲁吉亚经济:制定新的目标,格鲁吉亚银行研究。
② 格鲁吉亚国家投资局。
③ 格鲁吉亚国家银行和欧洲开发银行。
④ 《格鲁吉亚银行的投资者介绍》,第 8 页,Peer 集团在总资产中的市场份额。

案例 19 亚洲私募股权：
家族理财办公室的收益要求

一、概述

一家欧洲的多户家族理财办公室都在考虑，是否需要投资于亚洲私募股权以及如何进行投资。本案例将对亚洲 PE 历史与现状的讨论转向与之相关的前景和风险。此外，本案例还将讨论亚洲 PE 基金的收益情况，并探讨其收益是否能充分弥补先前确认的风险。

二、案例研究的目标

本案例概述了亚洲 PE 行业的发展状况、规模和增长前景。通过本案例的学习，读者可以站在投资者的角度了解 PE 这一资产类别的特征，并对有限合伙人和普通合伙人之间合作与分歧的关系做出解释。本案例探讨了 PE 背景下的机会及其风险—收益特征；并着重强调了亚洲的 PE 与发达市场基金之间的相似性和差异性；在此基础上，对亚洲 PE 的收益预期进行了剖析。此外，读者还可将本案件作为解析基金执行问题的出发点，从确定和介入拥有最佳绩效的基金，到整体投资组合架构的搭建，并对通过直接策略或间接策略投资 PE 的优点和缺陷展开讨论。

三、本案例需要解决的主要问题

1. 你认为亚洲（或其他新兴市场）PE 行业的未来潜力在哪些领域？现在的 PE 大环境与

20 世纪 90 年代初期的差异程度有多大？
2. 亚洲 PE 的合理目标收益应该是什么？考虑一下 PE 和亚洲 PE 市场的特殊风险，以及投资者应对风险补偿作何预期？
3. 你认为，哪些 PE 策略最有可能在发展中国家创造出较高的风险收益率？为什么？

四、补充资料

尽管本案例并不需要读者掌握 PE 方面的知识，但读者还是会发现，对涉及资产管理和 PE 的资产类别、估值概念和商业模式的基本背景有所了解，还是有益的。为充分利用本案例，我们建议读者通过如下资料了解本案例的过程及背景信息。

- 重点推荐读者阅读《精通私募股权》中的如下章节。
    - 第一章：私募股权基金的基本概念
    - 第三章：成长型股权投资
    - 第十四章：责任投资
    - 第十七章：基金的筹集
    - 第十八章：LP 的投资组合管理
    - 第十九章：绩效报告
- 可以参考该网站获得更多资料：www.masteringprivateequity.com

五、案例简介

本案例由客座高级研究员迈克尔·普拉尔撰写，案例的编写得到了"决策科学"课程资深教授及 INSEAD 全球私募基金投资研究小组（GPEI）学术总监克劳迪娅·纪斯伯格的指导。本案例旨在为课堂讨论提供基础材料，无意对案例所涉及的处理方式是否有效做出判断。

关于 INSEAD 案例研究的附加材料（如视频、电子表格、链接）。

可以在 cases.insead.edu 访问。

Copyright © 2010 INSEAD

乔治·伯格曼[①]眺望着窗外19世纪时期的别墅，他的公司是一个多家庭理财办公室，公司地处奢华但却低调的苏黎世城郊。他刚看了一篇有关香港成为2009年世界第一大IPO中心的报道，报道称，香港已将纽约远远地抛在身后，而上海也紧随纽约，成为世界第三大IPO中心[②]。正是这条新闻，让他想到马上就要面对的讨论和决策。

他正在为一次股东大会做准备。在这次会上，他将针对亚洲私募股权的投资方式提出建议。这显然需要精心准备，因为任何被采纳的决策都需要公司做长期投入，而且要占用大量原本可用到其他地方的资源。

多户理财办公室的私募股权投资策略

伯格曼就职于欧洲最大的多户家族理财办公室之一，公司代表几个家族管理的资产规模超过60亿欧元。伯格曼是负责另类资产业务[③]的高级投资总监。公司最初的资金源于25年前出售的一个大型家族企业，之后，这个家族决定自己创建一个家族互动平台，由参与的家族成员进行共同投资。

随着时间的推移，平台的资产规模持续增长，专业团队也在不断增强，到了20世纪90年代，创始人决定向其他家族提供理财办公室服务。但决策过程依然保持着较高水平的精益度，而且投资策略总体上倾向于创业投资和风险投资，至少在家族理财办公室的范围内，保持资本完整始终是最重要的目标。

沿袭了家族的投资历史，公司已开始投资股票和债券，并发展成为一家名副其实的多元化资产管理公司。差不多在15年之前，公司第一次涉猎另类投资，最初是美国的风险投资（VC），随后开始涉足美国及欧洲的私募股权（PE）。之后，也就是在几年之前，对冲基金也成为他们的投资目标。目前，公司为另类投资配置的资金已增加到资产管理规模（AUM）的25%以上，其中大部分是私募股权投资。

伯格曼始终是公司开展另类投资的推动者和监督者，而且另类投资也成为公司资产结构中的重要一环。尽管伯格曼对追逐早期潮流并不感兴趣，但发现机会并适时转化为盈利性主流投资的能力，依旧让他引以为荣。20世纪90年代，他就开始与美国的风险投资公

---

① 在案例中，相关人物的姓名以及部分细节已经过改编，以避免暴露当事人和家族理财办公室的真实身份。
② 截至2009年12月初，这家家族办公室已在中国香港通过首次公开发行筹集了268.1亿美元，在纽约证券交易所筹集到171.1亿美元，在上海证券交易所筹集到140亿美元。资料来源：《华尔街日报》，2009年12月8日。
③ 另类投资的范围几乎包含除传统投资（股票、债券和现金）以外的所有领域，但最重要的另类投资策略主要是指私募股权、对冲基金和不动产。

司开展合作,随后,在长期资本管理公司(LTCM)[①]破产后接触对冲基金,进入21世纪初,伯格曼再次染指欧洲的收购项目。

虽然投资组合的大部分资金配置给规模较大的成熟型投资者,但长期以来,他的公司始终有一个习惯,那就是以新的投资策略去扶植甚至培育较小基金,以便于早日了解未来的新趋势。部分针对初期创业的投资在后来得到验证,取得了巨大的成功,这也让伯格曼和这些公司的很多高层投资人建立了稳固的私人关系。除了为这些公司的内部运营提供建议之外,伯格曼也从中了解到更多、更广泛的市场信息,当然,也为他了解其他资产类别提供了宝贵的思维来源。

近年来,伯格曼和其他高级管理人员逐渐意识到,公司对不断增长的亚洲市场显然还投资不足。[②]公司已为一些基金管理人提供资金,帮助他们专心投资于亚洲的大盘股和正在兴起的、以澳大利亚为中心的大宗商品市场,而且已经通过这两种投资类别获得收益。但投资组合中的亚洲业务显然忽略了大型私人企业和更趋于创业精神的小企业,就总体而言,对新兴的亚洲市场还重视不够。

实际上,早在2007年年底,公司就已经在认真调查如何扩大对亚洲的投资,当时,美国金融市场已初现危机,即将席卷全球的金融危机已经浮出水面,这迫使公司的投资团队只能专注于现有的投资组合,推迟全部的新投资策略。并且,公司的投资重点也开始转向保存资本实力,而不是寻求资本增值。但是在进入2009年之后,投资形势开始变得更为乐观,而公司当时的绝大部分资产还锁定于现金或准现金资产,毫无疑问,现在正是他们重新审视投资策略的时候了。

亚洲似乎躲过了这场史上最严重的金融危机,而且展现出延续其长期增长轨迹的迹象。除稳步增长的中产阶级、令人激动的消费者故事和不断膨胀的年轻人口之外,在亚洲的新兴市场,大多数国家的财务状况确实比西方更令人欣慰,这与10年前亚洲金融危机之后的形势形成了鲜明对比。因此,在上次股东大会上,股东就已经同意大幅增加对亚洲的投资力度。作为这个总体性投资战略的一部分,他们还要求贝格曼着重一项重要研究:是否需要投资于亚洲的私募股权,如果答案是肯定的,那么,应该如何进行投资?

---

① 长期资本管理公司(LTCM)是美国最大的对冲基金公司之一,公司的管理者和操作者全部是当时全明星级别的交易员和学者型专家,其中包括1997年的"诺贝尔"经济学奖获得者罗伯特·默顿和马尔隆·斯科尔斯。但这家公司在20世纪90年代末遭遇破产,动摇了全球金融界的基础,并最终迫使美国政府在美联储的监督下对其他金融机构发起救助行动。
② 在本案例中,"亚洲"通常是指整个亚太地区(包括亚洲以南的澳大利亚和新西兰以及亚洲西部的印度)。但并非所有数据源均适用于相同的定义。

伯格曼很清楚，在亚洲地区开展投资业务承担巨大的风险，从文化障碍到制度的不健全，困难比比皆是。而私募股权在本质上缺乏流动性，有时甚至可以划归为非透明的资产类型，这显然会进一步增加投资的复杂性，因此，他需要回答的第一个问题就是，亚洲私募股权是否已经超越了公司的投资能力范围。至于第二个问题，在公司寻求地域多样化的全球投资策略中，亚洲私募股权应扮演怎样的角色。如果伯格曼和公司股东能对上述问题做出满意的回答，那么，他们应如何制定和实施适当的投资策略呢？

为此，他决定重新研究一下先前已经准备的资料，这些资料是他的团队在外部顾问帮助下完成的。

亚洲私募股权的历史

起步阶段[①]

作为一个独立的资产类别，私募股权已在亚洲拥有了数十年的历史，但私募股权的资金通常来自处于特殊情况下（有时只是为了尝试和研究）的富裕家庭或商业银行，因此，和以基金为基础的欧美私募股权投资相比，亚洲的私募股权投资还缺乏制度性。

随着美国私募股权业务的爆发式增长，以机构投资者为主的私募股权在20世纪90年代初开始登陆亚洲。美国股市的暴涨带来了前所未有的投资收益，于是，机构投资者开始寻觅新的机会。对于已经在西方世界得到检验的私募股权业务模式，亚洲（以及总体新兴市场）似乎生来就是它们的天然沃土，吸引了第一批机构投资者来到这里寻求实现投资组合多元化和赚取超额收益的机会。

当然，一方面这种趋势也构成了国外直接投资在外延上的拓展，毕竟，在1992—1998年，亚洲地区的复合年均增长率达到了19%。另一方面，只有较少数大型企业才能获得银行融资。因此，这里对私募股权融资需求似乎非常强烈。从宏观经济增长角度看，投资于亚洲的诱惑力是毋庸置疑的，而且从私人部门的总体情况看，他们同样对外来投资采取了更为接受的态度。因此，资金接踵而至，从1992年到1999年，大约出现了500只亚洲基金（不包括日本），新筹集到的资金总额超过500亿美元，而且几乎都是初次创建的新基金。

不过，无论是从绝对业绩还是相对业绩上看，绝大多数基金均表现得差强人意。对此，

[①] 本部分摘自罗杰·利兹（Roger Leeds）和朱迪·萨瑟兰（Judie Sutherland）撰写的"私募股权投资于新兴市场"一文，发表于2003年春季的《应用公司金融融资杂志》（*Journal of Applied Corporate Finance*）。

人们给出最多的理由包括：对投资决策前的信息和事后投资业绩监督采取低水平的公司治理标准；维护合同执行和保护各类投资者的法律制度不健全；缺乏退出渠道；在投资者方面，大多数基金管理人缺乏经验且水平低下（其实这并不值得大惊小怪，因为确实很少能找到有相关的经验和阅历的基金管理人）。亚洲金融危机激化了宏观经济的深层次矛盾，改变了新兴市场的风险格局，加剧了汇率的波动，并减少了投资退出的机会。事实上，在1998年和1999年这两年，每年的平均退出投资额约为25亿元，与1992年到1999年期间350亿元的投资总额相比，确实只能算是九牛一毛。

亚洲金融危机之后

进入20世纪90年代末，两个领域出现了爆发式增长，即不良债务投资（亚洲金融危机之后）和全球科技热潮。印度尼西亚、韩国和日本的不良资产成为投资者趋之若鹜的目标，事实证明，这些也确实给他们带来了可观的收益。例如，高盛在1999年投资于韩国国民银行（Kookmin Bank），从最初确立的5亿美元投资规模到最终足足增加了3倍；而通过收购东京长期信贷银行（此后更名为新生银行）并在重组后公开上市，里普伍德投资公司（Ripplewood）则实现了超过6倍的收益——这绝对堪称是日本金融业中的一个奇迹。

除此之外，这一时期的大部分投资都是针对初创企业的风险投资，而且投资大多集中于东南亚地区。然而，行业的不成熟却导致该地区交易的执行质量较差。2000年和2001年爆发的科技股崩溃，造成了资本的大量外逃，转而进入传统企业的保守性投资。由于主流私募股权（不包括不良投资）业绩不佳，导致部分最早的机构投资者退出市场。

播下伟大的种子

2001年以后，亚洲的大部分交易均属于扩张性投资或中型收购。这个时期，大型国际投资者开始进入亚洲市场，与此同时，还出现了很多高水平的国内投资者。这也是亚洲私募股权的真正转折点，因为这些早期投资者开始让业界认识到PE投资的价值，他们还游说各国政府进行监管制度的改革，并致力于证明其投资的收益能力。中国、印度和越南等国开始向国际私募股权放开。今天，它们已成为该地区PE资本的主力军。

但具有讽刺意味的是，进入21世纪初，筹款的艰难（在2002年，除日本以外，其他亚洲基金的筹集情况达到了自1993年以来的最低点）[①] 与2008年全球金融危机之前的强势市场相叠加，反倒让很多亚洲基金，尤其在2002年和2003年发起的基金，取得了令人咋舌的内部收益率（IRR）——或者说考虑通货膨胀和币值波动后的复合收益率，达到了

---

① 《亚洲私募股权评论》（Asian Private Equity Review），"2002年终回顾"。

20%～30%。这个水平足以和美国或欧洲的投资相提并论。

今天的亚洲私募股权

亚洲经济的总体增长以及21世纪初期交易创造出的超常收益能力,让市场再度燃起对亚洲私募股权的兴趣,大量资本开始涌入。在过去的15年中,亚洲私募股权基金管理的资产规模从1994年的300亿美元增加到2009年的2 830亿美元左右,足足增长了9倍。仅仅在过去的5年时间里,亚洲PE基金管理的资产就增加了60%的资金(见附录19.1)。经过随后几年强劲的投资大潮,2008年募集的基金规模达到最顶峰,募集资金总额超过500亿美元,而投资速度继续保持强势增长,投资亚太地区的交易金额达到440亿美元。然而,随着全球金融危机的到来,市场情绪在年底发生逆转,并在2009年趋于平缓,基金的募集金额和投资额分别下降了55%和57%(见附录19.2)。

这与2008年下半年全球私募股权活动趋于崩盘的趋势基本吻合。由于杠杆收购严重依赖低息债务,因此,信贷枯竭让发达国家的私募股权受到严重影响。在2009年的欧美投资市场上,唯一能和以往称得上超级交易相比的,就是艾美仕市场研究公司(IMS Health Inc.)以退市方式完成的52亿美元收购案。尽管并购交易大幅减少,但亚洲在全球私募股权投资中的比例却从以往的5%～7%提高至13%～14%(见附表19.3)。令人费解的是,在这一时期,亚洲私募股权(不包括风险投资)占GDP和并购交易的比重却和西方国家基本持平。不过,造成这种相对增长的主要原因并非是亚洲私募股权的快速增长,而是私募基金在欧美市场的急剧下降(见附录19.4)。

在2006—2009年,大部分私募股权的投资目的地是中国、日本、印度、澳大利亚以及韩国(见附录19.5),作为亚太地区最大的经济体,他们也相应地取得了最大的投资份额。随着时间的推移,更多资金开始流入亚洲的发展中国家,而进入发达亚洲国家的基金则趋于停滞。在2007年到2009年的金融危机时期,对债务的过度依赖导致亚洲发达国家的大量并购交易无疾而终,这也在一定程度上加剧资金向亚洲发展中国家的转移。

按地域划分的交易类型,更能反映亚洲各国私募股权行业在这一时期的发展状况(见附录19.6)。2008年,印度和中国大多数交易属于成长型股权投资,而发达亚洲国家的投资则以收购或重整投资为主(比如日本)。此外,在拥有大型、开放性股票市场的国家,私募股权投资的主流则是私人投资公开股票(以下简称PIPE,也称上市后的私募投资,即私募基金以低于当时市场价值的价格收购上市公司的普通股),以及少量上市公司的退市交易。在亚洲,对成长型股权投资的普遍性关注体现在平均交易规模相对较小,近几年,此类交易规模徘徊在 5 000 万美元左右（见附录 19.7）。

对于亚洲的私募股权，唯一称得上重要驱动因素的，就是国内投资者及外国投资者实现投资成功退出的业绩。毋庸置疑，亚洲的投资环境正在不断改善，退出机会也在不断增加。虽然投资活动依旧疲软乏力，但在 2009 年，投资退出已出现了明显回升迹象（也是 2004 年以来退出金额排在第三位的年份）。这在很大程度上还要归功于 2009 年下半年的资本市场强力复苏，毕竟，这是私募股权从被投资公司退出的首选路线，达到退出总额的 45% 以上（见附录 19.8）。除日本出现较高退出金额之外（出售三洋电机的金额达到亚洲退出投资总额的一半以上），在印度和中国实现的投资退出尤其具有象征性意义，这足以让投资者坚信这些市场的流动性和可利用性。

亚洲私募股权的增长动因

伯格曼刚刚完成了一次对亚洲的长途旅行，在那里，他拜访了很多投资管理人和投资者。他发现，亚洲市场表现出的乐观情绪与欧洲形成了鲜明对比。大多数专家都曾指出该地区良好的增长前景，都在谈论这将如何带来更多的投资机会。此外，也有人将这归功于管理层质量的提高和经验的改善，反过来，也造就了市场对私募股权采取了更有利的态度。

宏观经济增长

宏观经济增长是推动私募股权投资和退出的一个重要因素，因为它是公司经营和企业运营的基本背景。经济增长带来公司收入和利润的双重增长，从而推动了该地区从事经营并最终为投资者带来财富的企业。就整个亚洲而言，指数式的增长为私募股权活动提供了巨大的推动力。

亚洲不仅拥有当今世界上的三大经济体——日本、中国和印度，而且拥有世界一半以上的人口。收入水平的提高（尤其是以购买力评价为基础）、居民预期寿命的延长、储蓄率的居高不下以及可持续的低成本结构，使亚洲成为推动全球经济发展的引擎。新兴亚洲的大部分国家都在摆脱对出口制造模式的依赖性，以新的方式追求经济的多元化增长，通过发展具有互补性的服务行业来缔造强大的消费市场。毫无疑问，亚洲已成为全球经济增长率最高的地区之一。中国已成为继美国和日本之后的全球第三大经济体，预计到 2010 年或 2011 年将超过日本成为世界第二大经济体（见附录 19.9）①。

---

① 此数据资料为 2008 年。

投资机会的广泛性

亚洲的投资机会可以划分为两大类：迎合全球市场需求（出口驱动型行业）的资源型行业；尚未撬动的巨大国内市场（包括媒体、零售和休闲以及基础设施相关业务），这一点尤以中国和印度更为突出。

在经济高速增长的同时，中国和印度等国家的市场经济体制也在不断深化，从而创造出越来越多方兴未艾的私营企业。考虑到这些国家的成本优势以及不断扩大的消费市场，它们的市场前景值得期待。一方面这些高成长、高效率而且更稳定的私募股权公司，恰恰就是 PE 投资最好的目标。另一方面，日本和澳大利亚则拥有更发达和更稳定的市场，可以为投资者提供风险较小的机会。

随着亚洲私募股权趋于成熟，交易的性质和规模也处于继续变化之中。20 世纪 90 年代中期还属于小规模早期投资的时期，扩大型交易和收购交易的比重持续增加。但是到了 2009 年，取得控制权的交易则占据了全部投资价值的 45%。[①]

管理层质量不断提高，市场对私募股权的认识持续深化

在为私募股权投资创造收益的过程中，强大而有凝聚力的管理团队显然扮演着不可替代的角色。在 1997 年亚洲金融危机爆发后，出现了新一代拥有专业管理风格的企业。企业家精神的复苏、高水平本土管理者的出现、欧美先进标准和管理技能的引入，再加上西方先进的管理技术，重新点燃了人们对亚洲的信心。随之而来的，是公司的治理标准得到改善，进而为投资创造出更安全、更有利的环境。

亚洲新一代的管理者也开始欣然接受私募股权这一资产类别，利用私募股权为自己和股东创造价值和财富的概念已成为他们的共识。而近期的投资和退出案例，也开始让管理团队坚信，私募股权投资绝不是"秃鹫"投资，而是打造企业和创造价值的一种有效机制。

亚洲私募股权的风险

在重新分析数据后，伯格曼注意到，这个行业已经历了很长的道路。但眼下的某些乐观情绪似乎与 90 年代中期的市场情绪有着某种不祥的相似之处。作为一名经验丰富的投资老手，伯格曼不可能看不到洋溢在报告中的一派盛世美景。现在，他最想知道的是如何评估该地区的投资风险，以及是否存在某些特定因素，会导致私募股权在亚洲投资更加困难。

---

① 《亚洲私募股权评论》（*Asian Private Equity Review*），"2009 年终回顾"。

对于局外人，亚洲看上去似乎是一个巨大的同质化区域；但事实上，这恰恰是一个极端复杂的地区，每个国家都在经济地位、企业文化以及制度监管等方面，有着自己的特殊性。因此，要评价一个国家对私募股权投资的吸引力，不仅受市场规模和增长前景等核心经济因素的影响，还要考虑他们的法律和社会制度。

总而言之，亚洲为昔日曾在西欧盛行的VC/PE活动提供了有利的环境（见附录19.10）。然而，从经验判断，伯格曼深知，必须对亚洲的发达国家和发展中国家加以区分，对于后者来说，应侧重于有可能对私募股权投资公司和投资管理人本身带来强大影响的新兴市场风险。这种风险包括政治和宏观经济的稳定性、特定行业针对外国投资者制定的投资政策、资本利得税收政策、法律执行问题以及缺乏规范性的商业实践。在这些风险中，恰恰是很多发展中国家的典型写照；归根到底，亚洲市场可能正如一位从业者所说的那样，"随着经济的进步，一切都在向类似的发达市场模式演变"。①

不过，伯格曼还注意到，在私募股权投资中，还有很多即便是投资管理人也会忽略的细节。在亚洲，大部分的投资体验依赖于资本市场上的投资，或者至少会受到资本市场投资的影响。很多PE管理人出自投资银行，这一点不同于欧美国家，在这里，PE的人才库往往是一个由前银行家、咨询师和行业人士组成的多元化群体。即便是作为新兴亚洲最受欢迎的投资类型，成长型投资通常也会被称为"pre-IPO投资"。伯格曼必须弄清楚，亚洲的PE管理人是否理解私募股权投资的内在风险，以及这是否会带来投资结构的优化。在亚洲的发展中国家，典型的投资交易是规模在3 000万～5 000万美元直接的少数股权交易，意在通过IPO退出。

此外，他也注意到最近对新兴市场投资者进行的一次民意调查（见附录19.11），问题包括（但不限于）不再和原来普通合伙人继续保持投资关系的原因等。对于这个问题，尽管收益不佳应该是所有人不置可否的第一答案，但也有被调查者提到了其他原因，包括本地GP群体缺乏透明度和成熟度等。作为一个有限合伙人（LP），"我希望（亚洲的）GP……能继续加强核心团队的能力，改进内部投资流程，加强对投资组合的监控、价值创造、报告质量、后续筹资计划以及附带收益的分配等方面，而不只是取悦于少数合伙人，或是要求LP去信任他们"。②

考虑到亚洲私募股权独有的风险特征和吸引力，因此，伯格曼需要判断，投资者应该对他们在亚洲的私募股权投资中形成怎样的收益预期？ 以及他们判断收益的标准到底应该

---

① Vibhav Panandiker，摩根大通执行董事；摘自INSEAD 2009年12月新加坡PE会议室的讲话。
② Kelvin Chan，瑞士合众集团（Partners Group）高级副总裁。

是其他地区的私募股权,还是亚洲地区的其他资产类别?

亚洲私募股权的收益情况

由于私募股权投资还远未形成一个高效透明的市场,因此,衡量私募股权投资的收益率显然是一项难得不能再难的任务。私募股权投资属于长期性投资,具有非流动性和非透明性,而且被投资公司的定价不依赖于市场价格。因此,对于PE行业来说,既不存在时间序列的市场价格数据可作为业绩考量标准,也不存在合理的考量指标。

虽然也有公开上市的PE基金,但毕竟寥寥无几,尽管基础的股权投资有较好的透明度,但显然还达不到可以作为参照基准的水平。最近几年,私募股权行业也出现了发布管理工具(即GP)业绩的趋势,让有兴趣的投资者对基金的纵向表现做出衡量和比较。但是就总体而言,绝大部分基金及其管理的资产仍是非公开的。虽然也存在针对私募股权和未认缴出资权的二级市场,但它的规模还相对较小,而且交易不够灵活,且主要是为原始投资者提供流动性或帮助他们恢复组合平衡。

PE基金提交给LP的报告通常以内部收益率为基础,这种做法就带来了几个问题,比如说,对主动投资的估值是由GP本人做出的,因此,估值结果在不同的基金管理人之间必定存在差异。此外,在PE投资的典型存续期内,基金在初期披露的肯定是负收益,随着投资组合趋于成熟(沿J曲线发展),在以后年度出现投资收益。就亚洲私募股权而言,这显然是一个很严重的问题,因为将它们作为一个资产类别的时间还相对较短,大多数基金管理人甚至还未完全退出第一个基金(继而筹集第三个或第四个基金),因此,它们只能披露亏损的业绩,这显然无助于未来基金的筹措。

根据科勒资本(Coller Capital)和新兴市场私募股权协会(EMPEA)[①](见表19.12)提供的数据,针对PE投资,机构投资者的预期风险溢价是超过发达国家并购收益率的6%~7.3%。在发达国家的市场,以往的并购项目内部收益率分布在12%~16%的范围内(扣除费用后的净收益),这意味着,在亚洲的发展中国家,IRR应在18%~23%。

那么,面对如此之高的收益预期,亚洲私募股权表现如何呢?根据剑桥协会(Cambridge Associates)提供的数据(见附录19.13),亚洲私募股权的10年期平均收益率已归回至4.65%。尽管5年期间的表现稍好一点,但较短期的收益率则因金融危机的打压而大受影响。在2009年截至6月30日的第二季度,亚洲经济也呈现出强劲反弹,但是从长远来看,这

---

① Emerging Markets Private Equity Association.

种短期性是没有任何意义的。

一方面，如果与新兴市场的股市表现进行比较（如亚洲成分股比例最高的 MSCI 新兴市场指数），会引发人们怀疑，私募股权是否真的是亚洲有吸引力的资产类别，抑或只是 PE 管理人为享受亚洲经济（及股市）强劲增长的溢出效应而采取的搭便车行为。

另一方面，伯格曼确实也看到了一些令人振奋的收益数据（见附录 19.14）：亚洲的 GP 不仅通过努力，以极具诱惑力的回报退出个别被投资公司，还凭借某些让他们一战成名的投资为退出其他投资创造了条件，甚至是弥补了少数失败交易带来的损失，从而创造出令人瞠目结舌的整体基金业绩。平均业绩数据或许还不能说明全部问题。

尽管可以看透各色的炒作和末世预言，但伯格曼依旧无法确定，亚洲私募股权是否已经抵达他所期待的成熟期。毫无疑问，这个行业是一个高度专业化的领域，尽管环境正在不断改善，但人们仍然担心，会有过多的资金流入这个行业，让他们业绩平庸的管理人有了浑水摸鱼的机会。很多市场参与者显然还没有充分考虑到这个领域的巨大风险，投资者也没有为他们所承担的风险而得到应有的补偿。即便如此，全球经济未来的主导者仍然是亚洲，尤其是亚洲的私营部门。一个过度审慎的投资公司是否会错过这个令人炫目的增长大潮呢？

附录19.1

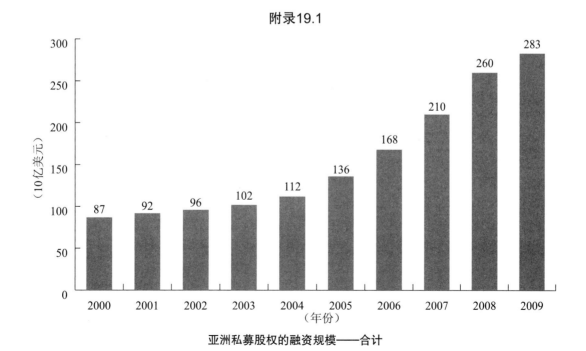

亚洲私募股权的融资规模——合计

资料来源：《亚洲私募股权评论》（*Asia Private Equity Review*）。

附录19.2

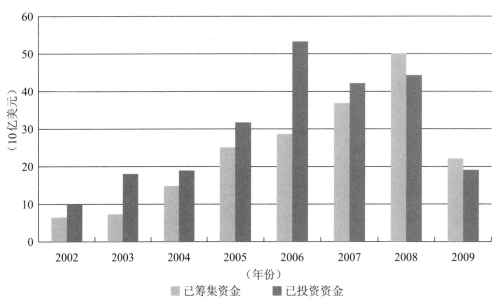

亚洲私募股权——已筹集资金和已投资资金

资料来源：《亚洲私募股权评论》。

附录19.3

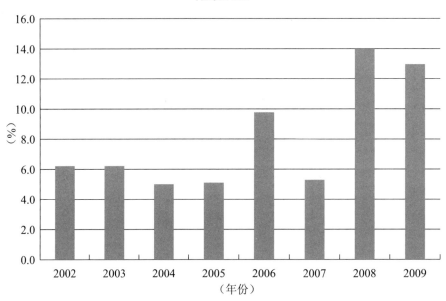

亚洲私募股权投资额占全球私募股权投资额的比例

资料来源：《亚洲私募股权评论》，"2009年终回顾"，载《风险投资经济学》（*Venture Economics*）。

第六部分　新兴市场的私募股权

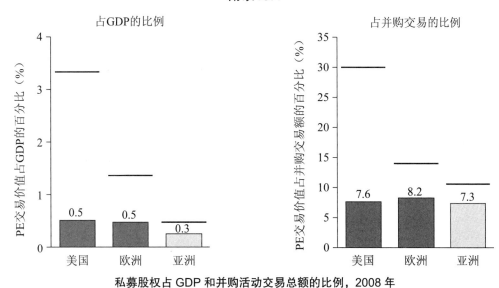

附录19.4

私募股权占GDP和并购活动交易总额的比例，2008年

资料来源：贝恩公司（Bain&Company）；《亚洲私募股权评论》，2008年。

附录19.5

亚洲私募股权投资的目的地

资料来源：《亚洲私募股权评论》。

附录19.6

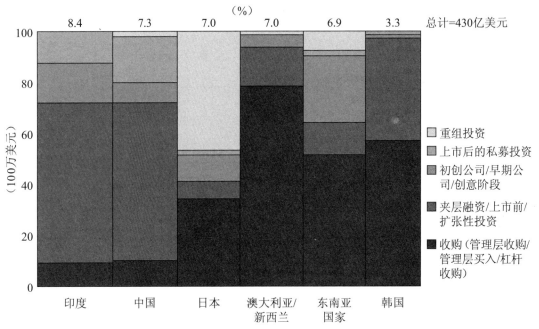

按融资阶段划分的交易价值

资料来源：贝恩公司，《亚洲私募股权评论》，2008年。

附录19.7

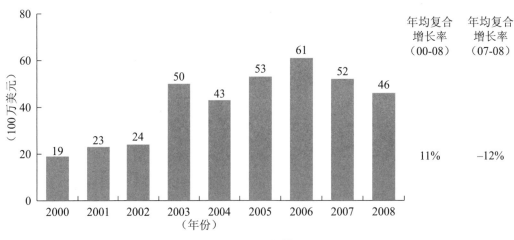

平均交易规模

资料来源：贝恩公司，《亚洲私募股权评论》，2008年。

第六部分 新兴市场的私募股权

附录19.8

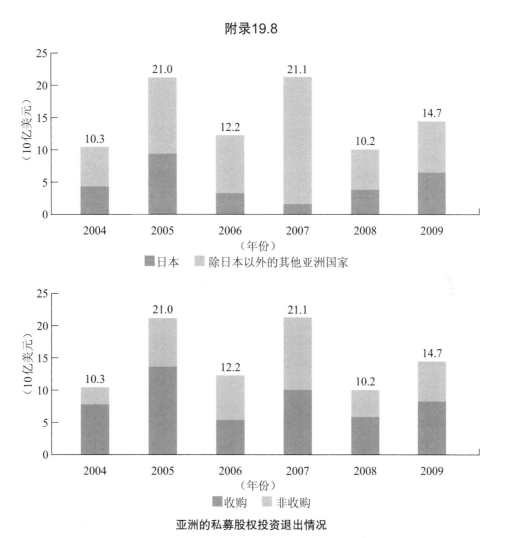

亚洲的私募股权投资退出情况

资料来源：《亚洲私募股权评论》。

附录19.9

个别国家目前的 GDP 总额及 GDP 的预期增长率[①]

1999年排名	2009年排名	国家	2009年的GDP（预计数据，10亿美元）	年均复合增长率（%）1999—2009年（按本币计算）	2014年的GDP（预计数据，10亿美元）	年均复合增长率（%）2009—2014年（预计数据，按本币计算）	2014年排名
1	1	USA	14 002.74	4.20	16 927.84	3.90	1
2	2	日本	4 992.85	-0.30	5 354.41	2.00	3

续表

1999年排名	2009年排名	国家	2009年的GDP（预计数据，10亿美元）	年均复合增长率（%）1999—2009年（按本币计算）	2014年的GDP（预计数据，10亿美元）	年均复合增长率（%）2009—2014年（预计数据，按本币计算）	2014年排名
7	3	中国	4 832.99	13.90	8 500.10	11.50	2
3	4	德国	3 060.31	1.50	3 292.87	1.40	4
5	5	法国	2 499.15	3.40	2 951.58	3.30	5
4	6	英国	2 007.05	4.30	2 507.61	4.40	6
6	7	意大利	1 987.84	3.00	2 225.27	2.20	8
9	8	西班牙	1 397.23	6.30	1 554.15	2.10	11
10	9	巴西	1 268.51	10.80	1 666.75	8.10	10
8	10	加拿大	1 229.37	4.60	1 502.20	4.60	12
13	11	印度	1 185.73	11.60	1 739.98	11.10	9
23	12	俄罗斯	1 163.65	23.70	2 231.79	13.80	7
15	14	澳大利亚	755.066	6.40	852.705	4.80	16
12	16	韩国	727.111	6.30	934.401	6.70	14
21	17	土耳其	552.18	24.60	644.823	7.90	18
29	18	印度尼西亚	468.389	16.10	679.318	9.10	17

注：①此资料数据为2008年。

资料来源：IMF。

附录19.10

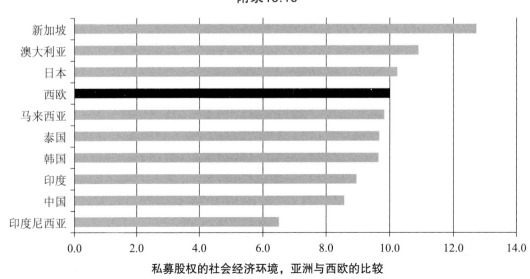

私募股权的社会经济环境，亚洲与西欧的比较

资料来源：INSEAD，"2005年风险投资和私募股权的环境"。

附录19.11

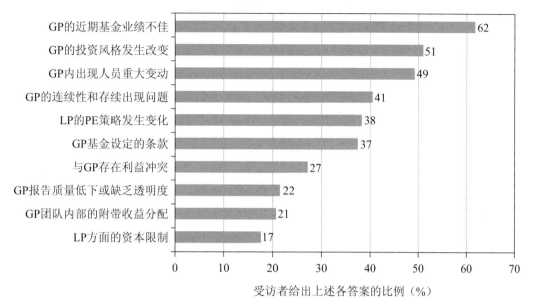

有可能妨碍LP在未来12个月内重新对新兴市场PE管理人进行投资的因素

资料来源：科勒资本／新兴市场私募股权协会，"2009年新兴市场私募股权调查"。

附录19.12

LP认为投资新兴市场基金相对于投资发达市场基金应获取的风险溢价——按新兴市场国家及地区顺序排列

%

	2009年	2008年
巴西	6.40	6.90
中国	6.40	6.30
印度	6.40	6.10
南非	6.40	6.40
拉丁美洲（不包括巴西）	7.00	6.70
中东	7.50	6.50
北非*	7.30	6.70
中东欧（包括土耳其）	7.30	5.0
俄罗斯／独联体	8.00	6.90
撒哈拉以南非洲（不包括南非）*	8.40	6.70
其他新兴亚洲	8.40	不适用
*"泛非"见2008年调查		

资料来源：科勒资本／新兴市场私募股权协会，"2009年新兴市场私募股权调查"。

附录19.13
亚洲私募股权指数收益（2009年6月）

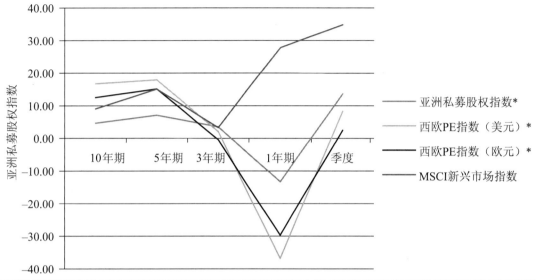

	10年期	5年期	3年期	1年期	季度
亚洲私募股权指数*	4.65	7.11	3.52	-13.27	13.62
西欧PE指数（美元）*	16.73	17.93	2.11	-36.87	8.29
西欧PE指数（欧元）*	12.53	15.15	-0.43	-29.72	2.50
MSCI新兴市场指数	9.02	15.08	3.27	27.82	34.84

资料来源：剑桥协会，"全球VC & PE指数和基准统计"，2009年6月30日。

附录19.14

亚洲私募股权投资的退出情况

退出年份	公司名称	所在国家	所处行业	卖方	买方	交易规模（亿美元）	估计收益倍数
2009	菲诗小铺（Faceshop）	韩国	消费零售业	骏麒投资（Affinity），里昂证券	LG生活健康公司	按企业价值的342	4～4.5
2009	迈尔百货（Myer）	澳大利亚	消费零售业	新桥投资（TPG）	公开股票市场	20（IPO时的市值）	6.0
2009	盈德气体	中国	石油天然气	霸菱投资（Baring）	公开股票市场	4.5（IPO时的市值）	6.5
2008	百夫长银行（Centurion Bank）	印度	金融服务业	CVC资本	HDFC银行	2.93	4
2008	顺达	中国	可再生能源	英联投资（Actis）	无锡尚德	9.9	2.7
2007	东京之星银行（Tokyo Star Bank）	日本	金融服务业	Kone Star Funds	Advantage Partners	22.26	7
2007	Himart	韩国	消费零售业	骏麒投资，淡马锡	尤金集团（Eugene Group）	21.06	3
2006	Matrix Lab	印度	医疗	新桥投资（TPG）	美国迈兰实验室（Mylan Labs）	5.30	3
2006	中国永乐	中国	消费零售业	鼎晖投资，摩根士丹利	国美电器	6.77	5～6
2005	巴帝电信（Bharti Televentures）	印度	电信业	华平投资（Warburg Pincus）	沃达丰电信	15	6
2005	平安保险	中国	金融服务业	摩根士丹利，高盛	汇丰银行	11	15

资料来源：参考多方资料汇总（包括贝恩集团、互联网信息以及与PE专业人士的讨论）。